# 社会保障法

権利としての社会保障の
再構築に向けて

伊藤 周平 著

自治体研究社

# はしがき

　いま、日本では、高齢者をはじめあらゆる世代にわたって貧困が拡大、深刻化している。

　生活保護世帯数は過去最高を更新し、相対的貧困率は15.4％（2018年時点）と、依然として国際的にみて高い水準にあり、児童虐待、高齢者の虐待件数も過去最多を更新し続けている。高齢者の孤立死・孤独死、家族の介護疲れによる介護心中事件、親亡き後の将来を悲観した障害者・家族の心中事件も後を絶たない。長時間労働は依然として解消されず、過労死・過労自殺の労働災害（労災）の認定も増加し続けている。

　日本国憲法25条1項は、国民の「健康で文化的な最低限度の生活を営む権利」を明記し、同条2項は「国は、すべての生活部面について、社会福祉、社会保障及び公衆衛生の向上及び増進に努めなければならない」とし、国（地方自治体も含む）の社会福祉・社会保障における責任、その向上増進義務を規定している。この憲法25条の規定を踏まえ、社会保障を定義するならば、失業しても、高齢や病気になっても、障害を負っていても、どのような状態にあっても、すべての国民に、国や自治体が「健康で文化的な最低限度の生活」を権利として保障する制度ということができる。しかし、日本における貧困の拡大と深刻化は、こうした社会保障制度が脆弱で十分機能していないことを意味する。

　脆弱な制度に加え、現在、社会保障改革と称して、社会保障費の抑制・削減（以下「社会保障削減」という）が進められている。年金、医療など社会保障全般にわたり、社会保障削減を意図した諸立法、改正法が次々に成立し、生活保護基準、年金給付など社会保障の給付水準の引き下げ、給付の縮減・縮小（介護保険において特別養護老人ホームの入所資格を要介護3以上の人に限定するなど）、費用負担（保険料負担や患者・利用者負担）の引き上げといった改革が実施に移されている。そ

の結果、多くの国民、とりわけ年金生活者や非正規労働者の生活実態は「健康で文化的な最低限度の生活」には程遠い状況におかれ、それらの人の生存権侵害が常態化している。現在の社会保障改革は、国民の生存権侵害をもたらしているという意味で、憲法25条違反の政策といえる。また、相次ぐ社会保障給付の引き下げや負担増は、いずれも社会保障制度の「持続可能性」（年金制度改革の場合には、これに「世代間の公平の確保」が加わる）を名目に行われているが、生活保護や年金受給者の生活実態を無視して一律に行われており、その点からも憲法25条に抵触する可能性がある。

　以上のような給付水準の引き下げや費用負担の引き上げに対して、当事者が声をあげはじめている。もともと、日本の人権をめぐる訴訟の中で、さまざまな困難をかかえつつも、朝日訴訟以降、固有名詞つきで活発に提起されてきたのが、生存権をめぐる裁判であったとされる[1]。現在、生活保護基準引き下げ違憲訴訟が、全国29の地方裁判所に提訴され、原告は1000人を超えている（2020年3月現在）。年金給付の引き下げについても、全国39の地方裁判所に、年金減額処分を違憲・違法とする取消訴訟が提訴され、原告は5000人を超え（2020年4月現在）、社会保障裁判では史上最大規模の集団訴訟に発展している。
　一方、2020年に入ってからの新型コロナウイルス感染症（COVID－19）のパンデミック（世界的流行）による日本での感染拡大は、医療など日本の社会保障の脆弱さと社会保障削減を進めてきた社会保障改革の問題点を白日のもとにさらすこととなった。
　政府の新型コロナ対策は、感染症患者の治療にあたる医療機関に対する診療報酬の引き上げや慰労金・持続化給付金の支給などはあったものの、布マスクの配布など場当たり的な対応に終始し、事業者への「補償なき自粛要請」、そして国民への「外出自粛・自助努力」などの要請に終始し、まさに無為無策といってよい。そもそも、欧米諸国で行われた

---

1　高田篤「生存権の省察」村上武則・高橋明男・松本和彦編『法治国家の展開と現代的構成』（法律文化社、2007年）135頁参照。

外出禁止、都市封鎖（ロック・ダウン）と異なり、新型インフルエンザ
等対策特別措置法に基づく営業制限や外出移動制限は「自粛要請」とい
う言葉に象徴されるように、強制力のないものであり、それがもたらす
損失を補填する国・自治体の法的責任もない。政府は、強制ではなく、
あくまでも事業者や国民への自粛要請という形をとることで、感染を拡
大させた失策の責任を国民の自己責任に転嫁しようとしている。そして、
過剰なまでに自己責任論と同調圧力の強い日本社会では、自粛要請は事
実上の強制と化し（マスコミも異常なまでに自粛を訴えた）、加えて、
他の国に比べて異様に少ない検査体制が招いた感染拡大が、人々の感染
への不安と恐怖、疑心暗鬼を加速、休業要請に応じない事業者へのバッ
シングが過熱した。感染者のみならず医療従事者など感染可能性のある
人への差別も顕在化し、国民の間に、分断と差別がもたらされた。

　何よりも、新型コロナの感染拡大地域では医療提供体制がひっ迫し、
医療が機能不全に陥る「医療崩壊」が現実化した。とくに、2020 年 11
月からの第 3 波では、病床不足で、必要な入院治療ができず、自宅療養
中に亡くなる人が急増している。感染症治療を担う公的・公立病院や保
健所を統廃合などの形で削減し、さらには病床を削減し医師数を抑制し
てきた日本の医療費抑制策のツケが回ってきたともいえる。介護現場も、
介護保険の介護報酬の度重なる引き下げが介護職員の低賃金を招き、深
刻な人手不足で介護サービスの基盤が大きく揺らいでいるところに、新
型コロナが直撃、「介護崩壊」が現実化した。

　さらに、消費税率の 10％への引き上げに新型コロナの感染拡大が加
わり、日本経済は戦後最悪ともいわれる大不況に陥った。観光・飲食業
界を中心に事業者の倒産・廃業、そして非正規の労働者を中心に、休業、
雇止め、失業が急増している。それに伴い、貧困・生活困窮に陥る人が
さらに増え、生活保護の申請も増大し、自殺者数も増加傾向にある。

---

2　井上達夫「危機管理能力なき無法国家－コロナ危機で露呈する日本の病巣」法律時報
　92 巻 9 号（2020 年）64 頁は、要請（お願い）や指示（お説教）という、法規制とは呼
　べないような緩い措置のゆえに、それに対する法的統制がかいくぐられ、政府の法的責
　務が棚上げにされ、恩恵的・裁量的な「政治的支援」にすり替えられたと指摘する。
3　詳しくは、伊藤・消費税 39－44 頁参照。

憲法25条違反が疑われる社会保障削減の政策が展開され、そうした政策の転換を求める政策形成型訴訟といわれる集団訴訟が、史上最大規模で生じているにもかかわらず、また、新型コロナの感染拡大の影響で、医療・介護の現場が疲弊、生活困窮者も急増し、これまでの社会保障の制度的矛盾や政策的問題点が顕在化しているにもかかわらず、社会保障法学界からの反応は鈍い。社会保障の給付は、裁判所により広い立法裁量が承認されてきたため、法解釈を中心としてきた憲法学も社会保障法学も沈黙を強いられざるをえないとの指摘がある[4]。しかし、頻繁な法改正が行われてきた（いる）社会保障法分野において、法学者が法制度の解釈や解説に終始するだけでは、生存権の理念に基づく裁判規範なり政策指針を示すという、法解釈と並ぶもうひとつの重要な役割を十分果たしえないのではなかろうか。新型コロナの感染拡大で明らかになった日本の社会保障の脆弱さ（それは、社会保障改革と称した社会保障削減により政策的に生み出されたものといえるが）を直視し、社会保障の拡充のための法政策的・規範的指針を示す作業が求められている。

　本書は、前著『社会保障のしくみと法』を、2017年7月の出版後の法改正や裁判例を踏まえ、標題も『社会保障法』に改め全面的に改訂したものである。以上のような問題意識から、単なる社会保障法の解説書・教科書にとどまらず、社会保障削減による生存権（その具体化としての社会保障の権利）の侵害という観点から、生存権（社会保障の権利）保障のための社会保障の法政策的、規範的指針を提示することを目的としている。そうした意図をこめて、副題も「権利としての社会保障の再構築に向けて」とした。

　改定にあたって、前著の「労働保険」の章と「社会福祉」の章との順序を入れ替えた（それぞれ7章→6章、6章→7章）。また、新型コロナウイルスの感染拡大による医療崩壊・介護崩壊の危機、さらには失業の

---

4　棟居快行「社会保障法学と憲法学－具体と抽象の間で」社会保障法22号（2007年）153頁参照。

増大という状況を踏まえ、「医療保障」の章（第5章）と「社会福祉」の章（第7章）に、公衆衛生の項目（第5章第6節2）と医療崩壊・介護崩壊に歯止めをかけるための提言を加え（第5章第8節1、第7章第2節6）、「労働保険」の章（第6章）に、雇用保険法臨時特例法の内容を加えるなど（第6章第5節）、大幅な加筆修正を行った。

　第1章では、社会保障の概念と法体系を整理し、社会保障法と憲法の関係を探り、社会保障の権利の内容を明らかにする。総論部分として、第2章以降の各論につなげる位置づけである。各論部分は、公的扶助（生活保護）（第2章）、年金（第3章）、社会手当（第4章）、医療保障（第5章）、労働保険（第6章）、社会福祉（第7章）の順に考察を進める。そして、最終章（第8章）は、再び総論部分として、社会保障の権利という観点から、社会保障の法政策の方向性を提言し、社会保障法理論の課題を展望する。

[目次]

# 略語一覧

## 1 法令・通達（通知）等

医療＝医療法

介保＝介護保険法

基発＝（厚生）労働省労働基準局長通知

行審＝行政不服審査法

行訴＝行政事件訴訟法

行手＝行政手続法

憲法＝日本国憲法

健保＝健康保険法

厚年＝厚生年金保険法

高齢医療＝高齢者の医療の確保に関する法律

国年＝国民年金法

国保＝国民健康保険法

子育て支援＝子ども・子育て支援法

雇保＝雇用保険法

児手＝児童手当法

児童虐待＝児童虐待の防止等に関する法律（児童虐待防止法）

児扶手＝児童扶養手当法

児福＝児童福祉法

社福＝社会福祉法

社福士＝社会福祉士及び介護福祉士法

障害基本＝障害者基本法

障害総合＝障害者の日常生活及び社会生活を総合的に支援するための法律（障害者総合支援法）

障害雇用＝障害者雇用の促進等に関する法律（障害者雇用促進法）

身福＝身体障害者福祉法

生活困窮＝生活困窮者自立支援法

生保＝生活保護法

精神＝精神保健及び精神障害者福祉に関する法律（精神保健福祉法）

精福士＝精神保健福祉士法

地自＝地方自治法

知福＝知的障害者福祉法

徴収＝労働保険の保険料の徴収等に関する法律

特児扶手＝特別児童扶養手当等の支給に関する法律

認定こども園＝就学前の子どもに関する教育、保育等の総合的な提供の推進に
　関する法律（認定こども園法）

保発＝厚生労働省保険局長通知

母福＝母子及び父子並びに寡婦福祉法

労基＝労働基準法（労基法）

労災＝労働者災害補償保険法（労災保険法）

老福＝老人福祉法

## 2　文　献

阿部＝阿部和光『生活保護の法的課題』（成文堂、2012 年）

石橋＝石橋敏郎『社会保障法における自立支援と地方分権―生活保護と介護保
　険における制度変容の検証』（法律文化社、2016 年）

伊藤・権利＝伊藤周平『権利・市場・社会保障―生存権の危機から再構築へ』
　（青木書店、2007 年）

伊藤・介護保険法＝伊藤周平『介護保険法と権利保障』（法律文化社、2008 年）

伊藤・入門＝伊藤周平『社会保障法入門』（ちくま新書、2018 年）

伊藤・法政策＝伊藤周平『「保険化」する社会保障の法政策―現状と生存権保
　障の課題』（法律文化社、2019 年）

伊藤・消費税＝伊藤周平『消費税増税と社会保障改革』（ちくま新書、2020 年）

伊奈川＝伊奈川秀和『〈概観〉社会福祉法〔第 2 版〕』（信山社、2020 年）

医療・福祉問題研究会＝医療・福祉問題研究会編『医療・福祉と人権―地域か
　らの発信』（旬報社、2018 年）

碓井＝碓井光明『社会保障財政法精義』（信山社、2009 年）

笠木ほか＝笠木映里・嵩さやか・中野妙子・渡邊絹子『社会保障法』（有斐閣、
　2018 年）

加藤ほか＝加藤智章・菊池馨実・倉田聡・前田雅子『社会保障法〔第 7 版〕』
　（有斐閣、2019 年）

河野ほか＝河野正輝・江口隆裕編『レクチャー社会保障法〔第 3 版〕』（法律文

化社、2020 年）

菊池＝菊池馨実『社会保障法〔第2版〕』（有斐閣、2018 年）

北野＝北野弘久・黒川功補訂『税法学原論〔第8版〕』（勁草書房、2020 年）

倉田＝倉田聡『社会保険の構造分析―社会保障における「連帯」のかたち』
（北海道大学出版会、2009 年）

塩野・行政法Ⅰ＝塩野宏『行政法Ⅰ〔第6版〕行政法総論』（有斐閣、2015 年）

塩野・行政法Ⅱ＝塩野宏『行政法Ⅱ〔第6版〕行政救済法』（有斐閣、2019 年）

島崎＝島崎謙治『日本の医療―制度と政策〔増補改訂版〕』（東京大学出版会、
2020 年）

社会保険研究所＝社会保険研究所編『介護保険の実務－保険料と介護保険財
政』（社会保険研究所、2015 年）

高端ほか＝高端正幸・伊集守直編『福祉財政』（ミネルヴァ書房、2018 年）

西村・社会保障法＝西村健一郎『社会保障法』（有斐閣、2003 年）

西村・入門＝西村健一郎『社会保障法入門〔第3版〕』（有斐閣、2017 年）

原田＝原田大樹『例解・行政法』（東京大学出版会、2013 年）

堀・総論＝堀勝洋『社会保障法総論〔第2版〕』（東京大学出版会、2004 年）

堀・年金保険法＝堀勝洋『年金保険法〔第4版〕―基本理論と解釈・判例』
（法律文化社、2017 年）

## 3 判 例

［判決・決定］

最大判＝最高裁判所大法廷判決

最判＝最高裁判所小法廷判決

大阪高判＝大阪高等裁判所判決

東京地判＝東京地方裁判所判決

さいたま地決＝さいたま地方裁判所決定

広島高岡山支判＝広島高等裁判所岡山支部判決

［判例集・判例収録誌］

民集＝最高裁判所民事判例集

刑集＝最高裁判所刑事判例集

行集＝最高裁判所行政判例集

労民集＝労働関係民事裁判例集

家月＝家裁月報
訴月＝訴務月報
判時＝判例時報
判タ＝判例タイムズ
労判＝労働判例
判例自治＝判例地方自治
金判＝金融・商事判例
賃社＝賃金と社会保障
保情＝月刊保育情報

社会保障法総論
—— 社会保障の法体系と社会保障の権利

## 第1節　社会保障の概念と法体系

### 1　社会保障の生成と発展

「社会保障」と呼ばれる法制度は、救貧法と労働者共済制度を沿革とし
て、20世紀に入り、2度の世界大戦を経て、先進諸国を中心に本格的な
確立をみた。救貧法が、国家責任による公的扶助に、労働者共済を国家
が取り込み強制加入の社会保険制度にそれぞれ変容していった。とくに、
1930年代の大恐慌がもたらした大規模な失業と深刻な生活の危機によ
り、失業保険が機能不全に陥ることで、失業扶助の創設など、社会保険
と公的扶助の交錯現象が生じ[1]、同時に、第2次世界大戦という総力戦を
遂行するため、社会を統合・安定させる装置、戦費調達の手段（年金保
険料など）としての役割を果たすべく国民的規模の生活保障制度が確立
していった[2]。

　社会保障の名を付した最初の立法は、1935年に、アメリカで当時の
ニューディル政策の一環として成立した「社会保障法（Social Security
Act）」であり、日本語の「社会保障」はその訳である。その後、1942
年にILO（国際労働機関）事務局が出版した『社会保障への途
（Approaches to Social Security）』という小冊子は、社会保険と公的扶
助の統合としての社会保障を示唆していた。

　そして、実質的に現代の先進諸国における社会保障の基礎を築いたと

---

1　社会保険と公的扶助の交錯現象については、伊藤・権利88‒89頁参照。
2　同様の指摘に、原田231頁参照。

いわれるのが、同年、イギリスで発表された「ベヴァリッジ報告」(正式名称は「Beveridge Report-Social Insurance and Allied Services」)であった。同報告は、これまで存在した社会保険およびその関連諸制度の抜本的な改革により、国が国民生活のナショナル・ミニマムを統一的・包括的に保障することを提唱し、社会保険と公的扶助を組み合わせた総合的な社会保障計画を構想した。この提案を基礎として、第2次世界大戦後、イギリスでは、1946年の国民保健サービス法(NHS)、1948年の国民扶助法など一連の社会保障立法が成立、他の西欧諸国にも拡大し、国家レベルで社会保障制度を整備した「福祉国家(Welfare State)」と呼ばれる国家体制が確立していった。

　社会保障概念の定着がみられるのもこの時期で、まず、国連の世界人権宣言(1948年)において、社会保障の権利が「人間の尊厳にふさわしい生活」を維持するために欠くことができない権利として明記されるにいたった(22条、23条、25条)。また、ILOが1952年に採択した「社会保障の最低基準に関する条約」(102号条約)は、当時の自由主義諸国の社会保障の最大公約数的な基準を設定していた(日本は、1976年批准)。

　世界人権宣言には、加盟国に対する法的拘束力はなかったが、日本が1979年に批准した国際人権A規約(経済的、社会的及び文化的権利に関する国際規約。以下「社会権規約」という)は、条約として国内法を拘束するもので、9条において「この規約の締結国は、社会保険その他の社会保障についてのすべての者の権利を認める」と、社会保障の権利を明確に規定した。

## 2　社会保障の定義と内容

　もっとも、社会保障とは何かに関して各国で共通の理解があるわけではなく、国ごとに、その社会的・文化的・政治的背景に応じて、社会保障の捉え方には相違がみられる。たとえば、アメリカの社会保障法は、一般的には年金保険と公的扶助をさすものであったし(アメリカは、いまだに連邦レベルでの公的医療保険を持たない)、イギリスでは、社会

保障は主に所得保障制度（年金、家族手当、公的扶助など）を、フランスでは、社会保険と家族給付をさす概念として用いられる。

　これに対して、日本では、1946年に制定された日本国憲法（以下「憲法」という）25条1項が、国民の「健康で文化的な最低限度の生活を営む権利」を明記し、同条2項で、国などの社会福祉・社会保障の向上増進義務を規定した。ここに「社会保障」という言葉がはじめて登場する。この憲法25条の規定を踏まえると、社会保障とは、失業しても、高齢や病気になっても、障害を負っていても、どのような状態にあっても、すべての国民に、国や自治体が「健康で文化的な最低限度の生活」を権利として保障する制度と定義できよう。

　もっとも、憲法25条の規定では、「社会保障」は「社会福祉」や「公衆衛生」と並列して掲げられており、その定義がなされているわけではなく、その具体的内容も明らかでない。この「社会保障」の具体的内容を明確にしたのは、1950年の社会保障制度審議会の勧告（以下「1950年勧告」という）であり、そこでの分類が、その後の通説的見解となる。すなわち、「1950年勧告」は、社会保障制度を「疾病、負傷、分娩、廃疾、死亡、老齢、失業、多子その他困窮の原因に対し、保険的方法又は直接公の負担において経済保障の途を講じ、生活困窮に陥った者に対しては、国家扶助によって最低限度の生活を保障するとともに、公衆衛生及び社会福祉の向上を図り、もってすべての国民が文化的社会の成員たるに値する生活を営むことができるようにすること」と定義し、社会保障の具体的内容として、社会保険、国家扶助（公的扶助）、公衆衛生、社会福祉を挙げている。これに恩給と戦争犠牲者援護を加えることもある。ここでは、社会保障が社会福祉・公衆衛生の上位概念であり、それらを包摂する広い意味で使われている。

## 3　社会保障法の概念と体系

### (1)　社会保障法の概念

　以上のような「社会保障」に関する法律が「社会保障法」である。
　1960年代の高度経済成長を経て、日本でも、社会保障制度の発展に

伴い、社会保障に関する法律が多数制定されてきた。そして、社会保障制度に関する給付や費用負担などを規定した法律を「社会保障法」と総称し、統一的な法理と基本原則に貫かれた法領域として独立の研究対象とされるようになり、社会保障法学が独立の研究領域として確立した。

　ただし、日本では「社会保障法」の名を冠した実定法が存在するわけではなく、社会保障制度に関する法規が体系的に法典化されているわけではない。そのため、日本における「社会保障法」の概念は、法学研究者が構築した講学上の概念といえ、その内容や範囲は、時代および論者によって変化がみられると指摘されている[3]。今日では、責任主体と権利主体などに着目し「①一定の法目的理念にもとづいて（目的理念）、②国の最終的な責任の下で社会保障管理運営機関により（責任主体）、③すべての社会構成員に対して（権利主体）、④社会的な生活事故またはニーズの発生に際して（保障事由）、⑤個人の尊厳と自立の支援に値する給付を（給付の範囲と程度）、⑥本人および事業主による保険料拠出と公費負担を主たる財源として（費用負担）、⑦一定の資格要件のもとに権利として保障する（権利性）という法制の総称[4]」と詳細に定義する見解もある。いずれにせよ、社会保障法学では、憲法25条の生存権規定が社会保障法の制定根拠であり、社会保障法の解釈指針であるとの見解が通説的見解となっている。

　本書では、こうした学説の動向を踏まえつつ、社会保障法を、先の社会保障の定義に沿って、高齢や障害、傷病などによる生活困難の状態にあっても、すべての国民に、国や自治体の責任で「健康で文化的な最低限度の生活」を権利として保障する法制の総称と定義しておく。

## (2)　社会保障の法体系

　社会保障法学では、社会保障法の体系をどのように捉えるかについて、基本的に2つの見解があるとされる。1つは、制度論的体系論と呼ばれるもので、社会保障の現実の制度に即して、その体系を捉える考え方で、

---

3　笠木ほか42頁（中野妙子執筆）参照。
4　河野ほか8頁（河野正輝執筆）。

図表 1-1　日本の社会保障の体系

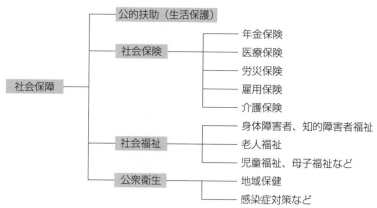

出所：筆者作成

　もう1つは、制度とは別の座標軸を設定して、その体系を捉える考え方である[5]。前者の典型が、前述の「1950年勧告」の体系論であり、後者の典型が、要保障事故別体系論と呼ばれる体系論である。この体系論は、要保障事由の保障すべきニーズの内容とこれに対応する保障給付の内容から体系化を試み、①所得保障給付の法体系と②生活障害給付の法体系に区分する[6]。

　社会保障を構成する社会保険、公的扶助などの制度は、それぞれ給付、財政方式などが細かく法律によって規定され、各制度がそれぞれ完結性を有していること、制度相互間にも一定の整合性があることなどから、本書では、社会保険、公的扶助などの制度をベースにして社会保障の法体系を捉える（制度的体系論の立場）。以上の体系論からすると、社会保障の法体系を、被保険者の拠出を前提とする社会保険、拠出を前提としないが、資産調査を必要とする公的扶助、個別的な対人サービスを中心とする社会福祉、そして、無拠出の定型的な金銭給付である社会手当の4つの主要制度に区分できる[7]。

　一方、憲法25条2項に明記されている「公衆衛生」は、社会保障、

---

5　西村・入門13頁参照。
6　荒木誠之『社会保障の法的構造』（有斐閣、1983年）3頁以下参照。

社会福祉とともに、生存権保障のための3つの柱の1つとされている。
「1950年勧告」では、社会保障を上位概念として、公衆衛生は社会保障
を構成する一要素とされている。本書では、主として後述する健康権を
保障する諸制度・施策と定義し、先の4つの主要制度とは別の仕組みと
して位置づける（本書では、独立の章はたてず医療保障の章で扱う。図
表1-1）。

　以下では、これら社会保障の主要制度とそれを根拠づける諸立法につ
いて概観する。

## 4　社会保障の主要制度と社会保障立法の概要

### (1)　社会保険

　社会保険の定義については、判例は、端的に「個人の経済的損害を加
入者相互において分担する」仕組みとしている（最大判1958年2月12
日民集12巻2号190頁）。学説では、「加入者（被保険者）全体が保険
料を負担することによって、個人の自助努力では対応の難しいリスクを
加入者全体に分散し、個々の加入者の保険料負担の軽減と給付水準の向
上を可能とするシステム[8]」とか、「社会保障制度のうち、（保険の外観を
備え、かつ）給付と負担の間に対価性が存在するような制度設計が行わ
れているもの[9]」といった定義がみられる。さしあたり、ここでは、学説
の共通項的な定義として、社会保険を、加入者の拠出（保険料負担）を
前提に、保険事故が生じた場合に、必要な給付を行う仕組みと定義して
おく。

　社会保険においては、たとえば、病気などになる確率の高い者だけが
保険に加入すること（「逆選択」といわれる）を防止し、リスク（危
険）の分散をはかるため、強制加入の仕組みが採用されている。国民健

---

7　このほかの社会保障の法体系としては、制度の機能（目的）による分類がある。典型
　的には、公的扶助（生活保護）と年金を合わせて、所得保障とし、医療保険と医療サー
　ビスを合わせて医療保障、その他の対人サービスを社会福祉として分類するものがある。
8　岩村正彦『社会保障法Ⅰ』（弘文堂、2001年）43頁。
9　新田秀樹「介護保険の『保険性』」菊池馨実編『社会保険の法原理』（法律文化社、
　2012年）182頁。

康保険の強制加入の仕組みが、憲法19条（思想・良心の自由）や29条（財産権の保障）に違反するかが争われた事例で、最高裁は、強制加入を、国民健康保険が公共の福祉に資する制度であることを根拠に、憲法違反に当たらないと判示している（前記最大判1958年2月12日）。

　強制加入により保険料負担が困難な者も加入者となるため、社会保険には保険料の減免制度が存在し、保険料も応能負担が原則となっている。また、健康保険の被扶養者のように、保険料負担なしに給付が受けられる場合がある。社会保険は、拠出（保険料負担）を前提とする保険方式を採用しながらも（「保険原理」）、拠出がない給付が存在する点に最大の特徴を有している（「社会原理」による修正）。社会保険は、保険に特有の機能であるリスク分散とともに、所得再分配という2つの機能をもつともいえる。[10]その意味で、社会保険は「保険原理」を「社会原理」で修正した社会保障制度であり、私保険とは区別される。

　社会保険に加入し、保険料を負担（拠出）し、保険事故が発生して法定の受給要件を充足した場合に、保険給付を受けることができる（保険給付請求権を取得する）者を被保険者といい。保険料を徴収し、適用や給付など保険事業を行うものを保険者という。保険者は政府や公的機関である点が、保険会社が運営する私保険との相違である。保険給付には、年金給付のような現金給付のほか、医療保険の療養の給付のような現物給付がある。

　日本の社会保険には、老齢、障害、疾病、失業、業務・通勤災害、要介護などを保険事故として、①年金保険、②医療保険、③失業（雇用）保険、④労災保険、⑤介護保険の5つの社会保険がある（図表1－1）。①の根拠法として厚生年金保険法と国民年金法などが、②の法律として健康保険法、国民健康保険法、高齢者の医療の確保に関する法律（高齢者医療確保法）などが、③の法律として雇用保険法などが、④の法律として労働者災害補償保険法（労災保険法）などが、⑤の法律として介護保険法がそれぞれ存在する（図表2－1）。

---

10　倉田326頁参照。

## 図表1-2　社会保障法の体系

- ・公的扶助に関する法—生活保護法、生活困窮者自立支援法など
- ・年金に関する法—国民年金法、厚生年金保険法など
- ・社会手当に関する法—児童手当法、児童扶養手当法、特別児童扶養手当等の支給に関する法律（特別児童扶養手当法）など
- ・医療提供体制に関する法—医療法、医師法、保健師助産師看護師法など
- ・医療保険に関する法—健康保険法、国民健康保険法、高齢者医療の確保に関する法律（高齢者医療確保法）など
- ・公費負担医療に関する法—原子爆弾被爆者に対する援護に関する法律（被爆者援護法）、予防接種法、難病の患者に対する医療等に関する法律（難病医療法）など
- ・公衆衛生に関する法—地域保健法、感染症の予防及び感染症の患者に対する医療に関する法律（感染症予防法）など
- ・労働保険に関する法—労働者災害補償保険法（労災保険法）、雇用保険法など
- ・社会福祉に関する法—社会福祉法、介護保険法、老人福祉法、児童福祉法、子ども・子育て支援法、障害者の日常生活及び社会生活を総合的に支援するための法律（障害者総合支援法）、身体障害者福祉法、知的障害者福祉法、精神保健及び精神障害者福祉に関する法律（精神保健福祉法）など

出所：筆者作成

### (2)　公的扶助

　公的扶助は、健康で文化的な最低限度の生活を営むことができない生活困窮者に対して、国の責任において、その生活を保障する扶助制度である。事前の拠出を前提とする社会保険方式で行うことができない制度であり、日本では「最後のセーフティネット」といわれる生活保護が該当し、公的扶助は生活保護と同義で用いられる（第2章第1節参照）。

　公的扶助の財源は、税金によって賄われ、受給権者には拠出義務はない。ただし、資産・能力の活用が受給要件とされているため、それを確認するため、資産調査（ミーンズテスト）が実施される。そして、その調査に基づいて、生活保護基準に照らして最低生活を維持するに足らない部分について、補足的に保護費等が支給される（補足性原則）。

### (3)　社会福祉

　社会福祉は、障害や老齢などの原因により、何らかの社会的支援が必

要な人に対して、施設への入所や居宅での介護などのサービスを提供する仕組みである。

　日本では、社会福祉は、対象者ごとに高齢者福祉、児童福祉、障害者福祉、母子福祉などの領域に分類され、社会福祉に関する法律も、これらの領域に対応して、児童福祉法、老人福祉法、身体障害者福祉法、知的障害者福祉法、母子及び父子並びに寡婦福祉法など対象者ごとに分かれて制定されている。この５法と生活保護法と合わせて「福祉六法」と呼ぶことがある。また、介護保険法は、高齢者介護を社会保険方式で実施している点に特徴があるが、本書では高齢者福祉とともに社会福祉の領域で扱う（図表1-2。第7章第2節参照）。

## (4)　社会手当

　社会手当は、受給に際して、社会保険のような保険料負担（拠出）を前提とせず、法定の要件に該当することのみを条件として支給される、いわゆる無拠出の現金給付である。法定の要件に該当することの認定（確認）は必要だが、公的扶助（生活保護）のような厳格な資産調査を課されることはない点に特徴がある。ただし、支給の要件として所得制限や年齢制限が課せられることがある。

　日本では、児童手当や児童扶養手当などの社会手当があり、その根拠法として、児童手当法、児童扶養手当法、特別児童扶養手当法などがある（図表1-2。第4章第1節参照）。従前の国民年金制度における無拠出の福祉年金（老齢福祉年金、障害福祉年金など）および現行の20歳前障害者に対する障害基礎年金の支給も、この社会手当の範疇に属する。

## (5)　公衆衛生

　公衆衛生（public health）は、通常は「組織化された地域社会の努力を通じた疾病の予防、寿命の延長、身体的・精神的健康と能力の増進のための科学であり技術である」[11]と定義される。前述のように、憲法25条2項に明記され、生存権保障を支える制度であるが、法律で明確な定

---

11　甲斐克則編集代表『医事法辞典』（信山社、2018年）200頁（中村好一執筆）。

義がなされているわけではない。医師法1条では、医師の職務を「医療及び保健指導を掌ることによって公衆衛生の向上及び増進に寄与し、もつて国民の健康な生活を確保するもの」と定め、公衆衛生を医療や保健指導の上位概念と位置づけている。

　公衆衛生の内容は、疾病の予防、感染症対策、地域保健などがあげられる。ただし、食品衛生法に基づく検査などの社会防衛的見地からの取締や産業廃棄物その他のごみ、上下水道、環境保全にわたる施策は、社会保障の範囲からは除外して考えられるのが一般的である[12]。本書でも、それらの施策は除外し、公衆衛生に関する法として、地域保健法、感染症の予防及び感染症の患者に対する医療に関する法律（感染症予防法）を中心に考察する（図表1-2。第5章第6節参照）。

## 第2節　社会保障法と憲法

### 1　生存権思想の展開と憲法25条

　前述したように、憲法25条に規定する生存権の理念は、社会保障法の制定根拠であり、社会保障法の解釈指針、さらには、社会保障政策の基本指針といえる。

　憲法史的にみるならば、憲法25条1項に規定する生存権は、20世紀的な社会権として位置づけられる。こうした意味での生存権が最初に実定法化されたのは、ドイツのワイマール憲法（1919年）においてである。ただし、そこでは「所有権は義務を伴う」との規定にとどまり、明確に「健康で文化的な最低限度の生活を営む権利」を規定したのは、日本国憲法（1947年公布）が初めてといえる。

　第2次世界大戦後、生存権の理念は社会保障給付を受ける権利として実定法化されていく。まず、国連の世界人権宣言（1948年）において生活保障を受ける権利が規定された（25条）。世界人権宣言には、加盟国に対する法的拘束力はないが、前述のように、社会権規約は、9条に

12　河野ほか5頁（河野正輝執筆）参照。

おいて社会保障の権利を明確に規定している。社会権規約は国際条約であり、国内法に優越し、それに抵触する国内法は改変が求められる。近年では、同規約の制度後退禁止の内容を認定し、国内法に適用されるとした判決（大阪高判 2015 年 12 月 25 日賃社 1663 = 1664 号 10 頁）も出されている。[13]

## 2　憲法学での生存権論の展開と裁量統制の法理

### （1）　生存権の法的性格

　第2次世界大戦後の憲法学では、憲法 25 条の規定する生存権の法的性格と裁判規範性をめぐり、プログラム規定説、抽象的権利説、具体的権利説の3説が唱えられてきた。

　このうちプログラム規定説は、憲法 25 条は、国に対し政治的、道義的義務を課したにとどまり、国民に裁判上救済を受ける具体的な権利を付与したものでないとする説で、初期の学説や最高裁の立場であった（最大判 1948 年 9 月 29 日刑集 2 巻 10 号 1235 頁－食糧管理法違反事件）。これに対して、抽象的権利説と具体的権利説は法的権利説と総称され、それぞれ生存権の法的権利性と裁判規範性を認めるが、抽象的権利説は、生存権を具体化する法律がある場合には、その裁判規範性が充足され、当該法律に基づく訴訟において憲法 25 条を援用できるとし、具体的権利説は、憲法 25 条は、その規範内容の保障を請求できる具体的な権利を個々の国民に認めており、生存権規定を具体化する立法がなくても、立法の不作為の違憲確認訴訟が提起できるとする。[14]

　今日の学説には、プログラム規定説は見当たらず、生存権の裁判規範性を認める抽象的権利説を通説とし、具体的権利説を少数説とする分布をなしているとされる。[15]最高裁も、生存権規定を「すべて国民が健康で文化的な最低限度の生活を営み得るように国政を運営すべきことを国の

13　同判決については、松山秀樹「社会権規約で規定する『制度後退禁止』を認定した兵庫県生存権裁判大阪高裁判決」賃社 1663=1664 号（2016 年）6 頁以下参照。
14　法的権利説を含めた生存権論の展開については、伊藤・権利 179 頁以下参照。
15　棟居快行「生存権の具体的権利性」長谷部恭男『リーディングス・現代の憲法』（日本評論社、1995 年）167 頁参照。

責務として宣言したにとどまり、直接個々の国民に対して具体的権利を付与したものではない」としつつも、生存権規定の趣旨を実現する立法がなされれば、具体的権利が付与されるとの見解を示し（最大判 1967 年 5 月 24 日民集 21 巻 5 号 1043 頁－朝日訴訟最高裁判決）、純然たるプログラム規定説の立場とはいえない。

### (2) 生存権の具体的内容

　つぎに、「健康で文化的な最低限度の生活」の具体的内容を確定できるかについても争いがあり、学説では、①その生活水準は、特定の国家の、特定の時期においては、客観的に存在しうるもので、科学的に算定することが可能とする説（絶対的確定説）と、②何が最低限度の生活水準であるかは、特定の時代の特定の社会においては、ある程度客観的に決定できるとする説がある。[16]

　判例は、朝日訴訟最高裁判決が「健康で文化的な最低限度の生活なるものは、抽象的な相対的概念であり、その具体的な内容は、文化の発達、国民経済の進展に伴って向上するのはもとより、多数の不確定的要素を総合考慮してはじめて決定できるもの」とし、具体的な水準については憲法から読み取ることはできないとの立場といえる（相対的確定説）。

　判例の立場に立てば、憲法 25 条 1 項にいう「健康で文化的な最低限度の生活」水準の確定には、高度の専門的判断が必要とされ、広い立法・行政裁量が認められることとなる。これに対して、絶対的確定説などの説に立てば、客観的に確定される最低限度の生活水準には立法裁量等の余地はなく、それを下回る立法や処分は違憲無効とされることとなろう。

### (3) 違憲審査基準をめぐる理論状況

　違憲審査基準については、障害福祉年金と児童扶養手当の併給禁止の違憲性を争った堀木訴訟の控訴審判決（大阪高判 1975 年 11 月 10 日行

---

16　芦部信喜（高橋和之補訂）『憲法〔第 7 版〕』（岩波書店、2019 年）280 頁、および佐藤幸治『憲法〔第 3 版〕』（青林書院、1995 年）623 頁参照。

集26巻10＝11号1268頁）が、憲法25条1項は公的扶助（生活保護）
である救貧施策、同条2項はその他の社会保障施策など防貧施策を定め
たものとし、後者については司法審査が及ばないとする憲法25条1項・
2項分離論（以下「分離論」という）を展開した。しかし、学説では、
分離論の当否には争いがあり、同判決については、1項に関わる生活保
護以外の社会保障施策に対する司法審査の可能性を遮断するものとして
批判が多い。

　ただし、分離論は、少なくとも憲法25条1項の「最低限度の生活」
保障にかかわる法律については、厳格な違憲審査基準の適用の可能性を
示唆しており、それを受けて、たとえば、外国籍保持者に対する障害福
祉年金の支給の可否が争われた塩見訴訟第1審判決（大阪地判1980年
10月29日行集31巻10号2274頁）では、憲法25条1項の「健康で文
化的な最低限度の生活」には「絶対性のある基準」があり、厳格な審査
をすべき可能性を示唆し、2項に基づく防貧施策に関する立法裁量の当
否も、1項的な救貧施策と関連づけて立法されている場合は、その限度
で厳格な審査に服するとした。学説でも、憲法25条1項にいう「最低
限度の生活」に関しては、憲法に基づき直接請求する権利（緊急的生存
権）が生じるとする説も主張されるようになった。[17]

　しかし、その後、堀木訴訟最高裁判決（最大判1982年7月7日民集
36巻7号1235頁）は、「憲法25条の規定の趣旨にこたえて具体的にど
のような立法措置を講ずるかの選択決定は、立法府の広い裁量にゆだね
られており、それが著しく合理性を欠き明らかに裁量の逸脱・濫用と見
ざるをえないような場合を除き、裁判所が審査判断するに適しない事柄
である」とし、憲法25条の具体化にあたり立法府の広い裁量を認め、
立法府の「裁量の逸脱・濫用」があった場合にのみ司法審査が及ぶとす
る「広い立法裁量論」を採用した。この堀木訴訟最高裁判決の影響力は
絶大で、前記塩見訴訟上告審判決（最判1989年3月2日判時1363号68
頁）など、その後の憲法25条をめぐる生存権訴訟の最高裁判決には必
ず引用されて、憲法25条違反の主張を排斥する、きわめて強力な法理

---

17　籾井常喜『社会保障法』（総合労働研究所、1972年）83頁参照。

として確立していく。

近年の学説は、分離論とはやや異なる立場から、憲法25条1項の「最低限度の生活」の保障については、厳格な司法審査が及び、それを上回る水準の生活保障については、同条2項の射程範囲とし、広い立法裁量を認める「審査基準の二分論」が有力となっている。[18]

## (4) 裁量統制の法理の展開

立法・行政裁量の統制方法については、朝日訴訟第1審判決（東京地判1960年10月19日行集11巻10号2921頁）が、最低限度の生活水準を判定するについて「その時々の国の予算の配分によって左右されるべきものではない」として、国の予算・財政事情による抗弁を排斥する裁量統制の方法を採用したが、最高裁は、前述のように、裁量権の逸脱濫用型審査（行訴30条に法定化）をとり、広い立法・行政裁量を認め、国の予算配分の事情も、生活保護基準設定にあたっての考慮要素に当たるとしている。

朝日訴訟では、生活保護基準の引き上げが問題となったが、現在は、生活保護の老齢加算の廃止や生活扶助費（生活保護基準）の引き下げが行われ、その違憲性を争う訴訟が提起されている。給付の引き下げという新たな局面をむかえて、憲法学説でも、広い立法・行政裁量を認めつつ「ひとたび裁量が行使され、給付の仕組みや給付水準が具体的に確定した後には、正当な事由がない限り、いったん到達した水準からの後退は禁止される」という「制度後退禁止原則」の法理が注目されるようになっている。[19]

そのほかの裁量統制の法理として、中間型の実体法的審査である優越的法益侵害、目的や考慮要素に着目した裁量審査などがあるが、生活保護基準の引き下げと制度後退禁止原則の問題については、「公的扶助（生活保護）」の章で検討する（第2章第3節参照）。

---

18　詳しくは、堀・総論139頁以下参照。
19　小山剛「生存権の『制度後退禁止』？」慶應法学19号（2011年）98頁。

## 3　外国人と社会保障

　憲法25条1項は、生存権の権利主体を「すべて国民」としている。ここで「国民」とは日本国籍を有する者と解されており、日本国籍のない外国人に対して、憲法25条の保障が及ぶかが問題となる。

　戦後草創期の日本の社会保障各法令には、少なからず社会保障の適用を「国民」に限定する、いわゆる「国籍要件」が存在していた。しかし、1981年の「難民の地位に関する条約」（以下「難民条約」という）の批准にともなう、関係法律の整備に関する法律により、これらの国籍要件は同条約が発効した以降、随時撤廃された。ただし、生活保護法は、今なお日本国民のみに適用されるとされている（第2章第2節参照）。

　外国人の基本的人権の保障については、マクリーン事件判決（最大判1978年10月4日民集32巻7号1223頁）が、性質説を採用しており、これに基づいて、社会権の適用についても、従来は否定説が伝統的見解であった。しかし、現在の通説は、法律において外国人に社会権の保障を及ぼすことは、憲法上なんら問題はなく、とりわけ、日本に定住する在日韓国・朝鮮人および中国人については、その歴史的経緯や日本での生活実態等を考慮すれば、できるかぎり、日本国民と同じ扱いとすることが憲法の趣旨に合致するとする。[20]

　問題となるのは、不法在留外国人の生存権保障である。緊急に治療を要する場合も含め、医師法により治療はなされるから、不法在留外国人は保護の対象にはならないとするのが判例（最判2001年9月25日判時1768号47頁）だが、疑問が残る（第2章第2節参照）。

## 4　社会保障法と平等原則（憲法14条）

「法の下の平等」を定める憲法14条1項も、社会保障の給付に密接に関わっている。同条項の解釈をめぐっては、法適用の平等のみならず不平等な取り扱いを内容とする法の定立をも禁止する趣旨であり、平等原則は立法者をも拘束するという立法者拘束説が通説・判例である。その

---

20　芦部・前掲注16）94頁参照。

上で、多数説は、恣意的な差別は許されないが、法上取り扱いに差異が設けられている事項と事実的・実質的な差異との関係が、社会通念からみて合理的であるかぎり、平等原則違反の問題は生じないと解している[21]。

判例も、前記堀木訴訟最高裁判決が「憲法25条の規定の要請にこたえて制定された法令において、受給者の範囲、支給要件、支給金額等につきなんら合理的理由のない不当な差別的取扱をした」場合には憲法14条違反の問題を生じうるとし、学説と同様の立場を示すとともに、合理性の判断基準については、憲法25条と同様、広い立法裁量を許容している。生存権違反をめぐる裁判において、憲法25条違反をストレートに訴えても、広い立法裁量に阻まれるため、憲法14条違反を持ち出す手法が考えられたが（堀木訴訟もそうした側面がある）、14条の合理性の判断基準においても、判例は広い立法裁量を認めているため、結局、社会保障立法における憲法14条違反の主張も、広い立法裁量に阻まれる結果となっている[22]。法の下の平等という憲法14条の規範に基づき、立法府の裁量権行使の過程に着目する「裁量過程統制型」審査を主張する学説もあるが[23]、裁判例では、社会保障法の規定が憲法14条に違反するとした判決は、下級審判決にわずかにみられるにとどまる。

社会保障で平等原則違反が問題となった事例としては、国民年金法の国籍要件の規定が争われた前記塩見訴訟がある。また、年金・手当の併給調整規定が平等原則違反として争われた事例として、児童扶養手当と障害福祉年金の併給調整が争われた前記堀木訴訟、老齢福祉年金と普通恩給の併給調整が争われた宮訴訟（東京高判1981年4月22日行集32巻4号593頁）などがある。さらに、国民年金法の老齢福祉年金を夫婦が受給する場合、その額を一部支給停止にする規定が憲法14条1項に違反するかが争われた事例として牧野訴訟がある。同訴訟の第1審判決（東京地判1968年7月15日行集19巻7号1196頁）は、夫婦受給制限規

---

21　芦部・前掲注16）132頁参照。

22　葛西まゆこ『生存権の規範的意義』（成文堂、2011年）67頁も、憲法25条が関連する事案においては、憲法14条における合理性の基準は、現在の判例理論が前提とする広範な立法裁量論に、ほぼ吸収されるということが示されたと指摘している。

23　小山剛『「憲法上の権利」の作法〔第3版〕』（尚学社、2016年）115頁以下参照。

定は、憲法13条および14条に違反して無効であるとした。国は控訴したが、法律改正により同規定が削除されたこともあり、和解により訴訟は終結している。

　そのほか、婚姻によらないで懐胎した児童を父が認知した場合に、児童扶養手当の支給を認めない児童扶養手当法施行令（政令）の違憲性（憲法14条違反）が争われた裁判で、第1審判決（奈良地判1994年9月28日訴月41巻10号2620頁）は、憲法14条違反を認めたが、最高裁は、憲法14条違反には触れず、児童扶養手当法の委任の範囲を逸脱したものとして、同施行令を違法とした（最判2002年1月31日民集56巻1号246頁）。

　なお、外国人被爆者が来日し、原子爆弾被爆者に対する援護に関する法律1条の被爆者たる地位を取得し、かつ、同法27条に定める健康管理手当の支給認定を受けたとしても、その後出国したことにより被爆者たる地位を失うという通知が、憲法14条1項に反するおそれがあるとし、原告について被爆者としての地位を確認するとともに、健康管理手当分の支給を命じた判決（大阪地判2000年6月1日判タ1084号85頁）、違法な通知の発出に対して、担当者の行為は公務員の職務上の注意義務違反に該当するとして、国家賠償法1条1項の賠償責任を認めた判決（最判2007年11月1日民集61巻8号2733頁）もある。

## 5　社会保障法と租税法律主義（憲法84条）

　憲法84条は「あらたに租税を課し、又は現行の租税を変更するには、法律又は法律の定める条件によることを必要とする」と規定し、いわゆる租税法律主義を定めている。その趣旨は、公権力による恣意的な課税を防止し、議会を通じた民主的コントロールを及ぼすことにある。このことから、租税法律主義の内容として、課税要件のすべてと租税の賦課徴収の手続は法律によって規定されなければならないという原則（課税要件法定主義）と法律によって課税要件および租税賦課徴収の手続に関する定めをする場合、その定めはできる限り一義的かつ明確でなければならないという原則（課税要件明確主義）とが導き出せるとされる[24]。

社会保障法との関連では、社会保険の各法が規定する社会保険料が同条にいう「租税」に該当するかが問題となる。税法学では、租税の特徴として、①公益性、②権力性もしくは強制性、③非対価性が挙げられている[25]。憲法学の通説は、強制性に着目して、特定の給付に対する反対給付であっても、一方的・権力的に徴収される金銭には、憲法84条が適用されるとしているものの、憲法84条の適用を限定する見解も有力である[26]。なお、社会保険料（国民健康保険料や介護保険料など）の賦課は、条例に基づくものも多いが、地方公共団体の地方税の賦課徴収についても、住民の代表である地方議会の制定した条例に基づき地方税を賦課徴収すべきという、地方税条例主義が適用されることに異論はない。

　国民健康保険料への租税法律主義の適用が争われた事案で、最高裁判決（最大判2006年3月1日民集60巻2号587頁）は、国民健康保険料は租税には該当せず、租税法律主義は直接適用されないとしつつも、一方で、賦課徴収の強制の度合いにおいては租税に類似する性質を有するから、憲法84条の趣旨は及ぶとした（「趣旨適用」）。学説でも、最高裁判決を支持する説が有力である。もっとも、国民健康保険料は保険税の形式で賦課徴収されることもあり、実質的には対価性のある保険料であるのに、この場合は地方税として、憲法84条が直接適用されることになるなど、最高裁判決には疑問が残る（第5章第4節参照）。

　また、保育料は、保育所に入所して保育を受けることに対する反対給付として徴収されるものであるから、租税には該当せず、租税法律主義の適用がないとするのが最高裁の立場である（最判1990年9月6日保情165号34頁、最判1990年7月20日保情163号23頁参照）。

## 6　社会保障法と憲法13条、29条、89条後段

### （1）　憲法13条

　憲法13条は「すべて国民は個人として尊重される。生命、自由及び

---

24　金子宏『租税法〔第23版〕』（弘文堂、2019年）81頁、84頁参照。

25　金子・前掲注24）9-10頁参照。

26　詳しくは、佐藤・前掲注16）180頁以下参照。

幸福追求に対する国民の権利については、公共の福祉に反しない限り、立法その他の国政の上で、最大の尊重を必要とする」と規定している。この規定は、国民の幸福追求の活動を妨げてはならないという自由権的側面とともに、国家が国民の幸福実現のために積極的な施策を推進すべきという社会権的な側面を有している。社会保障法は、国民の「健康で文化的な最低限度の生活」（憲法25条1項）を保障すること、つまりは人間の尊厳を保つにふさわしい生活を保障し、国民の福祉の向上を図ることを目的としており、その意味で、憲法13条の規定も、憲法25条の規定と並んで、社会保障法の制定根拠となりうる。[27]

　問題は、本条が裁判規範となりうるかであるが、学説の多くは、個別の基本権によってカバーされない権利（たとえば、プライバシーの権利）の根拠規定となりうるとし、その裁判規範性を認めている（補充的保障説）。たとえば、医療施設や社会福祉施設において、入所者のプライバシー侵害に当たるような管理を行った場合には、憲法13条違反を問いうる。裁判例でも、らい予防法によるハンセン病患者の隔離規定が憲法13条に反するとし損害賠償請求を認めた判決がある（熊本地判2001年5月11日判時1748号30頁）。

　社会保障の立法やそれに基づく処分が、個人の尊厳にふさわしい生活を保障するものでない場合には、憲法13条違反を問うことができると解されるが、憲法25条と同様に広い立法裁量が認められるため、現実に認められることは難しいと考えられる。老人福祉法上の老人福祉施設である養護老人ホームが個室でないために、プライバシーが保たれず、健康で文化的な最低限度の生活を営むことができないとして、入所者が、憲法13条および25条に基づいて、個室入所を求めた訴訟では、裁判所は、原告の個室への入所を求める具体的権利はないとして請求を棄却している（最判1993年7月19日判例集未登載）

## (2)　憲法29条

　憲法29条1項は、財産権の保障を規定しているが、その保障は絶対

---

27　同様の指摘に、堀・総論125頁参照。

的なものではなく、同条2項は、財産権の内容は「公共の福祉」による制約を受けること、3項は「正当な補償」の下にこれを公共のために用いることができることを規定している。本条の保障の対象となる財産権は、財産的価値を有するすべての権利と解するのが通説であり[28]、公法上の権利である社会保障法上の権利も、本条の保障の対象となると解される。

　そこで、年金給付など社会保障給付の水準の引き下げが、財産権の侵害に該当しないかが問題となる。とくに、裁定により受給権が確定した公的年金（既裁定年金）の受給権については、保険料拠出に基づくものでもあり、財産権保障の要請が他の社会保障給付よりは強く作用し、その引き下げは財産権侵害に該当するのではないかという問題が生じる。

　最高裁判決（1978年7月12日民集32巻5号946頁）は「法律でいったん定められた財産権の内容を事後の法律で変更しても、それが公共の福祉に適合するようにされたものである限り、これをもって違憲の立法ということができない」とした上で、その変更の合憲性の判断基準として、①いったん定められた法律にもとづく財産権の性質、②その内容を変更する程度、③これを変更することによって保護される公益の性質、などを総合的に勘案し、その変更が当該財産権に対する合理的な制約として容認されるべきであるかによって判断すべきとしている。

　最高裁の判断基準を当てはめるならば、既裁定年金の引き下げは、拠出制であることから制度に対する信頼保護も考慮する必要があること（①の判断基準）、年金受給者の老後の生活に直接かつ重大な影響を与えるものであること、受給者によっては生活保護基準を割り込む引き下げになること（以上、②の判断基準）、年金財政は年金経済状況等に大きく左右され、既裁定年金の引き下げによる年金財政の影響はきわめて限定的であること（③の判断基準）などから、憲法29条に違反する余地がある。また、正当な補償を定める憲法29条3項の趣旨から、一律に既裁定年金の引き下げのみを行うことも同条違反の疑いがある（第3章

---

28　佐藤・前掲注16）565頁参照。
29　詳しくは、伊藤・法政策29-30頁参照。

第3節参照)。[29]

## (3)　憲法89条後段

　憲法89条後段は、公金その他の公の財産は「公の支配に属しない慈善、教育若しくは博愛の事業に対し、これを支出し、又はその利用に供してはならない」と規定する。本条前段は「宗教上の組織若しくは団体」への公金の支出を禁止することによって、政教分離の原則を財政面から保障することを目的とするが、後段の趣旨・目的については、大別して、①私的な事業への不当な公権力の支配が及ぶことを防止するための規定と解する立場(自主性確保説)と、②公財産の濫費を防止し、慈善事業等の営利的傾向ないし公権力に対する依存性を排除するための規定と解する立場(公費濫用防止説)がある。①の立場は、「公の支配に属する」を厳格かつ狭義に解し、監督官庁が事業の自主性が失われる程度に達しない権限を有するだけでは、その事業に対する助成は違憲の疑いがあることになる。これに対して、②の立場は、「公の支配に属する」を緩やかに、かつ広義に解するので、業務や会計の状況に関し報告を徴したり、予算について必要な変更をすべき旨を勧告する程度の監督権をもっていれば、助成は合憲と解されることになる。[30]

　憲法89条後段の趣旨は、慈善・博愛の事業に対する公的助成を禁止することで、慈善・博愛の事業の自主性を確保することにその目的があると考えられ、同条の反対解釈として、「公の支配」に属する慈善・博愛の事業に対する助成は可能と解するのが妥当であろう。

　社会福祉事業は、この規定にいう慈善・博愛の事業に該当するが、社会福祉法は、社会福祉事業を行うことを目的とする特別の組織として、社会福祉法人を設け、かなり厳格な公的規制(業務監査、措置命令、解散命令など)を及ぼしている。このことから、社会福祉法人は「公の支配」に属すると解し、[31]同法人に補助金の支出等の助成ができることが規定され(社福58条)、憲法89条後段違反の問題をクリアーしている。

---

30　芦部・前掲注16) 376-377頁参照。

31　社会福祉法令研究会213頁参照。

## 第3節　社会保障の権利

## 1　社会保障の権利の意義と内容

### (1)　社会保障の権利の意義

　本節では、生存権の具体化としての社会保障の権利について考察する。[32]

　憲法25条1項に規定されている生存権は、個々の社会保障立法に基づいて行われる社会保障の給付の実施により、給付受給者の社会保障の権利として具体化することとなる。憲法学の通説である前述の抽象的権利説に立てば、個々の法律により社会保障の権利として具体化された権利（抽象的権利から具体的権利に化している）は、それが侵害された場合、裁判所に救済を求めることができる法的権利と解される。

　社会保障の権利（とりわけ、給付受給権）の淵源は、個々人における公的に保障すべき事由（要保障事由）の発生に求められる。この点、社会保険を「貢献による連帯」と位置づけ、拠出と給付の牽連性に、社会保険の権利の淵源を求める見解もある。[33]しかし、社会保険は、個々人における要保障事由の発生を保険事故と捉え、拠出を前提に、要保障者に給付を行う仕組みではあるが、あくまでも社会保障実現（要保障者の生存権の実現）の手段にすぎない。近年になって、介護保険法など「連帯」の理念が法律に明記されるようになったが、たとえば、国民健康保険法1条は、旧法にあった「相互扶助の精神」の文言を削除し「社会保障及び国民保健の向上に寄与することを目的とする」と規定し、国民健康保険は社会保障制度の1つであることを明示している。

　何よりも、社会保険の権利も、生存権の具体化としての社会保障の権利の1つである以上、社会保険の「保険原理」ではなく「社会原理」の

---

32　近年の社会保障法の教科書には、総論部分に「社会保障の権利」の項目が置かれていないものがあり、社会保障の権利論の議論が低調であることをうかがわせる。笠木ほか45頁以下（中野妙子執筆）でも「社会保障の権利」の項目はなく、憲法上の生存権に触れるのみである。

33　伊奈川秀和『〈概観〉社会福祉法〔第2版〕』（信山社、2020年）16-17頁参照。

強化こそが求められる。拠出に基づかない受給権の存在こそが、社会保障の権利としての社会保険の権利の最大の特徴であり、民間保険との相違といえる。社会保険はリスク分散のために、強制加入の仕組みをとり、保険料負担能力のない（もしくは乏しい）人も被保険者として包摂するがゆえに、社会保険料の減免制度が存在する。保険料減免の場合には、拠出に基づかない給付受給権が発生する。また、社会保険立法にも、たとえば、20歳前に障害者となった場合の障害基礎年金など拠出に基づかない給付（無拠出制の給付）が存在している。

「貢献による連帯」に社会保険の権利の淵源を求める学説は、憲法の生存権規定を看過し、社会保険の本質を見誤り社会保険を民間保険と同一視する解釈といえ妥当とはいえない。何よりも、後述するように、年金や介護保険など社会保険への制度不信の拡大の中、これらの学説自体が実態にそぐわないものになりつつある（第8章第3節参照）。

## （2）　社会保障の権利の内容

　社会保障の権利の中核は、社会保障の給付を受ける権利（受給権）であるが、それにとどまらず、給付を求める申請権、申請からはじまる一連の給付手続の過程が適正に進められることを求める手続的権利、そして、医療・福祉サービスなどの提供過程で適切な処遇を受ける権利、制度の管理・運営への参加の権利、権利侵害があった場合に法的に権利の回復を求めることができる争訟権（不服申立ての権利と訴訟の権利）などが含まれる複合的権利（それゆえに、憲法に規定されている生存権も複合的権利）といえる[34]。

　ここでは、社会保障の権利を、①社会保障給付の受給権（以下「社会保障受給権」という）、②給付を求める申請権や手続的権利、③医療・福祉サービスなどの提供過程における処遇過程の権利および自己決定権、④身体および精神の健康を享受する権利（健康権）、⑤当事者の制度へ

---

34　小川政亮『権利としての社会保障』（勁草書房、1964年）122頁以下は、こうした社
　会保障給付受給者の権利実現のための手続的権利や争訟権などを「自己貫徹的権利」と
　呼んでいる。その先見性を指摘するものに、井上英夫「人権としての社会保障と小川権
　利論」法律時報79巻4号（2007年）73頁参照。

の参加権、④保険料負担など費用負担の減免を求める権利（免除権）、⑤権利侵害があった場合に救済を求める争訟権に分類して検討する。

## 2　社会保障受給権

### (1)　社会保障受給権の法的性格

　社会保障受給権は、社会保障の権利の中核をなす実体的権利といえるが、その法的性格は、社会保障の給付ごとに異なっている。

　労働保険（労災保険と雇用保険）や年金保険では、法定の受給要件を満たしても、受給権は抽象的なものにとどまり、保険者である政府の決定（裁定）をまって、具体的請求権が発生するとの考え方がとられている。この場合の決定は、行政処分（確認行為）と解されており、不服がある場合には、当該処分の取消訴訟等を提起することとなる。典型的には、年金給付など現金（金銭）給付を受給する場合に該当する。

　これに対して、医療保険の場合は、主たる給付である「療養の給付」（健保63条1項、国保36条1項）は現物給付であることから、保険医療機関への被保険者証の提示により給付がなされ、基本的には、行政庁などによる給付決定などの行為は必要とされない。ただし、介護保険の場合は、保険者の要介護・要支援認定（行政処分）を前提として、指定事業者・施設が要介護者・要支援者との契約と介護（予防）サービス計画に基づいて介護サービスを提供する。これは、介護保険の給付が現金給付であることに基づく（第7章第2節参照）。

　生活保護の場合は、法の規定に基づき生活保護を受ける権利が法的権利であることは、朝日訴訟判決（最大判1967年5月24日民集21巻5号1043頁）で最高裁も認めている。ただし、その具体的な受給権は、保護実施機関の保護決定をまって申請時に遡及して発生し、この決定は形成的行為（設権行為）としての性格を有すると解されている。

　社会福祉法制の分野では、サービス提供に関して、行政庁への権限付与の規定（「できる」規定）となっているものがあり（老福10条の4など）、この規定を根拠にして、利用者の福祉サービス受給権を観念することは難しい。一方で、義務付け規定（「しなければならない」という

規定）の場合には、従来の措置制度の下でも、学説の多くは、一定の行政裁量を伴わざるを得ないことは認めつつ、申請権（たとえば、保育所や特別養護老人ホームの入所申込みなど）や給付を受ける権利を肯定してきた。しかし、行政解釈や一部の裁判例（東京高判 1992 年 11 月 30 日判例集未登載）は、義務付け規定の形であっても、給付を受ける利益の法的権利性を否定し、単なる反射的利益にすぎないという立場である。

　高齢者福祉分野では、介護保険制度の導入（2000 年）による措置制度から契約制度への転換が、利用者の福祉サービス受給権（選択権）を認めるものとの積極的な評価がなされた。しかし、要介護者の介護保険給付受給権は、直接的な介護サービス提供を受ける権利（利用の権利）ではなく、要介護認定を経て、要介護度に応じた介護サービス費用の償還給付を受ける権利にとどまる[35]。介護サービス提供を受ける権利は、あくまでも施設・事業者との契約に基づく権利であり、社会保障給付として提供されるものではない。これは、個人給付・直接契約方式を採用している障害者総合支援法や子ども・子育て支援新制度においても同様である（第 7 章第 3・4 節参照）。

## （2）　受給権の保護と受給権の消滅

　社会保障給付は、受給者（被保障者）の生活保障を目的とするため、適法に受けた給付が、完全かつ確実に受給者に帰属するように、受給権保護規定が置かれている。具体的には、①受給権の譲渡、担保提供の禁止および受給権・支給金品の差押禁止（生保 58 条・59 条、国年 24 条、健保 61 条、介保 25 条、障害総合 13 条など）、②租税その他の公課禁止（生保 57 条、国年 25 条、健保 62 条、介保 26 条、障害総合 14 条、児手 16 条など）がある。

　ただし、医療福祉機構等による年金担保融資や国税滞納処分による老齢年金等の差押（国年 24 条、厚年 41 条 1 項）、国民健康保険および介護保険の保険料滞納者に対する未納保険料と一時差し止めに係る現金給付との相殺（国保 63 条の 2 第 3 項、介保 67 条 3 項）といった例外があ

---

35　介護保険の給付受給権の本質について詳しくは、伊藤・介護保険法 80 頁参照。

る。その意味で、公租公課が禁止されている障害年金・遺族年金からの介護保険料等の源泉徴収は違法の余地がある（第7章第2節参照）。

　社会保障給付の受給権は、受給権者本人が死亡したとき、時効が成立したとき、支給要件に該当しなくなったとき、失権事由に該当したときに消滅する。受給権者の死亡の場合、受給権は相続財産性が認められないという意味で、一身専属の権利といえる（民法896条ただし書）。判例でも、生活保護受給権の相続財産性が否定され（前記朝日訴訟最高裁判決）、年金についても、未支給年金の相続財産性が否定されている（最判1995年11月7日民集49巻9号2829号）。ただし、受給権者が死亡した場合に、受給権者が支給を受けることができたはずの給付で支給しないままになっている給付については、いわゆる未支給の給付として、一定の親族に支給する形で処理がなされることがある（国年19条、厚年37条）。未支給年金の給付については、相続とは異なるルールが採用されている。


## (3)　併給調整と保険給付の制限

　一方で、社会保障受給権には、いくつかの給付制限事由が規定されている。

　第1に、給付を受けるべき者に違法行為などがある場合、制裁措置として給付制限が行われる。保険事故が故意の犯罪行為、故意または重大な過失による場合、不正受給の場合、療養上の支持・受診命令不服従などの場合などである（介保64条など）。

　第2に、社会保険等の給付の受給権が同一人に重複して発生する場合、一方を支給し、他方の全部または一部の給付が支給停止または不支給とする併給制限（併給調整）が行われる（国年20条、厚年38条など）。同一人に2つ以上の給付事由が発生する場合、それによって通常所得の喪失が倍加されるわけではないとの理由による[36]。併給制限については、とくに公的年金制度において規定があるが、公的年金が支給される場合には、児童扶養手当が支給されないなどの併給制限もある（児扶手4条

36　西村・入門314頁参照。

2項2号）。この併給制限条項には合理性があり、遺族厚生年金受給者について児童扶養手当の受給資格の喪失を適法とした裁判例がある（金沢地判2011年4月22日賃社1560号55頁）。

第3に、一定額以上の所得がある場合に、減額、支給停止または不支給とする所得制限がある。所得制限には、国民年金のように、いったん受給権を発生させた上で支給停止する場合もあるが（国年36条の3）、大半は、児童手当などのように受給権そのものを発生させないものである（児手5条1項など）。

第4に、第三者の加害行為による負傷・障害・死亡の場合、被害者側が損害賠償請求訴訟を加害者に提起し、社会保険の給付より先に加害者から損害賠償を受けると、その賠償額の限度で、保険者が同一事由に基づく保険給付を行う責任を免れる給付免責がある（国年22条2項など。労災保険給付と損害賠償の調整につき第6章第3節参照）。

なお、社会保険の保険料滞納は、年金保険については、受給資格や受給額に反映されるにとどまるが、医療保険・介護保険については、保険給付の全部または一部の一時差止め（国保63条の2第1項・2項、介保67条1項・2項）、被保険者証の返還と資格証明書発行による償還払化（国保9条3項以下）などの給付制限（実質的な制裁措置）がある。しかし、これらの給付制限は、医療や介護を必要としている人に対する給付を制限することになるので、最小限度の範囲にとどまる必要がある（第5章第3節、第7章第2節参照）。

## 3　申請権と手続的権利

### (1)　申請権の保障

社会保障の給付は、本人・家族等による申請→給付決定→法に定める給付（現物給付もしくは現金給付の支給）という一連の手続きを経てなされる場合が多い。要保障者等の申請を前提とした申請主義である。それゆえ、申請から給付に至る手続過程の全般にわたり、適正な手続であることが要請される。

社会保障法の領域では、給付や負担を義務付ける権利義務関係の多く

が行政処分などを通じて形成される。こうした行政処分などの共通の基本的手続を定めているのが行政手続法である。同法は、行政運営における公正の確保と透明性の向上を図り、国民の権利利益の保護に資することを目的としている（行手1条1項）。

社会保障給付の多くは、前述のように、申請を前提とする申請主義を採用しており、申請は法令に基づいて行われる。行政庁は、当該申請に対して遅滞なく当該申請の審査を開始しなくてはならず（行手7条）、行政手続法のもとでは、行政庁による受理拒否はもはや観念しえないとするのが裁判例である（神戸地判2000年7月11日訴月48巻8号1946頁）。通説でも、行政手続法7条は、いわゆる受理という観念を採用していない。[37]少なくとも、受理は、行政手続法上は法的意味をもたないとされる。[38]

申請権とは、申請者みずからの申請にかかる案件が適正に処理されることを要求する権利であり、申請それ自体が、そのような意味での権利行使として位置づけられる。[39]それゆえ、たとえば、申請書を渡さなかったり、申請書を受け取らなかったりする、従来の生活保護行政でみられた、いわゆる水際作戦は、行政手続法違反であり、申請権の侵害となる（第2章第5節参照）。

### (2) 手続的権利の保障

社会保障給付の認定や支給決定については、被保険者等の申請権が認められており、行政手続法第2章（「申請に対する処分」）の適用がある。処分庁は、自ら審査基準を定めてこれを公にする義務を負い（行手5条）、申請拒否処分をする場合には、理由を提示する義務がある（同8条）。申請一部拒否処分の場合も理由を提示する必要があり、支援費制度のもとだが、身体障害者福祉法に基づく居宅生活支援費の申請（月165時間）の一部拒否処分（支給量を月125時間とする処分）について、これ

---

37　宇賀克也『行政手続3法の解説〔第2次改訂版〕』（学陽書房、2016年）97頁参照。
38　塩野・行政法I 320頁参照。
39　小早川光郎『行政法講義・下I』（弘文堂、2002年）41頁参照。

に理由を付記しなかったことは、行政手続法8条に違反するとした裁判例がある（福島地判2007年9月18日賃社1456号54頁）。また、通所リハビリ事業者の指定の取消処分が、行政手続法14条1項の要求する理由提示要件を欠くとして違法とされた事例もある（名古屋高判2013年4月26日判例自治374号43頁）。申請者には、申請権とともに行政手続法所要の手続的権利が保障されているといえる。

　一方で、現物給付ではなくサービス費用の個人給付・直接契約方式をとる社会福祉法制では、支給決定の取消しなど不利益処分については、受給者の権利利益を保護するため事前にその意見を聴くという手続的保障が法定されていない。サービス費用の支給という金銭給付を制限する不利益処分であるため、行政手続法上の聴聞等の適用もない（行手13条2項4号）。

　施設入所の措置の解除などの不利益処分については、行政手続法を一部除外したうえで、社会福祉の特色に照らした独自の手続が法定化されている。生活保護法上の保護決定処分や社会福祉各法上の措置など、行政手続法の意見陳述のための手続を適用除外としているものがあり（生保29条の2、児福33条の5、身福19条など）、それに代わって、弁明の機会の付与（生保62条4項）、理由説明・意見聴取（児福33条の4、身福18条の3など）といった手続が規定されている。個別のソーシャルワークを尊重する趣旨であるが、理由説明・意見聴取など、行政手続法上の聴聞等に比べ手続が簡略化されており、十分な手続的保障がなされているかには疑問があるとの指摘がある[40]。ただし、保育の実施の解除（保育所退所処分）については、2012年の児童福祉法改正によって、行政手続法所要の聴聞手続が必要となった（第7章第3節参照）。

　日本の社会保障の法制度や給付要件は、きわめて複雑で、制度内容も十分に周知されているとはいいがたい。それゆえ、給付主体（保険者や行政機関など）の側には、要保障者が申請の判断ができるだけの情報を提供（説明、広報、助言）する広報・周知徹底義務があるといえる。た

---

40　前田雅子「社会保障における行政手続の現状と課題」ジュリスト1304号（2006年）
　　21頁参照。

だし、行政のこれらの広報、周知徹底義務は、法的義務ではなく、法的強制の伴わない広報・周知徹底の責務が認められているにすぎないとするのが判例である（児童扶養手当の支給に関して、大阪高判1993年10月5日訴月40巻8号1927頁）。

## 4　処遇過程の権利と自己決定権

　さらに、社会保障の給付過程、とくに福祉サービスの提供（処遇）過程において、サービス利用者は、プライバシーの尊重、危害・苦役・収奪からの保護、自己決定の権利など、憲法13条の趣旨に基づき、個人の尊厳にふさわしい処遇を受ける権利がある。

　福祉サービスの利用者は、介護が必要であったり、施設に入所していたりすることで、一般の市民に比べて権利の行使が制約されやすい。その制約を緩和、除去して、実質的に利用者の自由権の回復を図るためには、それにふさわしい適切な処遇が保障される必要があり、利用者には、そうした適切な処遇を求める権利があると解される。

　イギリスなどでは、これらの権利を保障するために、施設入所者等の権利に関する規則が制定されている。日本でも、個別の法令において、必要最小限度の指導・指示および被保護者の自由の尊重（生保27条）、強制入所の禁止（同30条2項）、親権者または後見人の意に反する入所措置等の禁止（児福27条4項）、児童保護のための禁止行為（児福34条）、介護過程における身体拘束等の禁止（指定介護老人福祉施設の人員、設備及び運営に関する基準11条4項）、虐待の早期発見や防止（介保115条の38第1項4号、障害総合2条1項3号）などが規定されている。虐待防止に関しては、個別法として、児童虐待の防止等に関する法律（児童虐待防止法）のほか、高齢者虐待の防止、高齢者の養護者に対する支援等に関する法律（高齢者虐待防止法）、障害者虐待の防止、障害者の養護者に対する支援等に関する法律（障害者虐待防止法）がそれぞれ制定されている。

　また、医療・福祉サービスの提供（処遇）過程において、十分な説明を受けたうえで選択（自己決定）できる権利の保障が必要となる。個別

法では、医師等による適切な説明と医療を受ける者の理解（インフォームドコンセント）を得る努力義務（医療1条の4第2項）、保険医療機関等の選択（健保63条3項）、誰とどこで生活するかについての選択の機会（障害基本3条2号、障害総合1条の2）などの規定がある。

　しかし、児童や高齢者、障害者の自由権やプライバシーの保護など処遇過程の権利、さらには自己決定権を体系的に明文化した規定はなく、また、現場では人手不足などで適切な処遇そのものが難しくなっているなど、処遇過程における権利の保障は不十分なままにとどまっている。とりわけ、自己決定の権利については、その保障のためには、少なくとも、自己決定にあたって十分な説明を関係当事者に求めることができること、判断能力が不十分なときは意思決定の支援を含む福祉サービス利用援助事業（社福80条・81条）などの権利擁護サービスを受けることができることが必要となるが、現状では、サービスの選択は、本人でなく家族や事業者に委ねられていたり、福祉サービス利用援助事業の仕組みも費用負担が重く利用できないなど（第7章第6節参照）、多くの課題が指摘されている。[41]

## 5　健康権

　医療・福祉分野では、憲法25条の生存権規定のみならず、社会権規約12条に規定されている健康権（right to health）に基づいた制度構築を求める有効性が指摘されている。[42]

　社会権規約12条1項は「この規約の締結国は、すべての者が到達可能な最高水準の身体及び精神の健康を享受する権利を有することを認める」と、いわゆる「健康権」を明記している。同条2項では、その健康権の完全な実現を達成するための措置として、①死産率、幼児死亡率低下と児童の健全発育のための対策、②環境衛生、産業衛生の改善、③伝染病その他の疾病の予防、治療、抑圧、④病気の場合にすべての者に医

---

41　河野ほか26-27頁（河野正輝執筆）参照。
42　井口克郎「安倍政権下における介護保険制度改革の問題点と対抗軸」医療・福祉問題研究会121頁参照。

療および看護を確保するような条件の創出を例示している。また、国連の社会権規約委員会の「一般的な意見14」では、人々の健康に関する自由や自己決定権を重視し、同時に医療や福祉制度・資源へのアクセス保障や健康権の後退禁止など、国が取り組まなければならない義務が規定されている。同委員会は、日本政府および司法に対して、社会権規約に裁判規範性を持たせることを再三にわたり求めており、社会保障の権利の重要な要素として、身体・精神の健康を享受する健康権を観念することが可能であろう。さらに、憲法25条1項の「健康で文化的な最低限度の生活を営む権利を有する」という規定も「健康を享受する権利」と読み替えることができ、健康権の根拠規定となりうる。

　健康権保障のための中核となる制度は医療であるが、①②③の施策は、公衆衛生の施策といえ、本書では、公衆衛生を主として健康権保障のための諸施策と位置付ける。

## 6　当事者の参加の権利

　社会保障の給付主体（とくに行政機関）による恣意的な裁量行使を事前に抑制するためには、以上のような手続的権利の保障に加えて、社会保障の管理・運営、さらには政策決定過程への受給者など当事者の参加の権利が保障される必要がある。社会保障給付の受給者の多くは、生活に困窮していたり、高齢で傷病を抱えていたり、障害があったりして、政治プロセスへの参加が容易でないことを考えるならば、当事者参加の制度化や参加権の保障は、民主主義的側面からも重要である。

　社会保険については、従来から、その長所として、保険者自治の側面が強調されてきた。すなわち、社会保険には、負担と受益が保険集団の構成員に限定された政治システムという側面があり、被保険者の制度運営への参加と民主的決定を通じて、保険集団内の自治が果たされるとされ、社会保険の場合は、保険料拠出を前提に自らの関与権をより主張しやすいという議論である。[43]

　実定法でも、被保険者の代表が制度の管理・運営に参加する仕組みが

---

43　保険者自治の議論については、笠木ほか243頁（笠木映里執筆）参照。

設けられている。医療保険では、健康保険組合の代議員・理事の被保険者からの選出（健保21条2項）、全国健康保険協会の運営委員会（同7条の18〜7条の20）、評議会（同7条の21）、国民健康保険運営協議会（国保11条）、国民健康保険審査会への被保険者代表の参加（国保93条）などが法定されており、年金保険でも、年金積立金管理運営法人の役員として被保険者の利益を代表する者による公的年金積立金の運用方針決定等への参加がある。また、介護保険法では、市町村介護保険事業計画の策定への被保険者の意見反映（介保117条9項）や介護保険審査会への被保険者代表の参加（介保185条）の規定がある。

　これに対して、生活保護法や社会福祉各法には、受給者や利用者の管理・運営・政策決定過程への参加を制度化した規定はなく、生活保護法には、保護基準の改定に際して、意見を聞く諮問機関の定めすらない（第2章第3節参照）。公的扶助・社会福祉の領域では当事者の参加の権利はほとんど認められていないといえる。

## 7　免除権

　社会保障の適正な運営を確保するため、社会保障各法では、費用負担の義務が課されている。社会保険制度では、被保険者に保険料負担義務が課される。被用者を対象とする社会保険では、被保険者本人及びその事業主に課され（厚年82条1項、健保161条1項など）、自営業者などを対象とする社会保険では、被保険者本人（もしくは世帯主）に課せられる（国保79条1項）。しかし、強制加入制度を採用している社会保険では、保険料負担が困難な者も加入者となるため、所得がないときには保険料負担義務などを免除される権利（免除権）が認められる必要がある。給付の際の一部負担金や利用者負担についても同様である。

　社会保障法における負担形式は、受給者の所得などを基準に費用負担を決定する応能負担の方式と、受給者が得る財・サービスの量を基準に負担額を決定する応益負担の方式がある。憲法からは法原則として、応能負担原則が抽出されるとされており[44]、とくに憲法25条を基本理念と

44　北野112−113頁参照。

する社会保障分野における費用負担は、応能負担が基本となる。

　社会保険料では、健康保険や厚生年金保険など被用者保険の保険料は、標準報酬に応じた定率負担となっているが、国民健康保険料や介護保険料の場合は、所得がなくても賦課される応益負担の部分が存在する。国民年金保険料には、所得が低い場合には免除（法定免除および申請免除）の規定（国年89条・90条）があるが、保険料免除の場合は、国庫負担を除いて給付に反映されない。これに対して、国民健康保険料や介護保険料、後期高齢者医療保険料については、軽減の規定はあるものの（最大で7割軽減）、所得がなくても保険料は免除されない。保険料免除は、災害など突発的な事由に限られており、恒常的な生活困窮者は対象になっていない（第5章第3・5節、第7章第2節参照）。また、所得税のような累進制が採用されておらず、保険料負担に上限が存在し（厚生年金保険料について標準報酬月額の上限31級で62万円。厚年20条）、高所得者の保険料負担は軽減されている一方で、逆進性の強い保険料負担は、低所得者に重く、その生活を圧迫している。

　医療保険の一部負担金や介護保険の利用者負担は、定率負担（応益負担）が原則となっている（健保74条等）。国民健康保険の一部負担金には、保険者が「特別の理由がある」被保険者で、一部負担金を支払うことが困難であると認める者に対して、一部負担金の減免、徴収猶予ができる制度が存在する（国保44条）。ただし、一部負担金の減免等の理由となる収入の減少は、保険料免除の場合と同様、災害や失業など一時的なものに限定されるとしており、いずれも免除権の観点から課題が残る（第8章第1節参照）。

　これに対して、社会福祉の利用者負担は、社会保険化された高齢者福祉（介護保険）を除き、応能負担が原則となっている。このうち児童福祉にかかる費用（保育料）については、保育所等に通う3歳以上の子どもについて、無償化（幼児教育・保育の無償化）が実現している（第7章第3節参照）。

　現在の社会保障改革では、医療・介護の給付費抑制のために、とくに高齢者について医療・介護の負担割合が1割から一定所得以上の者は2

割、3割に引き上げられてきている。しかし、要保障者が医療受診や介護を受けることを躊躇させるような負担増、さらには健康で文化的な最低限度の生活を営むことを脅かすような負担増は、免除権の侵害であり、憲法25条違反の余地がある（第5章第6節、第7章第2節参照）。

# 8　争訟権

## （1）　不服申立権

　以上のような社会保障給付受給権や手続的権利などが現実に保障されるためには、その権利侵害があった場合に、救済を求めて不服の申立てや訴訟を提起することができる権利、すなわち争訟権が保障されていなければならない。社会保障給付の多くは、行政機関（行政庁）の行政処分（決定）を通じて支給されることが多いので、権利侵害があった場合の救済も、行政不服申立てや行政訴訟の形態をとり、行政上の争訟権の保障が必要となる。

　行政上の不服申立ての一般法としては、行政不服審査法がある。同法は、2014年に大幅に改正され（2016年4月施行）、従来の異議申立ては廃止されて審査請求に一本化された（行審2条）。また、公正な審理の実現のため、審理員という職が新設され（行審9条2項1号）、弁明書提出が義務化され（行審29条2項）、審理の迅速化のため、標準審理期間が新設される（行審16条）などの改正が行われた。

　社会保険については、給付に関する紛争を簡易・迅速に処理するため、法律により不服申立てのための第三者的機関が設けられている。健康保険、厚生年金保険、国民年金などに関する審査請求については、各地方社会保険事務所に置かれている社会保険審査官が、再審査請求については厚生労働大臣所管の下に置かれている社会保険審査会が取り扱っている。国民健康保険の不服申立ての審査は、都道府県ごとに設置された国民健康保険審査会が行う（国保92条）。介護保険法でも、特別の不服審査機関として、都道府県に介護保険審査会が置かれ（介保184条）、市町村が行う要介護認定や保険給付に関する処分、および保険料の賦課徴収などに関する処分に不服がある者は、同審査会に審査請求をすること

ができる（介保183条）。

　また、障害者総合支援法は、市町村の介護給付費または地域相談支援給付費等に係る処分に不服がある者は、都道府県知事に対して審査請求をすることができるとし（障害総合97条）、介護保険と異なり、都道府県知事が裁決権限を有する仕組みをとっている。都道府県知事は、その審査請求の事件を取り扱わせるため、外部の学識経験者からなる障害者介護給付費等不服審査会を設置できる（同98条）。

## (2)　訴訟の権利

　最終的な権利救済の手段としては、権利侵害を受けた当事者（受給者）が国・地方公共団体を被告として裁判所へ行政訴訟を提起することとなる。裁判を受ける権利については、憲法上も認められている（憲法32条）。

　行政訴訟の一般法として、行政事件訴訟法があり、社会保障関係の紛争については、不支給決定などの処分の取消しを求める取消訴訟が中心となる（行訴3条2項）。2004年の行政事件訴訟法の改正により、義務付け訴訟および仮の義務付けが法定され（行訴3条6項）、社会保障給付の申請（支給）拒否処分を争う場合には、拒否処分の取消訴訟とともに給付決定の義務付け訴訟（同37条の3）を提起し、仮の義務付け（同37条の5）も申立てることが可能となっている。実際に、障害児の保育所入所決定の義務付けが認められた事例がある（第7章第3節参照）。障害児の就学をめぐっても、市立養護学校への就学を拒否された児童の就学を市に対して命ずる決定（仮の義務付け決定）が行われた事例（大阪地決2007年8月10日賃社1451号38頁）や四肢に障害のある児童が就学先の中学校として養護学校ではなく、普通学校を指定するように求めた仮の義務付けの申立てが認容された事例（奈良地決2009年6月26日賃社1504号47頁）がある。また、近年では、生活保護分野で、保護開始の義務付け訴訟を提起し（仮の義務付けの申し立て）、これらを認容する例が相次ぎ、有効な救済手段となっている（第2章第6節参照）。

　もっとも、社会保障各法では、行政訴訟の前に不服申立て（審査請

求）を経る審査請求前置が採用されているものが多い（国年101条の2、国保103条など）。介護保険法でも、障害者総合支援法でも審査請求前置がとられている（介保196条、障害総合105条）。しかし、審査請求前置については、その合理性に疑問がもたれており、前述の行政不服審査法の改正（2016年4月施行）により、国民の裁判を受ける権利を不当に制限しないようにするとの趣旨から、大幅に見直しが行われた。[45] すなわち、一部の審査請求前置を廃止し、健康保険法や国民年金法、労働保険にみられた二重前置（再審査請求までを経てからでないと行政訴訟が提起できない仕組み）はすべて廃止された。社会福祉分野では、子ども・子育て支援法の保育の必要性等の支給認定の処分に対する審査請求前置の規定（子育て支援81条）が削除され、支給認定に不服のある保護者は、審査請求を経ずに訴訟を提起できるようになった。しかし、介護保険や障害者総合支援法の審査請求前置の規定は残されている。

---

45　不服申立前置の見直しの背景、経緯について詳しくは、宇賀克也『解説・行政不服審査法関連3法』（弘文堂、2015年）216頁以下参照。

# 第2章 公的扶助（生活保護）

　社会保険などの社会保障給付を利用しても（もしくは給付から漏れ）、最低生活を維持できない人に対し、その不足分に応じて公費（税）により給付を行うのが公的扶助である。日本では「最後のセーフティネット」といわれる生活保護が該当する。

　本章では、生活保護の沿革と現状を概観したうえで、生活保護法の基本原則と適用、保護基準、生活保護の方法・実施過程をめぐる法的問題を考察する。加えて、生活保護制度改革の動向と生活困窮者自立支援法についても考察し、生活保護法の課題を探る。

## 第1節　生活保護の沿革と現状

### 1　公的扶助の沿革と生活保護法

　国家による公的扶助制度は、イギリスでは、エリザベス1世統治下の1601年の救貧法にその淵源を求めることができる。日本では、1874年の恤救規則がそのはじまりである。しかし、同規則（現在の法律に該当）は、労働能力のある者を対象から除外する制限扶助主義をとっており、その対象は、原則として、障害や疾病、70歳以上で重病または老衰により就業できない単身者、13歳以下で身寄りのない者に限定されていた。公的扶助とはとてもいえないような、極めて不十分な同規則は、実に半世紀以上続いた。

　これに対して、1929年に成立した救護法は、対象者を大幅に拡大したうえ、救護の種類を列挙し、救護機関には市町村を当て、救護費の2分の1以内を国庫が補助するなど規定上は恤救規則よりも格段に整備さ

れた。しかし、救護を受ける権利は否定され、受給者が素行著しく不良または著しく怠惰であるときには給付を打ち切ることが認められ、救護を受けた者は、普通選挙法上の選挙権を喪失するなどの欠格条項が置かれていた。

　第2次世界大戦後、日本を占領下においた連合国軍最高司令官総司令部（GHQ）の対日政策は、日本の非軍事化と民主化にあった。民主化の一環としてのGHQの対日福祉政策の基本は、戦前の社会事業（当時は、まだ社会保障という言葉は使われていない）の恩恵的・慈善的性格の払拭に置かれた。GHQは、1946年2月に、日本政府に示した「社会救済」覚書において、公的扶助における①無差別平等原則、②公的（国家）責任の原則、③必要充足の原則（扶助費の総額に制限を設けないこと）を示した。[1]この原則にもとづき、同年9月、旧生活保護法が制定された。しかし、同法は保護請求権が否定されていたうえに、就労能力があるにもかかわらず、勤労の意欲のない者や「素行不良な者」を保護の対象外とする欠格条項（同2条）が設けられるなどの問題があったため、1949年の社会保障制度審議会の勧告「生活保護の改善強化に関する件」を受けて、翌年、旧法を全面改正し、現行の生活保護法が制定された。

　その後、受給者数の増大を背景に、2013年に、就労による自立の促進、医療扶助の適正化などを目的として、生活保護法の大幅改正が行われ（以下「2013年改正」という）、同時に成立した生活困窮者自立支援法とともに、翌年から施行されている。また、2018年にも、生活保護法（以下「2018年改正」という）および生活困窮者自立支援法の改正が行われた。

## 2　生活保護の現状

### (1)　増大する生活保護受給世帯

　日本の生活保護の受給世帯は、1995年に約60万世帯で最少を記録し

---

1　この覚書は「public assistance」という標題であり、本来であれば「公的扶助」と訳されるところ、「社会救済」と訳された。このことは、当時は「公的」という概念が日本語に存在しなかったことを意味する。この点に関しては、伊藤・権利150頁参照。

たのを底にして、その後、雇用情勢の悪化と貧困の深刻化にともない右肩上がりに増大、2011年には、受給者数が205万人を突破し、制度開始以来最多の受給者数となった。2018年12月分でみても、受給者数は、後述する生活保護基準の引き下げの影響により、ピーク時の2015年度の216万人から減少に転じ約209万人となっているが、単身高齢者の増大で、世帯数については163万8866世帯と過去2番目の多さとなっている（厚生労働省調べ。以下の数値は同じく2018年度のもの）。

　保護世帯のうち稼働世帯は1割強で、高齢者世帯や傷病者・障害者世帯が多く、経済的自立が難しいため保護期間が長期化している。中でも、年金の給付水準が低いため、生活保護を受給せざるを得ない高齢者が増大しており、高齢者世帯が88万3800世帯と保護世帯全体の54.7%を占め、このうち約9割は単身者世帯である。これらの高齢者の経済的自立はほとんど不可能に近く、結局、亡くなるまで生活保護を受給し続けることになる。

　厳しい受給要件のもと、保護を必要とする人のうち実際に生活保護を受給している人の割合（捕捉率）は、政府統計でも3割強（厚生労働省「生活保護基準未満の低所得世帯数の推計について」2010年4月）、研究者の推計では2割弱と、他の先進諸国が公表している捕捉率（スウェーデンでは82%、ドイツで65%）に比べて極端に低い。生活保護の受給についてのスティグマ（恥の意識）が根強く、国や自治体が、漏給が出ないように積極的な広報・周知活動を行ってきたとはいいがたく、逆に、生活保護の現場では、いわゆる水際作戦という形で、申請書を渡さない、申請を取り下げさせるなど違法な運用が行われてきた。にもかかわらず、生活保護受給世帯の増加をみていることは、現在の日本の貧困が深刻化していることを物語っている。また、生活保護受給者には精神

---

2　もっとも、過去最多の受給者数（204万6000人）であった1951年当時の日本の人口は、8457万人で、保護率は2.4%あるから、保護率（現在は1.6%）でみれば、過去最高とはいえない（当時の保護率の水準であれば、生活保護受給者数は、現在の約1.5倍の300万人超に達する計算となる）。

3　生活保護問題対策全国会議や全国生活保護裁判連絡会などの60団体は、2011年11月9日に、連名で「利用者数の増加でなく貧困の拡大が問題である─『生活保護利用者過去最多』に当たっての見解」を公表し、同様の認識を示している。

的疾患を抱えた人も多く、受給者の人口10万人あたりの自殺者数は、全国平均の2.1倍から2.4倍にのぼる[4]。

## (2) 生活保護をめぐる現状

　貧困が拡大しているにもかかわらず（だからこそかもしれないが）、生活保護受給者に対する一般国民のまなざしは厳しい。兵庫県小野市では、生活保護や児童扶養手当など福祉給付・手当の受給者が、給付された金銭を「パチンコ、競輪、競馬その他の遊戯、遊興、賭博等」に費消したりしているのをみつけた場合には、「市民及び地域社会の構成員」に対して市に情報を提供することを責務として定める条例（「小野市福祉給付制度適正化条例」）が2013年4月から施行されている。同条例は、生活保護受給者などへの監視を強め、市民の密告を奨励するという意味で憲法違反の条例ではないかと考えられる[5]。

　また、2014年3月には、さいたま市が「生活ホットライン」と称して、市民に対して、生活保護受給者の不正受給情報を求める事業をはじめており、2017年1月には、神奈川県小田原市の生活保護ケースワーカーが「保護なめんな」などと読めるアルファベットの文字をプリントしたジャンパーと「生活保護悪撲滅チーム」を意味する「SHAT」とプリントしたポロシャツを作成し、10年にわたり着用していたことが明らかとなった。

　なぜ、他の先進諸国では考えられないような生活保護バッシングが、日本ではこれだけ拡大するのだろうか。確かに、生活保護を受給すれば、課税もされず社会保険料負担もなく、医療扶助で医療費も無料となり、生活は格段に楽になる。しかし、生活保護を受給していない（できていない）生活困窮の人たちには、これらの負担が強いられ、生活は苦しいままとなる。つまり、生活保護受給者の周辺には、膨大な生活困窮層が存在しており、それらの人々が保護受給者に対して厳しいまなざしを向

---

4　稲葉剛『生活保護から考える』（岩波新書、2013年）76-77頁参照。
5　小野市の条例の問題点に関しては、安田浩一「小野市『適正化条例』と民意」賃社1585号（2013年）4頁以下参照。

けているといえる。日本の社会保障がそれだけ貧弱であるともいえよう。
かりに、それらの生活困窮者についても、税金や社会保険料が免除され、
医療費も無料であれば（それが本来の社会保障の姿と考えるが）、生活
保護受給者が「恵まれている」との感情など抱きようがないからである。

　そして、生活保護受給者と保護費の増大を背景に、後述のように、保
護費の抑制を目的とした生活保護制度改革が進められている。こうした
中、2020年に入ってからの新型コロナの感染拡大の影響で、雇用情勢
が急激に悪化し、観光・飲食業界を中心に事業者の倒産・廃業、そして
失業者、生活困窮者が急増している。それにともない生活保護の申請も
増大するに至っている（本章第5節参照）。

## 第2節　生活保護法の基本原則と適用

### 1　生活保護法の目的

　生活保護法は「日本国憲法第25条に規定する理念に基き、国が生活
に困窮するすべての国民に対し、その困窮の程度に応じ、必要な保護を
行い、その最低限度の生活を保障するとともに、その自立を助長するこ
と」を目的としている（1条）。

　すなわち、生活保護法の目的は、第一義的に、国民の「最低限度の生
活」の保障にあり、ここで保障されるべき「最低限度の生活」は、生存
ぎりぎりの最低生活（つまり生命体としてのヒトの最低必要カロリー
だけが満たされている状態）ではなく、憲法25条1項にいう「健康で文
化的な最低限度の生活」水準を維持するものでなければならず、このこ
とは「この法律により保護される最低限度の生活は、健康で文化的な生
活水準を維持することができるものでなければならない」（生保3条）
として、明文で確認されている。

　以上のことから、国民の生活保護を受ける権利は、憲法25条1項に
いう「健康で文化的な最低限度の生活を営む権利」、すなわち生存権の
具体化といえる（同様の解釈として、朝日訴訟に関する最判1967年5

月24日民集21巻5号1043頁）。この意味で、生存権には一定の規範的効力が認められ、生活保護法を代替的措置なく廃止したり、最低生活を営むことが不可能なレベルまで生活保護基準を切り下げる立法は、違憲となる。

　最低生活保障と並んで、生活保護法の目的とされているのが自立の助長である。ここで言われている「自立」概念については、2つの考え方がある。ひとつは、生活保護を受けずに生活するという意味での自助、とりわけ就労による経済的自立を意味するとの考え方である。もうひとつは、社会保障の給付や他の援助を受けながらも、日常生活の中で主体的に自らの生活を営むことを自立（「自律」の字を充てる方が適切かもしれない）と捉える考え方である。これまでの生活保護法の解釈運用は、就労支援という言葉に象徴されるよう、前者の考え方が主流であったが、憲法13条による保障される人格的自律権という考え方からすれば、後者の考え方に立脚した生活保護の解釈運用が求められよう[6]。

## 2　無差別平等原則

### （1）　無差別平等原則の意義

　生活保護法の基本原則としては、まず保護の無差別平等原則がある（生保2条）。

　この原則は、保護を受ける権利が平等であること、生活保護を必要とする者（以下「要保護者」ともいう）に対して保護が平等に行われなければならないことを意味する。同時に、無差別平等原則は、困窮に陥った原因を問わずに保護を実施することを意味し、これに従い、従来の救護法にみられた稼働能力のある困窮者を扶助の対象から除外する制限扶助主義は廃され（その意味で、現行生活保護法は一般扶助主義をとる）、就労拒否者や素行不良者等に保護を行わないことを認める旧法の欠格条

6　障害者福祉における「自立」概念の変遷と自律権については、伊藤周平「障害者の自立と自律権―障害者福祉における自立概念の批判的一考察」季刊社会保障研究28巻4号（1993年）426-433頁参照。また、法の目的とする「自立」の多面的意味を指摘するものとして、前田雅子「障害者・生活困窮者―自立支援の対象と公法」公法研究75号（2013年）206-207頁参照。

項も廃止された。

　また、かつては、住居のない路上生活者、いわゆるホームレスの国民
に対して生活保護を支給しないという運用が行われていた自治体もあっ
たが、無差別平等原則に違反する運用であり、現在では是正されてきて
いる。なお、ホームレスの自立の支援等に関する特別措置法では、路上
生活者などに対して、住所がないだけで保護を拒否すべきでないとして
おり、生活保護受給者（以下「被保護者」ともいう）の居住実態の不明
を理由とする生活保護の廃止決定が違法とされた事例もある（京都地判
1993 年 10 月 25 日判時 1497 号 112 頁）。


## （2）　外国人への生活保護の適用

　行政実務では、生活保護法上明文の規定はないものの、日本国民であ
ることが保護の要件となると解されている（国籍要件）。同時に、行政
通知により、生活に困窮する外国人には国民に対する生活保護の決定・
実施の扱いに準じて保護が実施されてきた。

　そこで、生活保護の給付を受ける外国人の法的地位が問題となる。こ
の点に関して、難民の地位に関する条約（難民条約）の批准およびこれ
に伴う国会審議を契機に、永住在留資格を有する外国人は生活保護法の
準用による法的保護の対象になるに至ったとする裁判例がある（福岡高
判 2011 年 11 月 15 日判タ 1377 号 104 頁）。しかし、同事件の上告審判決
（最判 2014 年 7 月 18 日賃社 1622 号 30 頁）は、現行の生活保護 1 条と 2
条にいう「国民」は日本国民を意味するという解釈を前提に、在留の状
況を問わず外国人一般が、生活保護の受給権を有しないとし、外国人に
対する給付は、通知にもとづく「事実上の保護を行う行政措置」である
として、法の準用も否定した。ただし、外国人への保護費の支給（これ
が実務では「生活保護法の準用」と呼ばれている）は否定されておらず、
実務では現に行われている。

　行政措置による外国人に対する生活保護の「準用」とは、保護を法律
上の権利として保障する趣旨ではないため、外国人は権利として保護を
請求したり、不服申立てをしたりすることはできないと解されている。

したがって、こうした行政措置の処分性は否定され、その違法性は、当事者訴訟（行訴4条）で争うこととなる。その際、行政措置による生活保護の実施を贈与契約と構成すると、行政側の契約締結の自由をいかなる論理で制限するかが問題となるが、行政活動に一般に要請される平等取扱いの原則を適用し[7]、行政側の契約締結の自由を制約し「準用」の根拠となる行政の通知等に裁判規範性を持たせることで、そこに規定されている給付水準に従った救済を図ることが可能となろう[8]。

なお、1990年には、保護の対象となる外国人を永住者や在留資格をもつ外国人に限定する旨の取り扱い方針が示された。不法滞在の外国人については、緊急に治療を要する場合も含め、保護の対象ではないとするのが判例（最判2001年9月25日判時1768号47頁）だが、この方針により、不法滞在外国人はもちろん、非定住外国人が緊急に医療を必要とする状態となった場合でも、医療扶助は実施されないこととなった。医師の診療義務（医師19条）を根拠に、医療扶助が実施されない場合も、診療それ自体は行われることから問題はないとされるが、医師の診療義務の履行を確保する財政措置が十分とはいえず、すでに一部で講じられている外国人の医療費に対する助成施策を拡充して立法化するなどの恒久的な対策が課題となっているとの指摘もある[9]。

## 3　保護の補足性原則

### （1）　保護の補足性原則の意義

ついで、生活保護法は、保護の補足性原則を定める（生保4条）。

保護の補足性とは、自己の所有する資産・能力を活用して得られた金銭（資産・能力の活用）、扶養義務者その他から行われた援助、受給しうる年金など法律に定める扶助を、要保護者の最低生活費維持のために活用または充当し（親族による扶養の優先と他法による扶助・給付の優先）、なお不足がある場合に保護が実施されることを意味する。生活自

---

7　塩野・行政法 I 211頁参照。

8　笠木ほか464頁（嵩さやか執筆）参照。

9　加藤ほか377頁（前田雅子執筆）参照。

己責任（自助）の原則を基礎とする資本主義社会における公的扶助の補完的な役割を明確にした原則と解されている[10]。

## (2)　資産の活用

　資産の活用では、収入以外の狭義の資産については、最低限度の生活維持のためにその所有・利用が必要である場合には保有が認められるが、その限度を超える場合には、原則として、処分して生活費に充てることが求められる。

　土地・家屋については、居住用母屋およびこれに付属した土地は保有が認められるが、処分価値が利用価値に比して著しく大きいと認められる場合は例外とされる。居住用不動産を担保に要保護者に対して生活資金の貸付けを行う制度（リバースモゲージ制度）が、各都道府県の社会福祉協議会が運営する生活福祉資金貸付けの一種として、厚生労働省の通知にもとづき導入されている。行政解釈は、この貸付制度の利用を拒む場合には、資産活用の要件を充たさないという理由で、申請を却下ないし保護を廃止するとしているが、最低生活保障原則に反するおそれがあり妥当とはいえない[11]。

　家電製品等の生活用品は、世帯人員や構成から判断して利用の必要があり、かつ保有を認めても当該地域の一般世帯との均衡を失することにならないと認められるものについて保有が認められている。具体的には、当該地域で7割程度の普及率が目安とされている。ただし、エアコンなど、高齢者や障害者等のいる世帯で、その身体状況や病状から保有が社会的に適当であると認められる場合には、普及率が低くても保有が認められる。

　自動車の保有は、障害者および公共交通機関の利用が著しく困難な地域の居住者が、通勤、通院・通所、通学に利用するための保有に限定され、自動車の処分価値が小さい、維持費が援助や他施策の活用等により確実に賄える見通しがあるなど、厚生労働省の通知に定める基準に適合

---

10　笠木ほか465頁（嵩さやか執筆）参照。
11　同様の指摘に、加藤ほか378頁（前田雅子執筆）参照。

する場合にのみ認められている。障害者が保有する自動車を処分しなかったことを理由に生活保護を廃止された後、再度、生活保護を申請したが却下され、却下処分の違法性を認め取消した判決がある（大阪地判2013年4月19日判時2226号3頁）。自動車の借用についても、他との均衡などから、使用を原則禁止した取り扱いは合理性があるとした裁判例（福岡地判1998年5月26日判タ1678号72頁）がある。

　預貯金は原則として保有が認められず、収入認定される扱いであったが、月々の最低生活費を切り詰め、これを原資として蓄積した預貯金の保有の可否が争われた事案で、その保有が認められる要件として、貯蓄目的が生活保護の支給目的に反しないこと、国民感情に照らして違和感を覚えるほど高額でないことを示したうえで、保有を認め預貯金の一部を収入認定した保護減額処分等を違法とした事例がある（秋田地判1993年4月23日行集44巻4＝5号325頁）。現在の運用では、保護費のやりくりによって生じた預貯金等は、その使用目的が生活保護の趣旨目的に反しないと認められる限り、保有が容認されている。

　貯蓄性の高い保険については、原則として解約が指導され、その払戻金の活用が求められる。学資保険の満期保険金（50万円）の保有が争点となった事例（中嶋訴訟）で、最高裁は、被保護世帯において最低限度の生活を維持しつつ、子の高校修学のための費用を蓄える努力をすることは、生活保護法の趣旨目的に反するものではなく、本件払戻金は、収入認定すべき資産には当たらないとして、その一部を収入認定した保護費減額処分は違法であると判示した（最判2004年3月16日民集58巻3号647頁）。

　生活保護法4条にいう「資産」には、債権も含まれるので、要保護者が交通事故など第三者の不法行為により傷害を負った場合、加害者に対する損害賠償請求権も活用すべき資産に該当する。ただし、当事者間で争いがあり具体化していない請求権については、同条にいう「資産」に当たらず、他の要件を満たすのであれば、保護が実施されるべきであり、損害賠償を受けた場合には、損害賠償請求権が具体化した時点に遡って、資力の存在を肯定し、費用返還義務を課すという運用が妥当と考える。

## （3）　能力の活用

　生活保護法は、能力の活用も保護の実施要件としているが、ここでの能力とは、稼働能力の活用を意味する。実務では、①稼働能力の有無について、客観的かつ総合的に勘案して評価すること、②稼働能力を活用する意思の有無、③稼働能力を活用する就労の場を得ることができるか否か、を踏まえて評価するという解釈指針が示されている。

　裁判所は、③の就労の場について、申請者の個別的事情を考慮しつつ、具体的な就労の場が現実に存在するかによって判断する傾向にある（たとえば、静岡地判 2014 年 10 月 2 日賃社 1623 号 39 頁）。②の稼働能力を活用する意思は、判断基準として明確性を欠くが、近年の裁判例は、本人の資質や困窮の程度などを斟酌することで稼動能力活用の意思を比較的容易に認めている（大津地判 2012 年 3 月 6 日賃社 1567 ＝ 1568 号 35 頁）。しかし、要保護者に対しては困窮原因を問わずに、無差別平等に保護を実施するという生活保護法 2 条の趣旨からすれば、就労意思の存在を判断基準として重視することは妥当とはいえない。

　能力活用の要件は、資産活用の要件とは異なり、これを充たさないとして保護が否定されることで、要保護者が最低生活水準を下回る状態のまま放置される可能性がある。申請保護には、原則として 14 日以内に審査し結果を通知しなければならないが（生保 24 条 5 項）、この間に、保護の実施機関が、能力活用要件を認定するのは実際には困難を伴う。能力の活用は、要保護者が最低生活水準を下回った生活状態にある場合には、まずは保護を開始し、保護開始後の就労支援等を行う場面での判断基準とするべきである。[12]

　裁判例でも、若年失業者が稼働能力を有し、稼働能力を活用する意思も有していたものの、稼働能力を活用する就労の場を得られる状況になかったため就労していなかったと認められるから、稼働能力活用の要件を満たしていたとして、生活保護の開始申請の却下処分を取消すととも

---

12　同様の指摘に、前田雅子「個人の自立を支援する行政の法的統制—生活保護法上の自立とその助長」法と政治 67 巻 3 号（2016 年）参照。

に、却下処分は、生活保護法の解釈を誤ったものであり、また、被告職員の相談時の対応は原告の申請権を侵害するもので、国家賠償法上違法であるとして国賠請求も認容した事案がある（大阪地判2013年10月31日賃社1603 = 1604号81頁）。

　急迫した事由のある場合は、資産の活用など保護の実施要件を満たさなくても保護が実施される（生保4条3項）。ただし、実務では、急迫事由は生命の危機がある場合など限定的に解されている。恩給担保貸付により借入れをし、受給中の恩給から返済していたことを理由に申請却下処分を受けた者について、困窮の程度は差し迫っており、生命・身体の維持のために必要不可欠な医療行為すら受けることが困難であったとして、急迫事由を認め、同処分を取消した判決がある（大阪高判2013年6月11日賃社1593号61頁）。生活困窮状態にある要保護者への迅速な保護の実施が求められること、急迫保護が実施された場合も事後に費用の返還を求められること（生保63条）から、急迫事由は、利用しうる資産を活用して生活費に充当する時間的余裕のない場合なども含むものと広く解すべきである。

### (4)　扶養の優先と費用徴収

　生活保護法は、扶養義務者による援助（扶養義務の履行）は、保護の実施要件ではなく、扶養義務者から現実に援助が行われた場合、その限度で保護を実施しないという、扶養の優先原則をとる（生保4条2項）。

　2013年改正により、扶養義務者への扶養照会に加えて、明らかに扶養が可能であると認められる扶養義務者に対する通知および報告を求めることができる旨の規定が設けられた（生保24条8項・28条2項）。ただし、この通知などが行われるのは、保護の実施機関が、当該扶養義務者に対して生活保護法77条1項にもとづく費用徴収を行う蓋然性が高い場合などに限定される（生活保護法施行規則2条・3条）。

　現行の民法では、扶養義務に関して、①夫婦、②直系血族および兄弟姉妹、③3親等内の親族の3つの類型がある。このうち、①の夫婦と②の直系血族および兄弟姉妹は「絶対的扶養義務者」であり、③の3親等

内の親族は「相対的扶養義務者」とされ、家庭裁判所の「特別の事情が
ある」との審判を受けて扶養義務者となった者だけが、扶養義務者とさ
れる（民法877条）。扶養義務の内容についても、夫婦間と親の未成熟
児に対する扶養は、扶養義務者が要扶養者の生活を自己の生活として保
持する義務（「生活保持義務」）であるのに対して、その他の親族扶養は、
扶養義務者に余力のある限りで（自己の地位と生活とを犠牲にすること
がない程度に）援助する義務（「生活扶助義務」）として区分する扶養義
務二分説が民法解釈上の通説である[13]。

　実務では、保護の実施機関が、要保護者からの申告を基本に、必要に
応じて戸籍謄本等によって、扶養義務者の存否を確認し、確定した扶養
義務者について要保護者などからの聞き取り等の方法により扶養の可能
性の調査を行う。調査の結果、扶養義務者に扶養履行義務が期待できる
場合は、扶養照会を行うこととなる。その際、前述の二分説にもとづき、
生活保持義務を負う扶養義務者については、社会常識および実効性の観
点から重点的に調査されるが、それ以外の扶養義務者については、必要
最小限度の調査でよいとされている[14]。

　生活保護法では、扶養義務者の扶養は保護の要件ではないが、扶養義
務の履行を保護の要件であるかのように窓口で説明し、保護の申請を断
念させることが、しばしば行われており、いわゆる「水際作戦」の「常
套手段」となっているとされる[15]。厚生労働省は、こうした対応は申請権
の侵害に当たるおそれがあるとの通知を発出しているが、現場では改善
には至っておらず、早急の改善と要保護者への周知が必要であろう。

　また、生活保護法77条１項に基づく費用徴収は、保護の実施後に行
うことができ、同法４条２項にいう扶養の優先はこれによって実現され
る。扶養義務者の負担額は、保護実施機関の審判申立てにより家庭裁判
所が決定する（同77条２項）。同条は、実務ではほとんど適用された例

13　於保不二雄・中川淳編『新版・注釈民法（25）親族（5）改訂版』（有斐閣、2004年）
　　734頁（床谷文雄執筆）参照。
14　『生活保護手帳別冊問答集2020』（中央法規、2020年）144頁参照。
15　山本忠「生活保護と扶養義務」総合社会福祉研究42号（2013年）24頁参照。

*71*

がないが、77条における扶養義務の範囲は「生活保持の義務であるか、生活扶助の義務であるかということと、扶養義務者に実際上どの程度の扶養能力があるかによって定められる」と解されており[16]、運用しだいでは、前述の生活保護法24条が規定する扶養義務者に対する通知および報告の範囲が拡大されるおそれも否定できない。

## 4 必要即応の原則と世帯単位の原則

　必要即応の原則（生保9条）は、①保護の種類・程度・方法は、要保護者の実際の必要に応じて有効かつ適切なものであること、②保護の基準は、要保護者の年齢や健康状態の違いに応じて有効かつ適切に保護が実施されるよう、保護の程度を定めることを要求する原則である。要保護者の個別事情を考慮した柔軟な解釈・運用を要求する原則ともいえる。

　この原則に基づいて、特定の特別需要（加齢や障害に伴う需要など）を有する被保護者の実質的な最低生活を確保するため、特別需要を定型化した加算がある。具体的には、妊産婦加算、母子加算、障害者加算、介護保険料加算（第7章第2節参照）などがある。

　一方、世帯単位の原則（生保10条）は、世帯が家計を同一にする消費生活上の単位であることから、要否判定と保護費の算定において世帯を単位とするという原則である。世帯が同一であるか否かは、生計の同一性に着目して判断され、居住の同一性や扶養義務の有無は目安にすぎないとされている。裁判例でも、保護世帯員が各人で保護請求権をもつがゆえに、生活保護費減額処分の取消訴訟の原告適格は肯定されている（福岡高判1998年10月9日判時1690号42頁）。

## 第3節　保護基準

## 1 保護基準の設定

---

16　小山進次郎『改訂増補・生活保護法の解釈と運用（復刻版）』（全国社会福祉協議会、1975年）819頁参照。

## （1）　保護基準の法的性格

　生活保護法に基づく生活保護基準は、憲法25条1項にいう「健康で文化的な最低限度の生活」を保障するものである。生活保護法は、厚生労働大臣が定め「最低限度の生活の需要を満たすに十分なもの」でなければならず、それは要保護者個人または世帯の実際の必要に即応したものでなければならないと規定する（生保8条・9条）。

　この生活保護法8条1項による委任を受けて、厚生労働大臣が保護基準を告示の形式で定める（「生活保護法による保護の基準」）。これがいわゆる「生活保護基準」（以下「保護基準」という）であり、保護基準は、保護を実施するか否かを決定する基準（保護要否決定基準）であると同時に、どれだけの保護を実施するかの基準（保護内容の具体的決定基準）としてもはたらく[17]。保護基準は告示形式とはいえ、保護の要否と給付内容を確定させ、他の法令や施策の指針としての役割を果たすことから、国民の権利義務に関係する法規たる性格を有する法規命令と解されている[18]。

　要保護者が有する資産その他を活用してもなお、保護基準たる最低生活費を満たせず不足する分が保護費として支給される。実務上は、一般基準と特別基準が存在する。

## （2）　一般基準の設定

　一般基準（通常は、これが保護基準といわれる）は、厚生労働大臣が、生活保護法8条に基づき、同法11条の定める生活扶助、教育扶助、住宅扶助、医療扶助、介護扶助、出産扶助、生業扶助および葬祭扶助について告示形式で定める基準をいう（「生活保護法による保護の基準」1条）。一般基準には、消費者物価等の地域差を反映させるため、1級地から3級地のそれぞれ2段階で合計6段階の格差をつけた級地制が採用されている。

　中心となる生活扶助費の算定方式は、1948年に、マーケット・バス

---

17　阿部236頁参照。
18　加藤ほか389頁（前田雅子執筆）参照。

ケット方式（最低生活水準を維持するために必要な生活用品を市場で購入したと仮定してこれらを足し合わせる方式）が導入されてから、エンゲル方式（最低生活水準を維持するために必要な食料費を計算した上でこれをエンゲル係数で除して生活費を計算する方式）、格差縮小方式（一般世帯と生活保護受給世帯の生活水準格差を縮小させるように額を算定する方式）と変遷を経てきた。1984年に導入された現行の消費水準均衡方式は、当該年度に想定される一般国民の消費動向を踏まえ、前年度までの一般国民の消費実態との調整を図るもので、一般世帯の消費支出の7割前後の水準で生活扶助費が設定されている。しかし、同方式の理論的根拠は十分でなく、算定過程も透明性を欠くなど課題が多い。

### (3) 特別基準の設定

　要保護者に特別の事由があって、最低限度の生活の需要に当たるが、一般基準ではカバーされない特別の需要については、厚生労働大臣が特別の基準を定める（「生活保護法による保護の基準」2条）。個々の特別基準そのものは、告示形式で定められず、当該事例限りの保護実施機関に対する個別の通知として定められている。

　この特別基準には、行政実務での運用の積み重ねによって2つの類型がみられる[19]。ひとつは、厚生労働省の通知類に給付事由・品目・上限額などをあらかじめ規定したうえで、保護実施機関が自らの判断で個別に特別基準の設定があったものとして、一般基準に定められていない需要を認定して保護決定を行うもので（特別基準の一般設定）、他のひとつは、特別基準の一般設定によってもなお最低限度の生活の維持が困難であるような特別の事情が認められ事案について、保護実施機関が厚生労働大臣に個別に情報提供を行い、厚生労働大臣がこれを受けて特別基準の設定を判断するもので、その判断結果は、厚生労働省から保護実施機関に対して個別に通知される（特別基準の個別設定）。

---

19　前田雅子「厚生労働大臣の定める保護基準と保護実施機関による最低限度の生活の判断権限」佐藤幸治・泉徳治編『行政訴訟の活性化と国民の権利重視の行政へ』（日本評論社、2017年）326 - 327頁参照。

　問題となるのは、保護実施機関が通知に定められた給付事由や品目の
ない場合の支給や所定の上限を超える支給ができるかである。障害者加
算の一種である他人介護料の特別基準について（上限が設定されてい
た）、在宅の重度障害者の現実の介護費用を賄うのに不十分であり、こ
れに依拠した保護決定が違法であるかが争点となった事案がある（高訴
訟）。裁判所は、特別基準の設定について厚生大臣（当時）の広範な裁
量を認めて適法としたが（名古屋高金沢支判 2000 年 9 月 11 日判タ 1056
号 175 頁）、重度の障害を持ちながら、居宅での生活を希望する原告の
意思などについて十分考慮していない点で問題が残る。

　特別基準に関するこれらの通知類は、法規命令ではなく、処理基準と
明示されており、地方公共団体に対する法的拘束力はない（地自 245 条
の 9）。生活保護法 8 条は、保護実施機関が、一般基準には定められて
いない要保護者の最低生活需要を認定して保護決定する権限を有してお
り、ケースによっては、このような保護決定を行う義務があることを前
提にしていると解される[20]。たとえば、住宅扶助の特別基準について、保
護実施機関が通知の定める限度額を超える敷金の支給申請を却下した事
案で、身体障害による低層階への転居は最低限度の生活の維持に必要で
あることなどを理由に、住宅扶助基準を超える家賃の住宅への転居であ
っても、敷金の支給対象にならないとは解されないとして、同処分を取
消した裁判例がある（福岡地判 2014 年 3 月 11 日賃社 1615 ＝ 1616 号
112 頁）。この事案は、厚生労働大臣による特別基準の個別設定が必要
とされる事案であるが、裁判所が、設定行為について、これを求める要
保護者の申請に対する厚生労働大臣の処分とみる立場をとらず、実施機
関の裁量の逸脱・濫用の有無を審査しており、実施機関が厚生労働大臣
の定める基準によらずに最低限度の生活を判断する権限を有することを
前提にしているともいえる。

---

20　前田・前掲注 19）331 頁参照。

## 2 保護基準の引き下げとその問題点

### (1) 断行された保護基準の引き下げとその問題点

　保護基準については、近年、連続して引き下げが断行されている。

　2013年には、生活扶助費を3年かけて段階的に引き下げ、総額670億円（約6.5%）を減額する改定が行われた（以下「2013年改定」という）。過去2回（2003年度0.9%、2004年度0.2%）を大きく上回る減額で、受給世帯の96%で支給額が減額され、子どもがいる世帯では約10%の引下げとなった。現在、この引き下げが違憲・違法であるとして、保護費の減額処分の取消訴訟（「いのちのとりで裁判」と呼ばれる）が全国29地方裁判所に提訴されており、原告も1000人を超えている。

　さらに、2018年10月から3年かけて、保護基準を平均1.8%、最大5%引き下げて、総額210億円（国費分160億円）の生活保護費の削減が実施され（以下「2018年改定」という）、約7割の受給世帯が減額となった。また、高校生がいる世帯に月1万円を支給する一方で、3歳未満の児童等（第3子の小学校修了前まで含む）の児童養育加算は1万5000円から1万円に減額、母子加算も平均2万1000円から1万7000円へ減額された。これにより不利益を受ける子どもの数は35万人と推計され、子どもの貧困対策に逆行し、子どもの貧困率を上昇させる可能性が高い。なかでも、児童養育加算減額の意味は大きい。児童手当は、児童のいる生活保護世帯にも支給されるが、生活保護世帯の場合、補足性の原則により、児童手当支給分が収入認定され、生活保護費が減額される。そこで、生活保護世帯も一般世帯も区別なく、児童がいる世帯には、児童の健全育成のため、児童手当相当分が支給されるべきとの趣旨で、1972年の児童手当制度発足以降、児童手当と同額の児童養育加算が支給されてきた。しかし、今回の減額で、児童養育加算は、3歳未満児等について児童手当（月1万5000円）より減額され連動が断ち切られたこととなる。収入認定される児童手当と同額の加算措置がなされなければ、生活保護世帯に児童手当を支給しない（もしくは減額して支給する）ことと同じになり、一般世帯との格差が拡大するおそれがある。何

よりも、すべての児童の健全育成という児童手当法の趣旨に反する。

　生活保護を受給している高齢者への影響も深刻である。老齢加算廃止から続く生活扶助費の減額で、東京23区など1級地1の70歳以上の高齢単身世帯の生活扶助費は、老齢加算廃止前の2004年度の月額9万3850円が、2020年には月額7万1000円と2割以上も減少する結果をもたらしている。

　2013年改定の問題点については後述するが、2018年改定での引き下げの考え方は、第1・10分位層（全世帯を所得の低い方から高い方に並べてそれぞれの世帯数が等しくなるように10等分したもののうち、最も所得の低い階層）の消費水準にあわせるというものである。

　しかし、日本の生活保護の捕捉率は2割程度と極端に低く、第1・10分位層には、保護基準以下の生活水準でありながら、生活保護を利用していない人が多数含まれている。医療費や介護保険料などが免除されていないそれらの人の消費水準は、低賃金化や保険料負担の増大などにより、ここ数年で大きく落ち込んでいる。制度を利用できるにもかかわらず、我慢して利用していない人の消費水準にあわせて、保護基準を引き下げることは、お互いに低い方に向かい、引き下げに歯止めがなくなる「負のスパイラル」に陥ることを意味する[22]。

## （2）　他制度に波及する保護基準の引き下げ

　保護基準の引き下げは、個別の受給者に対する影響にとどまらず、他制度に影響が及び賃金や社会保障給付全体の水準を低下させる。

　まず、現在の地域別の最低賃金は「生活保護に係る施策との整合性に配慮」して決めることが最低賃金法に明文化されている（2条）。そのため、保護基準が引き下げられると、最低賃金の引き上げは抑制され、連動して下げられる可能性すらある。

　最低賃金のほかにも、保護基準は、社会保障制度や関連制度の中で転

---

21　桜井啓太「2018年度からの生活保護基準見直し─子どものいる世帯への影響を中心に」賃社1700号（2018年）32頁参照。

22　同様の指摘に、尾藤廣喜「相次ぐ生活保護基準の引き下げにどう対抗するか」世界915号（2018年）39頁参照。

用されている。たとえば、国民年金保険料の免除（法定免除）、保育料、児童福祉施設一部負担金の免除などは、生活保護受給と連動しており、保護基準の引下げにより生活保護受給ができなくなれば、これらの免除も受けられなくなる。また、国民健康保険料の減免、同一部負担金の減免基準、介護保険利用料の減額基準、就学援助対象の選定基準などは、保護基準額のおおむね 1.0 ～ 1.5 倍以下（就学援助の場合）などの所得者（準要保護者。生活保護の必要な要保護者に準じる生活状態にある人の意味）とされており、保護基準が下がれば、保険料の減免が受けられなくなる人がでてくる。とくに就学援助は、現在、利用児童が過去最高の 157 万人にのぼり、打ち切られた場合の影響は甚大である。

　保護基準は、住民税も課税基準の設定にも連動しており、引き下げで、非課税基準が下がり、現在、住民税が課税されていない人（約 3100 万人）が新たに課税されたうえに、税制転用方式が採用されている各種費用負担（保育料や障害者福祉サービスの利用料など）も増大する。保育料についてみると、国基準で、3 歳未満児の保育料は、住民税非課税世帯（第 2 階層区分）では月額 9000 円だが（2019 年 10 月からは無償となっている。第 7 章第 3 節参照）、住民税課税世帯（第 3 階層区分）になると、月額 1 万 9500 円になる。多くの自治体では独自補助により保育料を軽減しているものの、生活保護基準の引き下げによって、住民税が新たに課税されたうえに、保育料まで無償ではなくなる子育て世帯がでてくることになる。

　こうした影響の甚大さのゆえに、現在までのところ、最低賃金の引き下げはなされず、住民税の非課税基準も据え置きとなっている。しかし、就学援助の費用については、準要保護者（約 141 万人）に対する国庫負担金が廃止され全額自治体負担となっているため、少なからぬ自治体では、財政難を理由として就学援助の対象者を縮小する動きが出てきている。20 政令市と東京 23 区のうち 2 割を超える自治体では、就学援助を受給できる対象者が狭められ、横浜市では 1 年間だけで 1000 人近い人が就学援助を受けられなくなっている。

## 3　保護基準と行政裁量

### (1)　保護基準と行政裁量における考慮事由

　生活保護法 8 条が、法規命令としての保護基準の設定を厚生労働大臣に委任していることから、設定にあたっての厚生労働大臣の裁量（行政裁量）が認められ、司法による裁量統制（司法統制）のあり方が問題となる。

　判例は、保護基準の設定に関して厚生労働大臣に専門技術的かつ政策的な観点からの裁量権を認めており、その設定が違法になるのは、裁量権の逸脱または濫用がある場合に限られるとする（裁量処分に関する行訴 30 条参照）。

　保護基準の裁量統制が争点となった朝日訴訟の第 1 審判決（東京地判 1960 年 10 月 19 日行集 11 巻 10 号 2921 頁）は「最低限度の水準は決して予算の有無によって決定されるものではなく、むしろこれを指導支配すべきもの」とし、国の財政事情といった予算抗弁は認めず、最低生活基準の規範性を強めるものであった。しかし、上告審の朝日訴訟最高裁判決（最大判 1967 年 5 月 24 日民集 21 巻 5 号 1043 頁）は、厚生大臣（当時）が、現実の生活条件を無視して著しく低い水準を設定するなど、裁量を逸脱・濫用した場合のみ違法になるとし、保護基準の設定にあたって、①当時の国民所得ないしその反映である国の財政状態（財政事情）、②国民の一般的生活水準、都市と農村における生活の格差、③低所得者の生活程度とこの層に属する者の全人口に占める割合、④一般の国民感情および予算配分の事情といった生活外要素を考慮できるとした。

　保護基準設定にあたり、国の財政事情などのいわゆる「生活外的要素」を考慮事項とすることは、当然には違法とはいえないものの、「生活外的要素」は、厚生労働大臣の専門技術的裁量に係る判断過程における考慮事項としてではなく、あくまでも、政策的裁量に係る判断過程における考慮事項として捉えられ、過大に考慮されるべきではない。[23]少な

---

23　同様の指摘に、豊島明子「老齢加算訴訟─生存権の具体的実現に係る裁量統制の課題」公法研究 77 号（2015 年）135 - 136 頁参照。

くとも、保護基準設定にあたり厚生労働大臣に裁量を認めた根拠が、主として、その専門技術性にあると考えられる以上、政策的裁量に係る考慮事由である国の財政事情は積極的に考慮されるべきではない。また、④の一般の国民感情のような客観的指標ではかりえない主観的要素を考慮事項に入れるのは適切でないと考える。

　もっとも、朝日訴訟最高裁判決は、さまざまな考慮要素の総合考慮型をとっており、国の財政事情についても「多数の不確定要素」の一つと述べるのみで、考慮事項となることの明言は避けている。[24]同判決は、保護基準の設定について厚生労働大臣の裁量を認めながら、その根拠として堀木訴訟最高裁判決が明示したような財政事情論を正面から援用することもしておらず、財政事情ないし財政の論理は、裁量の根拠としては提示されていないとの指摘もある。[25]そもそも、憲法によって保障されるべき「健康で文化的な最低限度の生活」の水準であるべき保護基準を、国の財政事情がひっ迫していることを理由として引き下げることは憲法規範的には許されないと解される。

## (2)　老齢加算廃止違憲訴訟にみる裁量統制の手法

　70歳以上の被保護者に支給されていた老齢加算は、2004年度から段階的に減額され2006年度に廃止された。ひとり親家庭に支給されていた母子加算も同様に廃止されたが、2009年に復活した。しかし、老齢加算については復活せず、老齢加算廃止による保護基準の引き下げを受けて、保護費減額の変更決定の取消しを求める、いわゆる老齢加算廃止違憲訴訟が全国各地で提起された。

　このうち、福岡訴訟に対する福岡高裁判決（2010年6月14日賃社1529 = 1530号43頁）は、社会保障審議会福祉部会内に置かれた「生活保護制度の在り方に関する専門委員会」（以下「専門委員会」という）の議論など老齢加算の廃止に至る経緯を詳細に分析し、専門委員会の中

---

24　豊島・前掲注23) 131頁参照。
25　山本龍彦「『生存権』の財政統制機能に関する覚書」法学研究91巻1号（2018年）128頁参照。

間取りまとめで示されていた高齢者世帯の最低生活水準が維持されるよう引き続き検討することや激変緩和措置を講じるべきことが、その後の決定過程に反映されていないことを捉えて、考慮すべき事項が十分考慮されておらず、または考慮した事項に対する評価が明らかに合理性を欠き、その結果、社会通念に照らして著しく合理性を欠いたと認定し、老齢加算廃止による保護の不利益変更は、生活保護法 56 条に違反するとして、原告の請求を認めた。[26] 同判決は、最低生活水準の維持と激変緩和措置という 2 つの要考慮事項について実質的考慮要素審査を行い、この審査手法を社会通念審査と結合させる形で審査密度を向上させたと評価されている。[27]

　これに対して、福岡訴訟の上告審判決（最判 2012 年 4 月 2 日民集 66 巻 6 号 2367 号）は、老齢加算の廃止について、生活保護法 56 条の適用を否定し、生活保護法 3 条（最低生活の原理）または同法 8 条 2 項（基準及び程度の原則）違反の問題ととらえるとともに、生活保護法 9 条は、個々の要保護者の必要に即した保護の決定・実施を求めるもので、保護基準の内容を規律するものではないとし、同改定を違憲ではないとして福岡高裁判決を破棄し原審に差戻した。同判決は、東京訴訟に対する最高裁判決（最判 2012 年 2 月 28 日民集 66 巻 3 号 1240 号）とともに、老齢加算廃止に至る判断の過程と手続における過誤欠落の審査、いわゆる判断過程審査の手法を採用したとされる。判断過程審査は、行政決定に至る判断形成過程の合理性について追行的に審査する裁量統制手法といわれ、[28] 判断に至る過程に着目した審査といえる。しかし、両判決とも、結論的には、過誤欠落はなく、激変緩和措置が採用されていることを理由に加算廃止の違憲性を否定している。この点、加算廃止における大臣の裁量権を専門技術的かつ政策的な性質であるとしたことで、審査密度を高められなかったとの指摘がある。[29]

---

26　同判決の意義については、縄田浩孝「老齢加算廃止に至る厚労大臣の判断過程のずさんさを明らかにした判決」賃社 1529＝1530 号（2011 年）36 頁以下参照。

27　豊島・前掲注 23）133 頁参照。

28　橋本博之『行政判例と仕組み解釈』（弘文堂、2009 年）149 - 150 頁参照。

29　豊島明子「生活保護基準と行政裁量」社会保障法 33 号（2018 年）47 頁参照。

## （3） 裁量統制の課題

　社会保障審議会は厚生労働省設置法に根拠をもつが、前述の専門委員会には法令上の根拠がなく、保護基準設定にかかる厚生労働大臣の判断過程については一切の手続的規律が法令上欠如している。そのため、福岡高裁判決のように、何ら規範的前提もなしに、大臣の判断過程において審議会手続が用いられたことのみをもって、審議会の意思を十分考慮すべきと解するのは難しい。とはいえ、保護基準の設定が憲法25条1項にいう「健康で文化的な最低限度の生活」の保障にかかわる事項であること、引き下げという保護基準の改定については、引き下げ後の基準が「最低限度の生活の需要を満たすに十分なもの」である必要があること（生保8条2項）、必要即応原則（生保9条）および不利益変更禁止原則（生保56条）の諸規定の趣旨から審査密度の向上が求められる。

　なお、福岡訴訟最高裁判決は、要保護者に特別な需要が存在する場合に、保護の内容について特別な考慮をすべきことを生活保護法9条が定めたものであることに照らし、保護基準の改定（加算の減額・廃止）に当たって同条の趣旨を参酌する余地は認めており、老齢加算の減額廃止を機械的に適用することは、個々の高齢者の具体的生活状況における需要いかんでは、生活保護法9条に規定する「必要即応の原則に反する」場合があり、この場合は、特別基準を設定して手当すべきとする須藤裁判官の個別意見も付されている。これをさらに敷衍し、こうした場合は、厚生労働大臣は、特定の高齢者に対して特別基準の設定について考慮検討する義務を負うと同時に、実施機関は、厚生労働大臣に対して特別基準設定の申請義務を負うとの指摘もある。[30]

　一方、前述の保護基準引き下げをめぐる「いのちのとりで裁判」で全国初の判決となった名古屋地裁判決（2020年6月25日賃社1767号17頁）は、原告の請求を棄却した。同判決は、保護基準の決定にいたる手続が法定されていないことを理由に、社会保障審議会基準部会などで専

---

30　常岡孝好「生活保護基準改定の合理性と必要即応の原則に基づく特別基準設定申請権（1）—須藤裁判官の意見を踏まえて」自治研究90巻2=3号（2014年）50頁参照。

門家の検討を経ていなくても問題ないとし、保護基準の引き下げが自民党の当時の政策の影響を受けていた可能性を認めたうえで、「生活保護費の削減などを内容とする自民党の政策は、国民感情や国の財政事情を踏まえたものであって、厚生労働大臣が、生活扶助基準を改定するに当たり、これらの事情を考慮することができる」とした。「国民感情」というあいまいな指標を保護基準の決定の考慮事由にすること自体に大きな問題があるうえ、特定政党の政策までを考慮事由にすることは、時の政権による政策を無批判に追認することを意味し、司法が裁量統制の役割を放棄するに等しい。前述の老齢加算廃止に関する最高裁判決は、少なくとも、「統計等の客観的数値等との合理的関連性や専門的知見との整合性」がなければ、裁量権の濫用に該当するという基準を定率していたが、そうしたこれまでの裁量統制の積み重ねを大きく後退させ、生活保護法と憲法の趣旨に反する判決というほかない。

## 第4節　生活保護の種類と方法、実施過程

### 1　生活保護の種類

#### (1)　生活扶助と教育扶助

　保護の種類は、生活扶助、教育扶助、住宅扶助、医療扶助、介護扶助、出産扶助、生業扶助、葬祭扶助の8つが法定されている（生保11条1項）。

　生活扶助は、衣食その他日常生活の需要を満たすために必要なもの、および移送に対する給付である（生保12条）。生活扶助には、居宅保護費のほか、保護施設入所者に対する入所保護の基準額、入院患者の日用品費および介護施設入所者基本生活費がある（基準生活費）。

　教育扶助は、義務教育に伴う必要な教科書その他の学用品、通学用品、学校給食その他に対する給付である（生保13条）。高等学校への進学率が98%を超す状況で、義務教育のみに限定されていることに批判が強かったが、中嶋訴訟最高裁判決を契機に、高等学校等修学費（教材代、

授業料、入学料、通学交通費、学習支援費など）が生業扶助として支給
されるようになった。また、後述のように、2018年改正で、大学・専
修学校等への進学を支援するための一時金として進学準備給付金が創設
された（生保55条の5）。

### (2) 住宅扶助

住宅扶助は、住居およびその補修など住宅の維持のために必要なもの
に対する給付である（生保14条）。行政実務では、家賃・地代、家屋の
補修費などのほか、転居に対して必要な敷金等も支給されるようになっ
ている（この場合は特別基準の設定があったものとして取り扱われる）。
しかし、家賃に係る住宅扶助基準（特別基準を含む）は、とくに都市部
の家賃水準を反映しておらず低額のため、多くの生活保護受給者が、国
（国土交通省）が「健康で文化的な住生活」と定めた水準の住宅に入居
できていない現状がある。[31]

住宅扶助費については、2015年度から2018年度にかけて総額190億
円が削減され、東京23区（1級地の1）の2人世帯で、月額6000円の
減額となっている。こうした減額で、これまでは適正な家賃とみなされ
全額が支給されていた家賃が、住宅扶助基準額を超える「高額家賃」と
されてしまい、受給者は転居指導の対象とされ、無理な転居や転居の事
実上の強制により、高齢者や障害者が必要な支援が受けられなくなる懸
念があった。とくに、高齢者の場合、環境の変化により認知症発症や健
康の悪化につながりやすい。子どものいる世帯では、子どもが転校を余
儀なくされることがありうる。厚生労働省は、住宅扶助減額に係る局長
通知を発出し、経過措置にあたる旧基準を適用してよい場合として、①
転居によって通院、通所に支障をきたす場合、②転居によって通勤また
は通学に支障をきたす場合、③高齢者、身体障害者等であって、親族や
地域の支援を受けている場合であって、転居によって自立を阻害する場
合を挙げている。この経過措置の最大限の活用が求められよう。

---

31　たとえば、単身世帯の場合、国の定める最低居住面積は25平方メートルだが、この
基準に達していない住居に居住している生活保護受給の単身世帯は5割を超える。

　もともと、基本的人権としての住居という考え方が薄い日本では、公営住宅の少なさは先進諸国でも突出している。公営住宅の応募倍率は、全国平均で6.6倍、東京都では23倍にも達する（2017年時点）。しかも、民間住宅では、現在、高家賃の住宅が増加する一方で、低家賃の住宅は老朽化などで減少傾向が続いている。とくに、一人暮らしの高齢者の場合、孤立死などが生じれば「事故物件」になることを業者がおそれ、入居を拒まれるケースが多い。結局、低所得の高齢者や生活保護受給者が行き場をなくし、劣悪な居住環境の下に追いやられている。2015年4月には、川崎市の簡易宿泊所2棟が全焼、10人が犠牲になったが、犠牲者の大半は生活保護受給者であった。2009年3月にも、群馬県の無届有料老人ホーム「静養ホームたまゆら」で火災があり、入居者10人が犠牲になった事件があったが、その犠牲者の多くが東京都から生活保護を受けている高齢者であった。こうした悲劇を繰り返さないためにも、公営住宅の増設、実態に即した住宅扶助基準の引き上げが不可欠である。

### (3)　医療扶助と介護扶助

　被保護者は、国民健康保険および後期高齢者医療の被保険者とならず（国保6条9号、高齢医療51条1号）、医療を要する場合には医療扶助を受けることとなる。医療扶助は、原則として現物給付であり（生保15条・34条）、医療券を発行して行う。その診療方針および診療報酬は、国民健康保険の例により、基本的には社会保険医療と同水準である（同52条1項。ただし同条2項に基づく例外あり）。後述のように、2018年改正で、被保護者について後発医薬品の使用が原則化されたことは、医療の平等の観点から問題がある。

　医療の給付は、指定された医療機関に委託して行うのが大半で、指定医療機関に対する診療報酬の支払事務は、社会保険診療報酬支払基金に委託できる（生保53条4項）。近年、指定医療機関の不正事案がいくつか発覚し、これに対応するため、2013年改正で、指定要件とその取消要件の明確化（同49条の2・51条）とともに、指定の更新制（同49条の3。有効期間は6年間）が導入され、検査対象などが拡大された（同

54条9）。

　介護扶助は、介護保険法7条にいう要介護者・要支援者であることが受給要件となる。その内容は、介護保険の給付対象となるサービスとほぼ同じである（生保15条の2）。医療扶助と同様、現物給付を原則とし、指定介護機関に委託して行う（同34条の2）。65歳未満の被保護者は、国民健康保険に加入していないため、介護保険も適用除外となり、介護保険相当サービスが介護扶助として提供される。これに対して、65歳以上の被保護者は、介護保険の第1号被保険者となり、その保険料は介護保険料加算として生活扶助に加算され、サービス費用の1割の本人負担分が介護扶助として支給される。

### （4）　出産扶助、生業扶助など

　出産扶助は、分娩の介助などを対象とし（生保16条）、葬祭扶助は、火葬、納骨その他葬祭のために必要なものについて行われる（同18条）。

　生業扶助は、要保護者のみならず、困窮のために最低限度の生活を維持することができないおそれのある者についても行われる（生保17条）。このうち、生業費は、もっぱら生計の維持を目的として営まれる小規模の事業、たとえば飲食店や大工などの自由業を営むために必要な資金・器具等の費用を支給する。また、技能修得費は、公的資格の取得など、生業に就くために必要な技能の修得にかかる費用（授業料、教材費等）が支給される。そのほかに、就職支度費として、就職の確定した者に就職のために直接必要となる洋服や履物等を購入する費用が支給される。さらに、前述した高等学校への就職費用は技能修得費のひとつとして支給されている。

　これら8種類の扶助は、被保護者の必要に応じ単給でも行われる（生保11条2項）。これらの扶助が列挙されている生活保護法11条の規定が、単なる例示なのか、制限列挙であるかが争われた事例（第2次藤木訴訟）で、これを制限列挙と解して、申請拒否処分の取消訴訟で、勝訴確定判決を受けた原告が、訴追追行に要した訴訟費用、弁護士費用について、生活保護の対象とならないとした裁判例がある（東京地判1979年

4月11日行集30巻4号714頁）。

## 2　保護の方法

　生活扶助は、居宅保護が原則であるが（生保30条1項）、これによることができないとき、これによっては保護の目的を達しがたいとき、被保護者がこれを希望したときは、保護施設に入所させて保護を行うことができる（同項ただし書）。もっとも、被保護者の意に反して入所を強制することはできない（同条2項）。居宅保護を求めた路上生活者に対して、居宅保護の希望を考慮せず、一律に入所保護の対象とする運用に基づきなされた入所保護決定を違法として、取消した裁判例（大阪地判2002年3月22日賃社1321号10頁）がある。

　保護施設には、救護施設、更生施設、医療保護施設、授産施設および宿泊提供施設がある。設置主体は、地方公共団体および地方独立行政法人のほか、社会福祉法人、日本赤十字社に限定されている（生保41条）。

　近年、法的な位置づけのない施設、さらには建築基準法違反の疑いのある建築物など、劣悪な居住環境に生活保護受給者を住まわせ、保護費から高額の居住費などを徴収する「貧困ビジネス」が拡大し問題となっている。住居のない生活保護受給者などが入居する無料低額宿泊所（社福2条3項8号）と入所者の契約が公序良俗に反し無効とされ、また入所者が生活保護費を搾取され健康で文化的な最低限度の生活を営む権利を侵害されたとして、宿泊所側の不法行為責任が認定された裁判例（さいたま地判2017年3月1日賃社1681号12頁）もある。無料低額宿泊所の規制・監督の強化や、適切な居住場所への転居を促す生活保護受給者への支援が求められる。

## 3　保護の実施過程

### （1）　保護の申請と職権（急迫）保護

　生活保護法は、要保護者等の申請に基づく保護を原則としている（生保7条）。これは、立案者によれば、生活保護法は個々の国民に保護請求権を認めているので、制度の仕組みとして、保護の開始を、保護請求

権の行使としての申請に基づいてする方が合目的的と考えられたためとされる[32]。このことから、保護請求権より申請権が帰結される。

　また、生活保護法7条には、申請は書面によることと規定されていないので、保護の申請は要式行為ではなく、申請の意思表示を明確に行っている場合には、口頭の申請でも有効だとされ、このことは、いくつかの判例（大阪高判2001年10月19日賃社1326号68頁、さいたま地判2013年2月20日判時2196号88頁）でも認められてきた。ただし、行政実務上は、保護の要否決定に際して、要保護者の具体的な情報が必要となるため、書面に必要事項を記載してもらう必要があり、それが書面による保護の申請を規定した省令（生活保護法施行規則2条1項）の趣旨とされてきた。2013年改正により、書面による保護の申請が省令から法律本体（生保24条1項）に明記されたが、当該書類を提出することができない特別の事情があるときは、この限りでないとされており、口頭での保護の申請を認め、保護の申請を非要式行為とするこれまでの立場に基本的な変更はないと解される。

　また、保護の実施機関は、要保護者の申請に際してこれを援助して迅速な保護の開始につなげることが求められるから、これをしないことは違法と判断される場合がある（福岡地小倉支判2011年3月29日賃社1547号42頁参照）。さらに、要保護者が急迫した状況にあるときには、保護の実施機関は、要保護者からの申請を待たずに職権で保護を開始しなければならない（生保25条1項。急迫保護）。

## （2）　調査と保護決定

　申請を受けた保護の実施機関は、保護の要否や程度に関する判断を行うため、要保護者の資産や収入の状況、健康状態、扶養の実態その他の必要な事項について調査を行う。これらの調査は、要保護者の申請時の申告や提出書類のほか、要保護者の居住場所への立入調査、医師等による検診（生保28条1項）などにより行われる。調査は強制ではないので、要保護者はこれを拒否できるが、要保護者が報告せず、虚偽の報告をし、

---

32　小山・前掲注16）163頁参照。

立入調査を拒み、妨げ、忌避した場合、または検診命令に従わない場合、保護の申請却下または保護の不利益変更が行われる（生保28条5項）。これは、制裁というよりも、保護の要否に不可欠な事項について調査できないため、適法な保護の決定ができないという趣旨によるものと解されている。[33]

　以上の調査等を経て、保護実施機関は、保護の要否、種類・程度・方法を決定し、申請者にこれを書面で通知しなければならない。この書面には決定の理由を付す必要がある（生保24条3項・4項）。保護開始決定についても書面での理由提示が義務付けられているのは、保護の種類・程度・方法に関して申請一部拒否処分に該当する場合があるからである。理由がまったく欠けている場合や明らかに事実に反する虚偽の理由が付記されている場合には、当該処分は違法となる（京都地判1993年10月25日判時1497号112頁参照）。また、理由の提示の内容・程度は、特段の理由がない限り、いかなる事実関係に基づきいかなる法令、審査基準、処分基準を適用して当該処分がなされたのかを、処分の相手方においてその記載自体から了知しうるものでなければならず、単に抽象的に処分の根拠規定を示すだけでは十分でないとするのが判例（最判1985年1月22日民集39巻1号1頁、最判2011年6月7日民集65巻4号2081頁）であり通説である。[34]保護の不利益変更処分の理由の提示義務についても同様である。

　保護の決定の通知は、申請のあった日から14日以内にしなければならない。ただし、扶養義務者の資産および収入の状況の調査に日時を要する場合など特別な理由がある場合には、30日まで延ばすことができる（生保24条5項）。要保護者に対する迅速な保護の実施を保障するための規定である。30日以内に通知がない場合には、申請者は保護実施機関が申請を却下したものとみなすことができる（同条7項。みなし却下処分）。申請者の迅速な権利救済を図る趣旨であり、申請者は、みな

---

33　加藤ほか411頁（前田雅子執筆）参照。

34　理由付記の機能について、最高裁判決が示す恣意抑制機能ないし慎重配慮確保機能、不服申立便宜機能に加え、相手方に対する説得機能、決定過程公開機能をあげる学説もある。塩野・行政法Ｉ296頁参照。

し却下処分について審査請求を行い、さらに当該処分の取消訴訟などを提起することができる（みなし却下処分の取消訴訟は提起できない）。

## (3) 被保護者に対する指導・指示

　保護の実施機関は、被保護者に対して、生活の維持、向上その他保護の目的達成に必要な指導または指示をすることができる（生保27条1項）。この指導・指示は、被保護者の自由を尊重し、必要最小限度に止めなければならず、被保護者の意に反して、指導・指示を強制し得るものと解釈してはならないとされている（同条2項・3項）。

　一方で、生活保護法は、被保護者は必要な指導・指示に従う義務を定め、被保護者がその義務に違反した場合には、保護の実施機関は、保護の変更・廃止など不利益変更をすることができる旨を規定している（生保62条1項・3項）。不利益変更をするに当たっては書面で指導・指示を行わなくてはならず（生活保護法施行規則19条）、これは被保護者の権利保護を図るための手続的規定であるから、書面による指導・指示を欠いてなされた保護廃止処分は違法とする裁判例がある（神戸地判2011年9月16日賃社1547号42頁）。

　指導・指示については、実務上は、行政指導と捉えられ処分性が否定されているが、学説では、その遵守が、生活保護法62条3項に基づく不利益処分により担保されており、実質的に規制的な力を持つことから、行政処分と解する見解が有力であり、妥当と考える。

　行政実務でみられる指導・指示の内容は、資産の処分をはじめ、書類の提出を求めるものなど、きわめて包括的である。中には、クーラーはぜいたく品だからと撤去を命ずる違法と思われる指導・指示もなされてきた（埼玉クーラー事件）。指導・指示は、あくまでも被保護者の自立の助長という生活保護法の目的達成のために行われるのであって、それに反する指導・指示は違法となる。同時に、指導・指示は明確なものでなければならない。最高裁は、所定額まで収入を増やすように求める指示について、保護の実施機関の恣意の抑制、指導・指示の明確化などの法令の規定の趣旨に照らすと、書面による指導・指示の内容は、当該書

面自体において指導・指示の内容として記載されていなければならず、当該書面に記載されていない事項（本件では自動車の処分）までその内容に含まれると解することはできないと判示している（最判2014年10月23日判時2245号10頁）。指導・指示が違法な場合、不利益処分は違法であると主張できるか（違法性の承継）という問題があるが、同判決は、指導・指示の（違法性ではなく）著しい実現困難性を根拠に廃止決定（処分）の違法性を導いており、違法性の承継の問題については判断を行っていない。

　指導・指示に従わない場合の不利益処分については、被保護者に対する弁明の機会の付与が義務付けられているものの、それ以外の不利益処分については、行政手続法は12条（処分基準の定立）と14条（理由の提示）を除き適用除外とされている（生保29条の2、62条4項・5項）。生活保護の不利益変更が、被保護者の生活に大きな影響を与えることを考えれば、不利益処分すべてで弁明の機会の付与など事前手続が保障されるべきであろう。[35]

　すでに決定された保護は、正当な理由がなければ、不利益に変更されない（生保56条）。不利益変更には、保護の廃止のほか、停止や減額、種類や方法の変更も含まれる。「正当な理由」が該当するのは、要保護性が消滅した場合（同26条）や、前述の指導・指示に従わない場合（同62条3項）などの法定の要件に適合する場合や、法令（保護基準も含む）の改定による場合である。行政実務では、従来、廃止事由がないにもかかわらず、事前に被保護者に保護辞退届を提出させ、それを理由に廃止処分を行うという運用がみられたが、違法性が疑われる。この点につき、辞退届の根幹部分に錯誤があり、辞退の意思表示は無効であるとして廃止処分を取消した裁判例がある（広島高判2006年9月27日賃社1432号49頁）。

---

35　同様の指摘に、加藤ほか416頁（前田雅子執筆）参照。

## 第5節　生活保護制度改革と生活困窮者の支援

## 1　生活保護制度改革の動向

### (1)　2013年改正による保護申請の厳格化

　生活保護制度改革の動向についてみると、前述のように、保護費の増大を受け、2013年に、1950年の現行生活保護法の制定以来となる大幅な生活保護法の改正が行われた。この2013年改正の主な改正内容は、①保護申請の厳格化、②扶養義務者に対する調査権限の強化、③就労支援の強化の3点である[36]。

　このうち、①については、生活保護法24条において、保護の開始を申請する者は、厚生労働省令で定める事項を記載した申請書を保護の実施機関に提出しなければならないこと、申請書には、要保護者の保護の要否、種類、程度及び方法を決定するために必要な書類として厚生労働省令で定める書類を添付しなければならないことが規定された。ただし、当該申請書や書類を提出することができない特別の事情があるときは、この限りでないとされる。前述のように、保護の申請は要式行為とはされておらず口頭による申請も可能だが、国会審議において、法案修正の提案者は、改正法のもとでも、申請行為と申請書の提出とは時間的にずれがあってもよいという解釈で、口頭での保護の申請を現行通り認める趣旨と説明している。また、生活保護法24条2項の必要書類の提出についても、政府は、本人によって可能な範囲であればよいことを明確にしたと説明している（2013年5月31日の衆議院厚生労働委員会での政府参考人の答弁による）。政府答弁どおりの運用がなされれば、口頭での申請や提出書類について現行と変わらない扱いがなされることになろうが、そうであるならば、あえて生活保護法の条文を変更する必要はなかったはずである。法文上は、保護の申請は、ただし書きにいう「特別

---

36　2013年改正について詳しくは、伊藤周平『社会保障改革のゆくえを読む―生活保護、保育、医療・介護、年金、障害者福祉』（自治体研究社、2015年）43–53頁参照。

な事情」がない限り、原則として書類の提出が必要となり、厳格化されたといえる。

　これまで、保護の実施機関（福祉事務所）が、相談と称して、申請書をわたさない、申請そのものを取り下げさせるなど、違法な「水際作戦」が行われ、餓死事件や自殺事件などの悲劇があとをたたなかった。そのため、厚生労働省も事務次官通知を発出し、保護申請権の侵害のないよう、現場に警鐘を鳴らしてきた。2013年改正により、原則として、書面による申請と資料の添付が義務づけられたことから、必要とされる事項をすべて申請書に記載し、必要とされる書類をすべて提出しないと、申請を受付けないという運用がなされる可能性は否定できない。しかし、これらの書類の提出があるまで、申請を受理しないという取り扱いは、申請の到達により遅滞なく審査が開始され決定を得るという申請権の侵害となる（行手7条）。保護申請の意思を示した者に対しては、その申請権を侵害しないことはもとより、侵害していると疑われるような運用は違法になることは、2013年改正後も変わることはないと解される。[37]

## (2)　2013年改正による扶養義務者への調査権限の強化など

　②については、要保護者の扶養義務者が民法の規定による扶養義務を履行していないと認められる場合、保護の開始決定をしようとするときは、当該扶養義務者に対して厚生労働省令で定める事項を通知することを保護の実施機関に義務づけた（生保24条8項）。また、保護の実施機関は、要保護者の扶養義務者その他の同居の親族等に対して報告を求めることができるとし（同28条2項）、さらに、現在の扶養義務者はもとより過去に被保護者であった者の扶養義務者も含めて、官公署などに対して、「必要な書類の閲覧もしくは資料の提出を求め」、銀行や雇主その他の関係人に「報告を求めることができる」旨が規定された（同29条1項・2項）。

　保護の開始決定前にそうした調査等を行うことを通知されるのであるから、扶養義務者は無理をしてでも扶養しようとするか、本人に保護の

37　同様の指摘に、石橋130頁参照。

申請を取り下げるように働きかける可能性がある。とはいえ、要保護者の親族も困窮していたり、親族間の関係が破綻しているような場合が多く、親族側に扶養が困難な理由を証明する義務を課す法改正は、とくに親族間の関係が破綻しているような場合には、深刻な問題をもたらす。たとえば、夫の家庭内暴力（ドメスティック・バイオレンス：DV）から逃れてきた女性が生活保護を申請してきた場合に、加害者である夫に扶養照会を行うことは、妻の居場所を知らせることになり、夫のストーカー的追跡による生命の危機をもたらす可能性がある。現実にそうした事例があり、厚生労働省は、加害者である扶養義務者への直接的な扶養照会を行わず、関係機関等への照会にとどめるように通知を出している。また、親族に迷惑がかかるから（もしくは親族に知られたくないから）と、生活保護の申請を断念する生活困窮者が増大することは容易に想像できる。前述の申請の厳格化とともに、生活保護の申請の抑制効果を狙った法改正であることは間違いない。

　③については、就労自立給付金制度と被保護者就労支援事業が創設された（生保55条の4、55条の7）。前者は、生活保護から脱却すると、税・社会保険料などの負担が生じるため、保護受給中の就労収入のうち、収入認定された金額の範囲内で別途一定額を仮想的に積み立てて、安定就労の機会を得たことにより保護廃止に至った時に一括して支給する制度である。しかし、そもそも、安定した就労の機会を得ること自体が難しい現在の雇用状況のもとで、対象者はほとんどなく、実効性に疑問がある。後者は、生活困窮者自立支援法の自立支援事業を、生活保護受給者に拡大した事業といえる。

　そのほか、不正受給対策の強化として、不正受給の罰金を100万円に引き上げ（生保85条2項）、徴収金に対して加算金40%を上乗せ可能とし（同78条1項）、さらに、不正受給に係る徴収金を保護費と相殺可能とする（78条の2第1項）改正が行われた。もっとも、生活保護の不正受給件数も不正受給金額も微々たるものにとどまっており、不正受給とされたものの中には、生活保護担当ケースワーカーの過重負担や経験不足のために発見できなかったもの、ケースワーカーの説明不足によるも

の、さらには、たとえば、高校生のバイト代を申告しなかったなど、そもそも不正受給が成立するのか疑問なものも多数含まれている（生活保護法78条にいう不正受給が成立するためには、積極的な不正行為を要し、一般的には「不正の意図」が必要となる）。また、徴収金と保護費の相殺可能の規定は、支給された生活保護費は最低生活費として、差押えや相殺は禁止される規定（生保58条）の例外を認める規定である。「保護の実施機関が当該被保護者の生活の維持に支障がないと認めたとき」という限定がついているが、最低生活費を相殺により減額することは、生活の維持に支障をきたすことになるのは明らかで、本人の真摯かつ明確な同意がないかぎり、最低生活を割ることを前提とした相殺は許されないと解される。

### (3) 2018年改正

　ついで、2018年改正についてみていく。

　生活保護法の主な改正内容は、①生活保護世帯の子どもが大学等に進学した際に、新生活の立ち上げ費用として進学準備給付金を一時金として支給（自宅通学で10万円、自宅外通学で30万円）、②医療扶助における後発（ジェネリック）医薬品の使用を原則化、③資力がある場合の返還金の保護費との調整、④無料低額宿泊所の規制強化などである。

　①では、大学進学後も引き続き、出身の生活保護世帯と同居して通学している場合には、住宅扶助を減額しない措置がとられることとなった。しかし、大学生になると生活保護から外れ（世帯分離）、生活扶助が減額される仕組みは残っており、生活扶助の減額も行わない措置も必要であろう。

　②は、医師などが医学的知見から問題ないと判断するものについては、後発医薬品で行うことを原則化するものだが、生活保護受給者本人の意思による先発品の選択を認めず、医療の平等原則の観点から問題がある。今後、医薬品以外の治療行為についても、生活保護受給者の差別的取り扱いが拡大される可能性があり、注視が必要である。

　また、③は、生活保護費から過払いの生活保護費の返還金を強制的に

天引きするもので、事実上、生活保護費の手取り額が最低生活費を下回ってしまうことになり、最低生活保障の趣旨に反する。④も、規制強化とあわせて単独での居住が困難な人への日常生活支援を無料低額宿泊所で実施することとされており、無料低額宿泊所を実質的に生活保護の受け皿に転換しようとするもので問題がある。

## 2　生活困窮者自立支援法の概要

　生活保護法の 2013 年改正とともに、いわゆる「第2のセーフティネット」として、生活困窮者自立支援法が制定された（2015 年施行）。

　同法は、「生活困窮者」を「現に経済的に困窮し、最低限度の生活を維持することができなくなるおそれのある者をいう」と定義し（生活困窮支援2条1項）、生活困窮者の自立の促進を図るため（同1条）、都道府県等（都道府県・市・福祉事務所を設置する町村）が、生活困窮者自立相談支援事業など各種の事業を実施することを定める。

　都道府県等の行う事業のうち中心をなすのが、必須事業である生活困窮者自立相談支援事業である（生活困窮支援5条1項）。同事業の内容として、①就労の支援その他自立に関する相談に対する情報提供・助言・連絡要請、②認定就労訓練事業の利用あっせん、③計画作成援助が規定され（3条2項）、③については、生活困窮者自立支援法施行規則（省令）に具体的なプロセスが示されている。

　また、離職などにより住宅を失った者などに、生活困窮者住居確保給付金が支給される（生活困窮支援6条）。この給付金は、原則として3か月（最大12か月まで延長可）、生活保護の住宅扶助基準額を上限として支給される。住宅手当としての性格を持つ従来の補助事業を法定化したものである。[38]

　任意事業として、都道府県等は、就労準備支援事業や家計相談支援事業などを行うことができるが（生活困窮支援7条）、約3割の自治体で実施されていないなど実施について地域格差が生じている。また、住居確保給付金については受給要件や給付内容が法令で明確に規定されてい

---

38　菊池 326 頁参照。

るが、自立相談支援事業をはじめとする他の事業については、事業の枠組みを定めるのみで、自治体ごとの制度設計の裁量の余地が大きく、利用者の権利性が明確とはいえない。事業の利用における行政の支援決定については処分性が否定されている。

## 3　生活困窮者自立支援法の改正と課題

　生活困窮者自立支援法は、附則２条の３年を目途とした制度の見直し条項により、2018年に、基本理念の創設（生活困窮支援２条）、生活困窮者の定義の見直し（同３条１項）、子どもに対する学習支援事業の学習・生活支援事業への見直し（同３条７項）、就労準備支援事業と家計改善支援事業の実施の努力義務化（同７条１項）、関係者間での情報共有・連携強化のための支援会議の設置（同９条）などの改正が行われた。

　なかでも、生活保護法上の要保護者になるおそれの高い者への情報提供義務が法定化されたことは（生活困窮支援23条）、相談支援における必要な情報提供などの注意義務を明文化したものと評価されている[39]。しかし、情報提供義務違反の場合の罰則規定も、審査請求の規定もなく、生活困窮者は、基本的に損害賠償を請求するしかなく、ハードルが高すぎて、実効性に欠ける。

　生活困窮者自立支援法の課題としては、同法を改正し、各事業に対する国・自治体の責任と利用者の権利性を明確にするとともに、必要な予算を投入し、全国共通の各事業の基準を定め、当事者の主体性を認めた制度運用を行っていく必要がある。具体的には、相談事業の相談窓口での情報提供義務を受ける権利があることを明記し、審査請求制度の整備を図ること、住宅確保給付金の対象拡大と引き上げ、就労支援事業への最低賃金の適用が必要である。

---

39　嵩さやか「生活困窮者自立支援法の意義と課題―生活困窮者自立相談支援事業を中心に」社会保障法35号（2019年）166頁参照。

## 第6節　生活保護法と生活困窮者支援の課題

### 1　権利救済の課題

　生活保護の申請拒否や保護の不利益変更など保護実施機関の保護の決定・実施に関する処分に不服がある場合は、行政不服審査法に基づき、都道府県知事等に審査請求を行うことができる。生活保護法65条1項は、審査請求があった場合の裁決期間を規定している（行政不服審査法43条1項の規定による諮問をする場合は70日、それ以外の場合は50日）。裁決期間を経過した時は、同条2項により審査請求は棄却したものとみなすことができる。都道府県知事の裁決に不服がある場合には、厚生労働大臣に対して再審査請求をすることができる（生保66条以下）。

　なお、2014年の行政不服審査法の改正で、保護の決定・実施に関する処分の審査請求についても、審理員および第三者機関による2段階の審理手続などが適用されるようになった。また、同時に改正された行政手続法により、同法36条の2が新設され、法令に違反する行為の是正を求める行政指導を受けた者が、当該行政指導が法律に規定する要件に適合しないと思料するときは、当該行政指導をした行政機関に対して、その旨を申し出て、当該行政指導の中止その他必要な措置をとることを求めることができるようになった。前述の生活保護法27条による指導・指示も、この中止等の求めの対象となると考えられ、今後、これを活用して、違法な指導・指示があった段階で、それに法的に対抗することが可能となったとの指摘がある。[40]実務では、指導・指示の処分性が否定され審査請求が却下されている現状からすると有効な法的救済手段となりうるだろう。

　保護実施機関の決定・処分に対しては行政訴訟を提起することもできる。2004年の行政事件訴訟法の改正により、義務付け訴訟および仮の

---

[40]　村田悠輔「行政不服審査法改正の概要と生活保護争訟への影響」賃社1668号（2016年）7頁参照。

義務付けが法定化され（行訴 3 条 6 項）、申請拒否処分を争う場合には、その取消訴訟とともに保護開始の義務付け訴訟（同 37 条の 3）を提起し、仮の義務付け（同 37 条の 5）も申立てることが可能となった。近年、これらを認容する裁判例が相次いでいる（那覇地決 2009 年 12 月 22 日賃社 1519 = 1520 号 98 頁など）。また、保護廃止を含めた不利益処分に対しては執行停止の申立て（行訴 25 条 1 項）により救済を得ることができる（東京地決 1966 年 8 月 30 日判時 455 号 36 頁）。

　生活保護法では審査請求前置主義がとられており（行訴 8 条 1 項ただし書き、生保 69 条）、仮の義務付けを申し立てる場合も、原則としてまず審査請求を行い、裁決を得て訴訟を提起する必要がある。もっとも、執行停止や仮の義務付けが認められるような場合は、行政事件訴訟法 8 条 2 項 2 号（処分、処分の執行または手続の続行により生ずる著しい損害を避けるため緊急の必要があるとき）または 3 号（正当な理由があるとき）に該当し、裁決を経ないで取消訴訟を提起できる場合が多いと考えられる（同条 2 項 2 号に該当するとして、執行停止の申立てを認容した事案として、那覇地決 2008 年 6 月 25 日賃社 1519 = 1520 号 94 頁）。生活保護に関しては、緊急性が高い事例があることを考えると、審査請求前置そのものを廃止すべきと考える。

## 2　生活保護法の課題

### (1)　生活保護法の全面改正に向けて

　保護基準の引き下げと生活保護制度改革により、生活保護が最低生活保障の機能を果しえなくなりつつある現状を踏まえれば、法改正を含めた次のような改革が課題となる。

　まず、運用面では、稼働能力を有する者に対して、稼働能力を活用しようにも、働く場が得られなければ、生活保護を利用することができること、就労していても、資産がなく、給与が最低生活費に満たない場合にも、やはり生活保護を利用することができることを行政機関が周知し、生活保護の活用を積極的に助言していくべきである。

　ついで、生活保護法 24 条を再改正し、生活保護の申請が要式行為で

はないことを明確にするとともに、生活保護の申請方法を簡略化する必要がある。申請の意思を明確にすれば口頭でも申請が可能であることなどを周知させるとともに、申請権を侵害する水際作戦や保護の辞退を強制するような運用は違法であり早急に改められるべきだろう。

　さらに、公的扶助の領域では、法治主義が限りなく没却せしめられ、保護の実施は相対的に行政の自由裁量で行われ、保護請求権はその実質において空洞化されたままとの指摘があるように[41]、保護請求権に基づいた生活保護法の全面改正が不可欠である。具体的には、生活保護利用の権利性を明確にしたうえで、「生活保護法」という名称を「生活保障法」に変更し、関連する文言の変更を行うべきである。もともと、現行生活保護法の制定時における GHQ（連合国軍総司令部）折衝での厚生省案の英文は「Daily Life Security Law」で、直訳すれば「生活保障法」となるはずであったが、権利性が強調されすぎるとして、和文では「生活保護法」とされた経緯がある[42]。

　同時に、生活保障の申請権を侵害してはならず、申請があれば必ず受付けなければならないことを法律に明記するとともに、利用者の必要な助言や支援を請求する権利、それに対応する行政の情報提供義務も明記すべきである。そのほか、補足性の原則（4条）の「資産等」について、法律に原則規定を置くとともに、医療扶助や住宅扶助などを個別に利用する単給の場合には、収入・資産要件を緩和するなどの改正が必要と考える。

## (2)　保護基準設定の法的統制

　保護基準については、現在の厚生労働大臣による行政裁量の法的統制が必要である。

　学説では、①保護基準を厚生労働大臣の告示ではなく、法律の別表とし、国会の審議を経て改定できる仕組みに改める、②生活保護法8条2項を、厚生労働大臣の考慮すべき要素を詳細に定めた規定に改める、③

---

41　阿部24頁参照。
42　副田義也『生活保護制度の社会史〔増補版〕』（東京大学出版会、2014年）21頁参照。

保護基準の設定を行政に委ねるが、その設定を厚生労働大臣から独立・中立の行政機関に委ねる、あるいは厚生労働大臣から諮問機関への諮問手続を法的に義務付けるといった手法が提案されている[43]。

　保護基準改定にあたって国の財政事情が過大考慮され、最低生活保障までもが「財政の論理」優位のプロセス（「専門性の論理」軽視のプロセス）で決定され保護基準の引き下げを中心とした社会保障の削減が断行されているとの指摘もあり[44]、①の保護基準の法定化が望ましいと考える[45]。かりに保護基準の改定を行政裁量に委ねる場合も、少なくとも、保護基準の改定手続と生活保護受給者の改定手続への参加を法定化し、最低生活費の算定過程の透明性を高めるため、基準額設定の基本的な方法なども法定化すべきであろう。

## 3　新型コロナの感染拡大による生活困窮の拡大と今後の課題

　2020 年に入ってからの新型コロナの感染拡大で、観光、飲食業を中心に倒産、廃業が相次ぎ、休業や失業により生活困窮に陥る人が増大、2020 年 4 月の生活保護申請件数は、前年同月と比べて 24.8％増の 2 万1486 件と急増した（厚生労働省調べ）。

　こうした状況のもと、日本弁護士連合会（日弁連）は、国に対して、新型コロナの感染拡大が収束するまで、生活保護制度の運用を緩和し、制度の積極的活用を求める会長声明を出し（2020 年 5 月 7 日）、感染拡大が収束するまでの一定期間の特例措置として、収入基準の審査のみで保護の要否認定を行うこと、住宅ローンを負担する者にも保護の適用を認めることを提言した。その後、厚生労働省も通知で、速やかな保護決定や保護の弾力的な運用（資産の保有）を求めている。さらに、住宅確保給付金の支給対象となる生活困窮者については、離職や廃業などの要

43　山下慎一「生活保護基準の設定に対する法的コントロール」季刊社会保障研究 50 巻
　　4 号（2015 年）394 - 395 頁参照。
44　同様の指摘に、山本・前掲注 25）137 頁参照。
45　学説では、保護基準を法定化すべきとの説が有力といえる。さしあたり、阿部 258 頁
　　参照。また、日本弁護士連合会の「生活保護法改正要綱案（改訂版）」（2019 年 2 月 14
　　日）も、新設の生活保障給付審議会の調査審議を国会が求めたうえで、法律の別表とし
　　て決めることを提案している。

件があったが、省令（生活困窮者自立支援法施行規則）が改正されて、支給要件が緩和され、フリーランスを含めて休業等に伴って収入が大幅に減少した人も対象とされた。

とはいえ、今後、生活保護の申請、受給者の増大が予想され、再び保護費の増加を抑制する政策意図で、保護基準の引き下げなどが行われる可能性がある。生活保護法の改正、保護基準の法的統制の制度化、生活困窮者自立支援法の改正が早急に求められる。

# 第3章 | 年　金

　年金制度は、老齢・障害などによる収入の中断、被保険者の死亡によ
る遺族の生活困難に対処する生活保障の仕組みである。日本の年金制度
は、特定の年齢層を強制加入の被保険者とする社会保険方式を採用して
おり（年金保険）、政府が保険者となっている。この点で、民間の保険
会社などが運営する年金制度と区別され、公的年金制度といわれる（以
下、単に「年金制度」ということもある）。

　本章では、公的年金制度の概要とその特徴をみたうえで、年金受給権
の構造と給付水準、年金給付について考察する。そのうえで、年金制度
改革の動向を分析し、今後の課題を展望する。

## 第1節　公的年金制度の沿革と概要

### 1　公的年金制度の沿革

　日本の公的年金制度は、明治時代の軍人や官吏に対する恩給、官業共
済組合から始まり、船員保険（1939年）や労働者年金保険法（1941年）
など民間労働者へと順次、拡大されてきた。しかし、すべての国民がな
んらかの年金制度に加入する皆年金体制の確立は、1959年の、農林水
産業従事者や自営業者などを対象とする国民年金法の制定を待たなけれ
ばならなかった（1961年より皆年金）。

　国民年金法は、年金支給開始年齢と保険料納付期間との関係で年金受
給権が発生しないか、発生しても十分な年金額を確保できない人のため
に、無拠出の福祉年金（老齢福祉年金など）を設けた。国民年金法が厚
生年金保険法と異なり、「保険」の文字を付していないのはそのためで

ある。

　国民年金法の制定により実現した皆年金体制は、民間労働者が加入する厚生年金、公務員が加入する各種共済年金および自営業者などが加入する国民年金など8つの年金制度に分立していたが、1973年には「5万円年金」の確立、物価スライド制度の導入などにより給付水準の向上がはかられてきた。

　1985年には、抜本的な改革が行われ（以下「1985年改革」という）、現行の枠組みが確立した。すなわち、国民年金による基礎年金を1階部分とし、厚生年金保険や各種共済組合に加入する民間労働者や公務員等に対して、基礎年金に加えて報酬比例年金を支給する2階建て年金の導入である。旧制度では、厚生年金に加入する民間労働者に扶養されている配偶者（ほとんどが女性）は、国民年金に任意加入しないかぎり基礎年金の受給権がなかったが、この改革で、新たに第3号被保険者として、固有の年金受給権を取得することとなった。いわゆる「女性の年金権の確立」といわれる改革である[1]。1989年には、物価の変動率に完全に対応して年金額を改定する完全物価スライド制度が導入された。さらに、後述する被用者年金一元化法により、2015年10月から、共済年金は厚生年金に統合されている（ただし、積立金運用や運営組織は引き続き分立して運営されている）。

## 2　公的年金制度の概要

　現行の公的年金制度は、主に自営業者が加入する国民年金、被用者年金である厚生年金からなる。給付は、全制度共通の基礎年金（国民年金加入者が受け取る年金の総称）が1階建て部分となり、2階建て部分として所得比例の厚生年金がある（図表3-1）。

　国民年金および厚生年金保険の保険者は政府である（国年3条、厚年2条）。2010年1月より、社会保険庁が廃止され、日本年金機構（公法人）が政府の委託を受け、保険料徴収や適用・年金給付などの事務を行

---

1　1985年改革について詳しくは、堀・年金保険法108頁参照。

2　碓井351頁参照。

図表 3 - 1　公的年金制度の仕組み（2 階建ての仕組み）

出所：厚生労働省資料より作成。人数は 2020 年 3 月末現在

っているが、保険者はあくまで政府であることに変わりはない。[2]

　国民年金の被保険者（加入者）は、3 つの類型に区分され（国年 7 条）、同条の各号に応じて、それぞれ第 1 号、第 2 号及び第 3 号被保険者といわれる。このうち、第 1 号被保険者は、日本国内に住所がある 20 歳以上 60 歳未満の者で、第 2・3 号被保険者でないものをいい、定額の保険料を納付する。保険料額は、2017 年度以降、固定されている（物価調整があり、2020 年度で月額 1 万 6540 円）。第 2 号被保険者は、厚生年金など被用者保険に加入している者であり、保険料は報酬比例（標準報酬に保険料率をかけた額）で、事業主と折半し給与から天引きされて徴収される。保険料率は、2017 年度以降 18.3％ で以後固定されている。第 3 号被保険者は、第 2 号被保険者の被扶養配偶者で 20 歳以上 60 歳未満の者をいう。その圧倒的多数は女性（主婦）である。厚生年金など被用者年金制度の保険者は、毎年度、基礎年金の給付に要する費用に充てるため、基礎年金拠出金を負担している（国年 94 条の 2）。この拠出金制度は、第 2 号被保険者および第 3 号被保険者の基礎年金に関する保険料を

まとめて負担することを意味しており、第2号・第3号被保険者は、国民年金の保険料を個別に負担する必要はなく、また、基礎年金拠出金には、第3号被保険者の保険料相当部分も含まれているため、第3号被保険者本人の負担はない。

　また、年金給付の種類には、老齢年金、障害年金、遺族年金の3つがある（本章第3節参照）。

## 3　任意加入の年金制度

　以上の強制加入の公的年金制度に加えて、任意加入の制度がある。報酬比例部分（2階建て部分）のない第1号被保険者には、国民年金基金が設けられている（国年115条以下）。各都道府県に1つの地域型国民年金基金と弁護士・医師など業種ごとに設立されている職域型国民年金基金の2種類があり、老齢年金と遺族一時金の給付が行われている。

　厚生年金被保険者など第2号被保険者については、報酬比例部分に加えて3階部分として企業年金と呼ばれる任意の付加的給付がある。このうち厚生年金基金は、厚生年金適用事業所の事業主とそこで使用される被保険者で組織された法人で（厚年107条）、本来であれば国が給付すべき老齢厚生年金の一部を代行し（代行部分は、物価スライド・標準報酬月額再評価に伴う増額部分を除く給付）、さらに企業独自の加算部分を給付するものであった。しかし、厚生年金基金の財政状況が悪化しており、現在では、基金の新設は認められなくなり、現存する基金についても運営が健全な一部の基金以外は清算されることとなっている。これにより、日本の企業年金制度の中で厚生年金基金の果たす役割は事実上終わったとの評価もある[3]。なお、公務員には、共済年金（長期給付）の中に、企業年金に相当する職域加算があったが、前述の被用者年金の一元化にともない廃止された。

　このほか、企業年金には、代行を行わない確定給付企業や、将来の年金額を確定させず、掛金を自己責任により運用する確定拠出年金がある。

---

3　菊池188頁参照。

## 第2節　公的年金の適用と特徴

### 1　公的年金の適用

　国民年金の第1号被保険者については、国民年金法7条・8条・9条に該当する事実が発生すると当然に被保険者資格を取得し喪失する。被保険者は、資格の取得および喪失、氏名・住所の変更に関する事項などを市町村長に届け出る義務がある（国年12条1項）。国籍要件の存在にもかかわらず、国民年金保険料を長期納付した外国人の被保険者資格が争われた事例で、裁判所は被保険者資格を否定したが（東京地判1988年2月25日判時1269号71頁）、現在は国籍条項の削除により、立法的解決が図られている。

　これに対して、厚生年金の場合は、適用事業所単位で強制適用の対象を捉え、その事業所で常時使用される者を強制加入被保険者（第2号被保険者）とする方法がとられている。したがって、厚生年金の加入・脱退などの届出義務は適用事業所の事業主にあり（厚年27条）、第2号被保険者が届け出る必要はない。ただし、この届出は実務上の便宜のためで、被保険者資格の効力発生要件ではない。

　被保険者は、適用事業所に使用されるに至った日に資格を取得し（厚年6条・9条）、被保険者資格の取得および喪失の効力は、原則として事業主からの届出により厚生労働大臣が確認してはじめて発生するが、被保険者からも資格の確認請求をすることができる（厚年18条・31条）。厚生労働大臣の確認は、特定の事実または法律関係の存在を確定する行政行為（処分）と解されており、厚生年金被保険者資格の確認の義務付けの訴えを認めた事例がある（東京地判1984年5月28日行集15巻5号878頁）。また、事業主の届出義務については、公法上の義務にとどまらず、雇用契約の付随義務と捉え、届出義務を怠ることは「労働契約上の債務不履行」と解する判例（奈良地判2006年9月5日労判925号53頁）があり、事業主が届出を怠ったため保険給付を受けることができな

くなったとして、損害賠償請求が認められた事例もある（京都地判1999年9月30日判時1715号50頁）。

　厚生年金の適用事業主が社会保険事務所（当時）に虚偽内容の届出をして、被保険者の報酬から控除していた厚生年金保険料の一部を納付しなかったため、将来受給する年金額が減少したとして、当該被保険者が、事業主と国に対して損害賠償を請求した事例では、裁判所は、年金受給権取得前の損害の発生を認めず、請求を棄却している（仙台高判2004年11月24日判時1901号60頁）。

## 2　公的年金制度の目的と特徴

### (1)　公的年金制度の目的─生存権保障

　以上のような公的年金制度の目的は何か。皆年金の下支えともいうべき、国民年金についてみると、国民年金法は「国民年金制度は、日本国憲法第25条第2項に規定する理念に基き、老齢、障害又は死亡によって国民生活の安定がそこなわれることを国民の共同連帯によつて防止し、もつて健全な国民生活の維持及び向上に寄与することを目的とする」と定める（国年1条）。この規定から、国民年金制度は、憲法25条2項に定める国の社会保障の向上増進義務を具体化した制度といえる。

　国民年金法の目的規定に挙げられているのは憲法25条2項のみであるが、憲法学では、同条1項の「健康で文化的な最低限度の権利を営む権利」と、同条2項とを一体的にとらえる見解が通説である[4]。したがって、国民年金法の目的規定には憲法25条1項の趣旨も含まれると解され、国民年金は、高齢者や障害者といった年金受給者の「健康で文化的な最低限度の生活」の保障を目的とする制度ということができる。

　国民年金法の趣旨が、憲法25条の生存権保障にあるとするならば、老齢基礎年金は、それのみで受給者の「健康で文化的な最低限度の生活」を保障するものでなければならないと解される。そして、その額は、公認された最低生活の基準、すなわち厚生労働大臣が定める生活保護基

---

4　憲法25条1項・2項一体説といわれる。中村睦男「生存権」芦部信喜編『憲法Ⅲ・人権2』（有斐閣、1977年）19頁参照。

準を上回るか、少なくとも同程度のものでなければならないはずである。この点で、基礎年金の給付水準が問題となるが、これについては後述する。

　厚生年金については、保険料が標準報酬月額に基づき算定され、給付額も標準報酬月額および被保険者期間によって算定されるため、基礎年金よりも、保険料と給付内容とが結びつく報酬（所得）比例の性格が強く、「報酬比例年金」ともいわれる。国民年金（基礎年金）は、高齢期の基礎所得の保障を目的とし、厚生年金（報酬比例年金）は、現役期から高齢期の移行に起因する所得の激減を防止し、高齢期の所得を安定させる目的があると一応は区別できる。ただし、厚生年金も老齢、障害など稼働能力喪失の原因となる定型的な事故について所得保障を目的とする点で、国民年金と共通している（同旨の裁判例として、和歌山地判2002年12月17日第一法規法情報総合データベース28080664参照）。その意味で、国民年金・厚生年金ともに、国民の生存権保障を目的とする制度であると位置づけることができる。

## （2）　国民年金制度の特徴―国庫負担と保険料減免制度の存在、スライド制度の採用

　日本の公的年金制度は、社会保険方式を採用しているが、社会保険方式を貫徹した場合、公的年金制度の生存権保障という目的を十分に達成することができないため、とくに国民年金制度について、保険方式に修正が加えられ、次のような特徴を有するに至っている。

　第1に、国庫負担の存在がある。国庫負担は、国の義務的経費で、裁量的経費である補助金とは法的性格が異なり、国が義務として負担するもので、憲法25条2項に基づく生存権保障義務を財政面において具体化したものといえる。現在、基礎年金の給付費の2分の1が国庫負担となっている。厚生年金については、従来の定額部分が基礎年金に移行し、報酬比例部分が厚生年金として基礎年金に上乗せされる報酬比例の年金とされたことから、国庫負担は廃止されている。また、学生納付特例の期間については、国庫負担はなく、保険料が追納されない限り、老齢基

礎年金の額の計算には反映されない。事務費についても、全額国庫負担とされている（国年85条2項、厚年80条2項）。ただし、1998年度から、特例措置として事務費に年金保険料が充当されるようになり、さらに、2007年6月に成立した「国民年金事業の運営の改善のための国民年金法等の一部を改正する法律」（いわゆる「社会保険庁改革関連法」）により、2008年4月から、恒久的に事務費に保険料が使用できることになった。しかし、国民年金法・厚生年金保険法の趣旨に照らせば、保険料を事務執行費用に充てることは問題がある[5]。

　第2に、低所得者に対する保険料の減免・猶予制度が採用されている。後述のように、国民年金保険料には法的免除と申請免除があり、保険料免除期間に対して、国庫負担が行われることで、保険料の支払いなしに給付がなされる。被保険者期間の全期間に保険料免除が行われたとしても、年金が支給される。支給額が基礎年金の国庫負担分（2分の1）にとどまるという問題はあるものの、この場合に支給される老齢基礎年金は全くの無拠出年金である。つまり、国民年金制度は保険方式をとりながらも、保険料を基礎として給付を行う保険方式の仕組みは、大きく修正されている。公的年金制度が、保険方式を採りつつも、私的保険とは区別される「社会保険」といわれるゆえんである。社会保険の最大の特徴は、拠出（保険料負担）のない給付が存在することにあるといえる（第1章第3節参照）。


## (3) 公的年金制度の特徴―スライド制度の採用

　第3に、国民年金制度のみならず厚生年金も含め公的年金制度全般について、年金の実質的価値を保つため、スライド制度が導入されている。

　具体的には、賃金スライド制度、物価スライド制度があり、1989年から物価指数の変動に応じて年金額を改定する完全物価スライド制度が導入されている。

　これに対して、賃金スライドは、被保険者の名目賃金の伸びに応じて

---

5　同様の指摘に、有泉亨・中野徹雄編『厚生年金保険法／全訂社会保障関係法1』（日本評論社、1982年）233頁（喜多村悦史執筆）参照。

過去の標準報酬を再評価するものであったが、人口の高齢化とともに、年金給付費が増大し、税や保険料負担が上昇することになり、名目賃金の伸びより手取り賃金の伸びが低くなることが予想されたため、1994年の国民年金法等の改正で、名目賃金の変動率から社会保険料・税を控除した手取り賃金（可処分所得）の伸びに応じて、過去の標準報酬を再評価するスライドに改められた。2000年の法改正では、既裁定年金のスライド率が従来の手取り賃金の変動率から物価の変動率に変えられ、賃金スライドは、新規裁定時にのみ行われ、裁定後には行われないこととなっている。

## 第3節　年金給付と年金受給権・給付水準

## 1　年金給付

### (1)　老齢年金給付

　年金給付の種類には、老齢年金、障害年金、遺族年金の3種類がある。基本となる老齢年金のうち、老齢基礎年金は、すべての国民に共通する老齢給付であり、老齢厚生年金は、一定の要件を充たした者に、老齢基礎年金に上乗せして支給される。

　老齢基礎年金の支給要件は、保険料納付済期間または保険料免除期間を有する者が65歳になったときに、老齢厚生年金は、老齢厚生年金の被保険者期間を有する者が65歳に達したときに、それぞれ支給される。受給資格期間は、保険料を支払った納付期間、免除の期間、制度上支払うことができなかった期間（給付額に反映しないので「カラ期間」といわれる）、学生納付特例制度などの手続を行った期間のそれぞれを合計した期間をいい、基礎年金および厚生年金ともに10年以上あることが原則となる（国年26条・厚年42条）。年金受給資格を得るための最低加入期間は、2017年8月より、従来の25年から10年に短縮された。

　老齢基礎年金の額は、納付期間に応じた定額であり、年金の給付額は、40年間（480か月）保険料を納付した場合の満額で、年額78万900円

×改定率の定額である（国年27条）。改定率については後述するが、2020年度の年金額（月額）は6万5141円である。納付期間が40年に達していなかったり、免除期間がある場合には、さらに減額される。たとえば、保険料が40年間全額免除の場合だと、満額支給額の2分の1（国庫負担相当部分）の給付額となる。

　老齢厚生年金の額は、報酬比例の年金額に加給年金額を加えた額である（厚年43条）。報酬比例の年金額は、2020年度の標準的な年金額（40年間夫が就業の場合、夫婦2人分の老齢基礎年金を含む標準的な年金月額）で22万724円となっている。加給年金は、老齢厚生年金の年金額算定の基礎となる被保険者期間が20年以上ある場合に、受給権を取得した当時、受給権者によって生計を維持されていた65歳未満の配偶者、18歳到達年度の末日までにある子または20歳未満で障害等級1級もしくは2級に該当する子どもがあるときに支給される（厚年44条）。

　老齢年金を受給しながら、なお賃金を得ている場合には一定の年金額の調整が行われる。老齢厚生年金の支給を受けながら、会社等に勤め賃金を得ている場合、老齢厚生年金の年金額と賃金額に応じて、老齢厚生年金の一部または全部が支給停止される（厚年46条・附則11条）。これが在職老齢年金制度であり、一部支給停止となった場合に、なお支給される老齢厚生年金は、高年齢者在職老齢年金と呼ばれる（特別支給の老齢厚生年金が一部支給停止になった場合に、なお支給される老齢年金は低所得者在職老齢年金と呼ばれる）。ただし、70歳以上の者は被保険者資格を喪失するため保険料の負担義務は発生しない。

　老齢年金ついては、離婚時の年金分割制度が設けられている[6]。年金分割制度には、合意分割制度（厚年78条の2～78条の12）と、3号分割制度（同78条の11～78条の21）がある。合意分割制度は、民法の財産分与と同様の考え方に基づくもので、夫婦の合意に基づいて、その婚

---

6　従来は、離婚時の公的年金については、民法の財産分与（768条、771条）に基づく清算的財産分与と離婚後扶養の要素があり、離婚当事者が若く婚姻期間がごく短い場合を除いて、財産分与に際して何らかの形で考慮要素になるとされてきた。退職共済年金の2分の1が離婚時の清算的財産分与の対象とされた事例もある（仙台地判2001年3月22日判時1829号119頁）。

姻期間に係る標準報酬の分割を厚生労働大臣に請求する。分割割合は、夫婦双方の標準報酬額の2分の1以下とされており、当事者の協議が整わないときは、家庭裁判所が決める。3号分割制度は、第2号被保険者の保険料は夫婦が共同して負担したものであることを法定し（厚年78条の13）、その被扶養配偶者（第3号被保険者）が、離婚に際し、一方的に婚姻期間に係る第2号被保険者の標準報酬の分割を請求できる。分割割合は2分の1と法定され請求があれば強制的に分割される。ただし、分割の対象となるのは、2008年4月以降の婚姻期間に限定される。

## (2)　障害年金給付

　障害基礎年金は、原則すべての成人障害者に支給され、障害厚生年金は厚生年金保険の被保険者に対して、障害基礎年金に上乗せされる形で支給される。厚生年金の独自給付としては、障害等級3級に対する障害厚生年金と障害手当金がある。

　障害基礎年金と障害厚生年金の支給要件は、原則として、①疾病にかかりまたは負傷し、その疾病及びこれらに起因する疾病の初診日において被保険者であったこと、②障害認定日（当該初診日から起算して1年6ヶ月を経過した日、あるいはその期間に傷病が治った症状が固定した日）に法定の障害等級に該当すること、および初診日の前日においてその前々月までに被保険者期間があり、かつ当該被保険者期間の3分の2以上が保険料納付済期間または保険料免除期間で満たされているとき、である。

　国民年金では、初診日が20歳前にある傷病について、その者が20歳に達したときまたは、20歳に達した後に障害認定日があるときには、その障害認定日に、障害等級1級または2級に該当する状態にあるとき、その請求により障害基礎年金を支給する。ただし、本人に一定額以上の所得がある場合、他の公的年金を受けている場合は、その支給が停止される（国年36条の2・36条の3）。

　支給要件のうち、①の初診日について、最高裁は「医学的見地から裁定機関の認定判断の客観性を担保するとともに、その認定判断が画一的

かつ公平なものとなるよう、当該傷病につき医師等の診療を受けた日」
としている（最判2008年10月10日判時2027号3頁）。②の障害等級に
ついては、障害基礎年金では1・2級、障害厚生年金においては1級か
ら3級に該当しなければならない。3級に該当するときには障害厚生年
金のみが支給される。

　障害基礎年金の額は、障害等級2級に該当する場合は、老齢基礎年金
（満額支給）と同額（2020年度で月額6万5141円）で、1級に該当する
場合は、その1.25倍の額（同月額8万1426円）とされている（国年33
条）。障害厚生年金の額は老齢厚生年金と同様、報酬に比例する。ただ
し、この場合は、加入期間が25年（300か月）に満たない場合は300と
みなされ、基礎年金のつかない3級障害の場合には最低保障額が設定さ
れている（厚年50条）。このことから、障害基礎年金の給付水準は衣食
住にかかる基礎的な生活費を保障しており、障害厚生年金の給付水準は
従前の所得を保障しているとされる。[7]支給期間は、障害認定日（それが
20歳前のときは20歳に達した日）の属する月の翌月から、死亡した日
など失権事由（国年35条、厚年53条）に該当した日の属する月までで
ある。

　なお、20歳以上の学生については、国民年金の任意加入の時期があり、
その時期に、事故などにより障害を負った者が、国民年金に加入してい
なかったため、障害基礎年金を支給されないのは不当であるとして争わ
れたのが一連の学生無年金障害者訴訟である。東京地裁判決（2004年3
月24日判時1852号3頁）は、立法不作為を認め、原告の請求を認容し
たものの、控訴審判決（東京高判2005年3月25日判時1899号46頁）
および上告審判決（最判2007年9月28日民集61巻6号2345頁）は、
学生を任意加入とした措置は、著しく合理性を欠くということはできな
いとして、原告の請求を棄却した。これらの訴訟を通じて、無年金障害
者の救済の必要性が認識され、2004年に、特別障害者に対する特別障
害給付金の支給に関する法律が制定され、特別障害者給付金が創設され
た（第4章第2節参照）。

---

[7]　福島豪「障害者の社会保障」法学セミナー745号（2017年）43頁参照。

## (3)　遺族年金給付

　遺族年金は、被保険者が死亡した場合に、その被保険者等により生計を維持されていた遺族に、一定の要件のもとに支給される。

　遺族基礎年金は、①被保険者、②被保険者であった60歳以上65歳未満の者で、日本国内に住所を有する者、③老齢基礎年金の受給権者、④保険料納付済期間と保険料免除期間とを合算した期間が25年以上である者のいずれかが死亡した場合に、その遺族に支給される。①と②に該当する場合には、死亡日の前日に、死亡日の属する月の前々月までの被保険者期間があるときは、その被保険者期間のうち保険料滞納期間が3分の1未満でなければならない。遺族の範囲（年金の受給権者）は、被保険者等が死亡した当時、その者によって生計を維持されていた配偶者（事実婚の配偶者も含む。国年5条7項[8]）または子である。子の場合には、18歳到達年度の末日までにある子か、障害等級1級または2級の状態にある20歳未満の子で、かつ婚姻していない子であり、配偶者も、こうした子と生計を同じくしている必要がある（国年37条の2第1項）。

　遺族厚生年金は、①被保険者、②被保険者資格喪失後、被保険者期間中に初診日のある傷病によって初診日から5年以内に死亡した者、③障害等級1級または2級の状態にある障害厚生年金の受給権者、④老齢厚生年金の受給権者または老齢厚生年金の受給資格期間を満たしている者のいずれかが死亡したときに、その遺族に支給される。遺族の範囲は、基礎年金よりも広く、配偶者、子、父母、孫または祖父母であり、被保険者等の死亡当時その者によって生計を維持し、さらに妻以外にあっては、厚生年金保険法59条1項各号に該当することを要する。順位は同条2項による。

　遺族年金は、被保険者等の死亡当時、その者により生計を維持されていたことを要件とする（生計維持要件。国年37条の2、厚年59条）。生計維持の認定は、生計同一要件と収入要件からなり、後者については、

---

8　かつての母子福祉年金としての性質を引き継ぎ、以前は、受給権者は妻と子に限られていたが、2012年の国民年金法の改正により、夫も受給権者に含まれることとされた。

年収850万円が基準とされている（1994年11月9日・社会保険庁通知36号）。こうした遺族の生活保障の趣旨から、法は遺族年金受給者としての「配偶者」を法律上の配偶者に限定せず、事実上婚姻関係と同様の関係にある者、すなわち内縁的配偶者も「配偶者」に含めている（国年5条8項、厚年3条2項）。しかし、法律上の配偶者と内縁的配偶者の双方が存在する、いわゆる重婚的内縁関係にある場合の遺族給付の支給について明文の規定はなく、解釈に委ねられている。最高裁は、届出のある婚姻関係が形骸化し、かつ、その状態が固定化している場合は、現実の生活関係を重視して、法律上の配偶者であっても遺族年金給付を受けるべき「配偶者」に該当しないとしている（最判1983年4月14日民集37巻3号270頁）。

また、民法が禁止する近親婚関係にある者（厚生年金保険の被保険者である叔父と内縁関係にあった姪）の遺族厚生年金受給資格の有無が争われた事案で、「事実上婚姻関係と同様の事情にあるもの」（厚年3条2項）に該当するとして、遺族厚生年金の受給権を肯定した最高裁判例がある（2007年3月8日民集61巻2号518頁）。原判決は、本件内縁関係が3親等内の傍系血族間の婚姻関係であることの反倫理性を重視する立場から、受給権を否定したが、最高裁は、当該内縁関係の実態に踏み込んだ判断により、遺族の生活の安定と福祉の向上という厚生年金保険法の趣旨を優先させ、受給権を肯定した。

遺族基礎年金は国民年金法38条に基づく額と子に対する加算額からなる。被保険者等の死亡の日の属する月の翌月から、同40条に定める失権事由に該当する日の属する月まで支給される。なお、2007年4月から、遺族年金の額は、本人の納めた保険料をできるだけ年金に反映させるという観点から、老齢厚生年金を受給できる人にはその老齢厚生年金を優先支給し、差額に相当する遺族厚生年金を支給することとされた（厚年60条）。

## 2　年金受給権の構造

### (1)　年金受給権の発生

　個々人の年金給付を受ける権利を「年金受給権」という。

　公的年金（老齢・遺族・障害年金）の給付を受けるには、給付を受ける権利を有する者（受給権者）の請求に基づいて、厚生労働大臣が裁定を行うことが必要とされる（国年 16 条、厚年 33 条）。この裁定は、法律によって定められている年金受給資格の存在を公的に確定する処分（確認行為）とされている（厚生年金につき東京高判 2004 年 9 月 7 日判時 1905 号 68 頁参照）。

　年金受給権そのものは、保険料納付などの法定の要件を満たすことによって、法律上当然に発生するが、抽象的な権利にとどまっており、裁定によって、年金給付を請求する具体的な権利が発生すると解されている（本村訴訟についての最判 1995 年 11 月 7 日民集 49 巻 9 号 2829 号参照）。その意味で、裁定は受給権の発生（成立）要件ではなく、効力発生要件といえる。[9]

　年金受給権の具体化の段階は、①受給権を満たす前で、年金受給の期待（権）がある段階、②受給要件は満たしているが裁定がされておらず、受給権は発生しているが年金給付を現実に受給できていない段階、③受給要件を満たした者が裁定を受けた後、年金給付を現実に受給できている段階（いわゆる既裁定年金）、④支払期月が到来し年金給付の支払いがなされた段階に区分できる。このうち、③の段階で発生する具体的な権利が基本権であり、④の段階で月ごとに発生する個々の受給権は支分権といわれる。

　基本権たる年金受給権は、裁定を受けることで、支払期月の到来により当該期月の支分権たる年金給付が支給されることで（国年 18 条、厚年 36 条）保障される。基本権とは、各月の支分権の根拠となる権利であり、支分権とは、各支払期に支払われる各月分の年金の支給を受ける権利であり、基本権から派生する権利ということができる。個々の支分権は、基本権の存在を前提として発生し、その消滅によって消滅するが、ひとたび発生した支分権は、その後は別個の独立した権利となる（恩給につき東京地判 2009 年 1 月 16 日判時 2049 号 1068 頁も同旨。本書で年

9　堀・年金保険法 241 頁参照。

金受給権という場合は、原則として基本権をさす）。

## (2) 年金受給権の消滅

　年金受給権は、受給権者の死亡その他の失権事由の発生により消滅する（国年 29 条・35 条・40 条、厚年 45 条・53 条・63 条）。受給権者の死亡の場合、年金受給権は将来に向けて消滅するため、一身専属の権利（民法 896 条ただし書）であり相続の対象とはならない。

　ただし、支給すべきであった給付が残っている場合には、一定の範囲の遺族に未支給年金を支給するという処理がなされる（国年 19 条、厚年 37 条）。障害年金の受給者が、国民年金の保険料を拠出して老齢年金の受給権を取得したものの、併給調整規定により老齢年金の支給が停止されたため、その支払いを求め提訴したが、第 1 審の訴訟継続中に死亡し、死亡した受給権者が提起した未支給年金支払請求訴訟を遺族が承継できるかが争われた事案がある（前記本村訴訟）。最高裁は、社会保険庁長官（当時）の未支給年金の支給決定を受けるまでは、遺族は死亡した受給権者が有していた未支給年金に係る請求権を確定的に取得したということはできないとし、遺族の請求を棄却している。この最高裁判決の示す解釈によれば、遺族は改めて保険者に対し、未支給年金の請求を行い、不支給決定に対する不服申立てを経て、新たに訴訟を提起しなければならないが、訴訟経済上の問題があり、一定の条件の下で、原告の妻による訴訟承継を認めた裁判例もある（宮訴訟についての東京高判 1981 年 4 月 22 日行集 32 巻 4 号 593 頁参照）。

　年金給付を受ける権利は、5 年が経過すると、時効によって消滅する（国年 102 条 1 項、厚年 92 条 1 項）。2017 年の民法改正（2020 年 4 月施行）にともない、国民年金法・厚生年金保険法が改正され、「年金給付を受ける権利」から支分権を分離したうえで、支分権についての消滅時効の起算点を、当該支分権のかかる「支払期月の翌月の初日」と規定し、基本権たる「年金給付を受ける権利」の消滅時効の起算点である「その支給すべき事由が生じた日」と区別した（国年 102 条 1 項等）。支分権については、改正前の規定より起算点が遅く設定されたことになるが、

これは受給権者の利益に配慮したためとされる[10]。

### (3)　受給権の保護

　年金受給権には、生活保障と福祉の向上という目的を達成するため、受給権保護規定が置かれている。すなわち、年金給付を受ける権利（年金受給権）は、これを譲渡し、担保に供し、または差し押さえることはできない（国年24条、厚年41条1項）。受給権の保護規定は、公的年金給付を真に受給権者の利益に資するものにするためである。

　ただし、例外的に、「別に法律で定める」場合には担保に供することが認められる（具体的には、独立行政法人福祉医療機構による公的年金担保貸付事業）。また、老齢基礎年金、付加年金および老齢厚生年金は国税滞納処分により差し押さえることは可能である（国年24条、厚年41条1項）。これは、老齢基礎年金などが課税対象となっているためで、障害年金や遺族年金は公租公課が禁止されており（国年25条、厚年41条2項）、非課税年金とされ、差し押さえはできない。

　差押禁止との関係でしばしば問題となるのが、年金が振り込まれている受給権者の預貯金口座を差し押さえることができるかである。これについて、老齢年金および労災保険金の振り込みによる預金債権を連帯保証人としての保証債務と相殺した事案において、銀行口座に振り込まれた年金等は預金債権に転化しており、これを差押禁止とすることは、取引秩序に混乱を招くとして、相殺を認めた原審を支持する最高裁判決がある（最判1998年2月10日金判1056号6頁）。しかし、下級審判決では、預貯金口座の原資が差押禁止債権である公的年金や生活保護費である場合には、当事者の生活状況などを踏まえて預貯金口座の差押えを認めないものもある（東京地立川支決2012年7月11日賃社1572号44頁など）。

---

10　笠木ほか110頁（嵩さやか執筆）参照。

## 3 年金給付水準

### (1) 当初の年金給付水準の考え方―最低生活保障

　拠出制の国民年金の給付水準については、当初、「社会保障制度の一環として老齢、廃疾または死亡による国民生活の安定がそこなわれることを防止するという目的を果たすため……年金額は最低生活費を保障するための強い支柱となる程度のものであることが必要[11]」との認識のもと、最低加入期間（当時は 25 年間）保険料を納付した場合の年金額を最低基準額とし、その月額 2000 円は、当時（1957 年。以下同じ）の生活保護基準をもとに算出され、40 年間（満期）で保険料を納付した場合の月額 3500 円は、当時の成人 1 人 1 か月の消費支出額から共通経費を除いた金額と同等になるように定められたものであった[12]。そして、年金額については、将来、国民の生活水準が上昇すれば引き上げることが想定されていた[13]。

　つまり、少なくとも、国民年金制定当初は、給付水準の設定にあたって、最低生活保障が強く意識され、生活保護基準・高齢者の消費支出を根拠にして拠出制年金の給付水準が定められていたのである。その意味で、国民年金は、老齢・障害・死亡（母子）という事由に関して、生活保護に代わる最低生活保障制度として制度化されたといえる[14]。

　また、1962 年 8 月の社会保障制度審議会の「社会保障制度の総合調整に関する基本方策についての答申及び社会保障制度の推進に関する勧告」（以下「62 年勧告」という）も「老齢年金、障害年金、遺族年金については、すべての制度において給付額の最低保障を行い、その額は定額で、なるべく均衡するように定める」とし、「老齢年金その他前述の諸給付は、それによってそれぞれの事故の起きた場合に、少なくともそ

---

11　小山進次郎『国民年金法の解説』（時事通信社、1959 年）164 頁。

12　小山・前掲注 11）164 - 165 頁参照。

13　吉原健二・畑満『日本公的年金制度史―戦後 70 年・皆年金半世紀』（中央法規、2016年）39 頁。

14　田中明彦「国民皆年金下の障害基礎年金の『保険料納付要件』の解釈のあり方―障害基礎年金不支給決定取消訴訟事件に係る意見書」賃社 1641 号（2015 年）30 頁参照。

の最低生活を保障するためのものであるから、最低保障額を設ける必要がある。その最低保障額は、生活保護基準を上回るかあるいはそれと同程度のものでなければならない」と述べている。社会保障制度審議会が、社会保障制度審議会設置法に基づき設置された内閣と同列の諮問機関であり、当時、政府に対する勧告権を唯一有していた審議会であったことを考えるならば（中央省庁再編に伴い、社会保障制度審議会自体は、2001年1月に廃止されたとはいえ）、国民年金法制定当時の同審議会の勧告は、同法の解釈にあたっても考慮されるべきであろう。[15]

## (2)　給付水準の適正化へ─「老後生活の基礎的部分」の保障

　しかし、その後、1985年改革による基礎年金の導入に際して、基礎年金の額（月額5万円）は、最低加入期間の25年間保険料を納付した場合ではなく、40年間満期の保険料を納付した場合の「国民の老後生活の基礎的部分を保障するものとして高齢者の生計費等を総合的に勘案（1984年度の65歳以上の単身、無業者の基礎的消費支出にその後の消費水準の伸びを加味）して」設定されることとなった。[16]

　最低生活保障ではなく「老後生活の基礎的部分」という表現が用いられるようになり、これにより、国民年金、厚生年金の老齢年金給付について、旧制度と新制度（成熟時点）の給付水準を1984年度価格で比較すると、単身者で40年加入の場合で約36%もの大幅な引き下げがなされ、国民年金では、月額7万6900円から同5万円と34.9%も引き下げられた。[17]給付水準の大幅な引き下げは、年金制度改革が給付抑制路線へ政策転換したことに伴うものといえる。

　もっとも、ここでいわれている「老後生活の基礎的部分」については、国会で政府委員が、おおむね単身高齢者の生活扶助基準額に「見合う額」と答弁していることなどから、「健康で文化的な最低限度の生活」水準と解釈すべきとの見解もある。[18]しかし、この時点で、基礎年金の水

---

15　同様の指摘に、田中・前掲注14）60頁参照。

16　吉原ほか・前掲注13）103頁。

17　公文昭夫・庄司博一『年金のはなし』（新日本出版社、1990年）44-54頁参照。

準は、高齢者の消費支出の「基礎的部分」とされた範囲から、本来は「健康で文化的な最低限度の生活」の範囲に含まれるべき「教養娯楽費、交通通信費、保健医療費、交際費」が雑費として除外されたことで、満額支給は月額5万円とされ、保護基準に基づく最低生活費を下回る水準にとどめられ[19]、実質的には「健康で文化的な最低限度の生活」水準とはいえなくなった。

### (3) 年金給付水準のあり方

　前述の年金引き下げ違憲訴訟において、札幌地裁判決（2019年4月26日訟月65巻8号1183頁）は、被告国側の主張を認め、老齢基礎年金は、稼働能力の低下等に伴う老後の生活を支えるものであるが、憲法25条の定める健康で文化的な最低限度の生活は、社会保険法、社会福祉法その他の社会法制度全体を通じて保障されるべきもので、国民年金等のみで保障するものではないとし、年金受給額が健康で文化的な最低限度の生活を保障するに足らない額になったとしても、そのことから、直ちに、本件減額処分が著しく合理性を欠くということはできないとし、原告の憲法違反の請求を棄却した。また、年金額の引き下げにより最低限度の生活が行えず生活保護の受給を余儀なくされ自己決定権を侵害された（憲法13条違反）との原告側の主張に対しても、年金受給者の収入源が年金のほかに生活保護のみであるとはいえないから、本件各処分により年金額等が減少しても、そのことが直ちに生活保護の申請を強いるものとはいえないとし、憲法13条違反の請求も退けた。福岡地裁判決（2020年7月31日判例集未登載）も、ほぼ同様の趣旨で、原告側の請求を棄却した。

　学説でも、高齢者等の生活は預貯金等の資産、生活保護法等他の施策によっても支えられるのであり、公的年金によってどの程度国家が生活

---

18　田中明彦「年金の引下げは憲法25条1項、2項違反である—違憲訴訟の意義と理論的課題」井上英夫・藤原精吾・鈴木勉・井上義治・井口克郎『社会保障レボリューション—いのちの砦・社会保障裁判』（高菅出版、2017年）211頁参照。

19　田中・前掲注18）212頁参照。

20　堀・年金保険法233頁参照。

保障を行うかは、基本的には立法裁量の範囲にあるとの見解がある。[20]

　しかし、国民年金法の趣旨が、前述のように、被保険者の老後の生存権保障にあるとするならば、老齢基礎年金については、それのみで、受給者の「健康で文化的な最低限度の生活」を保障するものでなければならないと解される。そして、その額は厚生労働大臣が定める生活保護基準を上回るか、少なくとも同程度のものでなければならないはずであり（第2章第3節参照）、国民年金法の制定当初は、社会保障としての年金給付は生活保護基準を上回る定額制を基本とすべきとの意見があることは、国の側が認めていた。[21]老齢基礎年金が、最低加入期間の拠出（保険料負担）を前提として給付される仕組みであることも、この考え方を補強する。そもそも、満期の40年にわたり国民年金の保険料を払いつづけても、支給額（満額支給で月額6万5141円。2020年度）が、地域によっては生活保護の基準額に及ばない場合があるという事実は、一般の加入者にとって保険料納付意欲を失わせる要因となりうる。[22]

　いずれにせよ、給付抑制に転換した政策のもと、立法裁量を広く認める解釈をとれば、年金給付水準の抑制によって、公的年金制度の目的である年金受給者の生存権保障を果たすことができなくなる事態を許容することになり、妥当とはいえない。

## 第4節　年金財政と年金保険料

### 1　賦課方式と積立方式

　公的年金制度は、その財政方式によって、賦課方式と積立方式に区分される。

　賦課方式とは、その時々の年金給付に必要な費用を、そのときの被保険者から保険料として徴収する方式であり、積立方式とは、将来必要になる年金給付費に見合うよう必要な保険料を徴収し、事前に積立金を保

---

21　吉原ほか・前掲注13）20頁参照

22　同様の指摘に、石崎浩『年金改革の基礎知識〔第2版〕』（信山社、2014年）30頁参照。

有する方式である。賦課方式は、保険料を負担する現役世代と年金を受給する高齢世代との間で世代間扶養が行われる方式といえるが、高齢化など人口構造の変化に影響を受けやすく、現在のように少子高齢化が急速に進展している社会では、将来の世代ほど負担が重くなるという問題がある。[23] 積立方式は、こうした人口構造の変化の影響は受けないが、急激なインフレなど経済変動に影響を受けやすく、また、積立金を伴うため、運用のリスクがあるという問題がある。

　日本では、労働者年金保険法（現在の厚生年金保険法）の制定当初は積立方式で始まったが、1948年に、修正積立方式に移行し、現在では、積立金を保有しつつ、22世紀までに完全賦課方式に移行する過程にある（修正賦課方式）。

　多くの国の公的年金制度も、日本と同様、積立方式の要素を加味した賦課方式を採用している。これは、積立方式の維持・運用が困難なことに由来する。積立方式の運用のためには、将来必要になる年金給付費（年金給付財源）を十分確保するため、物価変動や平均寿命の伸びについて数十年後にまで及ぶ長期の予測がある程度正確になされる必要があり、年金積立金の運用についても長期的な金利動向をはじめ運用益を左右する経済動向の一定の正確な見通しが必要となるが、これらは至難のことである。現状では、各国の公的年金制度も、2008年のリーマン・ショック以降の積立金の巨額な運用損の発生により、積立方式の維持が困難となり、賦課方式への移行が行われてきている。

## 2　年金保険料

### (1)　国民年金保険料

　年金財源の大半は、被保険者の保険料からなる。国民年金の保険料は定額であり（2020年度現在で月額1万6540円）、個人で納付する。負担も給付も個人単位であるが、世帯主に世帯に属する被保険者の保険料を連帯して納付する義務を、配偶者の一方に被保険者たる他方の保険料を

---

23　積立方式と賦課方式の長所・短所については、河野ほか124‒125頁（江口隆裕執筆）参照。

連帯して納付する義務を課している（国年88条2項・3項）。

　国民年金保険料には免除があり、障害基礎年金や生活保護を受給した場合など、法律の要件に該当すると保険料が免除となる法定免除（国年89条）と、一定所得以下で自ら申請して免除となる申請免除がある。申請免除には、全額免除、4分の3、2分の1、4分の1の4種類がある（同90条・90条の2）。保険料が全額免除の場合でも、免除期間中は2分の1の年金額（国庫負担相当分）が給付される。免除を受けた期間については、10年以内に保険料を追納することができる（同94条）。

　なお、新型コロナの感染拡大で収入が大きく減った自営業などの人は、2020年2月以降の任意の1か月の所得で申請でき、速やかに国民年金保険料の免除が受けられる特例措置がとられている。

　20歳以上の学生については、その親ではなく、本人だけの所得で保険料の納付を猶予する学生納付特例制度が設けられている（国年90条の3）。これにより、在学中の事故による障害基礎年金の支給要件を満たすことができるが、猶予された期間は、老齢基礎年金はまったく受給できないため（国年27条8号）、10年以内に保険料を追納する必要がある。さらに、2016年7月からは、保険料納付猶予制度が30歳未満から50歳未満に拡大された。

### (2)　厚生年金保険料

　一方、厚生年金の保険料納付義務は事業主にあり、事業主は、被保険者の負担分を給与から天引きして徴収し、事業主負担部分（半額）とあわせて納付する（厚年82条）。

　厚生年金の保険料は、標準報酬月額・標準賞与額に保険料率を乗じて算定される。保険料率は1年ごとに法定されており、後述する2004年改革による保険料水準固定方式の採用で、2017年10月以降は18.3%で固定されている（厚年81条）。標準報酬月額は、労働者の報酬月額に基づいて1級から31級まで区分された標準報酬等級表による定められている（同20条）。2003年からは、賞与についても報酬と同じ保険料率を用いて保険料が賦課されている（総報酬制）。ここで賞与とは、賃金、

給料あるいは俸給などその名称を問わず、労働者が労働の対価として3か月を超える期間ごとに受け取るものをいう。

　育児休業中の被保険者は、事業主が年金事務所など実施機関に申し出ることによって、事業主負担分も含めて保険料が免除される。免除期間は、申出をした日の属する月から、育児休業が終了する翌日の属する月の前月までである（厚年81条の2）。産前産後休業期間中についても、同じ方式で、労使双方の保険料が免除される（同81条の2の2）。

### （3）　保険料の納付・強制徴収、消滅時効

　国民年金保険料の納付期限（翌月の末日まで）を過ぎても保険料を納めない場合には、保険料の滞納となる。保険料滞納者に対して、厚生労働大臣は納付の督促を行うことができ、期限までに納付しない場合には、国税滞納処分の例により滞納処分を行うことができる（国年96条）。こうした滞納処分は、徴収コストが大きいこともあり、従来はほとんど実施されてこなかったが、近年、納付率を向上させるため実施例が増加してきている[24]。

　国民年金保険料と同様に、厚生年金保険料についても、納付期限内に事業主が保険料を納付しない場合には、督促および滞納処分の対象となる（厚年86条）。

　保険料を徴収する権利は、納付義務者の援用を要せずに2年で時効により消滅する（国年102条4項、厚年92条1項、会計法31条1項）。国民年金法96条1項による督促は時効中断の効力を有する（国年102条5項）。なお、2017年の民法改正により（2020年4月施行）、国民年金法および厚生年金保険法において、従来は規定されていなかった保険料徴収権の消滅時効の起算点について、法文に「これらを行使することができる時」と明記された（国年102条4項、厚年92条1項）。

## 3　年金積立金の運用

　国民年金および厚生年金の保険料は、基本的には、年金給付の支払い

---

24　笠木ほか145頁（嵩さやか執筆）参照。

に充てられるが、その残りは年金積立金とされ、その額は約164兆円に
のぼる（2017年度）。年金積立金は、2000年の法改正で、厚生労働大臣
が自主運用を行うこととなり、2006年からは、年金積立金管理運用独
立行政法人（以下「GPIF」という。Government Pension Investment
Fund の略）が設立され、運用を行っている（国年75条・76条、厚年
79条の2・79条の3）。

　年金積立金の運用については、後述する財政検証で想定された必要な
運用収入を得るための運用利回りを達成すべく、GPIFが基本ポートフ
ォリオ（資産運用割合）を設定している。そして、2014年10月から、
それが国内債券35％（それぞれ一定の許容乖離幅が定められており、国
内債券で±10％。以下同じ）、国内株式25％（±9％）、外国債券15％
（±4％）、外国株式25％（±8％）に変更されている（図表3−2。従前
保有していた短期資産については、基本的構成割合を設定せず、各乖離
許容幅内で保有することとされている）。国内外債券の構成割合を下げ、
国内外株式の割合を大幅に引き上げわけだが（ともに12％→25％）、こ
のことは、株価などが下落した場合には、大きな運用損失が出ることを
意味する。実際、現在の積立金の資金運用分は156兆円にのぼるが、
2020年1〜3月期には、新型コロナの感染拡大による株安の影響で、
資金運用実績は17兆円以上の過去最大の損失を出している（GPIFの発
表）。

　そもそも、年金積立金は、被保険者から徴収された保険料の一部であ
り、将来の保険給付の貴重な財源であることから、専ら「被保険者の利
益のために、長期的な観点から、安全かつ効率的に行うことにより、将
来にわたって、厚生年金保険事業の運営の安定に資することを目的に行
うものとする」と規定されている（厚年79条の2）。

　年金積立金の運用が投機的なハイリスクに移行するということは、損
失のリスクもそれだけ高くなる。膨大な損失が出た場合、年金積立金の
運用に被保険者の意見を反映させる仕組みが十分でなく、責任の所在も
あいまいなままでは、結局、だれも責任をとらず損失のツケは、年金保
険料の引上げとして、国民に回ってくることになる。ギャンブル的な年

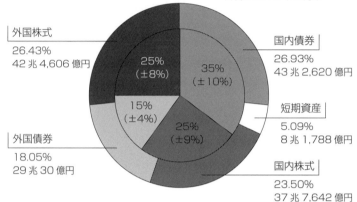

図表３‐２　年金積立金のポートフォリオと現状

内側：基本ポートフォリオ
（カッコ内は乖離許容幅）
外側：2019 年 6 月末

外国株式
26.43%
42 兆 4,606 億円

国内債券
26.93%
43 兆 2,620 億円

25%
(±8%)

35%
(±10%)

15%
(±4%)

25%
(±9%)

短期資産
5.09%
8 兆 1,788 億円

外国債券
18.05%
29 兆 30 億円

国内株式
23.50%
37 兆 7,642 億円

出所：年金積立金管理運用独立行政法人「2019 年度第 1 四半期運用状況」

金積立金の運用は中止し、運用の透明性を確保した上で、国内債券を中心に安定運用を行うべきであろう[25]。

## 4　不服申立てと行政訴訟

　年金各法では、被保険者資格に関する処分、給付に関する処分、保険料その他徴収金に関する処分に不服がある者は、社会保険審査官に対して審査請求をし、その決定に不服がある者は、社会保険審査会に対して再審査請求することができる旨の規定が置かれている（国年 101 条 1 項、厚年 90 条 1 項・91 条）。審査請求をした日から 2 月以内に決定がないときは、審査請求人は、社会保険審査官が審査請求を棄却したものとみなすことができる（国年 101 条 2 項、厚年 90 条 2 項）。

　不服申立てと行政訴訟の関係については、審査請求前置（国年 101 条の 2、厚年 91 条の 3）が採用されている。これは、不服申立て件数が大量である理由による[26]。従来は、行政訴訟の提起には、社会保険審査官に

---

25　積立金の運用の問題については、伊藤・消費税 135－137 頁参照。

26　宇賀克也『解説・行政不服審査法関連 3 法』（弘文堂、2015 年）222－223 頁参照。

対する審査請求と社会保険審査会に対する再審査請求を経る必要があっ
たが、行政不服審査法の改正（2016 年 4 月施行）により、二重前置が
廃止され、社会保険審査官に対する審査請求の前置のみで足りることと
なっている（国年 101 条の 2、厚生 91 条の 3）。

## 第 5 節　年金制度改革の動向と財政検証

## 1　年金制度改革の動向

### (1)　バブル崩壊後の年金制度改革の展開

　1985 年改革以降の年金制度改革の動向を概観すると、1985 年改革で
は、給付水準の大幅な引き下げが行われたが、これに加えて、保険料負
担の引き上げと国庫負担の削減も断行された。1985 年改革で実行され
た基礎年金制度の導入（国民年金の基礎年金化）は、厚生年金など被用
者年金の保険料から基礎年金保険料相当の財源を国民年金の会計に繰り
入れることで、国民年金財政の悪化を防ぐ目的があった。産業構造の変
化で、農林水産業従事者たる国民年金被保険者が激減し、財政危機に瀕
していた国民年金財政を、基礎年金拠出金を通じて被用者保険財政に依
存する形で立て直すことにあったといってもよい。その意味で、1985
年改革は、財政安定化に向けた抜本的改革というより、制度間の財政措
置を通じた当面の回避策にすぎなかったといえよう。[27]

　1980 年代の後半から、いわゆるバブル景気に突入すると、物価スラ
イドの効果により、年金給付額が上昇を続ける。1989 年には、物価上
昇率の低下に対応して、完全物価スライド制度の導入、国民年金基金の
創設などが行われた。しかし、バブル経済が崩壊した 1990 年代以降、
年金制度改革は、給付水準の充実路線から、少子高齢社会を迎えて制度
の長期安定化を図るため（「年金制度の持続可能性」を図るため）と称
して、給付抑制路線が鮮明になる。1994 年の法改正では、国民年金の
将来的な給付開始年齢の引き上げ（2001 年度から段階的に 60 歳から 65

---

27　同様の指摘に、高端正幸「年金財政」高端ほか 76 頁参照。

歳へ）と老齢厚生年金の定額部分に関する支給開始年齢の65歳への引き上げがなされた。また、厚生年金の報酬比例部分（2階部分）の給付額を現役世代の可処分所得にリンクさせる可処分所得スライド制が導入され、給付水準の抑制が図られた。そして、1997年の消費税率5%の引き上げにより、日本経済が長期不況に突入すると、給付抑制策が先鋭化する。1999年には、厚生年金の報酬比例部分についても、給付開始年齢の将来的な65歳以上への引き上げが決定され、支給開始年齢の引き上げとともに、給付水準の抑制が繰り返されていく。

　2000年の法改正では、給付水準の適正化の名のもとに、老齢厚生年金の報酬比例部分の支給乗率を1000分の7.5から1000分の7.25にすることによって厚生年金（報酬比例部分）の給付水準が5%も引き下げられた。1985年改革の時点からみると、実に30%の引き下げである。ついで、老齢厚生年金の定額部分に続いて、報酬比例部分の支給開始年齢も65歳へと段階的に引き上げられた。また、既裁定年金の65歳以降の賃金スライド制度が廃止された。[28]賃金スライドの廃止は、年金受給者を経済発展からとり残し、生活レベルを確実に引き下げるものといえた。さらに、賞与（ボーナス）を含む総報酬制が導入され、これにより、賞与が支給されない者や賞与の支給が少ない者は、年金給付額が減少するとともに、賞与のある多くの被保険者にとっては保険料負担が増大することとなった。そのほか、国民年金保険料の半額免除制度や学生納付特例制度、育児休業期間における厚生年金保険料に関する事業主負担部分を免除するなどの改正が行われた。

## (2)　2004年改正法とマクロ経済スライドの導入

　年金制度の持続可能性の維持を明確にかかげ、抜本改革となったのは、2004年の改正である（以下「2004年改正法」という）。
　2004年改正法の主な内容は、①厚生年金と国民年金の保険料を段階

---

28　田中明彦「年金の持続可能性と皆年金─年金制度改革をめぐる対抗と課題」医療・福祉問題研究会156頁は、賃金スライドの廃止は、年金受給者を経済発展からとり残し、生活レベルを確実に引き下げるものであり、社会保障向上・増進義務（憲法25条2項）の観点から問題であると批判している。

的に引き上げ、2017年度以降は一定水準（厚生年金の保険料率18.3%、国民年金の保険料は1万6900円。2004年度価格）で固定する方式（保険料水準固定方式）の導入、②基礎年金国庫負担割合の2分の1への引き上げ、③積立金の活用、④財源の範囲内で給付水準を調整する仕組み（マクロ経済スライド）の導入というものである。このうち、中心となるのが、①と④であり、保険料水準を固定し、保険料と国庫負担財源の範囲内で給付を行うため、給付水準をマクロ経済スライドの手法を使って調整することとされた。また、2004年改正法までは、5年ごとに財政再計算を行い、人口推計や将来の経済の見通しなどの変化を踏まえて、給付内容や将来の保険料水準について制度改革が行われてきたが、2004年改正法により、年金給付費1年程度の積立金を保有し、2100年度まで100年程度をかけて積立金を取り崩すこととされた（有限均衡方式）。そして、それまでの間（財政均衡期間）、少なくとも5年ごとに、年金財政の現況と見通しを作成・公表することとされた。これを財政検証という（国年4条の3、厚年2条の4）。この現況と見通しにより、財政均衡を保つことができないと見込まれる場合には、政令で定める調整期間（調整期間の開始は2005年度からと政令で規定）において、給付額を調整することによって財政均衡を図ることとされた（国年16条の2、厚年34条）。

　この給付額を調整する仕組みが、マクロ経済スライドである。マクロ経済スライドの具体的な調整率は、平均余命の延び率0.3%（2004年の財政再計算の見込みで、この率で固定）と公的年金被保険者総数の減少率0.6%（同財政再計算の見込みで、その後の実績によって変化）を加えたものである。少子化が進展して年金制度を支える就労世代が減少する分と、余命が延びて年金の受給期間が長くなる分だけ、年金水準を引き下げる仕組みであるから、「人口要因変動スライド」と呼ぶべきだとする見解もある[29]。ただし、物価・賃金の上昇が小さい場合には、調整は名目額を下限とし、賃金・物価が下落する場合には、マクロ経済スライドは行われない。これを「名目下限措置」という。

---

29　堀・年金保険法265頁参照。

マクロ経済スライドによる給付額の調整は、財政検証によって、長期的な負担と給付の均衡が保てると見込まれる状況になるまで続けられるが、少子高齢化が予想を超えて進んだり、経済が不振で賃金の伸びが低下した場合には、調整期間は延びる。そこで、5年ごとに財政検証を行い、次回の検証までに所得代替率が50%を下回ることが見込まれる結果が出た場合には、負担と給付のあり方について再検討し、所要の措置を講ずることになっている（2004年改正法附則2条）。

### (3)　社会保障・税一体改革としての年金制度改革

2004年改正法は、政府の言葉では「100年安心」の制度改革であったが、その後、経済成長が長期にわたり低迷し、物価も上昇せず、いわゆるデフレ経済のもとでマクロ経済スライドによる調整ができない状態が続いた。そのため、消費税増税分を財源とした年金制度改革が、社会保障・税一体改革の一環として進められた。

すなわち、2012年8月には、当時の民主党政権のもとで、社会保障・税一体改革関連法として、年金機能強化法（正式名は「公的年金制度の財政基盤および最低保障機能の強化等のための国民年金法等の一部を改正する法律」。以下同じ）、厚生年金と公務員の共済年金を統合する被用者年金一元化法（「被用者年金制度の一元化等を図るための厚生年金保険法等の一部を改正する法律」）が成立、同年11月には、改正国民年金法（「国民年金法等の一部を改正する法律等の一部を改正する法律。以下「2012年改正法」という）と年金生活者支援給付金法（「年金生活者支援給付金の支給に関する法律」）が成立した。これら一連の立法の成立で「基礎年金の国庫負担割合の2分の1の恒久化や年金特例水準の解消が行われ、2004年改革により導入された長期的な給付と負担を均衡させるための年金財政フレームが完成をみた」[30]と評価されている。

年金機能強化法では、①産前産後休業期間中の厚生年金保険料の免除、②遺族基礎年金の父子家庭への拡大、③短時間労働者への社会保険（厚

---

30　社会保障制度改革国民会議報告書「確かな社会保障を将来世代に伝えるための道筋」
（2013年8月）39頁。

生年金・健康保険）の適用拡大などが行われた。このうち、③の適用拡大は、従業員数が500人を超す企業で働く労働時間が週20時間以上、月収8万8000円以上（月額賃金の範囲および厚生年金の標準報酬月額の下限を8万8000円に改定）の短時間労働者を対象とし、2016年10月から適用が拡大された（対象者は当初25万人程度と見込まれていたが、実際は38万人程度に）。

　また、年金生活者支援給付金法は、消費税増税による増収分を活用し、低年金の高齢者・障害者（住民税が家族全員非課税で、前年の年金収入とその他所得の合計額が老齢基礎年金満額以下である人）に対して、保険料納付済期間に応じて月額5000円（障害等級1級の場合には6250円）と、免除期間に応じて老齢基礎年金満額の6分の1を支給するもので、500万人程度が対象となると推計されている。ただし、あくまで保険料納付済期間や免除期間とリンクさせた給付であり（未納の場合は対象とはならない）、給付額が少額であるうえ、同法の施行は、消費税率10%の引き上げ時となっていたため、2度に渡る延期で2019年10月から、ようやく支給が開始された。

　一方で、2012年改正法は、いわゆる特例水準の解消を図る立法である。具体的には、物価の下落がみられた2000年度から2003年度にかけて、特例法により、マイナスの物価スライドを行わず、年金額を据え置き、その後も物価の下落が続いたことなどにより、法律が本来想定している水準（本来水準）よりも、2.5%高い水準（これが「特例水準」といわれる）の年金額が支給されていること、特例水準の存在により、本来の給付水準に比べて毎年約1兆円の給付増となっており、過去の累計で約7兆円（基礎年金・厚生年金給付費の合計）の年金の過剰な給付があったと指摘されていること、この特例水準について、計画的な解消を図るため、2013年度から2015年度の3年間かけて解消すること（13年10月1%、14年4月1%、15年4月0.5%をそれぞれ引き下げ）とされ、実施に移された。

　同時に、年金と同じく物価スライド措置が取られてきた、ひとり親家庭（児童扶養手当）や障害者等の手当の特例水準（1.7%）についても、

同じ3年間で解消するとされ（13年10月0.7%、14年4月0.7%、15年4月0.3%）、これも実施された。

### （4） 持続可能性向上法の成立と給付抑制の徹底

　2013年6月には、厚生年金基金制度の見直しと、第3号被保険者の記録不整合問題（主婦年金問題）への対応を盛り込んだ年金健全性信頼性確保法（「公的年金制度の健全性及び信頼性の確保のための厚生年金保険法等の一部を改正する法律」）が成立している。

　そして、2016年12月には、持続可能性向上法（「公的年金制度の持続可能性の向上を図るための国民年金法等の一部を改正する法律」）が成立した。持続可能性向上法の主な内容は、①従業員が500人以下の企業も、労使の合意に基づき、企業単位で短時間労働者への被用者保険の適用拡大を可能すること（2018年10月施行）、②国民年金の第1号被保険者の産前産後期間の保険料を免除し、免除期間は満額の基礎年金を保障することとし、この財源として、国民年金の保険料を月額100円程度値上げすること（2019年4月施行）、③年金額の改定ルールの見直し、④年金積立金管理運用独立行政法人（GPIF）の組織等の見直しとなっている。

　このうち、③については、2018年4月より、マクロ経済スライドに「キャリーオーバー」と呼ばれる制度が導入された。これは名目下限措置により、マクロ経済スライドが行われない分を翌年度以降に持ち越し、名目下限措置を維持しつつも、その持ち越し分を含めてマクロ経済スライドを行うというものである（国年27条の4・27条の5）。2004年改正以降、マクロ経済スライドが発動されたのは、2015年度のわずか1回にとどまったことが背景にある。[31]同時に、名目手取り賃金変動率が物価変動率を下回る場合は、年金支給額は据え置きとなるが、2021年4月以降は、同賃金変動率によりスライドまたはマクロ経済スライド（名目

---

31　菊池馨実「公的年金制度の課題と将来」週刊社会保障2985号（2018年）145頁は、マクロ経済スライドの発動の遅れは調整期間の長期化をもたらし、将来の受給者に係る給付水準の一層の低下につながることから、名目下限額の設定の当否が問われ、キャリーオーバー制度の導入につながったと指摘する。

下限措置は維持）が行われることとなる（つまり、賃金下落に合わせて
年金額が引き下げられる）。賃金と物価がどのような局面であっても、
年金給付の抑制と削減が徹底される仕組みといってよい。

　なお、2016 年 11 月には、年金機能強化法（公的年金制度の財政基盤
及び最低保障機能の強化等のための国民年金等の一部を改正する法律）
の改正法が成立し、老齢年金等の受給資格期間が 25 年から 10 年に短縮
された（2017 年 8 月から実施）。これにより、厚生労働省の試算では、
約 40 万人が老齢基礎年金の受給権を得ている（特別支給の厚生労働年
金対象者等を含めると、対象者は約 64 万人）。しかし、10 年ぎりぎり
の加入期間では、基礎年金のみであれば、受給額は月額 1 万 6000 円程
度にとどまり、無年金者は減少するものの、低年金の高齢者が増大する。

## 2　2019 年財政検証とその問題点

　2019 年 8 月、厚生労働省は、年金制度の収支や給付の見通しを示す
「財政検証結果」を公表した（以下「2019 年財政検証」という）。2019
年財政検証では、経済成長率、物価・賃金上昇率などをもとに、ケース
ⅠからケースⅥまで 6 つの将来推計が示されている（図表 3 - 3）。

　前述の 2004 年改正法附則で、年金の所得代替率が 50% を下回ると見
込まれた場合、所要の措置を講ずるとされていることもあって、財政検
証の見通しにおいて、所得代替率 50% を確保することが、1 つの目安と
なっている。

　ここで、所得代替率とは、モデル世帯（夫が 40 年間厚生年金の被保
険者、妻は 40 年間第 3 号被保険者である世帯）の年金収入が「現役男
子の手取り収入」の何 % に当るかをさす。しかし、国際労働機構
（ILO）の勧告では、先進諸国では、年金給付と現役世代の所得を比較
する場合、「夫婦の従前所得 55% 以上」を基準にすべきとされている。
多くの人にとって「従前所得」の方が、その時の「現役世代の手取り収
入」より高いから、日本の所得代替率は、実際以上に高めに現れる傾向
にある。また、非正規労働者が全労働者の 4 割近くに達し、単身世帯も
増えている中で、モデル世帯自体が、平均的なモデルではなくなってき

### 図表 3-3　マクロ経済スライド調整後の所得代替率の見通し

| 経済前提 | | | 実質成長率（2029年度以降20〜30年） | 給付水準調整終了後の標準的な厚生年金の所得代替率 | 給付水準調整終了年度 | 前回検証（2014年） |
|---|---|---|---|---|---|---|
| 所得代替率 高 | ケース | 経済成長 | | | | |
| | ケースⅠ | 経済成長と労働参加が進むケース（内閣府試算の成長実現ケースに接続） | 0.9% | 51.9% | 2046年度 | ケースA〜E 51.0〜50.6% |
| | ケースⅡ | | 0.6% | 51.6% | 2046年度 | |
| | ケースⅢ | | 0.4% | 50.8% | 2047年度 | |
| | ケースⅣ | 経済成長と労働参加が一定程度進むケース（内閣府試算のベースラインケースに接続） | 0.2% | (50.0%)（注1）46.5% | (2044年度)（2053年度） | ケースF〜G （注1）45.7〜42.0% |
| | ケースⅤ | | 0.0% | (50.0%)（注1）44.5% | (2043年度)（2058年度） | |
| 低 | ケースⅥ | 経済成長と労働参加が進まないケース（内閣府試算のベースラインケースに接続） | ▲0.5% | (50.0%)（注2）38〜36% | (2043年度) | ケースH（完全賦課方式）37〜35% |

所得代替率とは公的年金の給付水準を示す指標。現役男子の平均手取り収入額に対する年金額の比率で表す。

2019年度の夫婦2人の所得代替率は61.7%〔〔夫婦2人の基礎年金13万円＋夫の厚生年金9万円〕／現役男子の平均手取り収入額35.7万円〕。

注1：機械的に給付水準調整を進めた場合。

注2：機械的に給付水準調整を進めると2052年度に国民年金の積立金がなくなり完全賦課方式に移行。その後、保険料と国庫負担で賄うことができる給付水準は、所得代替率38％〜36％程度。

出所：厚生労働省社会保障審議会年金部会「2019年財政検証結果のポイント」より作成

ている。共働き世帯や単身世帯などモデル世帯にあてはまらない世帯では、所得代替率は4割、場合によっては3割といった水準になりかねない。さらに、想定されているいずれのケースでも、所得代替率50％が維持されるのは、新規の裁定時（65歳で年金を受給しはじめる時）だけで、受給開始後は年齢を重ねるごとに所得代替率が低下していく。

## 3　基礎年金の最低保障機能の喪失、高齢者のさらなる貧困化

　そのほかにも、経済成長率や物価上昇率の前提が楽観的すぎるなどの問題があるが、2019年財政検証が明らかにした最大の問題は、想定されている全ケースで、マクロ経済スライドの調整を続けていくと、基礎

年金（国民年金）の低下率（いわゆる目減り）が著しいことである。

　ケースⅢで、2019 年度と収支が均衡して調整が終了する 2047 年度とを比較すると、基礎年金部分の削減率は 26.6% と、報酬比例（厚生年金）部分の 2.8% 減の実に 10 倍に及ぶ。同じくケースⅤで、2019 年度と調整が終了する 2058 年度とを比較してみると、基礎年金部分の削減率は 39.8%（約 4 割の削減）、報酬比例（厚生年金）部分の 10.7% 減の 4 倍近い削減となる。低下率に差はあるものの、基礎年金部分の低下率が著しいことは、他のケースでも同じである。これは、マクロ経済スライドの給付抑制の大部分が基礎年金で実施されることによる。[32]

　厚生年金加入者でも、現役時代の給与が低いほど、標準報酬月額が低く、将来の報酬比例部分の給付額が少なくなるため、給付受給額に占める基礎年金部分の割合が高くなり、年金給付水準の低下が大きくなる。低年金の人、不安定・低賃金雇用だった人ほど給付削減が大きくなる逆進的な給付削減といってよい。しかも、基礎年金（国民年金）の場合、40 年加入の満額受給額が月 6 万 5000 円であり、現実には、加入期間が短かったり、保険料免除などで満額を受け取れない人が多数いる。それらの低年金の人の給付水準が、受給開始時点から 4 割も削減されてしまうとなれば（ケースⅤで、現在価格におきかえると、満期支給は月 6 万 5000 円が月 4 万 5000 円に。夫婦で月 13 万円が 9 万円になる）、基礎年金は、もはや最低生活保障の機能をまったく果たしえなくなる。以上のことは、現在、年金を受給している世代だけでなく、将来、年金を受給する世代も、受け取る年金の実質的価値が 2 割から 3 割減少することを意味する。

　2019 年財政検証が明らかにしたことは、楽観的な経済前提（少なくとも、経済成長率が 0.4% を超す）に依拠しないかぎり、所得代替率50% を維持できないこと、できたとしても年金支給開始時点のみであり、基礎年金（国民年金）については、マクロ経済スライドの適用によって、生活保護基準を大きく下回る額になり、老後の所得保障制度としての年

---

32　この問題について詳しくは、垣内亮「『減らない年金』はどうすれば実現できるか—マクロ経済スライドの廃止の展望を考える」前衛 982 号（2019 年）46-48 頁参照。

金の最低生活保障の機能が完全に崩壊することを示している。少なくとも、基礎年金についてはマクロ経済スライドを適用しないという政策的配慮が必要であったと考える。[33]

## 4　年金制度改革のゆくえ

　2019年財政検証の結果を受け、国（厚生労働省）は、年金制度改革にのりだし、2020年5月には、年金制度機能強化法（「年金制度の機能強化のための国民年金法等の一部を改正する法律」）が成立した。

　改正法の主な内容は、まず短時間労働者の厚生年金等の適用拡大である。現在、適用対象事業所となっている従業員501名以上の企業規模要件を、2022年10月に101人以上、2024年10月に51人以上に段階的に引き上げる。これにより、新たに65万人が厚生年金に加入すると推計されている。とはいえ、適用対象となる短時間労働者には新たに保険料負担が生じ、手取りが15%程度減少すると推計されている。将来の年金は増えるが、現在の生活は苦しくなる。企業の側も労働者の保険料の半分が事業主負担となり、中小企業では経営に響く。そもそも、現在の非正規雇用の増大は、企業が事業主負担を回避するため、社会保険に加入しなくていい非正規の労働者の雇用を増やしてきたことにも一因がある。本来は、企業規模要件を撤廃し、短時間労働者すべてに厚生年金等を適用拡大すべきであろうが、短時間労働者の多くを抱える外食産業や流通産業からの反発が予想され（実際に、そうした反発があったため、2016年の改正で企業規模要件が設けられた経緯がある）、中小企業への財政的な支援により、事業主負担分を軽減するなどの施策が必要である（第8章第1節参照）。

　また、弁護士、公認会計士等の法律・会計にかかる業務を行う常時5人以上の従業員を使用する事業所について、厚生年金保険・健康保険の事業所とすることとされた（2022年4月施行）。

　ついで、老齢基礎年金および老齢厚生年金の繰り下げ受給の上限年齢を70歳から75歳に引き上げる（2022年4月施行）。現在の仕組みでは、

---

33　伊藤・法政策41頁参照。

65 歳からの年金受給を 70 歳まで繰り下げることができ、その分年金額が増額される（繰り下げ増加率＝繰り下げた月数× 0.7％）。70 歳まで 5 年繰り下げると 42％の増額になるが、今回の上限年齢引き上げに伴い、繰り上げ減額率は 1 月当たり 0.4％減（現行 0.5％減）、繰り下げ増減額は同 0.7％増（現行と同じ。最大 84％の増額）となる（政令事項）。もっとも、現在、繰り上げ年金を繰り下げ受給している人は、新規裁定の受給者のわずか 1％程度にとどまる（厚生労働省「厚生年金保険・国民年金事業年報」）。定年後に、まったく仕事に就かず、繰り下げ受給で増額されるまで待ち、年金を受給しようとする人は極めて少ないからで、選択肢は増えても、75 歳まで繰り下げ受給する人は少ないだろう。

　さらに、在職中の年金受給の在り方の見直しとして、高齢期の就労継続を早期に年金額に反映するため、在職中の年金額を毎年定時に改定する「在職定時改定」を導入する（2020 年 4 月施行）。60 歳から 64 歳に在職老齢年金制度について、支給停止にならないは範囲を拡大、具体的には、支給停止が開始される賃金と年金の合計額の基準を、現行の 28 万円から、65 歳以上と同じ 47 万円（2020 年度額）に引き上げる（2022 年 4 月施行）。

　そもそも、在職老齢年金制度による高齢者の就労抑制効果は確認されておらず、日本で、高齢者の就労率が上昇しているのは、年金給付が低すぎて、働かないと暮らしていけない高齢者が増えているからである。しかも、65 歳以上の高齢者は 7 割以上が非正規雇用で低収入となっている。今回の新型コロナ感染拡大の影響で、多くの高齢者が解雇や雇止めにあっており、高齢者の生活の安定には、やはり年金給付水準の引き上げが必要である。

## 第6節　年金保険の課題

## 1　年金保険の現状と課題

### (1)　年金受給者の現状—深刻な高齢者の貧困

　厚生労働省の2018年の国民生活基礎調査によれば、収入が「年金や恩給のみ」と答えた高齢者世帯は51.8%に及ぶ。その年金受給者の現状をみると、老齢基礎年金のみの受給者は3056万人、平均支給月額は5万5500円であり、平均的な年金収入だけの高齢者単身世帯の場合、実質的な生活保護基準（高齢者単身世帯で年収160万円）を下回る（2017年度。厚生労働省の年金年報による。以下同じ）。また、皆年金といいつつ、現時点ですら、全国で約12万人もの無年金障害者、約60万人の無年金高齢者が存在していると推計されている（ただし、正確な数値は把握されておらず、無年金者は合計で100万人との推計もある）。

　とくに、基礎年金だけの単身世帯（女性が多い）の場合、月額5万円程度の年金水準では、預貯金や資産がなければ生活保護を受けなければ生きていけない。実際に、2019年4月時点の生活保護受給世帯は約162万世帯で、そのうち高齢者世帯は89万5247世帯で、全体の55.0%を占め、受給高齢者世帯の9割は単身世帯である。また、研究者の推計では、65歳以上の高齢者のいる世帯貧困率は、24.4%で一般世帯に比べて10%以上高く、とくに、高齢女性単身世帯の貧困率は、51.3%に及んでいる（2018年の推計）[34]。

　年金水準が一般市民の生活費の半分程度に設定されていること、物価下落率の認定が生鮮食料品などを除外し、医療・介護保険料の値上げ分を考慮していないこと、前述のように、現行制度では、マクロ経済スライドが基礎年金、報酬比例年金（厚生年金）に一律にあてはめられるため、基礎年金が最低生活保障の機能を果たしえなくなっていることが主

---

34　唐鎌直義「年金だけでは生活できない現行年金制度の問題点」労働総研クォータリー117号（2020年）10‒11頁参照。

な理由である。

## (2)　進む国民年金・厚生年金の空洞化問題

　加えて、現在、国民年金保険料の未納・滞納が増大しており、いわゆる「国民年金の空洞化」の問題が深刻化している。厚生労働省によれば、2019年度の国民年金保険料の納付率は69.3%にとどまっている。国民年金保険料は、原則として過去2年さかのぼって徴収することができ、徴収が2年目にずれ込んだ分をあわせた最終納付率は76.3%（2017年度分保険料）で、ここ2〜3年でみると納付率は向上しているものの、依然として、加入者の4分の1近い未納が存在する。このほか、低所得による保険料の全額免除・猶予者は583万人、一部免除者（41万人）とあわせると被保険者全体の4割近くにのぼり（2019年度末）、しかも免除者の数は年々増加傾向にある。

　保険料未納・滞納の増大の最大の原因は、第1号被保険者の変容にある。国民年金の第1号被保険者は、厚生年金の適用を受けないすべての人だが、国民年金制度創設時に想定されていた自営業者が全体の4分の1以下と大幅に減少し、近年の雇用の非正規化（非正規労働者の全労働者に占める割合は、2018年度で38.5%にのぼっている。総務省「労働力調査」）により、雇用が不安定なうえに賃金が低い非正規労働者と無職者が第1号被保険者全体の3分の2を占めるようになっている（厚生労働省「国民年金被保険者実態調査結果」による）。国民年金保険料は、前述のように、定額のため逆進性が強く、当然、保険料未納・滞納が集中する。

　保険料未納が多くなれば、保険料収入は落ち込むが、将来、その期間に対応する年金給付が支給されないため、年金財政そのものには大きな影響はなく、空洞化がただちに年金財政の破綻に結びつくことはない。しかし、未納の増大は、将来の低年金・無年金を増大させ（免除の場合も、給付は国庫負担分だけになるので、低年金となる）、老後の所得保障制度としての年金制度を機能不全に陥らせることとなり、生活保護を受給する高齢者の増大につながる（すでに、現在でも増大している）。

高齢期には、誰もが所得の減少・喪失に見舞われるからこそ、公的年金制度が用意されているわけで、年金制度が高齢期の所得保障の役割を果たせず、資産調査を伴う生活保護制度に多くの高齢者が頼らざるをえない現状は是正されるべきである。

　空洞化問題は、厚生年金でも深刻になっている。厚生年金は、法人の全事業所と、従業員5人以上の個人事業所に適用が義務づけられているが、実際には、会社を設立しても厚生年金の適用を受けなかったり、いったん適用を受けた事業所が休業を偽って届出たり、制度の適用を免れる例があとを絶たない。健康保険料にくらべ厚生年金保険料の負担が重く、事業主負担が困難な中小企業などに適用逃れが目立ち、国税庁による企業の税関連情報と公私年金加入事業所の調査から、厚生年金に未加入の事業所は全国で約79万、労働者数でみると約200万人にのぼるとの推計されている（2016年末。厚生労働省調べ）。これらの人は、老後に厚生年金を受給できないだけでなく、国民年金保険料の未納等で低年金となる可能性が高い。国は、悪質な事業所については刑事告発する方針を示すなど、適用対策の強化を進めているが、かりに適用対策が一定の効果を挙げたとしても、今度は、事業所が保険料を滞納したり、あるいは保険料負担に耐え切れず廃業に追い込まれる可能性もある。公費負担による厚生年金保険料の引き下げや中小企業への支援など抜本的な改革が必要である。

　現在の社会保険方式を前提にして、給付抑制を進める年金改革には大きな問題があり、年金政策の転換が求められる。

## 2　最低保障年金の構想と課題

### （1）　社会保険方式か、税方式か

　以上のような空洞化問題の深刻化を受け、基礎年金の税方式への移行案が有力に主張されるようになってきた。もっとも、社会保障法学説では、①負担と給付の対価性があり、負担の見返りとして受給権が保障されることから、権利性が強い。②ミーンズ・テスト（資産調査）や所得制限を持ち込む可能性がない。③給付と負担が関連付けられているため、

負担について国民の合意が得やすく、財源確保が比較的容易である。④
拠出を通じた運営参画が可能であり、国民の参加意識を確保することが
できる。⑤年金会計が国の一般会計から独立しているため、国家財政の
影響を受けにくい、といった点が基礎年金を社会保険方式で運営するこ
とのメリットとして主張され、社会保険方式による現行の年金制度の維
持を積極的に支持する見解が有力である[35]。

　しかし、①については、社会保険給付の受給権が、公的扶助などの受
給権に比べて法的に権利性が強いとはいいがたい。ともに差押等が禁止
されており、権利保障に相違はなく、相違があるとしたら、受給者の心
理的レベルの問題であろう。また、社会保険方式の最大の問題点である
「排除原理」、すなわち、拠出（保険料負担）がない人については、給付
が制限される問題を看過している（無年金・低年金者の存在）。また、
②についても、政策的な問題であり、たとえば、社会保険方式の介護保
険の補足給付について、資産等が受給に際して勘案されるようになり、
実質的な資産調査が導入されている（第7章第2節参照）。③の財源確
保の容易さについても、年金制度に対する不信が増大している現状では、
社会保険方式支持の論者のいうような国民の合意はむしろ得にくくなっ
ているのではなかろうか。④の拠出を通じた運営等への参加も、後述の
ように、多くの社会保険制度において形骸化している（第8章第3節参
照）。⑤についても、税方式でも、特別会計をとる目的税方式であれば、
国家財政の影響を受けにくく、いずれも社会保険方式による基礎年金制
度の維持を積極的に支持する根拠とはいいがたい。

　何よりも、これらの議論は、高齢者の所得保障制度が機能不全に陥っ
ている現状を軽視するものといわざるをえない。現状については、すで
に2013年5月に、国連の社会権規約委員会（経済的、社会的及び文化
的権利に関する委員会）が提出した「日本政府に対する第3回総括所
見」は、日本の高齢者、とくに無年金高齢者および低年金者の間で貧困

35　菊池馨実『社会保障法制の将来構想』（有斐閣、2010年）96頁、中野妙子「基礎年金
　の課題」日本社会保障法学会編『新・講座社会保障法1／これからの医療と年金』（法
　律文化社、2012年）209頁参照。

が生じていること、スティグマのために高齢者が生活保護の申請を抑制されていることなどに懸念を表明し、最低保障年金の確立と、生活保護の申請手続きを簡素化し、かつ申請者が尊厳をもって扱われることを確保するための措置をとることなどを日本政府に勧告している。[36]

## (2) 最低保障年金の構想

高齢期の所得保障には、①貧困防止のための基礎所得の保障、②現役期の所得（生活水準）の一定程度の保障という側面がある。日本の年金制度は、①については、国民年金として、逆進的な保険料負担を強いつつ、負担と給付をリンクさせる社会保険方式を採用しているが、基礎所得すら保障できず、生活保護受給の高齢者が増大し、あわせて国民年金の空洞化など、高齢期の所得保障の機能不全の状態に陥っていることは前述のとおりである。現在の社会保険方式の限界は明らかで、それを堅持すべき理由は見当たらない。[37]

以上のことから、税財源による最低保障年金を確立すべきと考える。最低保障年金は、スウェーデンやフィンランドにもみられるし、民主党政権が提起した月額7万円の最低保障年金案もその一例である。ただし、民主党政権の最低保障年金案は財源を消費税とするものであったが、その財源は、累進性の強い所得税や法人税などを充てるべきである（終章第3節参照）。最低保障年金の確立により、高齢者が半数以上を占める生活保護受給者は確実に減少する。年金給付が最低生活を保障するのであれば、生活保護受給の高齢者が激減するのは確実だからである。税方式への移行期間においても、当面、老後の所得保障制度としての年金制度の趣旨から、保険料免除期間の年金額も満額支給とするなどの現行制

---

36　年金生活者の団体である全日本年金者組合も、全額国庫負担による最低保障年金を繰り返し提言している。詳しくは、増子啓三「切り下げられる年金―年金引き下げ反対違憲訴訟の現状とからめて」経済250号（2016年）83頁参照。直近では、同組合は、2019年4月に「最低保障年金制度第3次提言（案）」をまとめている。それによれば、月額8万円の「老齢保障年金」を、20歳から60歳までの間10年以上日本に在住し、65歳の時点で原則日本に在住している65歳以上の人に支給するなどとなっており、必要な財源は約18兆円と試算されている。

37　同様の指摘に、高端・前掲注27）84頁参照。

度の改革が早急に求められる。

　これに対して、②の保障については、所得（報酬）比例負担と所得
（報酬）比例給付により社会保険方式で給付を行う仕組みが適切と考え
るが、その場合も、自営業者も含めたすべての人をカバーする方式が望
ましい。自営業者の所得をいかに捕捉するかという課題はあるものの、
多くの国では、自営業者を含めた所得比例年金は存在しており、非現実
的なものではない。[38]

## 3　年金引き下げ違憲訴訟の意義と今後の課題

　最後に、現在、全国各地で提訴されている年金引き下げ違憲訴訟の意
義と今後の課題を展望する。年金引き下げ違憲訴訟は、給付抑制を中心
とする年金制度改革の政策転換をめざす政策形成訴訟としての意義を有
している。

　具体的には、第1に、同訴訟により、基礎年金が最低生活保障の役割
を果たすべきことを裁判所に認めさせることで、前述の最低保障年金の
制度化の契機となりうる。

　第2に、同訴訟は、2012年改正法による年金減額処分の違憲性のみ
ならず、既裁定年金の引き下げをもたらすマクロ経済スライドの廃止も
求めており、年金の実質的価値維持の回復につながる。[39]前述のように、
マクロ経済スライドの適用は、とりわけ基礎年金の受給者の給付水準の
大幅低下をもたらすという意味で、当該受給者の生存権侵害にも該当す
る。

　公的年金制度の目的は、とりわけ現実の社会経済状況のもとで不利な
地位に置かれた人の生活保障にあること、そして、それらの人の意見は、
業界団体に属している人などと比べて、政治的プロセスにのりにくいこ
とからすれば、社会保障削減が進められ、年金生活者の生活困窮が深刻
化しているいまこそ、裁判所は、個別具体的な生活状況に即した司法判
断を行い、そうした不利な立場にある（それゆえに、政策決定過程から

---

38　同様の指摘に、高端・前掲注27）83頁参照。
39　同様の指摘に、田中・前掲注18）218頁参照。

排除されている）人々を救済するべきである。そのことは、憲法25条
の趣旨に適うはずである。

　救済面でも、2012年改正法による減額処分が、特定の年金受給者の
「健康で文化的な最低限度の生活」を侵害することになるのであれば、
当該年金受給者に2012年改正法を適用することが憲法違反との判断を
行えば（適用違憲）、裁判所は、減額処分の取消しと減額分の当該年金
受給者への返還を命ずれば足りる。人権保障の最後の砦として、司法の
果たす役割は大きいというべきである。

---

40　葛西まゆこ「生存権と制度後退禁止原則―生存権の『自由権的効果』再考」企業と法
　　創造7巻5号（2011年）34頁も、25条に関する裁量が問題となる事案においては、法
　　令違憲のみならず、適用違憲の判断を下す余地を司法は真剣に検討すべきとする。

# 第4章 | 社会手当

　社会手当は、これまでみてきたような公的扶助（生活保護）とも、年金などの社会保険にも属さない、いわば公的扶助と社会保険の中間形態ともいうべき無拠出の現金給付である。第3章第6節では、高齢者の基礎的な所得保障について、税財源（公費負担方式）による最低保障年金を提言したが、最低保障年金のような給付も、無拠出現金給付という点で、社会手当のひとつといえるかもしれない。

　日本では、ヨーロッパ諸国に比べ、普遍的な社会手当の発展が遅れ、2010年に、初めて所得制限のない子ども手当が実施されたものの、わずか2年で廃止、児童手当として再編され、再び所得制限が導入された。本章では、社会手当の意義と特徴を明確にしたうえで、児童手当などの諸制度について概観し、社会手当の課題を展望する。

## 第1節　社会手当の意義と特徴

### 1　社会手当の意義と沿革

　社会手当の特徴を、公的扶助と社会保険との比較において明らかにしておこう。

　公的扶助は、受給者の個別的なニーズに応じた金銭やサービスを提供する給付だが、受給者の事前の拠出を前提とせず、給付に必要な費用は、国や地方公共団体の一般財源で賄われる。受給者の事前の拠出を前提としないが、通常は、給付の要件として、受給者の個別的な状況を把握するための資産調査（ミーンズテスト）が行われる。これに対して、社会保険は、老齢や傷病などの事由（保険事故）に際して、必要な金銭やサ

ービスを提供する給付である。公的扶助のように個別的なニーズに対応せず、定型的な事由に対し定型的な給付を行う。被保険者の拠出（保険料の支払い）を前提とし、給付に必要な費用は、保険料を原資とする地方公共団体などの特別会計によって賄われる（ただし、公費負担がなされる場合が多い）。拠出と給付の対応関係が認められる点に特徴がある。

　公的扶助と社会保険については、すでに 19 世紀末から、ヨーロッパ諸国において、それぞれが独自の発展を遂げていた。20 世紀前半の世界的な大恐慌による失業の激増に対応するため、既存の失業保険に失業扶助が制度化され、公的扶助と社会保険の交錯現象が生じた。そして、第 2 次世界大戦後に、社会保険財政への国庫負担の拡大などにより両者の統合をはかる形で社会保障制度の確立がめざされた。

　社会保障の概念が広く普及するのもこの時期で、学説でも、公的扶助と社会保険のそれぞれの短所を修正・克服し、発展的に統合していくことが、社会保障法の課題ととらえられた。[1]社会手当は、受給に際して、社会保険のような保険料負担（拠出）を前提とせず、生活保護のような厳格な資産調査も課されないで給付が行われるという意味で、まさに公的扶助と社会保険の長所といわれる部分を「折衷的に採用した給付」[2]といえる。

　社会手当は、1926 年のニュージーランドでの児童手当を嚆矢として、フランス、イギリスなどの国々で制度化され、児童に対する手当を中心として発展を遂げてきた。そして、所得制限の有無で、それがない普遍的社会手当（デンマークの基礎年金、ニュージーランドの年金、スウェーデン、イギリス、フランスの児童手当など）とそれがある選別的社会手当（日本の社会手当など）とに大きく区分される。

　日本の社会手当には、児童手当、児童扶養手当、特別児童扶養手当、障害児福祉手当、特別障害者手当などがあり、いずれも所得制限が存在する。従来の国民年金制度における無拠出の福祉年金（老齢福祉年金）および 20 歳前に障害を負った者に対する障害基礎年金の支給（全額国

1　たとえば、西原 19 - 20 頁（西原道雄執筆）参照。
2　加藤ほか 125 頁（倉田聡執筆）。

庫負担）も、無拠出の現金給付という点で社会手当の範疇に属すると考えられる（第3章第3節参照）。

## 2　日本の社会手当の沿革と特徴

### (1)　日本の社会手当の沿革

　日本の社会手当は、18歳未満の児童を対象としたものを中心に形成されてきた。まず、1959年制定の国民年金法により、無拠出の福祉年金の一つとして、死別母子世帯に対する母子福祉年金が設けられた。しかし、経済的、社会的に多くの困難をかかえているという点では、死別、生別を問わず同じであることから、離婚等による生別母子世帯についても、社会保障施策の必要性が認識されることとなり、1961年に児童扶養手当法が制定された。

　これに対して、児童を養育している一般家庭には、就労先の企業が賃金の一部として（いわば企業福祉として）扶養手当を支給してきた。また、扶養控除などによる税制上の優遇措置という形での対応がなされており、一般児童を対象とした児童手当の制度化は遅れた。ようやく、1971年に児童手当法が制定され、翌年より支給が開始された。

　児童扶養手当は、児童手当法の成立後も、沿革的な理由から、児童手当とは異なる制度として、母子福祉年金と連動して発展していった。[3] 実際、1982年の堀木訴訟最高裁判決（最大判1982年7月7日民集36巻7号1235頁）も、児童扶養手当は、児童の養育に伴う支出を保障する「児童手当」制度とは異なる制度であって、所得能力の低下・喪失の一部を補償する公的年金一般、およびその一種としての障害福祉年金や母子福祉年金と基本的に同一の性格を持つものと位置づけている。しかし、1985年の基礎年金制度の導入に伴って、母子福祉年金が廃止され遺族基礎年金に統合されたのを契機として、同年の児童扶養手当法改正によ

---

3　1970年代の児童扶養手当は、母子世帯の当事者運動にも後押しされながら、手当額も所得制限額も母子福祉年金に準拠する形で引き上げられ、支給期間も段階的に、子が18歳になるまで引き上げられていった。詳しくは、北明美「『構造改革』下における社会手当の貧困とジェンダー問題」ポリティーク12号（2006年）171頁参照。

り、児童扶養手当は、母子福祉年金から明確に切断され、生別死別を問わず「父と生計を同じくしていない児童」を対象とする福祉制度へと転換することとなる（ただし、後述のように、児童手当との関係は曖昧なまま残った）。

一方、障害児・者の所得保障を目的として、1964年に、特別児童扶養手当等の支給に関する法律（以下「特別児童扶養手当法」という）が制定された。同法は、当初は重度の知的障害者を扶養する者への所得保障として位置づけられていたが、1985年の法改正により、著しく重度の障害をもつ成人も対象とするようになった。その後、学生無年金障害者訴訟の提起を受けて、後述のように、2004年に、特定障害者に対する特別障害給付金の支給に関する法律（以下「特定障害者給付金法」という）が制定された（2005年4月施行）。

## (2) 日本の社会手当の特徴

以上のように、日本の社会手当は、公的年金制度から漏れた人やその不足する部分を補完する仕組みとして確立し、主に障害者（児）と児童にかかわる所得保障制度として機能してきた。そのため、児童手当以外は、特定の世帯を対象とした限定的な手当にとどまり、ヨーロッパ諸国の家族手当のような普遍的な社会手当としての発展は見られなかった。

その児童手当も、長期にわたり、支給対象が第3子以降に限定され、手当額も低い水準に据えおかれた。[4] 1980年代に入り、少子化の進行を受け、第2子、第1子まで対象となったが、公費負担の増大を回避するため、対象年齢は3歳未満児に引き下げられた。2000年以降、段階的に、対象年齢が引き上げられ、小学校修了まで特例給付が支給されるようになり、2007年度からは、3歳未満児の手当が一律1万円に引き上げられた。給付対象の拡大は、主として税制上の扶養控除の見直しにより捻出された財源で行われた。また、3歳以上などの分が附則に基づく暫定的

---

4 河野ほか186頁（福田素生執筆）は、この時期、物価スライドもあり給付額が大幅に改善された年金や児童扶養手当などと比べ、児童手当の実質的価値は大幅に下落したと指摘する。

な給付であり、費用負担も、3歳を境にして被用者か否かなどによって異なり、複雑な制度設計となっていた。

　こうした中、2010年、当時の民主党政権のもとで、所得制限なしで、中学生以下の子どものいる世帯に支給する子ども手当（当初は、子ども1人当たり月額1万3000円を支給）が創設され、ようやく普遍的な社会手当の制度化がなされたかにみえた。しかし、支給に必要な財源を、扶養控除などを廃止し（所得税および住民税の年少扶養控除は廃止され、特定扶養控除は縮減された）、全額を国庫で賄うとされたが、支給に必要な財源確保のめどがたたなくなり、単年度立法によるつなぎを繰り返した。結局、全額（2万6000円）支給は実現できないまま、当時の民主・自民・公明の3党合意で、子ども手当は廃止され、2012年度から、所得制限つきの児童手当が復活、現在に至っている。ただし、現在の児童手当についても、内容的には、子ども手当の性格が一部残存しているとの指摘がある。[5]

## 第2節　社会手当の概要と問題点

## 1　児童手当

### (1)　児童手当の目的と支給要件・支給額

　児童手当は、児童一般を対象とする代表的な社会手当であり、家庭等における生活の安定と次代の社会を担う児童の健やかな成長を目的としている（児手1条）。金銭給付である児童手当には、目的外使用の可能性があるため、児童手当法は、児童手当の受給者に対して、同法1条の趣旨に従って児童手当を用いる責務を課しているが（児手2条）、この責務に反した場合の制裁措置等は規定していない。

　児童手当は、0歳児から中学終了まで（15歳に達する日以後の最初の3月31日まで）の児童を監護し、かつ生計を同じくする父母等に支給される（児手4条1項）。児童と受給者は、原則として日本国内に住所

5　菊池216頁参照。

を有することが求められる（同3条1項）。

　児童手当の受給資格を有する受給者は、前述の父母等のほか、未成年後見人、日本国内に住所を有しない父母等が生計維持をしている児童と同居し、これを監護し、かつ生計同一関係にある者で、父母等が指定する父母指定者、または支給対象年齢の児童が委託されている里親、施設等の設置者である（児手4条）。児童手当は、児童養育家庭に対する所得保障と児童福祉を目的にし、児童を養育する者の養育状況に着目して、支給要件は養育者を中心に、養育者を受給者として構成している点に特徴がある。従来は、親の遺棄、虐待などにより家庭以外の施設などで生活せざるをえない児童（以下「施設入所等児童」という）については手当が支給されてこなかったが、里親、施設等の設置者を介して手当が支給されることになった。ただし、施設入所等児童の養育費については、公費である措置費で賄われている場合もあり、行政解釈では、措置費の対象となる費用（学校給食費等）を児童手当から支払うことは適当でないとされている。

　支給額は、3歳未満児に月額1万5000円、3歳以上小学校修了前の第1子、第2子に月額1万円、第3子以降には月額1万5000円、中学生は月額1万円となっている（児手6条）。ただし、政令で規定された所得額（夫婦と子ども2人の世帯で年収がおよそ960万円）以上の世帯は所得制限の対象となり支給されない（同5条。ただし、特例給付として月額5000円支給される。なお、2022年10月より、高所得の主たる生計維持者［年収1200万円以上の者］は特例給付の対象外となる）。この場合の所得制限は消極的支給要件と解されている。

## (2)　児童手当の財源

　児童手当の財源負担は、民間企業の被用者の3歳未満児にかかる手当の財源は、およそ半分を事業主からの拠出金で賄い、残り半分のうち3分の2を国が、3分の1を地方が担う（児手18条1項）。被用者以外の3

---

6　児童手当制度研究会監修『児童手当法の解説〔5訂〕』（中央法規出版、2013年）75頁参照。

歳未満児および被用者ならびに被用者以外の3歳から中学校終了前の児童にかかる手当は、いずれも国が3分の2を負担し、地方が3分の1を負担する（同18条2項・3項）。なお、公務員に関しては、すべて所属庁の負担となる（同18条4項）。

　事業者拠出金は、厚生年金保険法の事業主などから徴収し、その金額は、賦課標準（標準報酬月額・標準報酬賞与額）に、当該年度において児童手当の支給に要する費用の予想総額を基準に算定される拠出金率を掛けて算定される（児手19条）。児童手当予算は、年金特別会計の児童手当法勘定で管理されている。

　なお、児童手当法に基づく児童手当と国民年金法・厚生年金保険法に基づく年金給付との重複があった場合には、併給が認められている。前者は、児童養育のための特別の支出増に対する所得保障であるのに対して、後者は稼働能力の喪失に基づく所得の喪失に対する給付であるとの理由による[7]。

## (3)　児童手当からの申出徴収・特別徴収

　なお、受給資格者の申出により学校給食費等を手当から納付することができ（児手21条）、受給者の同意なく保育料を手当から特別徴収できる（同22条）。

　市町村の一方的決定で、児童手当から滞納保育料を天引きできる特別徴収や保護者の同意を一応前提とする申出徴収の仕組みは、前述の子ども手当のときに導入され、2012年からの児童手当にも引き継がれた。しかし、申出徴収の場合も、保護者に十分な説明なく保育所等の利用申し込みの際に必要な書類として添付することを求めている自治体もあり、事実上の強制になっているという問題がある（第7章第3節参照）。

　法の趣旨に従うという前提はあるものの、原則として使途が自由な定額給付を定期的に支給することで、子育て世帯の生活の安定を図ることが児童手当法の目的であり、児童手当の意義があると考えられる。したがって、このような形での児童手当からの保育料等の徴収は、児童手当

7　河野ほか22頁（河野正輝執筆）参照。

の意義に、ひいては児童手当法の趣旨に反し、違法の余地がある。[8]

## 2　児童扶養手当

### （1）　児童扶養手当法の内容

　児童手当が、児童一般を対象とするのに対して、児童扶養手当は、主としてひとり親世帯の児童を対象とする手当である。従来は、母子世帯などしか対象とされていなかったが、2010年より、父子世帯も対象となった。児童扶養手当法の目的は「父若しくは母と生計を同じくしていない児童が育成される家庭生活の安定と自立促進、及び児童の福祉の増進」を図ることである（児扶手1条）。また、児童扶養手当は、児童の心身の健やかな成長に寄与することを趣旨として支給され、その支給は、婚姻を解消した父等の扶養義務の程度・内容は変更しないとされている（同2条）。

　児童扶養手当の支給対象は、①父母が婚姻を解消した児童、②父母のいずれかが死亡した児童、③父または母が政令で定める程度の障害の状態にある児童、④父または母の生死が明らかでない児童、⑤そのほかにこれらに準じる児童で政令に定める児童、を監護する母もしくは父である（児扶手4条1項）。施行令（政令）の改正により、2012年8月より、配偶者からの暴力により家庭裁判所からの保護命令が父または母に出されている児童も支給対象となっている（児童扶養手当法施行令1条の2・1条の3）。

　なお、ここにいう「児童」は、18歳に達する日以後の最初の3月31日までの間にある者、または20歳未満で政令に定める程度の障害の状態にある者をさし（児扶手3条1項）、「配偶者」には事実上婚姻関係と同様の事情にあった者も含まれる（同3条3項）。

　児童扶養手当の支給額は、2人世帯（受給資格者1人、児童1人）の場合、収入が160万円未満で満額月4万3160円、そこから10円刻みで

---

8　北明美「子ども・子育て支援新制度と児童手当―保育無償化における児童手当からの給食費徴収に関わって」保情519号（2020年）9頁も、こうした特別徴収制度の導入を児童手当の本質の破壊とする。

収入365万円未満まで収入額に応じて減額される（最低額1万180円。2020年度。以下同じ）。児童が3人目以降1人につき、全部支給6110円、一部支給6100円から3060円までとなっている。児童扶養手当の所得制限は支給停止事由（児扶手9条・13条の2）と解されている。また、毎年の物価変動に応じて、手当額を改定する自動物価スライド制度が導入されている。年金給付と同様、物価下落時に手当額を据え置いてきたことで、本来の額よりも高い水準（特例水準）で手当額が支給されていたとして、2013年10月から3年間にわたって、1.7%ほど引き下げられている（第3章第5節参照）。

## (2) 児童扶養手当の問題点

　前述のように、児童扶養手当は、1985年の法改正で、母子福祉年金と切り離されて、福祉制度と位置づけられるに至るが、福祉制度とされたことで、所得制限が強化され、手当額も減らされてきたうえに、同改正で導入された一部支給の制度でさらに低額にされた。

　2002年の法改正では、児童扶養手当の受給期間が5年を超える者について、一部支給停止規定が置かれ（児扶手13条の3第1項）、2008年度より、手当額が2分の1減額となる政令改正が行われた（児童扶養手当法施行令7条）。児童扶養手当を離婚直後の一定期間に重点的に支給することで、離婚等による生活の激変を一定期間で緩和し、自立を促進する制度に改める趣旨の改正とされる。就業、求職活動その他厚生労働省令で定める自立を図るための活動をしていれば減額されない扱いであるが（児扶手13条の3第2項、同施行令8条）、法文上、原則減額の扱いとなったことは、児童扶養手当が、従来の所得保障制度たる社会手当としての性格を大きく変えたことを意味する。ただし、これらの規定に

---

9　笠木ほか363頁（中野妙子執筆）参照。

10　山田晋「児童扶養手当法・批判」山口経済雑誌58巻5号（2010年）651頁も「従来の社会保障法とは異質の要素」が導入されたとしている。また、福田素生「子育ち・子育て支援の法体系とその展開」日本社会保障法学会編『新・講座社会保障法2／地域生活を支える社会福祉』（法律文化社、2012年）100頁は、この改革を、母子家庭の実情を踏まえず、「就労による自立支援」という理念を都合よく利用しただけと批判している。

ついては批判が強く、現在までのところ適用例はなく、事実上凍結され
ている。なお、同改正では、父（母）からの養育費が支払われた場合は、
その80％相当が母（父）の所得に算入されることとなった（児扶手9
条2項）。

　2016年度から、児童扶養手当の支給額が、第2子につき月額1万円、
第3子以降同6000円の加算に引上げられ、自動物価スライドさせるこ
ととなったものの、予算計上額は約28億円増にとどまる。前述のよう
に、特例水準の解消と称して、児童扶養手当は1.7％減、約51億円削減
されてきているから、削減前の水準にも戻っていない。また、2018年8
月（12月分）から、満額支給の所得制限限度額は年収160万円に引き
上げられ、約15万人が新たに満額支給となった。さらに、2019年8月
分（11月支給）から支給回数は4か月に1回から2か月に1回（奇数
月）とされた。

　日本の場合、母子家庭の母親の就労率は80％を超えており、きわめ
て高いにもかかわらず、ひとり親世帯の貧困率は、OECD（経済協力開
発機構）諸国で最悪水準である。母親の大半が非正規雇用であり、ワー
キングプアであることを意味する。児童扶養手当の支給額の大幅引上げ、
支給要件の緩和が必要である。同時に、前述のように、受給期間が5年
を超えた場合の減額措置は就業意欲がみられない者に限定することで実
質的に凍結され適用例はないとはいえ、あくまでも凍結であり制度とし
ては存続しており、児童扶養手当法13条の3などの規定を削除する改
正が早急に必要と考える。[11][12]

### (3)　児童扶養手当をめぐる裁判例とその論点

　児童扶養手当をめぐっては、障害福祉年金との併給調整が憲法14条・
25条に反するかが争われた堀木訴訟がある。第1審判決（神戸地判
1972年9月20日行集23巻8＝9号711頁）は憲法14条違反を認めたが、

11　黒田有志弥「社会手当の意義と課題─児童手当制度及び児童扶養手当制度からの示
　唆」社会保障研究1巻2号（2016年）376頁参照。
12　同様の指摘に、日本弁護士連合会編『日弁連・子どもの貧困レポート─弁護士が歩い
　て書いた報告書』（明石書店、2011年）220頁参照。

控訴審判決（大阪高判 1975 年 11 月 10 日行集 26 巻 10 = 11 号 1268 頁）、
最高裁判決（最大判 1982 年 7 月 7 日民集 36 巻 7 号 1235 頁）は、児童扶
養手当を母子福祉年金の補完的制度であり、受給者の所得保障という点
で公的年金制度と同一の性格を有し、複数事故の場合の併給調整は、立
法裁量の範囲に属するとして、広い立法裁量を認め、併給調整を合憲と
し原告の請求を退けた（第 1 章第 2 節参照）。

　堀木訴訟第 1 審判決を受けて、1973 年に法改正が行われ、同事件で
問題となった児童扶養手当法 4 条 3 項 3 号の「公的年金給付」は「国民
年金法に基づく障害福祉年金及び老齢福祉年金以外の公的年金給付」と
改められ、障害福祉年金と児童扶養手当の併給が認められることとなり
立法的な解決が図られた。しかし、その後、基礎年金制度を創設した
1985 年の改正によって、前記文言は「国民年金法等の一部を改正する
法律附則第 32 条第 1 項の規定によりなお従前の例によるものとされた
同法第 1 条による改正前の国民年金法に基づく老齢福祉年金以外の公的
年金給付」と改正され、改正法附則 32 条 1 項の規定によって、障害福
祉年金は障害基礎年金に切り替えられ、この結果、児童扶養手当と障害
基礎年金との併給調整が再び行われることとなった。公的年金給付を受
けることができる場合は、児童扶養手当は支給されない併給調整につい
ては批判が多く、2013 年の法改正で、遺族年金については、児童扶養
手当が支給されなくなる要件から、父または母の死亡について支給され
る公的年金を受けることができる場合などが削除され、公的年金の給付
額に応じて、児童扶養手当の額の全部または一部を支給しない（手当よ
り低額の年金を受給する場合には、その差額を手当として支給する）措
置がとられることとなった。

　なお、児童扶養手当法施行令 1 条の 2 は、児童扶養手当法 4 条の委任
を受けて、同条に列挙された児童に準じる児童を規定しているが、1998
年改正前の同条 3 号は「母が婚姻によらないで懐胎した児童（父から認
知された児童を除く。）」と定めていたため、婚姻外の児童については、
父が認知すると児童扶養手当の支給が打ち切られていた。この違憲性
（憲法 14 条違反）が争われた裁判で、最高裁は、憲法判断はせず、事後

的に認知された婚外子も児童扶養手当法が保護しようとする児童の範囲に含まれるとし、上記政令の括弧書部分を法による委任の範囲を超えるものとし無効とした（最判2002年1月31日民集56巻1号246頁）。未婚の母についてのみ、父の認知による扶養義務の発生を理由に、現実に扶養義務が履行される保障がないにもかかわらず、児童扶養手当の支給対象から除外することは不合理であり、妥当な判決と考える[13]。その後、施行令から括弧書部分が削除され立法的な解決がはかられている。

## 3　特別児童扶養手当と特別障害給付金

### (1)　特別児童扶養手当、障害児福祉手当、特別障害者手当

その他の社会手当としては、特別児童扶養手当法に規定されている特別児童扶養手当、障害児福祉手当、特別障害者手当がある。

特別児童扶養手当は、精神または身体に障害を有する20歳未満の障害児を監護している父もしくは母または父母に代わって児童を養育している者に支給される（特児扶手3条）。したがって、児童が福祉施設に入所している時には支給されない。支給月額は、障害等級1級に該当する障害児1人について5万2500円、障害等級2級に該当する障害児1人につき3万4970円であり（2020年度。以下の金額も同じ）、自動物価スライドがある（同16条）。手当は受給資格者またはその扶養義務者等の前年の所得が一定額以上である場合には、支給が停止される所得制限がある（同6条～8条）。障害の種類別の内訳をみると、知的障害児が約6割を占めている。特別児童扶養手当に要する費用は、全額国庫負担となっている（同3条）[14]。

### (2)　障害児福祉手当と特別障害者手当

障害児福祉手当は、精神または身体に障害を有する在宅の20歳未満の者のうち、政令で定める重度の障害を有する者（重度障害児）に対し

---

13　同様の指摘に、河野ほか193頁（福田素生執筆）参照。
14　河野ほか197頁（福田素生執筆）は、特別児童扶養手当は、制度創設以来、国庫負担で賄われており、事業主負担のある児童手当や地方負担が導入された児童扶養手当とは対照的であるとする。

て支給される（特児扶手17条）。特別児童扶養手当が父母などの養育者に支給されるのに対して、障害児福祉手当は、障害児本人に支給される点で相違がある。在宅の重度障害児を対象とするため、児童福祉法に規定する障害児入所施設などに入所している場合には支給されない（同17条1項2号）。支給月額は1万4880円で自動物価スライドする。手当は、受給資格者（重度障害児本人）またはその扶養義務者等の前年の所得が一定額以上である場合には、支給が停止される所得制限がある（同20条・21条）。

特別障害者手当は、20歳以上であって政令で定める程度の著しい重度の障害の状態にあるため、日常生活において常時特別の介護を必要とする者（特別障害者）に対し支給される。手当は、在宅の重度障害者を対象とするもので、障害者総合支援法に基づく障害者支援施設などに入所している場合や病院等に継続して3か月を超えて入院している場合には支給されないが（特児扶手26条の2）、最重度の障害による特別な負担の軽減を図ることを目的とする所得保障制度であることから、障害基礎年金などとは併給される。支給月額は2万7530円で自動物価スライドする。

障害児福祉手当と特別障害者手当の費用は、その4分の3を国が、残りの4分の1を都道府県または市町村が負担する（特児扶手25条・26条の5）。

### (3)　特別障害給付金

国民年金は、20歳以上の国民を強制加入としているが、被用者が扶養する専業主婦などについては、1985年の基礎年金制度の導入まで、学生については、1989年の法改正（1991年施行）まで任意加入とされてきた。そのため、任意加入していない学生などが、加入前に障害を負った場合には、障害基礎年金が支給されなかった。これを不服とする訴訟（いわゆる学生無年金障害者訴訟）が、2001年以降、全国各地で提起され、東京地裁判決（2004年3月24日判時1852号3頁）を最初として、3地裁（新潟、広島）で違憲判断が下された。しかし、高裁段階で

は合憲判決が相次ぎ、最高裁も合憲判断を示した（最判 2007 年 9 月 28 日民集 61 巻 6 号 2345 頁）。これらの一連の裁判を契機として、学生無年金障害者の問題について立法的に解決をはかるべく、前述の特定障害者給付金法が 2004 年に制定された（2005 年 4 月施行。第 3 章第 3 節参照）。

　同法にもとづく特別障害給付金制度は、① 1986 年 3 月 31 日以前に障害にかかる初診日がある被用者年金各法の被保険者等の国民年金任意加入対象者であった配偶者、② 1991 年 3 月 31 日以前に障害にかかる初診日がある国民年金任意加入者であった学生（これらを「特定障害者」という。特定障害者給付金法 2 条）を対象に、国民年金法等にいう障害等級 1 級・2 級相当の者に特別障害給付金を支給するものである（同 4 条・5 条）。

　支給額は、障害基礎年金 1 級相当で月額 5 万 2450 円、同 2 級相当で 4 万 1960 円となっている（2020 年度）。給付金にかかる費用は、全額国庫負担とされており、自動物価スライドがある（特定障害者給付金法 5 条）。ただし、本人の所得が一定額以上である場合や老齢年金等の支給を受けている場合には、全額または一部の支給が停止される（同 9 条）。また、同制度は、任意加入の扱いになっていた無年金障害者を救済するものであるため、それ以外の理由による無年金障害者は給付対象とされない。

## 4　社会手当受給権をめぐる問題

### (1)　社会手当受給権の認定の法的性質

　以上の社会手当は、受給資格および手当の額について、児童手当では市町村長（児手 7 条・8 条）、児童扶養手当と特別児童扶養手当では都道府県知事（児扶手 6 条・特児扶手 5 条）、障害児福祉手当と特別障害者手当では福祉事務所の管理を行う地方自治体の長（特児扶手 19 条）による認定が必要となる。特別障害給付金についても、厚生労働大臣が請求にもとづいて認定を行う（特定障害者給付金法 6 条）。

　この認定の法的性質は、行政解釈では、年金受給権のような確認行為

ではなく、受給権形成行為（設権行為）と解されている。[15]無拠出制の社会手当の場合には、行政の決定（認定）以前の給付請求権を抽象的なレベルでも観念できないという解釈に基づく。しかし、児童手当については、かなりの部分が事業主等からの拠出金で賄われていることや、児童手当の給付要件・効果が年金保険と同程度に詳細であることから、あえて年金と異なる方式の給付決定を用いたことに正当化の根拠が十分あるかは疑問とする見解もある。[16]

　私見でも、支給要件の認定（確認）は、行政機関の裁量の余地はほとんどなく、社会手当の認定についても、年金受給権の裁定と同様に、確認行為（処分）と解すべきと考える。

### (2)　社会手当受給権の発生時期

　これらの社会手当について、受給権がいつから発生するかが問題となる。社会手当の支給要件は、社会保険と類似した定型的な事由であることが通例であるため、支給要件を充足する事実が発生した時点（たとえば、児童手当であれば子どもが生まれた時点）で、受給権が発生すると考えることもできる（遡及主義）。

　しかし、行政解釈は、支給要件の認定を受給権の形成行為と解しており、また社会手当の申請主義を重視する立場から、社会手当の受給権は、支給要件が充足された時点ではなく、受給者が申請を行った時点から発生するとしており、判例も同様である（永井訴訟に関する京都地判1991年2月5日判時1387号43頁）。法律上も、たとえば、児童扶養手当では、受給資格者が認定を請求した日の属する月の翌月から支給されるとする非遡及主義をとっている（児扶手7条1項）。

### (3)　情報提供をめぐる問題

　非遡及主義を採用する現行制度のもとでは、受給要件が生じた場合であっても、受給者が適切に申請を行い、申請権を行使できなければ、社

---

15　児童手当制度研究会・前掲注6）139頁および堀・総論228頁参照。
16　原田292頁参照。

会手当を受給することができなくなる。裁判例には、この点を重視し、申請権が適切に行使されるようにするための行政庁の積極的な広報・周知義務を認めたものもある（前掲の永井訴訟の京都地裁判決）。しかし、前記永井訴訟の控訴審判決（大阪高判1993年10月5日訴月40巻8号1927頁）および最高裁判決（1998年9月10日判時1654号49頁）は、制度に関する行政庁の一般的な広報義務や周知徹底義務の存在を否定している。

　また、児童扶養手当の請求・相談者に対し「児童扶養手当は母子家庭のみにしか支給されない」という間違った回答をして児童扶養手当の認定請求書の交付を拒否し、給付の種類・受給要件の内容を教示しなかった市職員の行為について、過失を認めたものの、損害（手当が受けられなかったこと）との因果関係は否定した事例（大阪高判2005年6月30日判例自治278号57頁）もある。同判決は、国家賠償法上の賠償請求は認容しなかったが、具体的に制度を特定したうえで受給の可否につき質問された場合には、行政庁の職員は受給可能な制度を教示する職務上の義務を負い、明らかに受給可能な制度の教示を怠ったり、誤った説明により相談者の受給を妨げた場合には、その対応が違法と評価される場合もありうるとの判断基準を示した点で意義は大きい。

　さらに、特別児童扶養手当の事案であるが、来訪者が制度を特定せずに相談や質問をした場合であっても、具体的な相談内容等に応じて、何らかの手当を受給できる可能性があると考えられるときには、窓口の担当者には相談内容に関連する制度について適切な教示等を行う職務上の法的義務があるとして、受給資格者からの国家賠償請求を認容した例がある（大阪高判2014年11月27日判時2247号32頁）。

### （4）　受給権の保護

　社会手当の受給権についても、他の社会保障給付の受給権と同様、受給権保護の規定が置かれている。児童手当と児童扶養手当についてみると、受給権を譲渡し、担保に供し、差し押さえることができないとされ（児手15条、児扶手24条）、公課が禁止されている（児手16条、児扶

手25条）。また、支給を受ける権利にかかる時効（2年。児手23条1項、児扶手22条）、徴収金にかかる厚生労働大臣に対する審査請求前置（児手25条、児扶手20条）の規定が置かれている。

　なお、児童手当は一身専属的な受給権であり、差押禁止財産とされているが、その支給を受けた者の銀行口座に振り込まれ預金債権に転化した場合も、処分行政庁が、特定の口座に振り込まれる日を認識した上で、それが振り込まれた直後に預金債権を差し押さえたのは、実質的には、児童手当の受給権自体を差し押さえたのと変わりがなく、差押処分を違法とした判例がある（広島高裁松江支判2013年11月27日金判1432号8頁）[17]。妥当な判断といえる。

# 第3節　社会手当の課題

## 1　制度設計と費用負担の課題

　以上みてきたように、日本の社会手当は、他の先進諸国に比べて、所得制限があり選別的性格が強く、手当額も不十分といえる。なかでも、児童手当は、基本的な理念があいまいなまま、繰り返し変遷を重ねており、子育て世代の育児費用の補完という点では、きわめて不十分な金銭給付にとどまっている。また、子ども・子育て支援新制度の実施に伴い、児童手当は子ども・子育て支援給付の一部に組み込まれ（第7章第3節参照）、児童扶養手当や他の社会手当との整合性がますます不明確になっている。児童扶養手当についても、母子福祉年金の補完的制度という、あいまいな性格付けで実施され、その後の改革でも児童手当との関係は整理されず、さらに2002年の改正で、所得制限が強化されたばかりでなく、ひとり親世帯であるがゆえの貧困状態からの「自立」をめざすべきものとされ、社会手当というよりは、公的扶助（生活保護）類似の制度に変質させられつつある[18]。

---

17　同判決については、勝俣彰仁「自治体による違法な差押え（救済と是正）―鳥取県児童手当差押え事件判決を活かす」賃社1614号（2014年）13頁参照。

費用負担の面では、児童手当について一部に事業主拠出金が導入されているが、この趣旨は、児童の健やかな成長に資することを通じて、将来の労働力の維持確保につながる効果が期待できるためと説明されている[19]。とはいえ、拠出金は、社会保険料徴収の法的枠組みを利用しているものの、その拠出記録が個々の被用者の給付に結びつかないなど、社会保険における事業主負担と異なる性格を有している。かりに事業主拠出金が憲法84条にいう租税に当たるとすれば、現在の拠出金算定方法の定め方は、租税法律主義に反するとの指摘もある[20]。今後は、費用負担のあり方を含めた議論が必要となろう。

　なお、2020年以降の新型コロナの感染拡大の影響で、ひとり親世帯の生活困窮が増大したことから、児童扶養手当の支給を受けている世帯に月額5万円（第2子以降ひとりにつき3万円）の臨時特別給付金が支給されている。新型コロナの影響を受け家計が急変し収入が減少している世帯には、申請により、さらに追加給付として5万円が支給される。しかし、2020年末に再支給されたものの、いずれも一時的な臨時給付金に過ぎず、恒久的な支給額の引き上げが必要と考える。

## 2　普遍的社会手当に向けて

　日本の社会手当は、所得制限が前年度の所得を基準として行われるため、新型コロナの影響で失職し急激に収入が減少した場合には、受給できないという問題点が浮き彫りになっている。事務負担の軽減からも、所得制限は撤廃し普遍的な手当に移行すべきと考える。

　児童手当については、支給対象を18歳未満にまで引上げ、支給額を年齢に応じて減少させず一律月額2万円程度とすること、また、低所得世帯への家賃補助として住宅手当の創設も検討すべきである[21]。児童扶養手当についても、所得制限をなくし、支給額を大幅に引き上げるとともに、将来的には、児童手当との統合をめざしていくべきと考える。

---

18　同様の指摘に、北・前掲注3）173頁参照。
19　児童手当制度研究会・前掲注6）3頁参照。
20　碓井440頁参照。
21　同様の指摘に、福田・前掲注10）107頁参照。

　障害児・者に対する社会手当についても、所得制限を撤廃したうえで、障害児福祉手当と特別児童扶養手当との財源を含めた制度の体系的な検討が必要であろう。

# 第5章 | 医療保障

医療保障は、病気やけがなどの傷病とそれによる収入の中断などの生活困難に対応する社会保障の仕組みである。日本では、主として社会保険方式（医療保険）により医療保障が行われ、すべての国民がいずれかの医療保険の適用を受ける「皆保険」が確立している。また、原則75歳以上の高齢者が加入する後期高齢者医療制度がある。

本章では、まず医療保障の沿革と法体系を概観し、病院など医療提供体制に関する法規を考察する。ついで、医療保険の給付・財政構造、高齢者医療と公費負担医療、公衆衛生の法制度を検討し、医療保障の課題を展望する。

## 第1節　医療保障の沿革と法体系

### 1　医療保障の沿革

日本では、世界的にも比較的早い時期の1922年に、業務上・外の傷病を給付対象とする健康保険法が制定された（制定の翌年に関東大震災が発生し、実施は1927年から）。さらに、1938年には、昭和恐慌下の農民窮乏化対策の一環として、自営業者を対象とした国民健康保険法が制定された。[1]　その後、戦時体制の強化にともない、1942年には、国民健康保険法が改正され、国民健康保険組合が全国の市町村の9割以上で設立されたものの、戦争の激化の中で、事実上、国民健康保険をはじめ

---

[1]　当時の市町村国民健康保険は、市町村単位の組合が保険者となる組合方式であった。こうした方式が採用された理由について詳しくは、新田秀樹『国民健康保険の保険者』（信山社、2009年）53頁以下参照。

とする医療保険制度は機能不全に陥った。

　戦後、1947 年に、労働者災害補償保険法（労災保険法）が制定され、業務上傷病については健康保険の対象外となるとともに、1958 年には、国民健康保険法が全面改正され、国民健康保険が市町村を保険者とする強制加入制度となった。1961 年 4 月から、同改正法が施行され、全市町村において国民健康保険事業がはじまり、すべての国民がいずれかの医療保険の適用を受ける「皆保険」がスタートした。

　1973 年には、老人福祉法の改正により、医療保険における高齢者の一部負担金を老人福祉の税財源によって全額負担することで、70 歳以上の老人医療の無料化が実現した（一定の所得制限があったが、実質的に大半の高齢者が対象となった）。しかし、老人医療の無償化は、高齢者医療への公費支出の増大をもたらし、1982 年には、老人保健法が制定され（翌年から施行）、定額の一部負担金が導入され、無料化は 10 年で終結した。老人保健制度は、財政面では、高齢者医療費を公費（税金）と他の医療保険からの拠出金（老人医療費拠出金）で賄う仕組みであり（当初は公費 30%、拠出金 70%）、高齢者を多く加入者として抱える市町村国民健康保険への財政支援のしくみといえた。同時に、老人保健法は、疾病の治療とその予防を体系的に取り入れた保健事業を実施するとともに、在宅復帰のための中間施設の位置づけで老人保健施設を創設した（1986 年改正）。その後、高齢者の受診時の一部負担金は引き上げられ続け、2001 年からは、定率 1 割負担とされた。また、2002 の改正によって、公費と医療保険者からの拠出金の割合がそれぞれ 50% とされ（当初は公費 30%、拠出金 70%）、老人保健法の対象者の年齢が段階的に、75 歳以上に引き上げられた。さらに、2003 年には、健康保険被保険者本人の一部負担金も 3 割に引き上げられている。

　2000 年には、介護保険法が施行され、老人保健施設の給付など高齢者医療費の一部が介護保険の給付に移行し、2008 年には、老人保健法を全面改正した「高齢者の医療の確保に関する法律」（以下「高齢者医療確保法」という）が施行され、後期高齢者医療制度が導入され、現在に至っている。

　さらに、2014年には、急性期病床を削減し、安上がりの医療・介護提供体制を構築することを目的とした「地域における医療及び介護の総合的な確保を推進するための関係法律の整備等に関する法律」（以下「医療・介護総合確保法」という）が成立、2015年には、「持続可能な医療保険制度を構築するための国民健康保険法等の一部を改正する法律」（以下「医療保険制度改革法」という）が成立し、2018年度から国民健康保険の都道府県単位化が実現している。

## 2　医療保障の法体系

　医療保障の法体系は、医療供給体制に関する法、医療保険に関する法と高齢者医療に関する法、公費負担医療などその他の医療保障に関する法に区分される。

　医療供給体制に関する法については、医療従事者の資格に関する法律として、①医師法、②歯科医師法、③薬剤師法、④保健師助産師看護師法（以下「保助看法」という）などが、医療施設に関する規制法として医療法がある。

　医療保険には、職業・職種等を基準とする職域保険と居住地域等を基準に判断する地域保険とがある。職域保険には、①健康保険協会管掌健康保険（主に中小企業の被用者が加入。以下「協会けんぽ」という）、②組合管掌健康保険（主に大企業の被用者が加入。以下「組合健保」という）、③国家公務員共済組合（国家公務員および公共企業体の被用者が加入）、④地方公務員等共済組合（地方公務員および公共事業体の被用者が加入）、⑤日本私立学校振興・共済事業団（私立の学校法人の被用者が加入）、⑥国民健康保険組合（医師や弁護士など特定の自営業者が加入）がある[2]。これら職域保険のうち、⑥を除いたものを被用者保険という。また、地域保険として、⑦国民健康保険（上記の医療保険に加入していない地域住民が加入）と⑧後期高齢者医療制度がある。それぞ

[2]　このほか、船員およびその扶養家族を対象に、医療、業務上・通勤災害、失業、年金を包摂する船員保険があるが、被保険者の減少にともない、2010年以降、その職務外疾病部門と独自給付の支給に関しては、協会けんぽが実施し、職務上の部門は労災保険に、失業給付の部門は雇用保険に統合されているので、本章では扱わない。

れの医療保険の根拠法は、①②が健康保険法、③④が共済組合各法（国家公務員共済組合法など）、⑥⑦が国民健康保険法、⑧が高齢者医療確保法である。

　このうち、①の協会けんぽについては、保険事業の運営主体は全国健康保険協会である[3]。同協会は、独立の法人格を持ち、都道府県ごとに「従たる事務所（支部）」をおいている。保険財政は全国一律ではなく、都道府県ごとに独立し、相互の財政調整を予定しているものの、支部被保険者を単位として保険料率を定める（健保160条）。また、⑦の国民健康保険の保険者は、都道府県と市町村が共同して担当し（国保3条・13条）、市町村が保険料の徴収、適用・給付などの業務を行っている（以下「自治体国保」という）。2018年以前は国民健康保険の保険者は市町村であったが、旧制度の国民健康保険において、保険者である市は、国民健康保険審査会に対して、一般的な上級行政庁とその指揮監督に服する下級行政庁と同様の関係に立つので、審査会の裁決に対する原告適格は認められないとした裁判例がある（最判1974年5月30日民集28巻4号594頁）。

　公費負担医療に関する法として、原子爆弾被爆者に対する援護に関する法律（以下「被爆者援護法」という）、生活保護法（医療扶助）、精神保健及び精神障害者福祉に関する法律（精神保健福祉法）（措置入院）、難病の患者に対する医療等に関する法律（以下「難病医療法」という）などの個別法がある。

## 第2節　医療提供体制

### 1　医療提供施設と医療従事者

　医療提供体制に関する包括的な法律として、医療法が制定されている。同法は、医療提供体制の確保と国民の健康の保持に寄与することを目的

---

3　全国健康保険協会は、健康保険法によって設立された特殊法人と解されている。碓井222頁参照。

としている（医療1条）。

　国民に医療を提供する施設を医療提供施設といい（医療1条の2第2項）、病院、診療所、介護老人保健施設などが含まれる。病院と診療所は「公衆又は特定多数人のために医業又は歯科医業を行う場所」であるが、病床数に応じて区別されており、病院は20床以上、診療所は19床以下もしくは入院施設のないもの（無床診療所）をいう（医療1条の5）。また、第2次医療法改正（1992年）[4]により、厚生労働大臣の承認を要件として、高度の医療提供等に関わる特定機能病院が、第3次医療法改正（1997年）により、地域医療の確保を支援する役割をもち、原則として200床以上の入院施設のある地域医療支援病院が法定化されている（医療4条・4条の2）。

　病院に設置される病床は、精神科病床、感染症病床、結核病床があり、これらの病床以外の病床で、長期療養の患者を入院させるものを療養病床といい（医療7条2項）、これら4種類以外の病床が一般病床である。病院等の人員配置基準は、たとえば一般病床では、看護師配置基準は、患者3人に対して看護師1人（3：1）となっている。

　医療従事者については資格制度があり、医師法や保助看法などの個別法で、資格の得失に関する要件や手続きを定めている。資格には、特定の業務に従事することを許可する業務独占と、特定の名称を用いることを許可する名称独占がある。医師、歯科医師、看護師、薬剤師などは業務独占と名称独占を備えている。

　医療従事者のうち、医師と歯科医師のみが包括的な医業（医療行為の実施）を行うことができ、医師は、すべての医療行為が可能である。医師以外の医療従事者の医療行為については、原則として医師の関与が必要とされ、指示や指導のほかに、同意、処方せんなどが必要となる。同様のことは、看護師の業務独占である「療養上の世話又は診療の補助」にも妥当し（保助看法5条）、臨床検査技師や理学療法士に対しては、看護師の業務独占が部分的に解除されている。なお、医師には、正当な

---

4　医療法は、制定以来、頻繁に改正が行われてきたが、そのうち大きな改正を、それぞれ第1次医療法改正（1985年）などと呼んでいる。

理由がないかぎり診療治療の求めを拒んではならないという応諾義務が
課されている（医師法19条）

## 2　医療施設の設置と開設許可・指定制度

### (1)　医療施設の設置主体と医療法人

　医師・歯科医師が診療所を開設する場合には、開設後10日以内に診
療所所在の都道府県知事にその旨を届け出なければならない（医療8条）。
医師以外の者による医療施設の開設は、開設地の都道府県知事の許可が
必要となる。営利を目的とする場合には、許可を与えないことができる
旨が規定されており（同7条6項）、株式会社などが医療施設を開設す
ることは認められていない。

　医療法は、医療施設の経営を目的とする社団や財団を医療法人として
設置することを認めている（医療39条）。2006年の医療法改正により、
非営利性を徹底させた医療法人の中でも、小児救急医療、災害医療、へ
き地医療などを実施し、社会的ないし公共的機能を強化したものが社会
医療法人と位置づけられた（医療42条の2）。社会医療法人は、公共的
な医療事業を経営する必要から、収益事業が認められ、直接金融手段と
して社会医療法人債の発行が可能となる（医療54条の2）。一方で、事
業の透明性を確保するため、外部の公認会計士または監査法人による会
計監査が義務付けられている（医療51条3項）。

　また、2015年の医療法改正で、後述する地域医療構想の実現に向けて、
地域の医療機関相互の分担・連携を促進し、質の高い医療を効率的に提
供する地域医療連携推進法人制度が創設されている（医療70条）。

### (2)　病院開設許可と指定制度

　医療法は、病院開設の際に、都道府県知事（診療所の場合は、保健所
を設置する市・特別区の市長・区長）の許可を得ることを要求している
（医療7条1項）。開設要件の中心は、施設の構造設備と人員で（同21
条・23条）、これを満たしていれば、都道府県知事は許可を与えなけれ
ばならない（同7条4項）。

一方、保険給付を行うには、病院・診療所または薬局は、保険医療機関または保険薬局として、厚生労働大臣による指定を受けなければならない（健保63条3項、国保36条3項）。この保険医療機関や保険薬局で医療に従事する医師・歯科医師・薬剤師も、厚生労働大臣の登録（保険医・保険薬剤師）を受ける必要がある（健保64条、国保46条）。いわゆる二重指定制である[5]。指定を行おうとするときは、厚生労働省大臣は、地方社会保険医療協議会に諮問する。

保険医療機関等の指定の法的性格については、公法上の契約と解する見解および裁判例[6]（大阪地判1981年3月23日判時998号11頁）もあるが、指定が医療機関や薬局からの申請に基づいて行われ、指定の要件や効果は健康保険法で詳細に定められていること、保険医療機関等の指定取消し（健保80条）については行政処分とされていること（大阪高決1982年2月23日判タ470号187頁）などから、指定は行政処分であり、これにより契約関係が形成されると解するのが妥当であろう。

## 3 医療計画と病床規制

1985年の第1次医療法改正により、都道府県は、医療計画を策定することが義務付けられた。医療計画では、1次から3次までの医療圏[7]の設定と、それぞれの医療圏における医療提供体制の整備の目標に関する事項を定めるとともに、医療圏ごとの基準病床数を確定し、病床数の規制が行われるようになった。ただし、都道府県知事は、公立病院については、基準病床数の超過を理由として開設不許可処分をすることができるが、民間病院に対しては、病床の削減や開設辞退の勧告ができるにと

---

5 医師のみの個人指定制度に加えて二重指定制が採用された理由は、医療機器の発達や診療内容の細分化に伴い、医師周辺の人的・物的資源を把握している医療機関を指定した方がより実態に合致するからとされる。国民健康保険中央会広報部編『国民健康保険法の解釈と運用』（社会保険出版社、2000年）279頁参照。判例は、二重指定制の採用を、医師個人についても保険診療に関する責任を明確化する趣旨と解している（福岡地判1961年2月2日訴月7巻3号666頁）。
6 法研編集部編『健康保険法の解釈と運用〔第11版〕』（法研、2003年）482頁参照。
7 1次医療圏は、基本的に市町村区域、2次医療圏は広域市町村（現在、全国に370）、3次医療圏は、基本的に都道府県の区域とされている。

どまる（医療30条の11）。勧告は、法的拘束力をもたない行政指導であり、開設許可の取り下げを都道府県知事が執拗に働きかけることは違法になるとの判決（鹿児島地判1997年12月5日判例自治176号82頁）もあり、病床規制の実効性に限界があった。そこで、医療法上の病院開設許可は行うが、保険医療機関の指定は行なわないという方法がとられるようになり、1998年および2002年の健康保険法改正により、勧告の不服従が指定拒否事由として明文化された（健保65条4項2号）。

　こうした医療計画に基づく病床規制に関しては、憲法22条の職業選択の自由を侵害するとして、指定拒否処分を受けた医療機関が各地で取消訴訟を提起したが、最高裁は、供給に需要創出効果がある医療については、病床制限を超える医療機関の指定は、医療保険の運営の効率化を著しく阻害するとして、指定拒否は適法であり、憲法22条にも違反しないと判示している（最判2005年9月8日判時1920号29頁[8]）。また、最高裁は、病院開設中止勧告が指定拒否と結びついていることから、都道府県知事が、病院を開設しようとする者に対して、当該医療圏の必要病床数に達しているとの理由で行った病院開設中止勧告の処分性を肯定している（最判2005年7月15日民集59巻6号1661頁）。

　2013年4月から、医療計画の必要記載事項として、5大疾病（がん・脳卒中・急性心筋梗塞・糖尿病・精神疾患）の治療・予防に関する事業、5事業（救急医療・災害時医療・へき地医療・周産期医療・小児医療）に関する事項が加えられた（医療30条の4第2項）。

　5事業のうち救急医療については、初期、第2次、第3次の3層からなっている。初期救急医療は在宅当番医制度（625地区）と休日夜間急患センター（575か所）からなり、第2次救急医療（入院を要する緊急医療）は病院輪番制病院（421地区、2851か所）および共同利用型病院（22か所）からなる。第3次救急医療（救命救急医療）については救命救急センター（291か所、そのうち高度救命救急センターが42か所）

---

8　加藤ほか149頁（倉田聡執筆）は、どの医療機関の病床が過剰であるかは一概に判断できない以上、常にその責めを新規参入者に負わせることが、職業選択の自由を制限する態様として合理的といえるかは疑問と指摘する。

で対応する仕組みである（数値はいずれも 2018 年度）。

## 第 3 節　医療保険

### 1　医療保険の被保険者と適用

#### （1）　国民健康保険の被保険者資格

　日本の医療保険には、被用者保険と地域保険があり、日本国民は、これらの医療保険のどれかひとつに必ず加入しなければならず、同時に複数の保険に加入することはできない。

　都道府県に住所を有するものは、居住する地域の自治体国保の被保険者資格が発生する（国保 5 条・6 条）。ただし、自治体国保以外の医療保険に加入した時点で、この被保険者資格は失われ、生活保護による保護を受けている世帯に属する者は、自治体国保の被保険者とされず（同 6 条 9 項）、医療扶助（保険証ではなく、医療券の使用）の対象となる。

　国民健康保険では、世帯主だけでなく、世帯主の被扶養者に当たる世帯の構成員でも個人単位で被保険者資格を取得する。被保険者の資格は、法律上の要件を充足した事実をもって、その時点から、当事者の主観的な意思とは無関係に被保険者資格が発生する。いわゆる強制加入の仕組みだが、最高裁は、国民健康保険への強制加入は憲法 19 条・29 条に違反しないと判示している（最判 1958 年 2 月 12 日民集 12 巻 2 号 190 頁）。

　国民健康保険法は、都道府県・市町村への帰属を決定する「住所」について独自の定義を置いていないので、民法 22 条の「各人の生活の本拠」を「住所」と解することになる。また、被保険者資格については、単に都道府県が被保険者証を交付するとしか規定されていないが（国保 9 条）、国民健康保険法 91 条が被保険者証の交付（拒否）を審査請求の対象としていることから、被保険者証の交付（拒否）は、被保険者資格を確認する行政処分と解されている（大阪地判 1991 年 12 月 10 日行集 42 巻 11 = 12 号 1867 頁）。

　日本に在留する外国人の国民健康保険の被保険者資格については、

1981年の難民条約の批准に伴う法改正によって、日本国籍の取得を要件とする国籍条項は削除された。しかし、行政解釈は、1年以上の在留期間を有する外国人、または1年未満の在留期間であっても更新などにより1年以上滞在している外国人のみを国民健康保険法5条にいう「住所を有する者」とかなり限定的に解してきた。これに対して、最高裁は、不法在留外国人であっても「当該市町村の区域内で安定した生活を継続的に営み、将来にわたってこれを維持し続ける蓋然性が高いと認められ」れば「住所を有する者」にあたると判断した（最判2004年1月15日民集58巻1号226頁）。その後、この最高裁判決を受けて、国民健康保険法施行規則が改正され、在留資格を有しない者や外国人登録を行っていない者などは、同法の適用除外とされ立法的解決が図られている[9]。

## (2)　健康保険の被保険者資格

　被用者保険の被保険者資格は、適用事業所に「使用」されることによって発生する（健保3条1項など）。健康保険法3条1項が「雇用」ではなく、あえて「使用」という文言を用いていることから、被保険者資格の発生は必ずしも有効な雇用関係の存在を条件としていないと解されている。法人企業の代表取締役は、労働基準法もしくは労災保険法上の労働者には該当せず、契約形式も雇用ではないが、健康保険法上の被保険者資格を認めた裁判例がある（広島高岡山支判1963年9月23日判時362号70頁）。業務外の傷病が、企業の代表取締役であっても労働者と同等に発生することを考慮したものといえる。

　被用者保険の被保険者資格は使用関係の終了により消滅する。争議行為によって長期にわたり労務提供が行われない場合、雇用契約が存続しても、使用関係はなくなると解するのが判例である（仙台高判1992年12月22日判タ809号195頁）。なお、被用者保険は、例外的に、被保険者の意思にもとづく資格継続を認めている。これが任意継続被保険者制度で、資格喪失の日まで継続して2ヵ月以上、被保険者であれば、その申出にもとづいて任意に被保険者資格を最長2年まで継続することがで

---

9　詳しくは、加藤智章『社会保険核論』（旬報社、2016年）110頁参照。

きる（健保 3 条 4 項）。

　被用者保険では、被保険者資格を有するのは被用者本人のみで、被扶養者は個人として被保険者資格を有するわけではない。ただし、被扶養者は、健康保険等の家族療養費等の支給対象となり（健保 110 条〜 114 条）、療養の給付と同等の医療給付が受けられる。

## 2　保険給付

### (1)　療養の給付と一部負担金

　医療保険の医療の給付は、療養の給付といわれ、①診察、②薬剤または治療材料の支給、③処置、手術その他の治療、④居宅における療養上の管理およびその療養に伴う世話その他の看護、⑤病院または診療所への入院およびその療養に伴う世話その他の看護が法律に列挙されており（健保 63 条 1 項、国保 36 条 1 項）、現物給付である。

　日本では、保険者が直営の医療機関を有している場合は少なく、多くを民間の医療機関が療養の給付を行い、それに要した費用や報酬を保険者から医療機関に支払う仕組みが主流となっている。療養の給付にかかる費用の一部は患者の自己負担（一部負担金）とされているので、保険者が医療機関に支払うのは一部負担金を除いた額となる（健保 74 条・76 条、国保 42 条・45 条）。一部負担金は、年齢に応じて、療養に要した費用の 1 割から 3 割となっている。義務教育就学前の 6 歳児までが 2 割、義務教育就学児から 70 歳までは 3 割、70 歳以上 75 歳未満の者は 2 割、75 歳以上は 1 割である。ただし、70 歳以上の高齢者のうち、課税所得が 145 万円以上あるものは「現役並み所得者」として 3 割になる（図表 5 - 1）。

　一部負担金は、国民健康保険の被保険者や被用者保険の被扶養者については 3 割負担であったが、被用者保険の被保険者本人については当初はなく、1984 年に 1 割負担が導入され、2003 年には、3 割にまで引上げられ被扶養者等と同一にされた。こうした患者の負担増により、保険医療機関への一部負担金の未払いが増えてきたため、2006 年の法改正により、災害その他厚生労働省令で定める特別の事情がある被保険者で一

図表5-1 医療保険の一部負担金

| | 一般・低所得者 | 現役並み所得者 |
|---|---|---|
| 75歳以上 | 1割負担 | 3割負担 |
| 75歳まで | 2割負担 | |
| 70歳まで | 3割負担 | |
| 6歳まで<br>(義務教育就学前) | 2割負担 | |

出所：筆者作成

部負担金の支払いが困難と認められる者については、保険者が減額または免除し、一部負担金を直接、保険医療機関に支払う仕組みが導入された（健保75条の2）。

　また、医療保険各法には、医療保険の被保険者が一部負担金を支払わない場合、保険医療機関等が「善良な管理者と同一の注意をもってその支払いを受けることに努めた」ときには、保険者は、当該保険医療機関等の請求にもとづき、健康保険法等による徴収金の例によりこれを処分することができるとする規定がある（健保74条2項、国保42条2項）。一部負担金の未払い（以下「未収金」という）が生じた場合、保険医療機関等が徴収努力を尽くした場合には、最終的には、保険者の責任で未収金分を徴収できるという仕組みである。一部負担金の法的性質は、診療契約における被保険者（患者）と保険医療機関との間の債権債務関係と解する見解が有力で、保険者は、被保険者の未収金分を保険医療機関に支払う義務はないが、少なくとも、保険医療機関から保険者の徴収権限の不行使などに対する損害賠償請求は認められる余地がある。それは医療保険の給付が、療養の給付という現物給付を基本とし、保険者が保険給付に責任を有していると解されるからである[10]。ただし、保険医療機関の側から手間のかかる保険者への請求を行うことはまれで、かりに請求しても、保険者が動くかどうかはわからないため（「できる規定」）、請求がなされることは皆無に近く、実務上はこれらの規定は形骸化している。

10　一部負担金の未収金の問題については、伊藤・介護保険法56頁参照。

　従前、公立病院に対する一部負担金の未払債権について、旧民法170条1号の消滅時効（3年）か、会計法30条ないし地方自治法236条1項の消滅時効（5年）のいずれが適用されるのかという問題があり、最高裁は、保険診療の実施に公立と民間とを区別する必要がないとして、民法の消滅時効の適用を認めていた（最判2005年11月21日民集59巻9号2611頁）。その後の民法改正（2020年4月〜）により、公立か私立化を問わず、権利を行使できることを知った時点から5年、権利を行使できる時点から10年とされた（民法166条1項）。

## (2)　高額療養費

　一部負担金は、定率負担のため、患者が医療を受ければ受けるほど高額になるうえ、入院治療や高額の医療機器を利用した場合には、一部負担金が患者やその家族の生計を圧迫することが考えられる。そこで、一部負担金が一定額（支給基準）を超える場合には、これを超えた分を保険給付（高額療養費）として払い戻す仕組みが導入されている（健保115条、国保57条の2）。

　現在の支給基準は、70歳未満の者と70歳以上の者とで異なる基準額を設けており、70歳未満の者では、所得段階が5区分に細分化され、それぞれ別の基準が設定されている。たとえば、標準報酬月額が28万円から50万円の第3区分の場合、1か月の自己負担は8万100円＋（医療費−26万7000円）×1%が基準額とされ、これを超える分について高額療養費が支給される。このほか、同一世帯に複数の医療ないし介護保険給付の受給者がいる場合の特例（高額介護合算療養費。健保115条の2、国保57条の3）などが設けられている。

　高額療養費の仕組みは複雑であり、患者自らが保険者に請求して払い戻しを受けることは煩雑であるばかりか、きわめて困難である。そのため、現在は、入院や高額な外来診療の場合、保険者の発行する「限度額適用認定証」を保険医療機関などに提示することで、自己負担限度額のみを支払えばすむ取り扱いとなっている。

## (3) 訪問看護療養費と入院時食事療養費、傷病手当金

高齢者を中心に、在宅療養のニーズが高まったことを受け、1994年の健康保険法の改正（以下「1994年改正」という）により、一定の要件のもと、訪問介護の費用が訪問看護療養費として支給し、保険給付の対象とされた（健保88条、国保54条の2）。

また、1994年改正では、入院時の食費の一部を入院時食事療養費の対象とすることで、入院時の食費に自己負担が導入された（健保88条、国保52条）。入院時食事療養費の範囲は、しだいに縮小されており、一般病床や療養病床に入院している65歳未満の患者の食費自己負担額は1食460円となっている。低所得者および難病患者、小児慢性特定疾病患者の負担額は従来の1食260円に据え置かれるものの、入院時の食費は高額療養費の対象とならないため、入院時の食費の値上がりは、入院患者やその家族の家計を圧迫している。しかし、そもそも、入院時の食事は治療の一環と解され「療養の給付」に含めるべきだろう。

被用者保険では、被保険者本人が傷病のため就労不能となって、賃金を受けとることができない場合、傷病手当金が支給される（健保99条1項）。傷病手当金は、就労不能が始まった4日目から支給され、その額は、被保険者が労務不能な日1日につき傷病手当金の支給を始める月の属する月以前の直近の継続した12か月間の各月の標準報酬月額を平均した額の30分の1に相当する額の3分の2である[11]。支給期間は、同一の傷病にもとづく就労不能について、その支給開始の日から起算して1年6カ月間である（健保99条2項）。国民健康保険では傷病手当金の給付は任意とされているが、給付を行っている保険者はない。

## (4) 出産手当金と出産育児一時金など

被用者保険の被保険者が出産したときは、出産の日以前42日（多胎妊娠の場合は98日）から出産の日後56日までの間、労務に服さなかっ

---

11　従来は、被保険者の標準報酬日額の3分の2に相当する額とされていたが、2015年の国民健康保険法等改正により変更された。休業直前に、形式的に賃金水準を高額に設定して高額な傷病手当金を獲得する不正に対応するための改正とされる。笠木ほか222頁（笠木映里執筆）参照。

たため賃金を受けることができない場合、出産手当金が支給される。出産手当金の額は傷病手当金と同様の計算式により算定される（健保 102条）。出産手当金と傷病手当金のいずれもが支給されうる場合には、出産手当金が優先して支給される（健保 103 条）。

　正常分娩は医療保険の対象とならないため、出産にともなう経済的負担を軽減するべく、被保険者が出産した時、政令で定める額（42 万円）が出産育児一時金として支給される（健保 101 条）。窓口での負担を軽減するため、現在では、分娩施設の規模や選択により代理受領方式（妊婦が一時金を請求するとき、分娩施設にその受取りを委任する）と直接支払制度（一時金の申請と受取りを妊婦に代わり分娩施設が行う）が採用されている。出産育児一時金は、被保険者の被扶養者が出産した場合にも支給され（健保 114 条）、国民健康保険の被保険者に対しても同様に支給される（国保 58 条）。

　また、療養費の支給は、緊急やむえない理由で、保険医療機関を利用できなかった場合に、あとで保険者に請求して、保険給付分が払い戻される仕組みである（健保 87 条）。被用者保険の家族（被扶養者）に対しては、療養の給付と同じ内容の家族療養費が給付される（健保 110 条）。

## 3　保険医療機関と診療報酬制度

### (1)　保険医療機関と療養担当規則

　前述のように、医療機関は、医療法によって開業を許可されただけでは療養の給付を取り扱うことができず、厚生労働大臣による指定を受けなければならない。

　指定の法的性格は、医療機関と保険者との間に「公法上の双務的付従的契約を成立させ、かつ療養の給付を行うことによって診療報酬債権を取得することのできる地位」を医療機関に付与する行政処分と解すべきである（鹿児島地判 1999 年 6 月 4 日判時 1717 号 78 頁）。

　保険医療機関は、指定により、被保険者のために保険者がなすべき療養の給付義務を保険者に代わって履行することとなる。裁判例は、これにより保険者と保険医療機関との間に、療養の給付に関する委託契約が

成立しているとし、この契約により「保険医療機関は被保険者に対して前記療養の給付の担当方針に従って療養の給付を行う債務を負い、保険者は保険医療機関が行った療養の給付について診療報酬を支払う債務を負う」と判断している（大阪地判1981年3月23日判時998号11頁）。ここでいう「療養の給付の担当方針」は、健康保険法70条にもとづいて厚生労働大臣が制定する省令「保険医療機関及び保険医療療養担当規則」（以下「療養担当規則」という）をさす。

## (2) 診療報酬と審査支払の仕組み

　以上のような保険診療の対価が「診療報酬」であり、その内容は、健康保険法76条2項にもとづいて厚生労働大臣が制定する「健康保険法の規定による療養に要する費用の算定法」と診療報酬点数表（以下「算定告示」という）で示される。保険医療の法律関係において、保険者と保険医療機関との間には公法上の準委任契約が成立していると考えられ、受任者である保険医療機関には、委任の本旨に従った事務の履行（療養担当規則に沿った療養の給付）をなしたとき、委任事務の対価として診療報酬請求権が発生する（民法648条）。

　療養の給付を実施した保険医療機関または保険薬局に対して、保険者は、療養の給付に関する費用を支払う（健保76条1項）。療養の給付に関する費用は、療養の給付に要する費用から患者が負担する一部負担金に相当する金額を控除した額である。療養の給付に要する費用は、提供された個別の診療行為について点数（1点＝10円）が設定されており、出来高払い方式をとっている。出来高払い方式は、基本的に、必要な医療が治癒するまで提供される点で患者にとっては安心できるが、提供された診療行為がそのまま医療機関の収入になることから、過剰診療を招きやすいとの指摘もある[12]。そこで、高度先端医療を提供する特定機能病院を中心に、「医師による診断」と具体的に提供された「診療行為」にもとづき診断群分類で報酬を決定する包括払方式が一部導入されている。この方式は、手術料や麻酔料などの出来高部分と入院基本料や検査など

12　西村・社会保障法205頁参照。

図表５-２　医療保険の給付と診療報酬の仕組み（健康保険の場合）

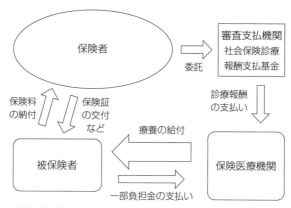

出所：筆者作成

の包括評価部分とで構成され、包括評価部分は診断群分類包括評価（Diagnosis Procedure Combination）ともいわれる。

　療養の給付を行った保険医療機関は、これに要した費用および報酬の合計額から被保険者の支払った一部負担金を除いた額を、保険者に請求する。その際に利用されるのが、診療報酬明細書（レセプト）である。従来は、紙媒体を利用していたが、近年では、保険医療機関、審査支払機関、保険者の間に「レセプト電算処理システム」が構築されており、ほとんどが電子レセプトによる請求となっている。

### （3）　審査支払機関と減点査定

　保険者は、レセプトの審査とその結果にもとづく保険医療機関への診療報酬の支払の事務を、健康保険等については社会保険診療報酬支払基金（健保76条5項）に、国民健康保険については国民健康保険団体連合会（国保45条5項）にそれぞれ委託している。これらの組織は審査支払機関といわれる。現在、すべての保険者が委託を選択している（図表5-2）。

　保険者が審査支払機関に審査支払を委託した場合、これは公法上の契約関係に該当し、診療報酬支払義務は、保険者から審査支払機関に移り、

審査支払機関は、保険医療機関に対して直接に診療報酬支払義務を負う とするのが判例である（最判1973年12月20日民集27巻11号1594頁）。 問題は、審査支払機関は、どの程度まで個々の診療行為を審査できるか である。というのも、療養担当規則の内容は、たとえば、「投薬は、必 要があると認められる場合に行う」（同規則20条）など、抽象的・概括 的だからである。医師の裁量の範囲は広いと考えられるが、裁判例は、 審査支払機関は、計算ミスなど形式面のみならず、診療内容の妥当性を 含めた実質面まで審査できるとする（東京高判1979年7月19日判タ 397号75頁）。実際、審査支払機関には医療の専門家からなる審査委員 会が設置されている。

　審査支払機関は、レセプトに記載された診療行為や使用薬剤などが保 険診療として適切かを審査し支払いを行う。不適切と判明した場合には、 請求の全部または一部について支払いを拒否することができる（健保 76条4項、国保45条4項）。この支払拒否は、保険医療機関の提示した 診療点数を保険者が減じる形式で行われるため、減点査定といわれる。

　審査支払機関の行う審査・減点査定の法的性格は、支払機関内部での 債務確認行為にすぎないとし、その行政処分性を否定するのが判例であ る（最判1978年4月4日判時887号58頁）。したがって、保険医療機関 が審査支払機関の減点査定に不服がある場合には、取消訴訟ではなく他 の救済手段を選択することになる。前述のように、保険者と保険医療機 関との間には公法上の準委任契約が成立していると理解されるので、委 任事務の対価としての診療報酬請求権は、公法上の債権と捉えられ、行 政事件訴訟法4条後段の実質的当事者訴訟が訴訟形式として選択される べきだが、裁判実務では、この種の紛争は行政訴訟として意識されず、 民事訴訟法上の給付の訴え（診療報酬請求訴訟）として処理されること が多い。診療報酬請求権は、法および療養担当規則に適合した療養の給 付を行った場合に発生すると解されるから、保険医療機関としては、療 養の給付の具体的内容と、それが療養担当規則に適合した、診療当時の 医療水準を満たした保険診療として正当な医療行為であることを主張・ 立証する必要がある（大阪高判1983年5月27日判時1084号25頁）。

　減点査定の結果、保険医療機関に支払われる診療報酬は、減額されるが、保険医療機関が患者に一部負担金を要求する段階では、自己の診療報酬請求が正しいという前提に立っているので、減額査定された場合には、患者は減額された分だけ余計に一部負担金を支払ったことになる。したがって、患者には保険医療機関に余分に支払った一部負担金の返還請求権が発生する。この問題については、患者からは減点査定にかかる一部負担金の返還を求めることができず、患者が保険医療機関に対して返還請求すべきというのが判例である（最判1986年10月17日判時1219号58頁）。しかし、この結論だと、保険医療機関の側から減点査定部分について自由診療契約が成立したと主張できること、保険医療機関と患者の間の力関係から、患者は事実上、返還請求を断念せざるを得ないと考えられる。

## (4)　診療報酬の決定と政策誘導

　診療報酬は、厚生労働大臣が、中央社会保険医療協議会（以下「中医協」という）に諮問して決定する。法律上、中医協は、諮問に応えて診療報酬の決定につき意見を述べる役割を与えられているにすぎないが、実際には、診療報酬額は中医協の提案に全面的に基づいて決定されており、影響力の大きい協議会である。

　中医協は、①被保険者・保険者・使用者（事業者）の代表7名、医師・歯科医師・薬剤師の代表7名、③公益代表6名から構成されており、医療提供者側（②）と費用の支払側（①）の当事者代表が同数ずつ参加し、医療の価格決定の交渉を行っているともいえる。

　診療報酬は2年に1度改定されるが、医療費抑制を中心とした政策目的を達成するためのツールとして用いられることも多い。たとえば、特定の病床の削減という目的のために、特定の病床の算定要件を厳格にする仕組み、長期入院を減らすために、入院期間の長さによって報酬額が減額される仕組みなどがそれに該当する。

　医師が処方する医薬品も診療報酬上の薬価が決められる。医薬品のうち後発医薬品（以下「ジェネリック医薬品」という）は、先発医薬品と

同一の有効成分を同一量含み、同一経路から投薬する製剤であり、効能・効果、用法・用量が原則的に同一で、先発医薬品と同等の臨床効果・作用が得られる医薬品である。先発医薬品について開発者が有する特許が切れてから開発・販売されるため、通常は先発医薬品よりも価格が安くなる。そこで、医療費抑制のため、ジェネリック医薬品の普及を促すべく、処方・調剤等について診療報酬の加算が行われている。日本におけるジェネリック医薬品のシェアは近年大きく上昇してきているが、欧米諸国に比べれば低く、厚生労働省は、遅くとも2020年度末までに数量シェアを80%以上まで引き上げることを目標に掲げ、広報活動を行っている。

## 4　混合診療をめぐる問題

### (1) 混合診療禁止原則と保険外併用療養費

　日本の医療保険では、国民皆保険制度を前提に、国民の生命・健康を守るために必要な医療は、すべて保険から給付することが原則となっている。混合診療は、その原則を崩し、患者の経済格差による医療内容の格差をもたらすことから、明文の規定はないが、禁止されると解されている。そのため、保険がきく診療（療養の給付に該当する保険診療）と保険がきかない診療（自由診療）を組み合わせた混合診療を行った場合は、保険診療相当部分についても給付が行われず、患者の全額自己負担となる。

　こうした混合診療禁止原則をめぐっては、小泉政権の時代（2001～2006年）に、規制改革論者によって、全面解禁すべきという議論が執拗に繰り返されてきた。もっとも、1983年に、特定療養費制度が導入されたことにより、保険診療と自由診療の併用が一部認められ、混合診療禁止原則は一部解除されていた。そして、2006年の法改正により、厚生労働大臣が指定する一部の高度先進医療等を対象とした「評価療養」（健保63条2項3号）と特別の病室等の提供などを対象とした「選定療養」（同4号）については、療養の給付と併用した診療を、保険外併用療養費の支給対象とする仕組みが導入された（健保86条1項）。従

来の特定療養費制度では、特定承認保険医療機関にしか認められなかった評価療養をすべての保険医療機関に開放した点で、保険外併用療養費制度は大幅な規制緩和といえる。

　混合診療については、がん患者である原告が、療養の給付に該当するインターフェロン療法に加えて、療養の給付に該当しない活性化自己リンパ球移入療法（LAK 療法）を併用する混合診療を受けたところ、インターフェロン療法についても保険適用を受けず全額自己負担となったことを不服として、療養の給付に該当する診療部分については保険給付を受けることができる権利を有することの確認を求める訴訟（行訴 4 条後段）を提起した事例がある。一審の東京地裁判決は、原告に確認の利益があることを認めたが（2007 年 11 月 7 日判時 1996 号 3 頁）、控訴審判決（東京高判 2009 年 9 月 29 日判タ 1310 号 66 頁）は、混合診療禁止の原則は適法であるとし、原告の主張を退けた。原告は上告したが、最高裁判決（2011 年 10 月 25 日民集 65 巻 7 号 2923 頁）は「（保険外併用療養費）制度の趣旨及び目的や法体系全体の整合性等の観点からすれば、（健康保険）法は、先進医療に係る混合診療のうち先進医療が評価療養の要件に該当しないため、保険外併用療養費の支給要件を満たさない者に関しては、被保険者の受けた療養全体のうちの保険診療相当部分についても保険給付を一切行わないものとする混合診療保険給付外の原則（混合診療禁止原則）を採ることを前提」とし（括弧は筆者）、混合診療禁止原則を認める解釈を示したことで、この問題は司法的に決着がついたといえる。

## （2）患者申出療養の創設とその問題点

　2015 年 4 月から、患者申出療養が保険外併用療養費に新たに加えられた。これは患者からの申出を起点に、保険外の医療を初めて実施する場合には、臨床研究中核病院が開設者の意見書とともに、実施計画、安全性・有効性等の根拠、患者の申出を示す文書を添付し国に申請するしくみである。国は、それを審議し、原則 6 週間で実施の可否を判断して実施となる。対象となった医療、実施施設を国はホームページで公開、

また定期的に国に実施報告させる。また、前例がある医療を実施する場合は、その医療機関が前例を取り扱った臨床研究中核病院に、患者の申出を示す文書を添付して申請し、臨床研究中核病院は、国が示す考え方をもとに、原則2週間で個別に審査し実施となる。保険外併用療養費の先進医療Bは実施までの審査が原則6か月であるのに比べると異例の速さである。

患者申出療養の拠点となる臨床研究中核病院（2015年4月より医療法に法定化）は、東京大学医学部附属病院など全国で15病院あるが、患者申出療養は、他の大学病院や特定機能病院（全国で86）、がん拠点病院など「身近な医療機関」での実施が予定されている。ここには一般の病院や診療所などの「かかりつけ医」も含まれている。

患者申出療養が対象とする保険外の医療は、①先進医療の対象とならない医療、②治験の対象外の患者への未承認薬使用が示されているが、これらは明らかに「臨床研究の倫理指針」からの逸脱であり、実施計画違反、医薬品の臨床試験の実施の基準省令に抵触するとの指摘がある。[13] 臨床研究や治験は、患者といっても被験者に実施するもので、治療ではなく、そのことの同意の下で行われるべきものだからである。

もともと、患者申出療養は、患者の申出が起点といっても、医療・医学知識に圧倒的な差がある医療機関の側からの教示が不可欠であり、このままでは、患者の申し出を名目にして、未確立な医療や実験段階の医療が横行する危険がある。何よりも、審査期間が極端に短く、安全性・有効性に問題があり、医療事故などが増える可能性がある。

## 第4節　医療保険財政と保険料

### 1　医療保険の財源と運営方式

医療保険の財源は、被保険者および事業主（被用者保険の場合）が負

---

13　高橋太「未確立な医療をはびこらせ、健康保険制度の秩序を壊す『患者申出療養』の危険」いのちとくらし研究所報50号（2015年）11頁参照。

担・納付する保険料と公費負担および患者の一部負担金からなる（患者負担分を除いた部分が医療給付費）。

　医療保険の運営方式は、自治体国保の場合は、保険者である都道府県・市町村の行政部門が保険事業を運営する直営方式であり、都道府県・市町村の一般会計から独立した特別会計を設定して運営を行う。保険料は、各市町村の条例で定める。

　これに対して、健康保険など被用者保険の場合は、独立した法人格をもつ保険組合に保険事業を委ねる組合方式をとっている。前述のように、健康保険の保険者は、健康保険組合（以下「健保組合」という）と全国健康保険協会である。常時700人以上の被保険者を使用する事業主は、健保組合を設立することができ（健保11条1項）、設立に当たって、事業主は、被保険者の2分の1以上の同意を得て規約を作成し、厚生労働大臣の許可を得なければならない（同12条1項）。同業種の複数の企業が共同で、総合健康組合を設立することや、都道府県単位で複数の健保組合が合併して地域型健保組合を設立することもできる（同11条2項、健康保険法附則3条の2）。健保組合には、議決機関である組合会がおかれる（健保18条）。組合会は、事業主や被保険者を代表する議員によって構成され[14]、保険料率などを定めた規約を変更する場合には、組合会の議決を経なければならない（同19条）。

　全国健康保険協会は、健保組合の組合員でない被保険者が加入する単一の組織で、運営委員会が設置される（健保7条の18）。また、都道府県ごとに設置される協会支部には評議会が設置され、労使代表の委員で構成される（健保7条の21第1項）。

## 2　健康保険の保険料

　健康保険の保険料は、被保険者の標準報酬月額（50段階。健保40条）と標準賞与額（建保45条）を定め、それに保険者が定めた一般保

---

14　国民健康保険組合にも組合会がおかれる（国保26条）。健保組合も国民健康保険組合も、組合方式を採用しているが、被保険者を構成員とする社団としての性格が強いとされる。加藤ほか180頁（倉田聡執筆）参照。

険料率（基本保険料率と特定保険料率を合算した率）を掛けて算出され、所得に応じた保険料設定になっている（応能負担）。総報酬制が導入されており、賞与（ボーナス）にも標準報酬月額と同率の保険料率がかかる。もっとも、一定以上の高額所得者に対しては、同一の標準報酬が適用されるため（健康保険の場合は、月額135万5000円以上の収入を得る者については、すべて50級、月額139万円の標準報酬が適用される）、応能負担といっても上限が設定されている。

　国民健康保険の保険料についても、保険料の上限（賦課限度額）を設定する条例が通常である。これらは、応能負担を貫徹すると、受益とかけ離れた負担を特定の被保険者に課すという状況を避けようとするものであり、とくに違憲と判断されるような不合理はないとするのが判例である（横浜地判1990年11月26日判時1395号57頁）。

　事業主は、被保険者と折半で保険料を負担し、保険者に保険料を納付する義務を負う（健保161条1項・2項）。通常は、事業主が被保険者の給与から保険料を天引きし、事業者負担分と合わせて保険料を納付する。健保組合と健康保険協会は、1000分の30から1000分の120までの範囲で一般保険料率を決定する（健保160条1項・13項）。

　健保組合では、組合会の議決に基づき保険料率を規約で定め、平均保険料率は9.167％となっている（2019年度決算。健康保険組合連合会「決算概況報告」）。協会けんぽの場合は、都道府県支部ごとに保険料率が設定されるため、都道府県によって保険料率が異なる。平均の保険料率は、2012年度に大幅引上げとなり、それ以降、政府の財政支援措置（国庫補助率を16.4％に引き上げ）と準備金の取り崩しにより、現在まで10％に据え置かれている。

## 3　国民健康保険の保険料

### （1）　国民健康保険料の賦課・徴収

　国民健康保険の保険料は、自治体国保の場合は、地方税法の規定に基づき国民健康保険税として賦課することができる（国保76条1項、地方税法703条の4第1項）。保険税方式の自治体が圧倒的だが、大都市

では保険料方式を採るところが多い[15]。ただし、保険料と保険税とでは、保険税とした方が徴収権の優先順位が高くなる（国税・地方税→社会保険料の順）などの相違のほかは、賦課や免除、軽減の算定方法について本質的な差異はみられない（以下、両者の区別の必要がある場合を除き「国民健康保険料」で総称）。

　国民健康保険料の賦課は、世帯を単位として行われ、世帯主に保険料の納付義務が課せられる（国保76条）。額は、政令で定める基準により条例または規約で定めるとされている（国保81条）。具体的には、基礎賦課額（介護納付金の納付に要する費用を除いた国民健康保険事業に要する費用）を算定し、これを応能割（支払能力に応じて課すもの）と応益割（支払能力に関係なく一定の条件に当てはまれば課すもの）とを組合せた方法で計算して、各世帯に賦課される保険料額が決定される。従来は、応能割と応益割の組み合わせ比率は7対3であったが、1995年の国民健康保険法の改正以降、同比率を5対5へと変更することが推進され、現在では多くの自治体で5対5となっている。応益割の比重が大きくなったことで、低所得者に対する保険料負担が過重となり、保険料滞納者の増加につながっている。また、被保険者全員が65歳以上75歳未満の世帯の世帯主であって年額18万円以上の老齢年金受給者については、保険料は年金から天引きとなる（国保76条の3）。

　応能割には所得に応じて課す所得割と資産に対して課す資産割があり、応益割には加入人数に対して課す均等割と世帯に対して課す平等割がある。所得割の計算方法には、旧ただし書方式（所得比例方式）と住民税方式の2つがあったが、2013年度からは例外を除いて旧ただし書き方式に統一された。この方式は、総所得から基礎控除（33万円）のみを引いた金額に保険料率を乗じて計算する方式で、収入から各種控除を引いて保険料を算出する住民税方式にくらべ、低所得者の負担が重くなる

---

15　碓井245頁参照。2018年3月末時点で、保険税方式1505、保険料方式236で、保険税方式が全体の86.4%を占めるが、被保険者の割合は、全体の53.5%にとどまる（総務省自治税務局調査）。保険税の採用を国民健康保険事業の一般行政化と捉える見解として、新田・前掲注1）208頁参照。

ことが指摘されている。[16] また、平等割は、世帯員の人数が多いほど、保険料が高くなる。

　現在の国民健康保険は、加入者に高齢者や非正規労働者が多く、無職者が約45%を占めるなど、医療保険の中では、加入者の所得水準が最も低く、「所得なし」世帯も約28%にのぼる（2015年。厚生労働省調べ）。国民健康保険料には、被用者保険にある事業主負担がなく、後述のように、給付費への国庫負担割合も削減されてきたため、他の被用者保険の保険料に比べ突出して高く、最も平均所得が低い国民健康保険の加入者が、医療保険では最も高い保険料を納めている状態が続いている。なお、保険料には賦課限度額が設定されており、2020年度で、医療分82万円（基礎分63万円、後期高齢者支援金分19万円）と介護分17万円を合わせて年額99万円となっている。

### (2)　国民健康保険料の減額賦課・減免

　国民健康保険料のうち、応益負担部分については、低所得者に過重な負担となる可能性があるため、所得の低い者に対して7割、5割、2割の保険料の軽減制度がある（国保81条の委任にもとづく保険料の軽減制度で、法定軽減制度といわれる）。減額された保険料が賦課され、減額の部分については、市町村がいったん一般会計から財源を繰り入れ、そのうちの4分の1を国、4分の3を都道府県が負担する仕組みである。

　さらに、自治体は、条例または規約の定めるところにより、特別の理由がある者に対し保険料を減免し、または徴収を猶予することができる（国保77条）。しかし、この「特別の理由」は、災害などにより一時的に保険料負担能力が喪失したような場合に限定され、恒常的な生活困窮は含まないと解されている。そのため、恒常的な低所得者については、保険料の一部減額は認めるものの、全額免除を認めていない市町村がほとんどである。

　恒常的な生活困窮者に対して国民健康保険料の免除を認めていないこ

---

16　牧昌子『老年者控除廃止と医療保険制度改革－国保料（税）「旧ただし書き方式」の検証』（文理閣、2012年）160頁参照。

とが憲法 25 条・14 条に違反しないかが争われた旭川市国民健康保険条
例事件で、最高裁は、恒常的生活困窮者については生活保護法による医
療扶助等の保護を予定していること、国民健康保険料の軽減制度がある
ことなどを理由に、違法とはいえないと判示した（最大判 2006 年 3 月 1
日民集 60 巻 2 号 587 頁）。しかし、生活保護基準以下の所得しかない被
保険者、さらには保険料が賦課されれば、確実に「健康で文化的な最低
限度の生活」水準を下回る被保険者に対して保険料を賦課することは、
被保険者の生存権侵害にあたり適用違憲となろう（介護保険料につき第
7 章第 2 節参照）。恒常的な生活困窮者がすべて生活保護を受給してい
るわけではないことを考えれば、市町村の条例減免でも保険料の全額免
除も認めていくべきと考える。

### (3)　国民健康保険料と租税法律主義

　以上のような構造をもつ国民健康保険料については、租税法律主義の
適用が問題となる。
　秋田市の国民健康保険条例が、所得割と資産割（応能割部分）につい
ては保険税率の算定方法を定めるのみで税率を明示せず、応益割部分に
ついても定額を明示しないことが、租税法律主義（地方税条例主義）に
反するかが争われた秋田市国民健康保険条例事件において、第 1 審判決
（秋田地判 1979 年 4 月 27 日判時 926 号 20 頁）、第 2 審判決（仙台高秋田
支判 1982 年 7 月 23 日判時 1052 号 3 頁）ともに、原告の主張をいれて同
条例を違憲と判断した。同事件では、控訴審段階での違憲判決が確定し、
その後、同判決の趣旨にそって、保険税方式をとる市町村はすべて定額
定率を条例に明示するようになり、また国民健康保険税から保険料に切
り換えて徴収する市町村が増大したとされる。もっとも、事案が国民健
康保険税に関するものであったため、同違憲判決が保険料方式を採用す
る市町村の条例に及ぶかが問題となっていた。実務では、この判決の射
程が国民健康保険料には及ばないことを暗黙の前提として、保険料方式
をとる市町村の大半は、かつての秋田市国民健康保険条例と同様の仕組
みをとっていた。

こうした中、保険料方式を採用していた旭川市国民健康保険条例事件の第1審判決（旭川地判1998年4月21日判時1641号29頁）は、保険料を租税と同一視し、国民健康保険料にも租税法律主義の適用を認めた。学説も同判決を支持するものが大半で、国民健康保険料にも租税法律主義の適用を認めるのが通説的見解となりつつあった。しかし、同事件の控訴審判決（札幌高判1999年12月21日判時1723号37頁）は、こうした通説的見解を覆し、国民健康保険料の対価性を強調し、それが租税とは異なるとしたうえで、租税法律主義の直接適用を否定し、保険料率自体を条例に明記する必要はないとするとともに、国民健康保険料の減免の対象を、条例で災害等の突発的事由に限定しても、国民健康保険法（77条）の委任の範囲を超えて違法とはいえないと判示した。

　学説は同判決に反対と支持とに分かれたが、前述の最高裁大法廷判決（最大判2006年3月1日民集60巻2号587頁）は、保険料は租税には該当せず、租税法律主義は直接適用されないとしつつも、一方で、賦課徴収の強制の度合いにおいては租税に類似する性質を有するから、憲法84条の趣旨は及ぶと解すべきとした。この最高裁判決が、国民健康保険料と租税法律主義をめぐる初の最高裁判所の判断となったが、これまでの判例学説の対立状況を解消し、社会保険財政の特殊性を肯定した点で、重要な意義を有するものと評価されている[17]。学説でも、最高裁判決を支持する説が有力である。もっとも、最高裁は、傍論的ではあるが、国民健康保険税については「憲法84条の規定が適用される」としているが、国民健康保険料と保険税との間には、前述のように、賦課や免除、軽減の算定方法について本質的な差異はみられない。当然、国民健康保険税にも反対給付的性質があるにもかかわらず、法の形式の相違のみで、憲法84条の直接適用と趣旨適用という相違、つまりは法律による規制密度の相違を許容することには疑問が残る[18]。

---

17　倉田聡「判例批評」判時1944号（2006年）182頁参照。
18　同様の指摘に、増田英敏『リーガルマインド租税法〔第5版〕』（成文堂、2019年）265頁参照。

### (4)　保険料滞納の場合の資格証明書・短期証の交付とその問題点

　国民健康保険は、皆保険の下支えになっており、加入者に無職者が多く、保険料負担能力が低いうえに、高い保険料負担のために、保険料の滞納世帯は全国で 269 万 3920 世帯、全加入世帯の 14.7% にのぼる（2018年 6 月現在。厚生労働省調査）。

　保険者たる自治体は、保険料を滞納した被保険者に対し、被保険者証の返還を求め（国保 9 条 3 項）、代わりに被保険者資格証明書（以下「資格証明書」という）を交付する措置が行われている。2001 年度から、保険料滞納につき「特別の事情があると認められる場合」を除き、1 年間保険料を滞納している者に保険証の返還と資格証明書の交付が義務化されている（国保 9 条 3 項・6 項。国民健康保険法施行規則 5 条の 6）。また、滞納期間が 1 年未満の場合には、市町村は有効期間が短い短期保険証を交付することもできる。

　資格証明書保持者は、医療の給付を受けた場合、支払うべき自己負担金が 10 割となり、事後的に保険者に請求すれば給付分が返還される償還払いとなるが（国保 54 条の 3 にいう特定療養費）、保険料滞納分と控除されて返還されない場合が大半である。保険料を払えず滞納している人が、窓口で医療費を全額負担できるはずもなく、実質的に無保険者の状態に置かれているといってよい。資格証明書保持者の中には、十分な医療が受けられず治療の手遅れにより死亡する人も出ている。国民皆保険を揺るがす事態であり、とくに資格証明書交付世帯の子どもたちの存在が問題となり、国民健康保険法が改正され、現在は高校生以下の被保険者がいる世帯に対しては、資格証明書ではなく、6 か月の短期保険証が交付される（国保 9 条 10 項）。もっとも、短期保険証の場合も、有効期間が切れた場合には、市町村の窓口に新規の保険証を取りに行く必要があり、その際に、国民健康保険料の納付を求められるため、窓口に足を運ぶことなく、有効期間が切れた短期保険証を保持したままの人もいる。こうした「留め置き」された短期保険証が、窓口に多数残存している自治体もある。

　国民健康保険法上は、保険料滞納に「特別の事情があると認められる

場合」[19]は、資格証明書は交付されないが、「特別の事情」の存在については、市町村から保険証返還の求めがあった時点で、世帯主から届出をする必要があり（国民健康保険法施行規則5条の7）、この届出がなされないと、機械的に資格証明書が交付されている事例が多い。

　しかし、資格証明書の交付義務付け以降も、収納率の向上はみられていない。滞納問題は国民健康保険の構造的問題といえ、多くの国民健康保険が、保険料滞納者の増大→保険財政の逼迫→保険料の引き上げ→保険料滞納者の増大という悪循環に陥っている。そのため、資格証明書の交付は、収納率改善の手段ではなく、保険料滞納者への制裁措置に化し、交付制度そのものが意義を失っており、廃止すべきと考える。かりに資格証明書を交付する場合でも、市町村は、状況を調査し、悪質な滞納者と認定したうえで、はじめて交付などの手続きに移るのが、国民健康保険法の趣旨に合致すると解される。調査の過程で、生活保護が必要な困窮状態にある保険料滞納者であることが明らかになれば、医療扶助を行う責任が市町村の側に生じよう。近年では、批判の高まりの中で、資格証明書の交付は減ってきているが、一方で、保険料滞納者への財産調査の徹底化と財産の差押が増大している。

## 4　公費負担

　医療保険では、保険料のほか、公費（税）も重要な財源となっている。
　健康保険では、国は予算の範囲で、事務費を負担する（健保151条）。給付費についても、協会けんぽに定率の国庫補助があり、負担割合は、本則では13％から20％までの範囲内において政令で定める割合とされている（健保153条）。ただし、附則で、当分の間16.4％とされている（健康保険法附則5条）。

---

19　「特別の事情」とは、①世帯主が財産につき災害を受け、または盗難にかかったこと、②世帯主またはその者と生計を一つにする親族が病気にかかり、または負傷したこと、③世帯主がその事業を廃止または休止したこと、④世帯主が事業につき著しい損失を受けたこと、⑤これらに類する事由があったことである（国民健康保険法施行令1条の3）。新型コロナの感染拡大で、休業等を余儀なくされた場合も一定の要件に該当すれば、減免の対象となる措置がとられている。

　国民健康保険では、自治体国保について、療養の給付等にかかる費用、前期高齢者納付金、後期高齢者支援金等（負担対象額）の32％を国庫負担する（国が都道府県に交付する。国保70条1項）。ただし、都道府県または都道府県内の市町村が確保すべき収入を不当に確保しなかった場合は、国は、当該都道府県に対して負担すべき額を減額することができる（国保71条1項）。また、国保組合について、国は、事務費用を負担するほか（国保69条）、療養の給付等にかかる費用等の13％から32％までを補助することができる（国保73条1項）。

　自治体国保では、都道府県および都道府県内の市町村の財政状況等に応じて、国が都道府県に調整交付金を交付する仕組みもある（国保72条）。また、後述のように、国民健康保険の都道府県単位化とともに、都道府県に財政安定化基金が設けられ（国、都道府県、市町村が各3分の1を負担）、保険料収納不足市町村に対して、不足分を貸し付けるとともに、不足につき特別の事情があると認められる市町村には2分の1以内の額の資金を交付する（国保81条の2第1項）。

## 第5節　高齢者医療

### 1　後期高齢者医療制度

#### (1)　後期高齢者医療制度の概要

　高齢者医療については、2008年より、高齢者医療確保法に基づき、75歳以上の高齢者（後期高齢者）を加入者とする独立の医療保険制度である後期高齢者医療制度が創設され、現在に至っている。

　後期高齢者医療制度の被保険者は、75歳以上の者および65歳以上75歳未満の者であって、政令で定める程度の障害のある者で後期高齢者医療広域連合（以下「広域連合」という）の認定を受けた者である（高齢医療50条）。75歳に達すると、それまで加入していた医療保険（主に国民健康保険）から離脱し、同制度に強制加入となる。実施（運営）主体は、各都道府県の全市町村が加入する広域連合である（同7条2項、

48条)。法律上、従来の医療保険で使われている「保険者」という名称が用いられていないのは、広域連合は、都道府県全域に下部組織を持っておらず、保険料の徴収（特別徴収の場合は年金保険者が行う）、資格関係届の受付、給付の申請受付などの業務は市町村が行うためである[20]。保険業務を広域連合と市町村が分担する仕組みだが、最終的な実施責任は広域連合にあることは間違いなく、実質的には保険者といってよい[21]。

後期高齢者医療制度の財政構造は、1割の高齢者の窓口負担を除く給付費を、75歳以上の高齢者からの後期高齢者医療保険料（約1割）、各医療保険者からの後期高齢者支援金（約4割）、公費（約5割。国25%、調整交付金8%、都道府県と市町村で各8%の定率負担）で賄う仕組みである（高齢医療93条1項等）。

後期高齢者医療保険料は、世帯単位ではなく被保険者1人ひとり（個人単位）で賦課・徴収される。後述する介護保険料と同様、年金額が18万円（月1万5000円）以上の被保険者については、特別徴収（年金からの天引き）することができる（高齢医療107条。後期高齢者医療保険料と介護保険料との合算額が年金額の2分の1を超える場合は普通徴収となる）。普通徴収の被保険者については、世帯主や配偶者の一方に連帯納付義務が課されている（高齢医療108条2項・3項）。保険料は、応能割（所得割）と応益割（被保険者均等割）が半々で賦課されるが、低所得者については所得に応じて応益部分の軽減措置がある。

後期高齢者医療制度の給付の種類は、健康保険の療養の給付とほぼ同じであるが、一部負担金は、原則として医療費の1割負担である（ただし、現役並所得者は3割負担）。

## (2) 後期高齢者医療制度の問題点

高齢者医療制度のような75歳以上の高齢者のみを被保険者とする独立の社会保険方式は世界でも類をみない。75歳以上の高齢者は、病気

---

20 広域連合が実施主体とされた経緯については、伊藤周平『後期高齢者医療制度─高齢者からはじまる社会保障の崩壊』（平凡社新書、2008年）38頁参照。
21 同様の指摘に、島崎337頁参照。

になりやすいうえに（病気のリスクが高く）、年金だけの収入の人が多く保険料負担能力が低く、リスク分散が機能しないため、そもそも保険方式になじまないからである。

実際、高齢者の保険料負担だけでは給付費の1割程度しか賄えず、後期高齢者医療制度は、公費や支援金に財政的に大きく依存する構造になっている。とくに、後期高齢者支援金は年々増大し、健康保険など被用者保険の財政を悪化させる大きな要因となっており、被用者保険側から改革要求が相次いでいる。制度的には、後期高齢者支援金の被用者保険の総報酬割の割合が段階的に引き上げられ、2017年度から全面総報酬割となった。総報酬割方式は、加入者の収入（報酬）に応じて分担する方式で、報酬が高い加入者の多い組合健保は負担増になる一方で、報酬が低い加入者の多い協会けんぽは負担が減少する仕組みである。これにより、協会けんぽと健保組合との所得格差を平準化するために投入されている協会けんぽへの後期高齢者支援金分にあたる国庫補助（約2400億円）が削減され、削減分のうち1700億円を、後述のように国民健康保険の財政基盤の安定のために投入することとされた[22]。

また、後期高齢者医療保険料が普通徴収となる被保険者については保険料の滞納の問題が生じる。滞納者に対しては、国民健康保険料の場合と同様、資格証明書の交付が義務付けられているものの（高齢医療54条7項）、現在までのところ、同証明書の交付はなく、短期証の交付にとどまっている（それでも、全国で滞納者約22万人の1割にあたる約2万3000人に交付されている。2018年度）。

## 2　前期高齢者の財政調整制度

65歳から74歳までの前期高齢者の医療費については、財政調整制度が導入されている。これは、保険者間の前期高齢者の偏在による負担の不均衡を調整するために、国民健康保険・被用者保険の各保険者が、そ

---

22　笠木映里「医療制度・医療保険制度改革 − 高齢者医療・国民健康保険を中心に」論究ジュリスト11号（2014年）15頁は、総報酬割の導入による国庫補助削減と国民健康保険への支援の拡充という方向性には論理必然性はないと批判する。

の加入者数に応じて負担する費用負担の調整制度である。要するに、前期高齢者が多く加入する国民健康保険に、加入者が少ない被用者保険から徴収した交付金を支給し、財政調整を行う仕組みである。

　具体的には、どの保険者にも同じ率の前期高齢者が加入していると仮定して（各医療保険への前期高齢者の加入率は、全国平均で12%だが、これを調整対象の基準とする）、前期高齢者の加入率の低い協会けんぽ（平均加入率5%。以下同じ）や組合健保（2%）から納付金を徴収し、加入率の高い国民健康保険（28%）に交付金として支給する。

　組合健保など前期高齢者の加入が少ない医療保険者は、後期高齢者医療制度への支援金のみならず、前期高齢者納付金の負担も加わったわけで、前期高齢者納付金は、結局は、健康保険などの加入者の保険料で賄われることになる（協会けんぽの場合、納付金についても、給付費同様に16.4%の国庫負担が行われる）。かくして、後期高齢者支援金と前期高齢者納付金による大幅な支出増で、赤字に転落する健保組合が続出し、健康保険組合連合会（健保連）は、後期高齢者支援金の見直しを提言しているが実現していない。

## 3　医療費適正化計画と特定健診・特定保健指導

### (1)　医療費適正化計画と特定健診・特定保健指導の義務付け

　高齢者医療確保法では、医療費の適正化を総合的かつ計画的に推進するため、厚生労働大臣が医療費適正化基本方針を定めるとともに、6年を1期とする全国医療費適正化計画を定めることとなっている（高齢者医療8条）。都道府県についても、都道府県医療費適正化計画の策定が義務付けられている（同9条）。

　同時に、同法は、従来の老人保健法に基づいて実施されていた保健事業を再編し、40歳以上75歳未満の被保険者に対して、糖尿病など生活習慣病の予防に着目した特定健康診査（以下「特定健診」という）・特定保健指導を行うことを医療保険者に義務付けた（高齢者医療20条・24条）。特定健診は、メタボリックシンドローム（内臓脂肪症候群）の該当者・予備群をセレクトし、医師等による特定保健指導につなげるも

ので、特定保健指導は、積極的支援、動機付け支援、情報提供の３段階に分けられる。メタボリックシンドロームの該当者・予備群の診断基準は、腹囲が男性85cm以上、女性90cm以上で、①空腹時高血糖値110mg／dL以上、②中性脂肪150mg／dL以上か、低HLDコレストロール40mg／dL未満、③血圧130／85mmHg以上、のうち２つを満たす場合に、メタボリックシンドロームと診断（３つのうち１つを満たす場合には、メタボリックシンドローム予備群と診断）される。しかし、腹囲の基準値が国際的な基準値と異なるなど問題点が指摘されている。[23]

　特定健診・特定保健指導の受診率、メタボリックシンドロームの該当者・予備群の減少については目標値が設定され、達成状況に応じて、後期高齢者支援金が加算・減算される。2018年度から、特定健診は57.5%（総合健保組合と私学共済は50%）未満、特定保健指導は10%（同5%）未満の医療保険者に対象範囲を拡大し、加算率も2020年度で特定健診5%、特定保健指導5%の計10%に引き上げられている。

### (2)　健康自己責任論と特定健診・特定保健指導の限界

　2000年代に、WHO（世界保健機関）が、健康の社会的決定要因の改善を各国政府に呼びかけた時期に、日本では、病気の原因と対策を個人に求める逆の動きが強まった。

　特定健診・特定保健指導の制度化は、個人の努力・自己責任によって、生活習慣病を予防できるという前提に基づいた健康自己責任論の具体化であった。長時間労働などの労働環境を軽視し、特定健診によるハイリスク者の早期発見を起点に、メタボリックシンドロームを引き起こす生活習慣に着目した特定保健指導だけで、つまり個人への健康教育と個人の健康管理・行動だけで、生活習慣病が予防できるという前提で政策化されたといえる。

　しかし、特定健診・特定保健指導の導入から10年以上が経過したが、膨大な予算と人員を投下したにもかかわらず、メタボリックシンドロームは減少しておらず、政策的には失敗したというほかない。具体的な失

---

23　特定健診・特定保健指導の問題点については、伊藤・前掲注20）193－195頁参照。

敗の原因としては、社会経済的に不利な層ほど、健康状態が悪いにもかかわらず、健診を受診していないこと（特定健診の受診率は、中小企業の人が加入する協会けんぽ、無職や非正規雇用の人が多い国民健康保険では半分にも満たない）、メタボリックシンドロームは、予備群を含めると 14 万人をこえ、それだけの多数の対象者に対して健康教育による健康行動の変容やそれによる疾患の死亡が抑制できるというエビデンス（証拠）がない、長期間にわたる有効な治療法が確立していないことなどが指摘されている。[24]

## 第6節　公費負担医療と公衆衛生

### 1　公費負担医療

#### (1)　公費負担医療の特徴と種類

　公費負担医療は、全額を税財源により、特定の集団や傷病を対象として医療給付を行うもので、国家補償的性格を有するものとして、被爆者援護法、戦傷病者特別援護法、予防接種法による医療などがある。また、公衆衛生的性格を有するものとして、感染症の予防及び感染症の患者に対する医療に関する法律（以下「感染症予防法」という）、結核予防法、精神保健及び精神障害者福祉に関する法律（とくに措置入院）などがある。さらに、生活保護法による医療扶助（第2章第4節参照）、障害者総合支援法による自立支援医療（障害児に対する育成医療と身体障害者への更生医療などを統合）など、社会福祉各法で規定され、公費負担により医療保険の患者負担分を軽減する福祉的医療がある。

　福祉的医療に関しては、第7章で扱い、以下では、国家補償的性格を有する被爆者援護法および予防接種法による医療、そして、予算事業から法定化された難病医療法についてみていく。

---

24　近藤克則「健康格差社会の病理と処方箋」月刊保団連（2017 年）7 頁および同『健康格差社会』（医学書院、2017 年）184 - 185 頁参照。

### (2)　被爆者援護法

　被爆者援護法は、旧原爆医療法と旧原爆特別措置法を一本化し、総合的な被爆者援護対策を実施するための根拠法として、1994年に制定された。同法は、被爆者に対する国家責任を明確化し、給付における国家補償の性格を強調するという観点から、旧原爆医療法にみられた給付に関する所得制限を撤廃した。

　被爆者援護法は、被爆者健康手帳の交付、健康診断の実施、健康管理（健康診断の記録の管理および都道府県知事の指導）と医療の実施を規定している。被爆者健康手帳は被爆者（同法1条）に交付されるが、被爆者については国籍条項が置かれていない。最高裁も、旧原爆医療法の国家補償的な性格を根拠として、不法入国者である外国人被爆者であっても、法所定の要件を満たすかぎりは、被爆者と判断している（1978年3月30日民集32巻2号435頁）。被爆者援護法についても、同法が、原爆の放射能に起因する健康被害の特異性および重大性にかんがみ、被爆者の置かれている特別の健康状態に着目してこれを救済するという目的から被爆者の援護について定めたものであり、日本国内に居住地または所在地を有する者であるか否かによって区別することなく同法による援護の対象としていると判示している（最判2015年9月8日賃社1653号65頁）[25]。

　原爆医療にかかる医療の給付に際しては、①原子爆弾の傷害作用に起因して負傷し、または疾病にかかったこと（被爆起因性）と、②現に医療を要する状態にあること（要医療性）の要件の充足が必要とされる（被爆者援護法10条1項）。この点をめぐって、原爆症認定申請却下処分の取消し等を求める訴訟が数多く提起されており、取消しを認めた裁判例も少なくない（広島地判2015年5月20日判時2294号34頁など）。

　被爆者援護法では、医療の給付のほかに健康管理手当の支給も規定している。健康管理手当の支給を国内に居住する場合にのみ認める通知の行政解釈（いわゆる402号通知）に基づき、被爆者が出国したことを理

---

25　同判決については、田村和之「医療費裁判」田村和之編『在外被爆者裁判』（信山社、2016年）123-126頁参照。

由に、被爆者援護法の健康管理手当の支給が打ち切られたことを争った事案で、最高裁は、出国後も引き続き同法の健康管理手当の支給義務が継続することを前提に、支給義務は、国ではなく、最終滞在地の都道府県にあるとしている（最判2006年6月13日民集60巻5号1910頁）。なお、402号通知については、同通知に従った失権取り扱いが違法であるとして国家賠償請求が認められた事例がある（最判2007年11月1日民集61巻8号2733頁）。

### (3)　予防接種法による医療

　予防接種法は、ジフテリア、百日せきなど予防接種の対象となる疾病を列挙している（2条2項）。そのなかでも、さらに指定を受けたものについて、定期の予防接種が市町村長に（5条）、臨時の予防接種が都道府県知事に（6条）義務付けられている。

　予防接種にあたっては、接種によって健康に異常を生ぜしめるおそれのある者（禁忌者）を除外しなければならない（7条）。予防接種によって後遺障害が生じた場合には、特段の事由がない限り、被接種者が禁忌者に該当するとの推定が働くとするのが判例である（最判1991年4月19日民集45巻4号367頁）。

　予防接種に起因する疾病・障害・死亡に対しては、予防接種法において補償給付の仕組みが設けられている。これは、予防接種の実施にあたった担当医師に過失がない場合でも健康被害が発生することが確認されており、その場合には損害賠償制度では救済されないこと、健康被害が過失に基づいている場合でも、損害賠償など救済を得るためには相当の日時や労力を要することから、1976年の法改正によって設けられた。

　補償給付の実施機関は、市町村長とされ（15条1項）、給付を受けるには、健康被害が予防接種に起因していること（起因性）の認定を受けなければならない。起因性の判断にあたっては、①ワクチン接種から症状が発生しうることについて医学的に合理性があること、②症状がワクチン接種に近接した時期に発症していること、③症状の発生がワクチンの接種以外に他の原因によるものと考える方が合理性がある場合でない

こと、という基準が用いられている（長野地判1990年5月24日判タ725号249頁）。

　給付には医療を保障する医療費および医療手当、後遺障害が残った児童の養育者に支払われる障害児童養育年金、後遺障害の残った18歳以上の者に支払われる障害年金、死亡一時金ならびに葬祭料がある（16条）。ただし、補償給付の水準が必ずしも十分ではないという批判があり、国家賠償請求訴訟が提起される原因となっているとの指摘がある。[26]

## （4）　難病医療法

　難病患者に対する医療費助成は、従来は法律に基づかない予算事業として都道府県が主体となって実施されていた。同事業の国庫補助率は2分の1であったが、国家予算が制約されていることもあり、都道府県の超過負担が増大していた。また、対象となる疾患も56に限定されているなどの課題があった。そこで、患者に対する医療費助成について、新たに消費税増収分を充て、安定的な社会保障の給付として位置付け、対象疾患の拡大を図ることを目的に、難病医療法が2014年に制定された（2015年1月施行）。同法は、発病の機能が明らかでなく、かつ、治療方法が確立していない希少な疾病であって、長期にわたり療養を必要とするものを難病と定義し、難病患者に対する良質かつ適切な医療の確保および療養生活の質の維持向上を図り、国民保健の向上を図ることを目的としている（1条）。

　都道府県知事は、申請に基づき、指定難病患者に対し、特定医療費を支給する（難病医療法7条）。支給の認定は、申請の日にさかのぼって、その効力が生じ、支給認定をしないときには、あらかじめ指定難病審査会に審査を求めなければならない。患者の自己負担額は原則2割とされるが、高額療養費を参考にした所得階層区分が設定されており、それに応じて自己負担限度額が定められ、負担の軽減が図られている。

　難病医療法の施行で、対象となる疾患数は56から333（現在）に大幅に拡大した。厚生労働省は、これにより医療費助成を受ける患者数は

26　加藤ほか201頁（倉田聡執筆）参照。

約78万人（2011年度）から約150万人（2015年度）に倍増すると試算していたが、2015年度に実際に給付を受けた患者は、約94万人と前年度より2万人増えたにとどまり、難病医療法施行前から助成対象だった56疾患については、自己負担が増えたこともあり、2015年度は約79万人と前年度（約92万人）より減少がみられた。2018年度でも、それぞれ91万人、72万人と減少が続いている。（厚生労働省調査）。自己負担の軽減や申請手続きの簡略化が必要となろう。

## 2　公衆衛生

### (1)　地域保健法と保健所機能の低下

公衆衛生は疾病の予防、感染症対策、地域保健などからなり、地域保健法が制定されている。地域保健の重要な担い手となるのが保健所である。保健所は、憲法25条2項に規定された「公衆衛生の向上及び増進」を担う公的機関であり、都道府県、地方自治法上の指定都市、中核市その他の政令で定める市または東京23区が設置する（地域保健法5条以下）。また、住民に対して健康相談、保健指導および健康診査その他地域保健に関し必要な事業を行うことを目的とする施設として、市町村は市町村保健センターを設置することができる（同18条）。

公衆衛生は公的責任で担うという趣旨のもと、保健所に対して国が補助を行ってきたが、その公費負担を削減する目的で、保健所の削減が行われてきた。とくに、1994年に保健所法が地域保健法に改められ、担当地域が広がり、統廃合が進められた結果、保健所の数は、2020年には全国で469か所となり、1992年の852から激減している（厚生労働省地域保健室調べ）。大阪市をはじめ、横浜市、名古屋市、北九州市などの政令指定都市では、各区に1か所ずつあった保健所が、現状では市全体で1か所しかなくなった。

保健所職員数も、1990年の3万4571人から2016年の2万8159人へと削減された。とくに目立っているのが、検査技師の減少で、1990年の1613人から2016年の746人と半分以下に削減されている（国立社会保障・人口問題研究所「社会保障統計年報」による）。

　歴代自民党政権の公費抑制政策のもと、「行政の効率化」がはかられ、経済的利益を生まない（だからこそ公的責任で担うべきなのだが）公衆衛生は軽視されるようになった。保健師の役割も、国民の健康づくりの推進、生活習慣病対策に重点が置かれるようになり、前述の特定健診・特定保健指導では、結核検査が外され、糖尿病検査が入れられた。公的責任による感染症対策がおろそかにされ、保健所機能が大きく低下させられてきたといってよい[27]。

## (2)　感染症医療・予防

　感染症の予防とともに感染症患者に対する必要な医療を提供するものとして、1998年に、伝染病予防法などを統合した感染症予防法が制定されている（2007年改正で結核予防法も統合）。

　同法は、感染症をその危険の程度に応じ分類定義し（6条）、具体的な施策を定めている。感染症入院患者の医療は公費負担医療として提供され、都道府県が負担する（37条。負担割合95％。同37条の2）。いずれも、医療保険などの給付が優先される（同39条1項）。

　感染症医療については、国が感染症の患者が減ってきたことを理由に（実際は微増なのだが）、指定医療機関や感染症病床を削減してきたため、その不足が問題となっている。国内の感染症病床は、特定医療機関（全国4か所）、第1種指定医療機関（同55か所）、第2種指定医療機関（同351か所）のものを全部合わせても、1871床しかなく（2019年）、1998年の9060床（旧伝染病床）の4分の1になっている（日本医療労働組合連合会調べ）。感染症指定医療機関も、自治体が運営する公立病院や日本赤十字社などが運営する公的病院がその約8割を占める。

　重症患者のための集中治療室（ICU）も、2013年には、全国で2889床あったが、2019年には2445床と444床も削減されている（減少分のうち、公立病院が419床を占める。全国自治体病院協議会「病院経営分析調査報告書」）。2020年4月に出された日本集中治療学会の理事長声

---

27　詳しくは、伊藤周平「新型コロナの感染拡大と医療政策の課題─現実化した医療崩壊の背景と今後の課題」月刊保険診療1564号（2020年）27頁参照。

明は、新型コロナによる死亡率がドイツ1.1%、イタリア11.7%と大きな開きがある点に触れ、集中治療室の人口10万人あたりの病床数がドイツは29〜30床に対して、イタリアは12床程度と差があることを指摘、病床数がイタリアの半分以下の日本（5床程度）では、深刻な状況になりかねないと、日本における集中治療体制の脆弱さに警鐘を鳴らしていた。そして、その脆弱さは、新型コロナの感染拡大により医療崩壊の危機として現実化することになる。

## 第7節　医療政策と医療制度改革の展開

### 1　医療提供体制の改革と病床削減

#### （1）　病床機能報告制度と地域医療構想

　医療制度改革と称する国の医療政策の中心は医療費抑制策に置かれてきた。それは医療提供体制の改革においては、病院・病床の削減と医師数の抑制という形で具現化する。[28]

　2014年に成立した医療・介護総合確保法に基づき医療法が改正され、①病床機能報告制度の創設（2014年10月から）、②地域医療構想の策定（2015年4月から）、③医療計画の見直し、④医療事故調査制度や地域医療支援センターの設置（2015年10月から）が行われた。

　このうち、①の病床機能報告制度は、各病院・有床診療所（医療機関）が有している病床の医療機能（高度急性期、急性期、回復期、慢性期）を、都道府県知事に報告する仕組みで、各医療機関は「現状」報告と「今後の方向」の選択（たとえば、今は回復期だが、今後は急性期とするなど）、構造設備・人員配置等に関する項目、具体的な医療の内容に関する項目を報告する（医療30条の13）。

　報告内容を受けて、都道府県は、構想区域（現在の2次医療圏とほぼ重なり、全国で341）における病床の機能区分ごとの将来（2025年）の必要量等を定めた②の地域医療構想を策定する。あわせて、地域医療構

---

28　診療報酬を用いた政策誘導による病床削減については、伊藤・法政策84‐85頁参照。

想を実現するため、都道府県は、構想区域ごとに、診療に関する学識経験者の団体その他の医療関係者、医療保険者などとの協議（地域医療構想調整会議）の場を設け、協議を行うこと（医療30条の14）、都道府県知事が病院の開設等の申請に対する許可に地域医療構想の達成を推進するため必要な条件を付すことができること、都道府県知事が、病床削減（転換）などの要請、勧告（命令）、それらに従わない医療機関名の公表などの措置を発動できること（医療30条の16、30条の17）などが定められた。

　地域医療構想のねらいは、診療報酬の高い急性期医療（とくに看護師配置の手厚い高度急性期の病床）を他の病床機能に転換させ、過剰と判断された病床開設は認めないなどして計画的に削減し、入院患者を病院から介護保険施設へと誘導することで、医療費を削減することにある。削減のターゲットとされているのは、看護師配置が手厚い急性期一般入院料1算定の病床（旧7対1の入院基本料算定病床）であり、厚生労働省は、現在約36万床ある病床を、2025年までに18万床に削減する方針といわれる。

　2018年までにすべての構想区域で、地域医療構想が出そろったが、地域医療構想の完遂による「必要病床数」を実現した場合、全国で15万6000床（2013年時点の必要病床数との差引）もの病床削減が必要となり、地域に必要な医療機関や診療科の縮小・廃止がおきかねない。国（厚生労働省）は、地域医療構想の実現は、各構想区域に設置された前述の地域医療構想調整会議（以下「調整会議」という）において、都道府県と地域の医療機関の協力のもとで進めていくことが原則と説明しているが、法改正により都道府県知事の権限が強化されており、上からの機能分化が進められる懸念は依然払拭できない。受け皿が整わないまま、病床削減の地域医療構想を策定し、それを機械的に実施していけば、必要な医療を受けることができない患者が続出することになり、地域医療は崩壊する。もっとも、これまでも国の病床規制に対しては、医療機関からの訴訟が頻発しており、都道府県知事による所要の対抗措置も、訴訟リスクをともない、簡単に発動できるものではなく、病床機能の再編

が進むかは未知数である。

## (2) 医療計画の見直しなど

　③の医療計画の見直しでは、医療と介護の連携を強化するため、厚生労働大臣が地域における医療および介護を総合的に確保するための基本的な方針（総合確保方針）を定め、都道府県が医療計画を作成するに当たっては、この総合確保方針と都道府県介護保険事業支援計画との整合性の確保を図らなければならないこととされた（医療30条の4第11項）。また、医療計画で定める事項に、居宅等における医療の確保の目標に関する事項および居宅等における医療の確保に係る医療連携体制に関する事項が追加された（同条2項）。さらに、医療計画の見直しサイクルを2018年度からはじまる第7次医療計画から6年（現在5年）とし、その中間年（3年）において在宅医療など介護と関連する部分の見直しを行うこととし（同法30条の6）、介護保険事業計画見直しのサイクル（3年）とそろえた。

　もっとも、これまでも医療と介護の連携はしばしば強調されてきたことであり、2013年からの第6次医療計画にも「在宅医療の体制構築」などが盛り込まれた。しかし、医療計画の策定主体が都道府県、介護保険事業計画の策定主体が市町村であることなどもあり、医療と介護の連携は遅々として進んでいない。第6次医療計画をみると、多くの医療計画では、都道府県が市町村と協議を積み重ねた形跡がみられないとの指摘もある。[29]地域医療構想にしても医療計画にしても、その策定を担う人材や取組体制の拡充がなされなければ、実態にあわない機械的な病床削減の数値目標となってしまう可能性が高い。

　④の医療事故調査制度は、医療事故に関する情報を第三者機関が収集・分析して再発防止につなげる仕組みであるが、実績は多くない。地域医療支援センターは、地域医療を支える人材確保のための機関で、これまで予算事業として行われてきたものを都道府県の事務として法定化した。

---

29　島崎謙治『医療政策を問いなおす－国民皆保険の将来』（ちくま新書、2015年）181頁。

## （3）　医師数等の抑制

　一方、地域医療構想で算出された「必要病床数」は医師や看護師の需給推計にも連動しており、急性期病床の削減で、とくに病院看護師の需要数は現状より大幅に少ない人員で足りるとの推計となっている。医師についても、地域医療構想と働き方改革を名目に、病院を再編し、医療体制を集約化して医師数は増やさない方針で、このままでは、医師の偏在と医師・看護師の負担増による現場の疲弊が進むことは避けられない。

　そもそも、国は医療費抑制のために、医師数を抑えてきた。日本の医師数は、人口 1000 人当たりでみると 2.43 人で、OECD（経済開発協力機構）加盟国のうちデータのある 29 か国中の 26 位、医師の総数でみても、同加盟国の平均約 44 万人に対し約 32 万人で不足が顕著である（2017 年。OECD *Health Statistics 2019*）。人手不足は長時間労働を招く。厚生労働省の「医師の働き方改革に関する検討会」では、過労死ラインの月平均 80 時間を超える時間外労働（休日労働を含む）の勤務医が約 8 万人にのぼると指摘されている。

　看護師についても、日本の入院患者 1 人あたりの看護師数は 0.86 人で、ドイツ（1.61 人）、フランス（1.75 人）、イギリス（3.08 人）、アメリカ（4.19 人）など欧米諸国にくらべ 2 分の 1 から 5 分の 1 の水準にすぎない（2017 年。OECD 前出）。長時間・過密労働・低処遇の中、年間 10 人に 1 人の看護師が辞めており、現場では深刻な看護師不足が続いている。

　同時に、国は、検査設備や人工呼吸器のような機材の確保、それを使いこなせる検査技師、専門医の育成も怠ってきた。検査やワクチン開発支援などで重要な役割を果たしてきた国立感染症研究所は、研究者数も予算額もともに減らされ続け、各都道府県の地方衛生研究所も予算・人員ともに抑制されている。

## （4）　公的・公立病院の再編・統廃合の推進

　さらに、自治体が運営する公立病院や日本赤十字社・済生会などが運営する公的病院については、国（厚生労働省）は、調整会議などにおい

て、公立病院には、2015年の「公立病院改革ガイドライン」に基づく改革プラン、公的病院には「公的医療機関等2025プラン」の策定を義務付けて、統合・再編への対応を求めてきた。しかし、調整会議で「合意済み」とされた公立・公的病院の2025年病床計画では、ほぼ現状維持の計画となった。

厚生労働省は、2019年9月、公立・公的病院のうち地域医療構想において再編・統合の必要があるとする424の病院（公立257、公的167）の名称を公表し、病院の統合や診療科の縮小、入院ベッドの削減など、地域医療構想の具体的方針を1年以内に見直すよう求めた。2017年度時点で、1652の公立・公的病院のうち、人口100万人以上の地域に存在する病院などを除き、病床機能報告で高度急性期・急性期と報告した1455の公立・公的病院を対象に、手術件数などの「診療実績が特に少ない」と「類似かつ近接」という2つの基準に該当するとされたのがリストアップされた424病院である。

しかし、名指しされた病院の多くは地方の中小病院で、医師偏在や看護師不足などの診療体制の不備が考慮されていないなど、機械的、恣意的分析との批判がある[30]。また、2017年のデータのみに依拠していたため、公表された病院の中にはすでに廃止されて存在しない病院も複数含まれており、公表リストの杜撰さも明らかになっている[31]。

各病院が地域医療を支えてきた経緯や難病など特別な医療提供で果たしてきた役割を無視した公表に、病院のみならず自治体も猛反発、全国知事会など地方3団体は「地域住民の不信を招いている」とする意見書を提出した。しかし、国（厚生労働省）は、対象病院の統廃合の議論を進める方針は変更しておらず、今後は民間病院も対象として公表することが検討されている。なお、2020年1月に、厚生労働省は、新たに再検証結果を発表し、7病院を再編・統合リストから外し、新たに約20病院を追加している（ただし、地域医療への影響などを考慮し、病院名

---

30　塩見正「『診療実績データの分析』の概要と問題点」住民と自治682号（2020年）13頁以下参照。

31　長友薫輝「公立・公的病院の再編統合と地域医療」住民と自治682号（2020年）9頁参照。

は公表せず）。

## 2　医療保険制度改革の展開

### （1）　国民健康保険の都道府県単位化の問題

　医療保険制度改革についてみると、まず、2015年5月に成立した医療保険制度改革法で、2018年度より、国民健康保険が都道府県単位化された。

　これにより、都道府県が国民健康保険の財政運営の責任主体となり、国民健康保険の中心的な役割を担うこととなった（国保4条2項）。具体的には、都道府県が、保険給付に要する費用の支払い、市町村事務の効率化・広域化等を促進し、市町村が保険料の徴収、資格管理・保険給付の決定、保健事業などを引き続き担う。都道府県と市町村が保険者として、共同で国民健康保険を運営する方式といえる[32]。

　国民健康保険料の設定は、都道府県が、域内の医療費全体を管理したうえで、市町村ごとの標準保険料率と都道府県全体の標準保険料率を定め、各市町村は、標準保険料率を参考にしながら、納付金を納めるのに必要な保険料率を定め、保険料を徴収して、都道府県に国民健康保険事業費納付金として納付する。したがって、保険料は、現在と同様に、市町村ごとに異なることとなる。そのうえで、市町村は、保険給付等に要する費用のうち市町村負担分を国民健康保険給付費等交付金として都道府県に請求し、都道府県から交付を受ける。交付金の財源は、市町村の納付金のほか、国や都道府県の公費負担で賄われる。この方式だと、市町村による一般会計の繰入がなされなければ、ほぼ確実に、国民健康保険料が引き上げられることになる。市町村は、都道府県から割当てられた納付金を100%納める必要があり、全国の保険料収納実績は平均で約90%のため、市町村は、納付金を賄えるよう保険料引き上げが必要となるし[33]、もしくは都道府県に設置される前述の財政安定化基金から納付金の不足分を借り受け、のちに保険料に上乗せして返済することになるからである。国民健康保険料が引き上げられれば、保険料の滞納世帯がさ

---

32　同様の指摘に、島崎325頁参照。

らに増えることとなり、給付制限や徴収が強化され、徴収業務の外部委託もすすむ可能性が高い。

### (2) 国民健康保険の都道府県単位化のねらい

とはいえ、国民健康保険財政の赤字は、加入者に高齢者や低所得者、無職者が集中していることによる構造的な問題であり、保険規模を大きくしたところで、赤字が解消されるわけではない。実際、政令市などの大規模な自治体ほど国民健康保険財政は苦しく、小規模保険者の問題は、国民健康保険の保険給付費を都道府県レベルで共同で負担する保険財政共同安定化事業により対応が可能であったはずで（同事業は都道府県単位化により廃止）、あえて国民健康保険を都道府県単位化する必要はなかったはずである。

国民健康保険の都道府県単位化の本当の目的は、市町村の法定外繰入のような財政補填のための公費支出を廃止し、都道府県ごとに保険料負担と医療費が直結する仕組み、つまり介護保険や後期高齢者医療制度と同様の仕組みをつくりあげることにある。保険料負担と医療費が直結する仕組みが形成されれば、前述の公費投入で、当面の保険料引き上げは回避されても、中長期的な医療費の上昇が保険料引き上げにストレートに跳ね返る。かりに、法律上、都道府県の税支出による財政補填が可能になっても、各都道府県は、その域内に医療提供水準などが異なる多くの市町村を抱えているため、支出に対する政治的合意を得ることは難しく、都道府県としては、医療費抑制を図らざるを得なくなる。

そして、医療費抑制を図るため、医療・介護総合確保法で、都道府県は医療費適正化計画とともに地域医療構想を策定することとされ、病床削減などについての都道府県知事の権限を強化し医療供給体制をコントロールする仕組みが組みこまれた。[34]国民健康保険の都道府県単位化は、保険料の引き上げを抑制するため、いわば都道府県間で医療費削減を競

---

33　寺内順子『検証！国保都道府県単位化問題―統一国保は市町村自治の否定』（日本機関紙出版センター、2016 年）10 頁は、9 割の収納率でも納付金 100％になるようにするには、保険料は計算上は 11.1％割増と、かなり高くなると指摘している。

わせる仕組みを構築することを意図しているといえる。さらに、厚生労働省は、都道府県ごとに策定する医療費適正化計画に、医療費支出目標の設定を義務付け、それが達成できない場合には、診療報酬による特例などのペナルティを設定する構想も示している。

### (3)　患者負担・保険料負担の増大

　ついで、医療保険における患者負担・保険料負担増が断行されている。

　第1に、一般病床や65歳未満の療養病床の入院患者に対する入院時食事療養費が縮小され、2016年度から1食360円、2018年度からは1食460円となった。低所得者および難病患者、小児慢性特定疾病患者の負担額は据え置かれているが、入院時の食費は高額療養費の対象とならず、食費の引き上げは、入院患者の負担増に直結し、これにより、2018年度で、一般の患者で医療費と合わせて1か月12万円の負担増となっている。

　第2に、紹介状なしで、特定機能病院など大病院を外来受診する場合に、保険外併用療養費制度の選定療養として定額負担を患者から徴収することが義務化され、2020年4月からは、対象が400病床以上から200病床以上の病院に拡大されている。定額負担の額は、初診で5000円以上、再診で3000円以上となる。定額負担の導入は、かつて導入が検討されていた受診時定額負担（医療費の窓口定率負担分にさらに定額を上乗せする）の一種といえる。2002年の健康保険法の改正法附則2条1項では「医療保険各法に規定する被保険者及び被扶養者の医療に係る給付の割合については、将来にわたり100分の70を維持するものとする」と、窓口3割負担を維持することが規定されているが、今後、大病院でなくても受診する際に定額負担が課されることで、この規定が実質的に形骸化していく可能性がある。

　第3に、政令改正により、後期高齢者医療保険料の特例軽減措置も段

---

34　島崎327頁も、国民健康保険の都道府県単位化は、都道府県を国民健康保険の財政運営の責任主体とすることで、医療提供体制の改革に本腰を入れさせるという政策意図があると指摘している。

階的に廃止される。まず、2017年4月から、所得に応じて支払う所得割の軽減が5割から2割に引き下げられた。均等割については、最大で7割軽減のところが、特例軽減措置により、75歳以上で基礎年金収入額80万円までの人は9割軽減、同168万円までの人は8.5割軽減とされてきた。これが、消費税率10%引き上げによる増収分を財源とした、低所得者に対する介護保険料軽減の拡充や年金生活者支援給付金の支給（第3章第5節参照）を名目に見直され、2019年10月から、給付金等の支給額が超過する基礎年金収入61万円から78万円の世帯について、軽減特例が廃止された（同155万円から168万円の世帯は2020年10月から廃止）。保険料軽減措置の廃止により、それぞれの世帯の保険料月額は2倍から3倍程度跳ね上がっている。

　第4に、70歳以上の高齢者の高額療養費の月額負担上限が引き上げられた。2017年8月より、年収370万円未満の外来の負担上限が月額2000円上がり1万4000円に、入院を含む負担上限も1万3200円増の5万7600円に引き上げられた。同時に、療養病床に入院中の65歳以上の高齢者について、光熱水費である居住費も、同年10月より、日額320円が370円に引き上げられた。

　政府内では、2022年の実施に向けて、さらなる患者負担増が提案されている。具体的には、75歳以上の高齢者の医療費窓口負担の原則2割化（現在は原則1割負担）、花粉症の薬や痛み止め、湿布、漢方薬など薬局で買える市販品類似の医薬品の保険給付の見直し、かかりつけ医以外を受診した場合の追加負担（毎回500円）の導入などである。患者、とくに高齢者を狙い撃ちにした負担増の改革の方向が鮮明になっているといってよい。

　なお、前述の年金機能強化法により、2016年10月より、短時間労働者の厚生年金加入とともに、健康保険加入が実現している。国民健康保険から約15万人、健康保険被扶養者から約10万人が健康保険被保険者に移り、健保組合に約20万人、協会けんぽに約5万人が加入している。これも、従来の健康保険被扶養者からみれば、健康保険被保険者になることで新たな保険料負担が発生している（ただし、傷病時の傷病手当金

が受給できる）。

## （4）　子ども医療費助成にかかる減額調整措置の見直しと健康保険法の改正

　厚生労働省令の改正により、子どもの医療費助成など地方単独事業による医療費助成に係る国民健康保険の減額調整措置が見直された。従来、自治体が医療費を助成し、法定割合よりも窓口負担を減額するなど助成措置を行った場合、医療費が増加するとの理由で、増加した医療費分の公費負担が減額調整されてきたが、こうした減額調整は、自治体から反発が強く、少子化対策に逆行するとの批判が出ていた。これを受け、2018年度から、未就学児までを対象とする医療費助成については減額措置が行われないこととなった。

　また、日本に在留する外国人の増大に伴い（2017年末には約256万人となり、過去最高を記録）、国外居住にもかかわらず健康保険の被扶養者として給付を受ける外国人の存在が問題視されるようになり、2019年５月に健康保険法が改正された。

　この改正で、健康保険法上の被扶養者について、海外に留学する学生等、国外に居住していても日本に生活基盤があると認められる一部の者を除いて、日本国内の居住要件が導入された（2020年４月施行）。被保険者との間で生計維持関係にある家族であっても、国外に居住していれば、原則として被扶養者とは認められないこととなり、同時に、被保険者の資格管理の観点から、市町村が関係者に報告等を求めることができる対象として、被保険者の資格の取得・喪失に関する事項を追加し、市町村における調査対象を明確化した（2019年５月施行）。しかし、健康保険法の被扶養者に対する家族給付の趣旨が、被保険者の負担軽減にもあることからすると疑問は残る[35]。

---

35　同様の指摘に、嵩さやか「健康保険の被扶養者と外国人」週刊社会保障3014号（2019年）33頁参照。

## 第8節 医療保障の課題

### 1 新型コロナウイルスの感染拡大と医療崩壊の危機

#### (1) 検査体制の不備から現実化した医療崩壊

2020年2月以降の新型コロナの感染拡大は、以上のような日本の医療政策がもたらした医療体制の脆弱さを可視化し、医療崩壊を可視化・現実化させた。

新型コロナの感染拡大を防止し、医療崩壊を防ぐには、患者が感染しているかどうかの見分けがつくような検査体制の拡充が不可欠だが、当初は、医師が当該患者の検査が必要と判断しても、原則として保健所から「帰国者・接触者相談センター」を介してでないと、PCR検査（ポリメラーゼ連鎖反応検査）が受けられない仕組みとなっていた。しかし、前述のように、保健所は数も人員も減らされてきており、相談者の急増で「電話がつながらない」など、業務はすぐにパンク状態に陥った。また、厚生労働省の事務連絡にあった「37.5度以上の発熱と呼吸器症状」などの検査の目安が、保健所の業務マニュアルに踏襲されていたため、この目安に該当しない人は（たとえば、味覚がなくなるなど感染の典型的な症状が出ていても）、医師が検査必要と判断しても、保健所段階ではねられPCR検査が受けられない事例が続出した。批判の高まりを受け、2020年5月に、発熱等の目安は外され、医師が必要と判断すれば、保健所を介さないで検査できる仕組みとなったものの、保健所経由の行政検査中心の検査体制には基本的に変わりがなく、必要な検査が迅速に受けられない状態は続いている。

かくして、日本の検査件数は、人口1000人当たりで5.30件にとどまり、最も多いアメリカ（97.30件）の20分の1、イタリア（89.15件）、イギリス（73.64件）、ドイツ（70.10件）、韓国（24.44件）に比べても桁ちがいに少なくなっている（オックスフォード大学のグループの推計「Our World in Date」による。2020年6月末時点）。検査が極端に少な

いことで、感染の拡大がみえにくくなり、軽症や無症状の感染者が感染
を広げ、感染経路不明の感染者が増大している。

## (2)　救急医療の機能不全と院内感染の拡大

　検査体制の不備などを背景に、医療崩壊は、まず救急医療からはじま
った。院内感染の危険があるため、感染の可能性のある発熱や呼吸器症
状を訴える患者を受け入れる病院が少なくなり、救急搬送が困難な事例
が増えた結果、肺炎疑いの患者などはほとんどの場合、救命救急センタ
ーで受け入れざるをえない事態が生じたからである。そのため、本来の
重症緊急患者の受け入れができなくなり、とくに心筋梗塞、脳卒中など
緊急を要する疾患で治療のタイミングを逸する命にかかわる深刻な状況
が生じた。

　さらに、心不全や別の病気（夏場には熱中症）で入院したり、搬送さ
れた患者の中に感染者がみつかる事例が出て、医師や看護師の感染と患
者の院内感染が相次ぎ（医療従事者の感染が判明すれば自宅待機となり、
その部署の医療機能はストップする）、医療崩壊が現実化した。

## (3)　遅れた病床確保と医療機関の経営危機

　前述のように、医療費抑制策のもと病床削減が進められ、とくに感染
症病床は極端に少ない現状で、新型コロナの感染者の増大で、病床はす
ぐに満床となり、重症者の治療ができなくなる状態に陥った。入院でき
る病床や施設が不足し、自宅待機の感染者が、容体が急変し死亡する事
態まで生じた。感染した高齢者が自宅で孤立死する事例も出ている。と
くに、2020年11月からの第3波の感染拡大では、病床不足で入院治療
できない人が急増し、宿泊施設や自宅療養の感染者が容体急変で死亡す
る例が増えている。必要な入院治療が受けられず死亡する人がでるとい
う状況は医療崩壊そのものといってよい。路上などで死亡し不審死とさ
れた人が後に新型コロナに感染していることが判明する事例も出ている。
新型コロナに感染して亡くなったにもかかわらず、検査が十分なされな
かったため、肺炎で亡くなったことにされた人も多数いるかもしれない。

実際、「超過死亡」（直近の過去数年の一定期間の平均死亡者数に対して、疫病が発生した年の該当期間の死亡者数がどれだけ超過しているかを示すもの）の指標を用いて推計したところ、2020年1月半ばから6月半ばまでの5か月間で、日本全国の超過死亡者数は1万人を超えており、感染死者数は、公表されている数の少なくとも10倍にのぼるとの指摘もある[36]。欧米諸国に比べ感染による死亡者数が少ないといわれてきた日本であるが、東アジア・オセアニア諸国の中では多い方で、致死率は、世界平均とほぼ同じになっている。そして、第3波の感染拡大で、2020年11月以降、重症者、死者が急増している。

　病床の不足とともに、医療機関の経営も苦しくなっている。外出自粛の影響で（もしくは、病院内での感染をおそれ）、外来患者を中心に深刻な受診抑制が生じ、医療機関が経営困難に陥り、閉院や休業、従業員の解雇を検討する医療機関が増大している。また、医療機関、とくに診療所でのマスクや消毒薬の不足も深刻である。

　現在、医療現場への財政支援として、診療報酬上、人口呼吸器などを使う重症患者を集中治療室（ICU）で治療した場合の入院料を3倍にするなどの特例措置が取られている。しかし、集中治療室で人口呼吸器が必要な重症患者には常に医師が複数関わり24時間体制で、患者1人に看護師も含めて医療従事者が10人ぐらい配置する必要がある。連日となると延べ人数で相当の医療従事者が必要となるが、現状では人手不足で、同一医師などが連続勤務になりかねない。また、医療機関が新型コロナの患者を受け入れると、一般患者と別にするため1病棟すべてを開けなくてはならず、1病院の減収は月1億以上との試算もあり（一般社団法人全国公私病院連盟調べ）、この程度の診療報酬の引き上げでは全く足りない。そもそも、特例措置の対象は重症患者の受け入れ病院が中心で、一般病床を含め多くの医療機関には届かない不十分なものである。

　そして、こうした経営難を理由に、医師や看護師への賞与などを減額する医療機関が続出した。新型コロナの感染患者の治療に尽力している医療従事者が、給与削減やボーナスカットに遭遇するという異常事態が

---

36　井上・はしがき注2) 66頁参照。

生じている。

### (4)　医療崩壊に歯止めをかけるための緊急提言

　以上のような新型コロナによる医療崩壊に歯止めをかけ、感染拡大による重症者・死者を増やさないためには、次のような対策と予算措置が緊急に必要である。

　まず、検査体制の充実が急務である。保健所を介さず、医師が必要と判断した患者はすべて検査が受けられる体制の整備、具体的には、東京都など一部の自治体がはじめている PCR 検査センターを全国の自治体に設置し、検査費用は全額国庫負担とし、必要な人員と予算を国が確保すべきである。簡易キットによる検査の導入も進め、院内感染を防ぐため、少なくとも、医療機関の医療従事者、入院・外来患者には、症状のあるなしにかかわらず定期的な検査を実施すべきである。検査体制が拡充されるまでも、早急に新型コロナ感染疑いの発熱外来を設置し、従来の一般患者対応との役割分担を明確にする必要がある。

　第2に、不足している医療用マスク、消毒液、フェイスシールド、防護服を国の責任で確保、製造し、医療機関に対して安定した供給ができる体制を構築すべきである。

　第3に、医療機関に対して、感染者が発生した場合の減収、および外来患者の減少に伴う損失を補償すべきである。診療報酬の大幅引き上げが必要であり、医療従事者に危険手当を支給できるような財政支援が求められる。同時に、医療従事者が新型コロナに感染した場合には、労災適用だけでなく、独自の補償制度を設ける必要がある。

　第4に、重症患者の集中が予想される感染症指定医療機関に対しては、国が物的・人的支援を強化し、軽症者については、容体が急変することもあることを考慮し、医師・看護師が常駐する施設での療養を原則とするべきである。

## 2　医療提供体制の課題

　以上の現状を踏まえ、日本の医療保障の課題について展望する。

まず、病床削減を中心とした医療提供体制改革に対しては、地域医療の実態を無視した、病床の機械的な削減をさせないため、現在の地域医療構想を見直し、自治体レベルで、地域医療構想に医療機関や住民の意見を十分に反映させることが必要である。前述のように、地域医療構想の実現を協議する場として調整会議が位置づけられているが、同会議を形骸化させない取り組み、また医療・介護関係者が中心となって、どのような医療需要があり、どの程度の病床が必要かを具体的に提言していく取り組みが重要となる。そもそも、稼働していない病床が多数存在しているのは、病床自体が過剰というより、必要な医師・看護師が確保されないことに原因があるとの指摘もある。まずは医師・看護師の確保を図る施策が求められる。

　2015年6月には、政府の内閣官房の専門調査会が、2025年に必要な医療機関の入院病床数は115万から119万床で、30万人程度の患者を介護施設や在宅医療に移行させることで、高齢化で必要と見込まれる同時点の152万床の2割以上に当たる33〜37万床を削減できるとの報告書をまとめている。2013年時点の134万7000床からも、さらに病床を削減するという、きわめて強硬な「患者追い出し」による医療費削減策であり、早急に、それに対抗する提言作りの運動が求められる。その前提として、各自治体も病床削減を進める地域医療構想はいったん凍結し、抜本的な見直しをはかっていく必要がある。

　また、前述の約440の公立・公的病院リストのうち53病院は、国が2019年4月時点でまとめた感染症医療機関に含まれており、この多くが、新型コロナの感染拡大への対応に当たっているとみられているが（2020年4月10日の衆議院厚生労働委員会での厚生労働省の答弁）、厚生労働省は、公立・公的病院の統廃合・再編は予定どおり進めていく姿勢を崩していない。東京都も都立病院の独立法人化を進めようとしている。とくに、公立病院については、前述の「公立病院改革ガイドライン」により、公立病院の改革プランと地域医療構想の調整会議の合意事項との齟齬が生じた場合には、公立病院の改革プランを修正することとされている（地域医療構想優先主義）。まずは地域医療構想の抜本的な見直しを

行ったうえで、感染症対策を強化するためにも、公立・公的病院の再編・統合リストは撤回し、（高度急性期医療や不採算部門、過疎地域の医療提供などを担っているがゆえに）経営の苦しい公立病院への公費投入をはかり、むしろ公立・公的病院の増設をはかっていくべきと考える。

## 3　医療保険の課題

　医療保険改革に対しては、公費負担を増やすことで、現在の医療政策の医療費抑制策・患者負担増の方向を転換させる必要がある。将来的には、後期高齢者医療制度は廃止し、老人保健制度に戻したうえで、当面は、現在の国民健康保険、被用者保険の並列状態を維持しつつ、老人保健制度や国民健康保険への公費投入を増やしていくべきと考える。

　とくに、国民健康保険の国庫負担を増大させるべきである。現在の国庫負担は、保険給付費に対して定率40%とされているが、1984年までは、患者負担を含む医療費全体に対する定率負担で、医療費の40%であった。窓口負担（一般的には3割だが、70歳以上の高齢者については1割もしくは2割なので、平均すると約27%）から償還される高額療養費分（約9%）を除いた実質的な加入者負担割合は約18%となる。医療費から加入者負担分を除いたものが保険給付費で、保険給付費は医療費の82%となり、保険給付費に対する現行の国庫負担が40%なので、医療費で換算すると、国庫負担は32.8%にとどまる。地方単独の福祉医療制度（条例による重度障害者や小児、ひとり親などに対する一部負担金の現物助成）の実施で補助率が削減されるので、医療費に対する国庫負担は30%程度とみられる。医療費の国庫負担が40%であったことからすると、国庫負担率は10%、額にして約1兆円が削減されたとの指摘がある[37]。国民健康保険への国庫負担をもとの医療費40%の水準に戻せば、約1兆円の公費投入となり、協会けんぽの平均保険料並みへの国民健康保険料の引き下げが可能となる。

　後期高齢者医療制度の廃止と老人保健制度の復活については、確かに、

---

37　神田敏史・長友薫輝『新しい国保のしくみと財政―都道府県単位化で何が変わるか』
　　（自治体研究社、2017年）85頁（神田執筆）参照。

老人保健制度にも問題があるが、後期高齢者医療制度のように高齢者医療費と高齢者の保険料が直結するしくみは組み込まれておらず、高齢者は国民健康保険などに加入することになるため、拠出金の根拠も明確である。また、公費負担を増大させることで、健康保険などの拠出金負担を減らすことができるし、前述の生活習慣病予防に特化した問題の多い特定健診・特定保健指導を廃止し、すべての住民を対象に、市町村が行う基本健診などの老人保健事業を復活できる点でもメリットがある。[38]

　70歳以上の高齢者と乳幼児については医療費の無料化を、国レベルで実現する必要がある。そして、将来的には、政府を保険者とし、すべての国民を被保険者とする医療保険制度を構築し、収入のない人や生活保護基準以下の低所得者については保険料を免除し、公費負担と事業主負担を増大させることで、10割給付の医療保障（すべての被保険者について医療費の自己負担なし）を実現すべきであろう。

---

38　詳しい構想については、伊藤・前掲注20）238 - 239頁参照。

# 第6章 | 労働保険

　仕事中の事故などの業務上の災害は労働災害と呼ばれ、労災保険という社会保険の仕組みにより、労働者の保護が図られてきた。また、職業生活において遭遇する失業についても、雇用保険の仕組みが設けられている。本章では、労働保険と総称される労働者災害補償保険（労災保険）と雇用保険の法制度の概要を検討し、課題を探る。

## 第1節　労働保険の沿革と概要

### 1　労災保険制度の沿革と展開

　労働災害（以下「労災」という）の補償制度は、労働者が業務に関して負傷・疾病・傷害・死亡した場合に、それが業務上であることだけを条件に、労働者およびその遺族に一定の補償を行なう仕組みである。

　ヨーロッパ諸国では、労災補償に関する特別法が19世紀末から制定されるようになり、その多くは、使用者の故意・過失を問うことなく（無過失責任）、労働者が負傷・疾病・傷害・死亡（以下「傷病」と総称）した場合に、それが業務上であることを条件に、労働者およびその遺族に一定の補償を行なうものであった。使用者の無過失責任を認め、災害または疾病が「業務上」であることだけを条件に補償を行う労災補償制度は、日本では、戦後の1947年に、労働基準法（以下「労基法」という）と労働者災害補償保険法（以下「労災保険法」という）が制定されたことで、ようやく確立した。

　日本の労災補償は、労基法第8章の災害補償と労災保険法によるものの2本立てになっている。前者の災害補償は、業務による傷病は、使用

者の責任によって補償するのが妥当であるとする考え方により、使用者に被災者やその遺族に対する補償責任があることを明確にし、労働災害についての使用者の補償責任の根拠規定となっている。後者の労災保険法は、政府を保険者として使用者を加入者とする強制保険制度である。

　労災保険法は制定当初は、労基法の災害補償と同一の内容および水準の補償しか規定していなかったが、1960年代に多くの改正を重ね、適用範囲、保険事故、給付内容について拡大をはかり、労基法から乖離するとともに、その独自性を顕著にするに至っている[1]。

　1965年には、従来、労災保険の対象とされてこなかった自営業者やその家族従事者などに対して、これらの者にも労災保険の保護を与えるべき場合があるとして、特別加入制度が設けられた。この制度に加入できるのは、①中小企業とその事業に従事する家族従事者、②個人タクシー運転手や大工などのいわゆる一人親方とその家族従事者、③特定農作業従事者や家内労働者などの特定作業労働者、④海外派遣者で、これらの者の申請に基づき、政府の承認により加入が認められる。

　また、1969年4月からは、労働者を使用するすべての事業に労災保険が適用されるようになり、同年には「労働保険の保険料の徴収等に関する法律」（以下「徴収法」という）が制定された。保険事故については、1972年に、通勤災害が業務災害とは別に創設され、給付面では、給付の年金化や傷病補償年金の創設、スライド制度の採用、給付基礎日額における最低額保障の設定などの改善が図られてきた。

## 2　雇用保険制度の沿革と展開

　一方、雇用保険は、失業に伴う賃金の喪失に対応するための社会保険である。失業への対応は、ヨーロッパ諸国では、ドイツで19世紀末に、イギリスでも1911年の国民保険法により失業保険という形で整備されてきた[2]。しかし、1930年代の世界恐慌による失業者の激増により、失

---

1　西村・入門153頁は、こうした労災保険制度の拡大・発展を「労災保険のひとり歩き」現象と称している。

2　諸外国における失業保険の沿革については、労務行政研究所編『新版・雇用保険法』（労務行政、2004年）25頁以下参照。

業保険が破綻、失業扶助制度が導入されるに至り、社会保険と公的扶助の交錯現象が置き、社会保障制度の確立につながった。

　日本では、第2次世界大戦の敗戦に伴う復員軍人や海外からの引揚者の帰還に対応するため、1947年に、失業保険法が制定された。同法は改正を重ね、制度の拡充を図ってきたが、1973年の第1次石油危機を契機に、抜本的な見直しが図られ、失業者に対する所得保障にとどまらず、完全雇用の達成に向けて積極的な雇用政策を展開するという考え方に立脚し、1974年に、失業保険法が廃止され雇用保険法が制定された。雇用保険は、労働者が失業した場合および雇用の継続が困難となる場合などに必要な給付を行う政府所管の保険であり、労災保険とあわせて「労働保険」と総称される（徴収2条1項）。

　雇用保険法も、経済社会状況の変化に対応し毎年のように法改正が行われてきた。2000年の改正では、バブル崩壊後の経済不況下での失業率の上昇による雇用保険財政の悪化、少子高齢化の進展などを背景に、雇用保険料率の引き上げ、育児休業給付・介護休業給付の給付率の引き上げなどが行われ、2003年の改正では、教育訓練給付の給付率の引き下げ、就職促進手当の創設などが行われた。2007年の改正では、短時間労働被保険者の区分が廃止され一般被保険者に一本化され、雇用保険事業が2事業に整理された。2009年には、リーマン・ショックによる失業者の増加に伴い、雇用保険の適用範囲の拡大などの改正が図られた。さらに、2020年6月には、新型コロナの感染拡大による雇用情勢の悪化に対応すべく、雇用保険法臨時特例法（新型コロナウイルスの感染症等の影響に対応するための雇用保険法の臨時特例等に関する法律）が成立し、基本手当の給付日数の延長などが行われた。

## 3　労働保険関係の成立・消滅と適用事業

　健康保険や厚生年金保険では、所定の要件を満たす事業を適用事業とし、その適用事業所に常時使用されている労働者が保険に加入する形態をとっており、保険加入者は、保険料納付義務を負い、保険事故が発生したときに保険給付を受ける被保険者となる。

これに対して、労災保険・雇用保険ともに、労災保険法3条1項および雇用保険法5条1項に該当する事業主が事業を開始した日、または当該事業が適用事業に該当するに至った日に、自動的に保険関係が成立する（徴収3条・4条）。事業主は、その日から10日以内に労働基準監督署長または公共職業安定所長に、自らの事業にかかる保険関係の成立を届け出なければならず、それにより事業主の労働保険料の納税義務が発生する。事業を廃止または終了したときは、その翌日に保険関係が消滅する（徴収4条の2・5条）。

　労災保険は「労働者を使用する事業」を、雇用保険は「労働者が雇用される事業」を適用事業とし（労災3条、雇保5条）、その業種や規模にかかわりなく、労働者を1人でも使用するあらゆる事業を適用事業とする。

　ここで「事業」とは、反復・継続する意思を持って業として行われるものをいう。事業主の便宜と保険事務簡素化のために、保険関係の一括制度を設けている。このうち、有期事業（ビル建築など、事業の性質上一定期間が予定され、事業の目的達成とともに終了する事業）は、一定の要件を具備する2以上の小規模の有期事業を法律上当然に1つの事業とみなす、有期事業の一括が徴収法7条で認められている。また、建設事業が数段階の請負を経て行われる場合、下請け事業を元請事業に一括して、元請負人のみを当該事業の事業主とする請負事業の一括も認めている（徴収8条）。継続事業（有期事業以外の事業）については、事業主が同一人である2以上の継続事業が厚生労働省令で定める要件を満たし、かつ、厚生労働大臣の認可があった場合に事業の一括が認められる。認可があると、当該認可にかかる2以上の事業に使用されている労働者は、すべて厚生労働大臣の指定するいずれか1つの事業に使用される労働者とみなされる（徴収9条）。労災保険の場合は、国の直営事業など若干の非適用事業がある（労災3条2項）ほか、零細農林水産業の個人経営事業について、暫定的に任意適用事業としている（労災保険法附則12条）。また、雇用保険も、零細農林水産業のうちの一部を任意適用事業としている（雇用保険法附則2条）。

労災保険、雇用保険の保険者はともに政府である（労災2条、雇保2条）。また、保険者ではないが、中小事業主の負担軽減を目的として、労働保険料の納付等、通常事業主が行うべき労働保険に関する事務処理をおこなう団体として労働保険事務組合が設けられている（徴収33条・35条）。同組合は、中小事業主を構成員とする事業協同組合、商工会などの事業主の団体等が、構成員である事業主あるいは構成員でないその他の事業主の委託を受けて、厚生労働大臣の認可を得て設けられる（認可権限は都道府県労働局長に委任されている）。認可の条件は、当該団体の事務内容、その有する財産等からみて、事務処理を確実に行う能力を有することである。

## 4　労働保険における労働者・被保険者

労災保険には、他の社会保険と異なり、被保険者という概念は存在せず、被災労働者として給付を受ける。労災保険法における「労働者」とは、基本的に労基法9条にいう労働者と同じと解されている。[3]すなわち、労働者とは「職業の種類を問わず、事業又は事務所に使用される者」で「賃金を支払われる者」をいい（労基9条1項）、使用従属関係の下で提供した労務の対価として報酬を得ている者をいう。適用事業に使用されている者でもあり、アルバイト・常雇いなどの雇用形態を問わない。

近年の雇用形態の多様化に伴い、労災保険の労働者性をめぐって裁判例が蓄積されてきた。作業場を持たずに1人で工務店の大工仕事に従事する形態で稼働していた大工が、労基法および労災保険法上の労働者に当たらないとされた事例がある（最判2007年6月28日判時1979号158頁）。また、自己所有のトラックを持ち込みながら運送業務に従事していた運転手について、最高裁は労働者性を否定している（最判1996年11月28日判時1589号136頁）。

これに対して、雇用保険の被保険者は、雇用保険の適用事業に雇用される労働者で、65歳に達した日以後に雇用される者など雇用保険法6条各号に掲げる以外の者をいい、労働者の年齢や就労形態から、①一般

3　西村・入門159頁参照。

被保険者、②高年齢被保険者、③短期雇用特例被保険者、④日雇労働被保険者の4つの類型がある。②は65歳以上の者（雇保37条の2）、③は季節的に雇用される者であって4か月以内の期間を定めて雇用される者および1週間の所定労働時間が20時間以上30時間未満の者（④を除く）であり（雇保38条）、④は日雇労働者である（雇保43条1項）。①は、②から④以外の者であり、一般的な労働者に当たる。

　事業主は、労働者を雇用・解雇した場合など、被保険者資格の得失に関する事実について、厚生労働大臣（実際には所管の公共職業安定所）に届け出なければならない（雇保7条）。被保険者資格の得失について、被保険者または被保険者であった者は、その確認を請求することができるほか、厚生労働大臣の職権によっても行われる（雇保8条・9条）。

## 5　労働保険の保険料

### （1）　労働保険料の種類と納付方法

　労働保険料を徴収する権限は、保険者である政府にある（徴収10条1項）。労働保険料の種類には、①一般保険料、②特別加入保険料、③印紙保険料の3種類がある。

　このうち、①の一般保険料は、労災保険および雇用保険双方に適用される。納付義務者は事業主であり、事業主が、その使用するすべての労働者に支払う賃金の総額（徴収11条2項）に、一般保険料に係る保険料率を乗じた額である。この「一般保険料率」は、労災・雇用両保険関係が成立している事業にあっては、労災保険料率と雇用保険料率とを加えたものである（徴収12条1項）。労災保険料は、労基法における事業主の災害補償責任を担保するために制定された経緯から、事業主が全額保険料を負担する。[4]保険料率は、一定規模の事業において、事業の種類ごとに過去の災害発生率などを考慮して定められ、事業主の災害防止努力を促すため、メリット制が導入されている。メリット制とは、大きな労働災害が発生したり、労働災害が多発している事業では労災保険率が高くなり、労働災害が少ない事業では労災保険率が低くなる制度で、厚

---

4　加藤ほか215頁（加藤智章執筆）参照。

生労働大臣は、災害の発生率に応じて保険料率を100分の40の範囲で上下させることができる（徴収12条3項）。雇用保険料は、農林水産事業・清酒製造事業、建設事業およびそれ以外の一般事業で、3つで異なる保険料率が設定されている。雇用保険2事業（雇用安定事業および能力開発事業）の費用に当てるべき部分は事業主が全額負担し、失業等給付に充てられる部分については労使で折半する（徴収12条）。

②の特別加入保険料は、保険給付の基礎となる給付基礎日額を365倍した額に、労災保険の特別加入者の類型に応じた保険料率を乗じて算定される。類型は3つあり、第1種特別加入保険料は、労災保険の中小事業主等の特別加入者を対象とし、第2種特別加入保険料は、労災保険の一人親方等の特別加入者を対象とし、第3種特別加入保険料は、労災保険の海外派遣者の特別加入者を対象としている。③の印紙保険料は、雇用保険の日雇労働被保険者を対象とし、一般保険料とは別に徴収される。

上記①から②までの労働保険料の納付は、事業主は保険料の算定対象となる期間のはじめに概算額（概算保険料）で申告・納付し（徴収15条）、その期間が終わると確定額（確定保険料）を計算して、すでに納付した概算額との過不足分を精算する（徴収19条）。③に関しては、日雇労働被保険者の賃金の日額に応じて、印紙を貼付して納付する。

### (2) 事業主の保険料納付の懈怠と保険給付受給権

事業主の保険料納付の懈怠によって、失業等給付を受給できなくなり、労働者が受給し得なかった保険給付相当額を損害賠償請求した事案で、労働者自身が被保険者資格の得失に関して確認の請求を行うことができることから、事業主の納付義務等の懈怠と労働者が求職者給付を受給できなかったこととの間には因果関係がないとして、損害賠償請求を棄却した裁判例がある（大阪地判1989年8月22日労判546号27頁）。雇用保険の場合、事業主が保険料を納付することは基本手当受給の要件とされておらず（前記大阪地裁判決）、事業主がこれらの義務を履行しない場合でも、被保険者の保険給付受給権が生じると解される。

労災保険の場合も、事業主が保険料を納付しなくても、労働災害にか

かる保険給付はなされる。ただし、保険給付に要した費用の徴収に関して、事業主が故意または重大な過失により保険関係成立にかかる届出をしていない期間の事故や一般保険料を納付しない期間の事故などについて保険給付を行ったとき、政府（保険者）は保険給付に要した費用に相当する金額の全部または一部を事業主から徴収することができる（労災31条1項）。

## 第2節　労災保険の業務災害等の認定

### 1　業務災害の認定

#### (1)　業務災害の認定の意義

　労働者は、労働契約にもとづいて、一定時間使用者の指揮命令に従って労務提供する義務を負っている。災害（傷病）がこの指揮命令の下に拘束されている間に（業務遂行性）、業務によって生じた場合（業務起因性）、社会的公平の観点から、この危険を使用者の負担とすることが、労災補償の対象を「業務上」とする根拠であり、労災保険法は「業務上の事由」による労働者の負傷、疾病、障害または死亡（業務災害）に対して保険給付を行うと規定している（労災7条1項1号）。そして、業務災害の認定は、労働基準監督署長が行う行政処分である（労災保険法施行規則1条2項・3項）。

　法は業務災害あるいは業務上の概念について明文の規定を置いておらず、法解釈に委ねられている。一般的には、労働者の傷病等が、使用者の指揮命令の下に拘束されているときに生じ（業務遂行性）、その傷病等との間に一定の因果関係が存在することが必要とされる（業務起因性）。行政解釈では「業務起因性」の第一次的判断基準が「業務遂行性」であるとされている。[5]業務遂行性がなければ、業務起因性は成立し

---

5　行政解釈では、「業務起因性」の第一次的判断基準が「業務遂行性」であるとされる。
　労務行政研究所編『業務災害及び通勤災害認定の理論と実際・上』（労務行政、2009年）89頁参照。

ないが、後述のように、業務遂行性があっても直ちに業務起因性が認められるわけではない。

　業務と傷病等との関係については、単なる事実的因果関係の存在では不十分で、相当因果関係があることが必要となる。相当因果関係の立証は、一点の疑義も許さないという自然科学上の証明ではなく、事実と結果との間に高度の蓋然性を証明することであり、その判定は通常人が疑いを持たない程度で足りるとされている（最判1975年10月24日民集29巻9号1417頁）。なお、無過失責任主義に立つ労災補償の場合、過失責任主義に立つ民法などとは異なり、結果発生の条件となる予見可能性の有無は問題とならない。

## (2)　業務遂行性・業務起因性の認定

　業務遂行性・業務起因性の認定については、具体的事例ごとに違いがある。

　事業主の支配下、かつ管理下で業務に従事している通常の業務の場合には、特別の事由がない限り業務上と認められる。休憩時間などの場合も、事業主の支配下にいることに起因する災害については、業務上と認められる。事業主の支配下にあるが、管理を離れて業務に従事している出張などの場合は、特別の事情がない限り、全出張過程について業務遂行性が認められる。労働者が、出張途上で飲食等の私的行為中に被災しても、合理的な順路・方法であり、それが出張に通常伴う範囲内であれば、一般に業務起因性が認められる。

　宴会などの各所行事への参加・出席については、使用者の業務命令がある場合など特別の事情があれば、業務起因性が認められる。社内で開かれた飲み会に参加した後、帰宅途中に地下鉄の階段で転落死した会社員の遺族が労災認定を求めた事例で、飲み会が社員から意見を聞く「業務」といえるのは開始から2時間前後までとされ、その後も約3時間飲酒したために、酔って転落した可能性が高く事故は通常の通勤に伴うものとはいえないとし、通勤災害を否定した裁判例がある（東京高判2008年6月25日判時2019号122頁）。

業務遂行性が証明される場合には、反証（業務起因性を認める特別な
事情）のない限り業務起因性も推定される。特別の事情に関連して、業
務遂行中に同僚とけんかして死亡した事例では、業務に随伴または関連
する行為といえないとして業務起因性が否定されている（最判1974年
9月2日民集28巻6号1135号）。

### (3)　非災害性疾病の認定
　業務に起因する業務上疾病は、災害性疾病と非災害性疾病とに分類で
きる。
　前者は、業務遂行途中での突発的事故（アクシデント）に起因する疾
病であり、業務起因性の認定は比較的容易である。これに対して、後者
は災害を媒介としない疾病であり、心筋梗塞、脳梗塞など、労働者の業
務が、主因としてではないにしても発症過程に何らかの関係を持つと考
えられる疾病（労働関連疾病）などである。これらの疾病の業務上認定
には著しい困難を伴う。発症の時期を特定することが難しく、石綿（ア
スベスト）による肺腺維症（じん肺）のように退職後に発症する場合も
みられるし、[6]労働者個人の私生活にもまたがり、本人の素因や基礎疾患
と競合することもあるうえに、有害因子に同じように曝露されていても、
個人差により発症するものと発症しない者がありうるからである。
　もっとも、医学的な経験則から、特定の業務との因果関係が明らかな
疾病群が存在する。これらの疾病については、業務上疾病ないし職業性
疾病（長期間にわたり業務に伴う有害作用が蓄積して発病に至る疾病。
いわゆる職業病）として業務起因性が推定される。労災保険法における

---

6　労基法施行規則別表第1の2は、石綿（アスベスト）にさらされる業務を原因とする
　一定の疾病を業務上の疾病として例示している。しかし、石綿にさらされる機会が様々
　な業種・業界に及んでいること、石綿を取り扱う業務に直接従事していなくても、その
　周辺で間接的な曝露を受ける可能性もあること、石綿による健康被害は潜伏期間が長い
　こと（中皮腫で20〜50年）などから、石綿被害の業務上認定は困難な場合が多い（業
　務起因性が認められた例として、大阪高判2013年2月12日判時2188号143頁など）。
　石綿による健康被害の増加を受けて、2006年に「石綿による健康被害の救済に関する
　法律」が制定され、石綿による健康被害を受けた者や遺族で、労災保険の対象とならな
　い者に対して、医療費、療養手当、特別遺族給付金等が支給されている。

業務上の範囲は、労基法のそれと同義であると解されており、労基法施行規則に具体的な業務内容と（業務上）疾病名が規定されている（35条・別表1の2）。ここに列挙されている疾病（例示疾病）については、被災労働者・遺族は、①列挙されている業務に従事し、医学的経験則に照らして発症する程度に有害因子に曝露された事実と、②規定された疾病に罹患し、かつ、有害因子への曝露と発症の時期との間隔及び発症の時期との間隔および症状の経過が医学的に矛盾しないことを立証すれば、反証がない限り、業務起因性が推定されることになる。

　同別表によると、業務上疾病は、災害性疾病（同別表1号）、例示疾病（同別表2号〜9号）、大臣指定疾病（同別表10号）および包括規定疾病（同別表11号）に大別される。このうち、例示疾病は、職業性疾病に対応するもので、脳血管疾患および虚血性心疾患、心因性精神障害なども含まれる（同別表8号・9号）。包括規定疾病は「その他業務に起因することの明らかな疾病」（同別表11号）で、業務との間に相当因果関係が認められる疾病をさし、例示疾病のいずれにも該当しない疾病でも、業務上の病気である限り保険給付の対象になることを明らかにした規定、つまり1号〜10号の疾病が限定列挙ではなく例示列挙であることを明らかにした規定ともいえる。[7]ただし、同号の疾病については、例示疾病とは異なり、業務起因性の推定は働かないため、被災労働者・遺族の側で、疾病との相当因果関係を個別・具体的に主張立証する必要がある。

　行政解釈は、被災者が基礎疾患等を有する場合に労災認定されるためには、業務上の要因により当該疾病が自然的経過を超えて増悪し発症したことを必要とするが、裁判例は、事案に即して弾力的な判断をしている。地方公務員災害補償法に基づく公務災害の事案であるが、午前中に出血を開始した特発性脳内出血により、当日午後の公務従事中に意識不明となって倒れ、入院後死亡した事案につき、発症した脳内出血自体には業務起因性は認められないものの、発症後やむをえず業務に従事することによって治療機会を喪失した場合には、公務に内在する危険

7　加藤ほか221頁（加藤智章執筆）参照。

が現実化したものとして、公務と死亡との間に相当因果関係を認めた裁判例がある（最判1996年3月5日判タ906号203頁）。

## 2　過労死・過労自殺の業務上認定

### (1)　過労死の定義と業務上認定

　過労が、さまざまな疾病の原因になることは知られている。いわゆる「過労死」は、疾病名や医学用語ではなく、過重労働によって引き起こされる脳血管や心臓の疾患により死亡することを意味する社会的用語である。過労死等防止対策推進法では「業務における過重な負荷による脳血管疾患若しくは心臓疾患を原因とする死亡若しくは業務における強い心理的負荷による精神障害を原因とする自殺による死亡」と定義されている（同法2条）。

　2010年には、前述の労基法施行規則別表第1の2の例示疾病の1つとして「長期間にわたる長時間の業務その他血管病変等を著しく増悪させる業務による脳出血、くも膜下出血……若しくは解離性大動脈瘤又はこれらの疾病に付随する疾病」が加えられた（8号）。この改正により、「長期間にわたる長時間の業務」などに従事し、急性の脳心臓疾患を発症した場合には、業務起因性が肯定されることとなった。もっとも、実際には、長時間の業務が何時間かなど個別具体的な判断が必要となり、過労死の労災認定については、包括規定の下で行われてきた認定基準が依然として重要な位置を占めている[8]。

　過労死の業務上認定には、①日常業務に比較して特に過重な業務に就労したこと（過重負荷）、②過重負荷から発症までの時間的経過が医学上妥当であることの2点が必要である。厚生労働省による認定基準（2001年12月12日・基発1063号）によると、①発症前1か月間に、時間外労働（残業）が100時間以上、②2か月～6か月の間に時間外労働が1か月あたり平均80時間を超える場合には、業務と発症との関連性が強いとされる。これらの以外にも、勤務の不規則性、拘束時間の長さなどが総合的に考慮される。

---

8　笠木ほか384頁（渡邉絹子執筆）参照。

　裁判例では、認定基準が示した労働時間数に必ずしもとらわれず、急性脳心臓疾患の業務起因性を判断するものが多い。たとえば、時間外労働が月45時間を上回るが80時間を下回る事案において、不規則な勤務形態（東京地判2011年11月10日労判1042号43頁）や業務に伴う精神的緊張（東京地判2013年2月28日判時2186号103頁）など業務の質的な過重性を加味して、業務起因性を認めた裁判例がある。

### (2)　過労自殺

　過重な業務は、いわゆる過労自殺をも引き起こす。過労自殺をめぐる事案の増加に対応するため、「心理的負荷による精神障害等による業務上外の判断指針について」（1999年9月14日・基発544号）が定められたが、その後も、精神障害についての労災請求が増加の一途を辿ったため、認定の迅速化を図るべく「心理的負荷による精神障害の認知基準について」（2011年12月26日・基発1226号）が新たに作成された（これにともない1999年の通知は廃止）。

　そこで定められた認定基準では、過労自殺が業務による心理的負荷が原因とされる場合には、①認定基準の対象となる精神障害を発病していること、②当該発病前およそ6か月の間に、業務上の強い心理的負荷を受けたこと、③発病が業務以外の要因によらないこと、を要件として、精神障害がまず労災の補償対象として認定される。そのうえで、以上の要件に該当する労働者が自殺を図った場合に、原則として業務起因性を認める。裁判例では、勤務の重圧等を原因とするストレスによる心因性精神障害に罹患した事案において、業務起因性を認めた事例（神戸地判1996年4月26日判タ926号171頁）がある。

　認定基準では、心理的負荷の判断について、具体例を記載した心理的負荷評価表が定められ、その強度を判断しやすいよう工夫がなされている。たとえば、発症直前の1か月におおむね160時間を超えるような時間外労働など「極度の長時間労働」といった「特別な出来事」が存在すれば、心理的負荷の総合評価が「強」と判断される。また、セクシャルハラスメントやいじめについては、6か月という評価期間にとらわれる

ことなく、その開始時からすべての行為を対象として心理的負荷の評価を行うこととされた。

業務上のストレスによる精神障害を予防するためには、職場におけるメンタルヘルス対策が重要となる。このことを踏まえ、2014年の労働安全衛生法の改正により、労働者の心理的な負担の程度を把握するための検査（ストレスチェック）、高ストレス者に対する医師による面接指導、面接結果を踏まえた職場環境の改善措置の実施等が義務付けられている（66条の10。ただし、従業員数が50人未満の事業場については当分の間は努力義務とされている）。

## 3 通勤災害の認定

労災保険法は「労働者の通勤による負傷、疾病、傷害または死亡」を通勤災害として保険給付の対象としている（労災7条1項2号）。行政解釈では、通勤に通常伴う危険ないし内在する危険が具体化したとみられるような場合、通勤起因性が肯定される。オウム真理教の信者に通勤途上で殺害された労働者について通勤災害の成否が争われた事案で、特定の個人をねらって犯罪が企てられ、被災者が通勤途上にあることを利用してそれが実行されたような場合、通勤はその犯罪の実行に単なる機会を提供したにすぎないのであり、これを通勤に内在する危険が現実化したとはいえないとし、通勤起因性を否定した裁判例がある（大阪地判1999年10月4日労判771号16頁）。

「通勤」とは、労働者が、就業に関し、次の3つの類型の移動を、合理的な経路および方法により行うことをいい、業務の性質を有するものを除く（労災7条2項）。移動は①住居と就業の場所との間の往復、②厚生労働省令で定める就業の場所から他の就業の場所への移動、③①に掲げる往復に先行し、または後続する住居間の移動の3類型が挙げられている（同条同項1号〜3号。図表6-1）。①は、労働者が本来の業務を行う事務所等の場所以外にも、得意先での営業から直接帰宅する場合の得意先なども就業の場所となる。②は、複数の事業所で働く労働者の事業所間の移動をいい、③は、単身赴任者の赴任先住居と帰省住居との往

図表６−１　通勤形態の３種類
（２および３の形態については、一定の要件がある）

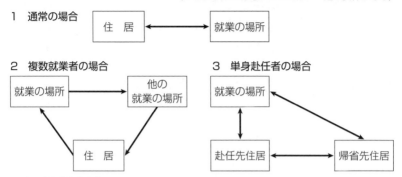

出所：厚生労働省資料

復をいう。単身赴任者が自宅から事業所近くの寮に戻る途中で被った事故について、通勤災害と認定した裁判例がある（秋田地判2000年11月10日労判800号49頁）。

　上記①から③の移動の経路を逸脱し、または中断した場合は、当該逸脱または中断の間およびその後の移動は「通勤」とはされない（労災7条3項）。「逸脱」とは、通勤の途上において通勤と無関係な目的で合理的な経路をそれることをいい、「中断」とは、通勤の経路上で通勤と関係のない行為を行うことをいう。逸脱・中断があった場合、日常生活上必要な行為であって厚生労働省令で定めるものをやむを得ない事由により行うための最小限度のものに該当しないかぎり（同項ただし書き）、その逸脱・中断中だけでなく、その後の行程についても「通勤」とは認められない。「日常生活上必要な行為」として厚生労働省令で定められているのは、日用品の購入、職業教育訓練の受講、選挙権の行使、要介護状態にある父母等の介護である[9]。

　自宅とは反対方向の商店に夕食の食材を購入するため、自宅に向かう交差点から40mほど逆行したあとの交通事故につき、合理的経路を逸脱したときの事故として通勤災害に当たらないとした裁判例がある（札

---

9　笠木ほか394頁（渡邉絹子執筆）は、親族の介護を労働者にとっての「日常生活上必要な行為」と解することには疑問の余地があるとする。

幌高判1989年5月8日労判541号27頁)。一方で、義父の介護のため義父宅に1時間40分程度滞在したのち帰宅する途中での交通事故について、この介護は日常生活上必要な行為として通勤災害と認定した裁判例がある（大阪高判2007年4月18日労判937号14頁)。

## 第3節　労災保険の給付と社会復帰促進等事業

### 1　労災保険給付の概要

#### (1)　労災保険給付の種類と給付基礎日額

　労災保険の給付には、業務災害に関する保険給付（療養補償給付、休業補償給付、障害補償給付、遺族補償給付、葬祭料、傷病補償年金、介護補償給付）、通勤災害に関する保険給付および二次健康診断等給付がある（労災7条1項)。

　労災保険の金銭給付にかかる保険給付の額の算定に当たっては「給付基礎日額」（労災8条）という概念が用いられる。給付基礎日額は、原則として労基法12条の「平均賃金に相当する額」（労災8条1項）とされている。休業補償給付、年金給付および一時金給付の給付基礎日額は、他の労働者の賃金との関係で合理的な水準を維持できるようスライド制を採用しているほか、賃金の実態などに対応するため、年齢階層別の最低限度額と最高限度額が定められている（労災保険法施行規則9条1項)。給付基礎日額は、短期の算定期間を基礎としているために、偶然的な事情により給付基礎日額の高低が生じうる。

#### (2)　給付制限と不服申し立て

　労働者が故意に負傷、疾病、障害もしくは死亡またはその直接の原因となった事故を生じさせたときは、保険給付を受けることはできない（労災12条の2の2第1項)。ただし、労働者の自殺については、業務上の精神障害により自殺行為を思いとどまる精神的な抑制力が著しく阻害されている状態と認められる場合には、結果の発生を意図した故意に

は該当しないとされている（1999年9月14日・基発545号）。また、労働者の故意の犯罪行為もしくは重大な過失により、負傷、疾病、障害、死亡もしくはこれらの原因となった事故を発生させたとき、あるいは労働者が正当な理由なく療養に関する指示に従わないことにより傷病や障害の程度を悪化させ、もしくはその回復を遅らせたときは、保険給付の一部または全部を支給しないことができる（労災12条の2の2第2項）。

　労災保険の給付は、被災労働者等の請求に基づいて行われる（労災12条の8第2項）。この請求に基づき、所管の労働基準監督署長が支給または不支給の決定を行う。この決定は行政処分とされている。この処分に不服がある場合には、労働者災害補償保険審査官および労働保険審査会に審査請求、再審査請求をすることができる。不支給決定の取消訴訟については、労働者災害補償保険審査官の裁決を経なければ提起することはできない不服申立（審査請求）前置主義がとられている（労災38条・40条）。行政不服審査法の2014年の全面改正に伴い、多くの法律において不服申立前置は廃止されたが、労災保険では大量の不服申し立てがあることから、前置主義は維持された。ただし、労働保険審査会への再審査請求まで経なければ取消訴訟を提起できなかった、いわゆる二重前置は廃止され、審査請求のみを前置することで取消訴訟の提起が可能となった。

### (3)　権利の保護と時効

　労災保険給付を受ける権利は、労働者の退職により変更されず、これを譲渡し担保に供し、差し押さえることができない（労災12条の5）。また、租税その他の公課は、保険給付を標準として課すことはできない（労災12条の6）。

　保険給付のうち、療養補償給付、休業補償給付、葬祭料、介護補償給付および二次健康診断等給付を受ける権利は2年、障害補償給付、遺族補償給付を受ける権利は5年で時効消滅する（労災42条）。傷病補償年金を受ける権利については、被災労働者の請求によらず、政府（保険者）が職権で給付を決定するものであることから、基本権の裁定につい

て時効の問題が生じることはないが（労災12条の8第3項・42条）、支分権については会計法30条の規定により5年で消滅する。

　時効の起算点については、従来明文の規定がなく、民法166条1項の原則論に立つのが裁判例であったが（東京地判1995年10月19日労判682号28頁）、2017年の民法改正による同条の見直しにあわせて（2020年4月施行）、労災保険法42条に「これらを行使することができる時から」という文言が加えられ、起算点を客観的起算点とすることが明らかにされた。[10]

## 2　労災保険給付の内容

### (1)　療養補償給付と休業補償給付

　療養補償給付は、労基法75条に定める業務上の傷病等に対して、診療治療などの療養の給付を行う。療養費用の給付の場合もあるが、原則は療養の給付であり、現物給付である。被災労働者は一部負担金を払うことなく、必要な給付を受けることができる（労災13条）。

　療養補償給付は、当該傷病について療養を必要としなくなるまで、すなわち「治癒」の状態になるまで行われる。ここでいう「治癒」とは、傷病の症状が安定して、固定した状態にあり、もはや治療の必要がなくなった状態をいう（最判1990年10月18日労判573号6頁、1948年1月13日・基災発3号）。傷病の症状がいったん固定し、治癒と判断された後、再び症状が変化し再発と判断された場合にも、療養補償給付が支給される。

　休業補償給付は、被災労働者が①業務上の傷病による療養のため、②労働不能により、③賃金を受けることができない場合に支給される（労災14条）。①については、業務上の傷病に該当しない私傷病はもちろん、社会復帰促進等事業の一環として行われる外科後処置なども、ここでいう療養に該当しない。自宅療養は、それが医師の指示に基づく場合に対象となる。②の労働不能は、労働能力の喪失だけを意味するのではなく、医師の指示により労働することを止められている場合なども含まれる。

10　笠木ほか398頁（渡邉絹子執筆）参照。

ただし、被災前に従事していた業務には就けないが、別の作業に従事できるならば、労働不能には該当せず休業補償給付は受けられない（東京地判 2015 年 3 月 23 日判例集未登載）。③の賃金を受けることができない場合は、療養のため労働不能であって、賃金の全額はもちろん、一部しか受け得ない場合も含む。被災労働者が休日または懲戒処分を受けたなどの理由で賃金請求権を有しない日についても、休業補償給付は支給される（最判 1983 年 10 月 13 日民集 37 巻 8 号 1108 頁）。

　休業補償給付は、賃金を受けない日の第 4 日目から支給され、休業の初日から 3 日目までを待期期間という。この期間は、休業補償給付は支給されないが、使用者は労基法 76 条に規定する休業補償を行わなければならない。支給額は 1 日につき給付基礎日額の 100 分の 60 に相当する額である。休業 4 日目から給付基礎額日額の 100 分の 20 に相当する休業特別支給金が社会復帰促進事業として支払われる。したがって、実際上は給付基礎日額の 8 割に相当する額の休業補償がなされることになる。支給期間についての制限はないが、傷病補償年金の支給要件に該当するにいたった場合には、休業補償給付は支給されない。

## (2)　障害補償給付

　業務上の負傷または疾病が治癒したとき、身体に障害が存在する場合には、厚生労働省令に定める障害等級に該当する場合には、障害に応じて障害補償給付が支給される。障害等級 1 級から 7 級に該当する場合には障害補償年金が、障害等級 8 級から 14 級に該当する場合には障害補償一時金が支給される（労災 15 条）。

　障害等級表には、被災労働者の身体的生理的または精神的機能の毀損状態であって労働能力の喪失・減少を伴うものが、一定の序列に従って 1 級から 14 級まで 14 等級に分類・格付けされている。ただし、被災労働者の職業能力に関わる条件、たとえば、職種、利き腕、経験等は障害の程度を決定する要素として考慮されていない[11]。

　男女の性別によって障害補償給付に差を設けるのは合理的理由がなく、性別による差別的取扱いに該当し憲法 14 条に違反するとの判決（京都

地判 2010 年 5 月 27 日判時 2093 号 72 頁）が出て、障害等級の見直しが
行われ、現在では、外貌に関する障害等級の男女差は解消されている。

### (3) 遺族補償給付と葬祭料

　労働者が業務上死亡したとき、その遺族の生活を保障するため、死亡
労働者との間に生計維持関係にある一定範囲の遺族がいる場合には遺族
補償年金、受給資格者がいない場合には、遺族補償一時金が支給される。
遺族補償年金は受給資格者の人数により（労災 16 条の 3）、遺族補償一
時金は給付基礎日額を基準として（労災 16 条の 6）、支給額が定められ、
そのほか、社会復帰促進等事業として遺族特別支給金や遺族特別年金等
も支給される。

　遺族補償年金の受給資格者は、労働者の死亡当時にその労働者の収入
によって生計を維持していた（生計維持関係にあった）配偶者、子、父
母、孫、祖父母、兄弟姉妹である。妻については、婚姻の届出をしてい
ないが事実上婚姻関係と同様の事情にあった者も含まれる。妻以外の遺
族では労働者の死亡当時一定の年齢にあること、あるいは一定の障害状
態にあることが要件となる（労災 16 条の 2 第 1 項）。具体的には、① 60
歳以上もしくは一定の障害の状態にある夫、② 18 歳未満または一定の
障害の状態にある子、③ 60 歳以上または一定の障害の状態にある父母、
④ 18 歳未満または一定の障害の状態にある孫、⑤ 60 歳以上または一定
の障害の状態にある祖父母、⑥ 18 歳未満、60 歳以上または一定の障害
の状態にある兄弟姉妹、⑦ 55 歳以上 60 歳未満の夫、⑧ 55 歳以上 60 歳
未満の父母、⑨ 55 歳以上 60 歳未満の祖父母、⑩ 55 歳以上 60 歳未満の
兄弟姉妹である。⑦〜⑩の者は 60 歳になるまでは遺族年金が支給停止
される。

　地方公務員災害補償法の遺族補償年金にも、労災保険法の①と同様の
規定があるが、これについて、夫についてのみ 60 歳以上との年齢要件

---

11　その意味で、障害補償は、一般的な平均的労働能力の喪失に対する損失補償を目的と
　しており、被災労働者の個別事情は考慮されておらず、それらについては民事による賠
　償を求めるしかないこととなる。笠木ほか 401 頁（渡邉絹子執筆）参照。

（附則 7 条の 2 第 2 項により、年齢要件は 55 歳以上に読み替えられている）を定める規定は、法の下の平等を定めた憲法 14 条に反し、違憲無効であるとした裁判例（大阪地判 2013 年 11 月 25 日判時 2216 号 122 頁）がある。しかし、同事件の控訴審判決（大阪高判 2015 年 6 月 19 日労判 1125 号 27 頁）および上告審判決（最判 2017 年 3 月 21 日判時 2341 号 65 頁）はともに、堀木訴訟最高裁判決を引用して、立法府の広い裁量を認め、配偶者のうち夫について年齢要件を定めることは、憲法 14 条に違反しないとしている。配偶者が夫である場合の同様の年齢要件は、国家公務員災害補償法（16 条 1 項）にもあり、また、厚生年金保険法の遺族年金にも存在する（59 条 1 項）。これらの規定の合憲性も問題となりうるが、上記最高裁判決の合憲判断の理由付けには不十分さがみられ、先例となりうるものではないとの指摘もある。[12]

　労働者が業務上の傷病等に起因して死亡した場合、その遺贈等に対して、その請求に基づき葬祭料が支給される。埋葬の費用のみならず葬祭に要する費用を補償するもので、その額は、厚生労働大臣がこれを定める（労災 17 条）。

## （4）　傷病補償年金と介護補償給付

　傷病補償年金は、療養補償給付を受けている労働者の傷病が①療養開始後 1 年 6 か月経っても治らず、②その傷病による障害の程度が厚生労働省令で定める傷病等級（労災規則別表 2）に該当すること、のいずれにも該当する場合、その傷病等級に応じた額が支給される。[13]療養開始後 1 年 6 か月を経過しても治癒しないとき、あるいは毎年 1 月分の休業補償給付を請求する際に、傷病の状態に関する届出書を提出させ、それに基づき所管の労働基準監督署長が職権で支給決定を行う。傷病補償年金は、休業補償給付に代えて支給されるため、傷病補償年金を受ける者には休業補償給付は支給されないが（労災 18 条 2 項）、傷病が治癒してい

12　淺野博宣「遺族補償年金受給資格と憲法 14 条 1 項」『ジュリスト臨時増刊・平成 29 年度重要判例解説』（有斐閣、2018 年）15 頁参照。
13　障害補償年金が症状の固定した場合に支給されるのに対して、傷病補償年金は傷病が治癒していない場合でも支給される点で異なる。加藤ほか 233 頁（加藤智章執筆）参照。

ないことを要件に支給されるため、傷病補償給付は引き続き支給される。

　なお、業務上の傷病により療養している労働者がその療養開始後3年を経過した日において傷病補償年金を受けている場合または同日後に傷病補償年金を受け取ることになった場合、使用者は労基法81条にいう打切補償を支払ったとみなされ（労災19条）、労基法19条により解雇制限が解除されると解されている（最判2015年6月8日民集69巻4号1047頁）。

　1995年の法改正により、介護補償給付が新設された（労災19条の2）。障害補償年金または傷病補償年金を受ける権利を有する労働者が、これらの年金の支給事由となる障害であって、厚生労働省令で定める程度の障害により、常時または随時介護を要する状態にあり、かつ介護を受けている間、当該労働者に支給される。支給すべき事由が発生した月の翌月から、当該事由が消滅した月までの間、月を単位として支給される。

### (5) 通勤災害給付と二次健康診断等給付

　通勤災害に対する給付は、療養給付・休業給付・障害給付・遺族給付・葬祭給付・傷病年金・介護給付の7種類がある。これらの給付は、労基法の災害補償責任を基礎としないため、「補償」の文字が使われていないが、業務災害に関する保険給付と基本的に同一内容の給付が行われる。ただし、療養給付の場合には、医療保険の給付と同様に、被災労働者に対して一部負担金の支払いが求められるが、休業給付の額から一部負担金額を減額して、一部負担金の徴収に代える取り扱いがなされている。また、通勤災害に関する休業については、労基法19条の解雇制限規定の適用はない。

　一方、労働安全衛生法に基づく直近の定期健康診断等（一次健康診断）において、脳・心臓疾患に関連する血圧検査・血中脂質検査などの項目について異常所見が認められた場合、当該労働者の請求により、医師による健康診断（二次健康診断）とその結果に基づき面接で行われる医師または保健師による特定保健指導が、二次健康診断等給付として支給される（労災26条）。ともに受診者の負担はない。

## (6)　複数事業労働者への保険給付

　2020年の労災保険法の改正により、複数のパートタイム雇用を掛け持つなど、事業主が同一でない2以上の事業に使用される労働者（以下「複数事業労働者」という）の2以上の事業の業務を要因とする負傷、疾病、障害または死亡（以下「複数業務要因災害」という）に関し新たな保険給付が創設された（労災7条1項2号）。

　これまで労災保険は、労基法上の使用者の災害補償責任を保険化したものとして、個々の事業主の下での業務ごとに業務起因性（あるいは通勤起因性）が認められ、保険給付がなされてきた。このため、複数事業労働者が複数の事業主の下での業務負荷が積み重なって疾病に罹患したといえる場合でも、個々の事業主の下での業務について単独で業務起因性が認められない限り、労災の保険給付はなされなかった。また、1の事業主での業務により労災を被ったことにより、すべての仕事を休み、全賃金を喪失した場合でも、労災が発生していない事業主が支払っていた賃金は休業補償給付等の給付額の算定基礎とされないため、喪失した賃金に対して部分的な給付しかなされなかった。

　2020年の改正では、複数事業労働者が、複数業務要因災害を被った場合には、各事業主の下での給付基礎日額を合算した給付額を計算することとされた。また、複数事業労働者が、個々の事業主の下での業務単独では業務起因性が認められないが、複数の就業先の業務を総合して評価すると疾病等との間に相当因果関係が認められる災害を「複数業務要因災害」と位置づけ、新たな給付の対象とした。同時に、当該事業単独では災害との間に相当因果関係がない事業主については、その賃金に基づく保険給付額を、メリット制における保険料算定の基礎とはしないこととした。ただし、「複数業務要因災害」の認定については、業務災害の認定以上に困難なケース、たとえば、複数業務の組み合わせによって負荷が生じたような場合の認定の困難さが指摘されている[14]。

---

14　嵩さやか「複数就業者に関する労災保険法改正とその意義」週刊社会保障3078号（2020年）29頁参照。

## 3 社会復帰促進等事業と特別支給金

労災保険法は、被災労働者の社会復帰の促進、当該労働者の遺族に対する援護など、労働者の福祉の増進に寄与することも目的としている（労災1条）。これらの目的を実現するため、従来は、被災労働者や、その遺族に対して、その福祉の増進のために、保険施設として各種の措置が実施されてきたが、1976年の法改正で、保険施設に代わって労働福祉事業が行われることとなった。労働福祉事業は、2007年に、社会復帰促進等事業に名称が改められている（労災2条の2）。

社会復帰促進等事業の内容としては、①被災労働者の円滑な社会復帰を促進するために必要な事業（労災病院・リハビリテーション施設の設置、補装具の支給など）、②被災労働者の療養生活の援護、あるいは遺族に対する援護（労災就学援護費など）、③業務災害の防止に関する活動に対する援助や労働者の安全および衛生の確保、賃金の支払いの確保などを図るために必要な事業がある（労災29条）。社会復帰促進等事業の一環として、労災保険法特別支給金規則に基づき、被災労働者やその遺族に対し特別支給金が支給される。特別支給金には、①休業特別支給金、②障害特別支給金、③遺族特別支給金、④傷病特別支給金のほかに、賞与等の特別給与の額を算定の基礎とする⑤障害特別年金、⑥障害特別一時金、⑦遺族特別年金、⑧遺族特別一時金、⑨傷病特別年金がある（同規則2条）。

これらの事業・支給金は、療養生活や傷病の治癒後の生活転換に対する援護金、遺族見舞金的性格を有し、保険給付の上積みを行うことを目的にしており、保険給付との同一性が認められる。労災就学援護費については、その支給ができる旨の規定だけが法律に存在し、支給要件等については、法律が労災保険法施行規則（省令）に委任していたが、省令にも詳細な規定がなく、通知添付の要綱で定められていたが、最高裁は、労災保険給付との同一性から、労災就学援護費の支給打ち切り決定の処分性を認めている（最判2003年9月4日判時1841号89頁）。

## 4　労働災害と損害賠償

### （1）　労災民事訴訟の法的構成と安全配慮義務

　労災保険給付で補填されない精神的損害（慰謝料）などの損害について、被災労働者やその遺族は、加害者たる使用者または第三者に対し、民法上の損害賠償を請求することができる（労災民事訴訟）。日本では労災補償制度と損害賠償制度の併存主義を採っている。

　労災民事訴訟による損害賠償責任の追及方法には、大別して、不法行為構成（民法709条・715条）と債務不履行構成（民法415条）の2つがある。かつては不法行為構成に基づく請求が多かったが、自衛隊員に対する国の安全配慮義務に関する最高裁判決（1975年2月25日民集29巻2号143頁）を契機に、債務不履行構成による請求が普及しはじめた。同判決は、安全配慮義務を「ある法律関係に基づいて特別な社会的接触の関係に入った当事者間において、当該法律関係の付随義務としての当事者の一方又は双方が相手方に対して信義則上負う義務」と規定した。民間の労働関係においても、最高裁判決（1984年4月10日民集38巻6号557頁）が、安全配慮義務を使用者が「労働者の生命及び身体等を危険から保護するよう配慮すべき義務」として認めた。[15]現在では、労働契約法5条において「使用者は、労働契約に伴い、労働者がその生命、身体等の安全を確保しつつ労働することができるよう、必要な配慮をするものとする」と使用者の労働者の安全への配慮義務が明記されるに至っている。

　債務不履行構成では、使用者側が帰責事由の不存在を主張・立証することになることから、被災労働者側の負担軽減につながることが期待されたが、使用者が負うとされる安全配慮義務の内容の特定と当該義務違反に該当する事実の主張・立証責任は被災労働者側にあるとされており、負担の軽減がなされたとはいいがたい。

---

15　そのほか、電通事件判決（最判2000年3月24日民集54巻3号1155頁）などがある。
　もっとも、同判決では、最高裁は安全配慮義務と明言せず使用者責任（民法715条）を認めている。

## (2)　労災保険給付と損害賠償との調整

　被災労働者に対する労災補償・労災保険給付と労災民事訴訟による損害賠償は、被災労働者の損害を填補するという共通の目的を有することから、一定の限度で調整が図られる。

　労災保険給付により労基法上の災害補償に相当する給付が被災労働者に行われる場合は、使用者は労基法上の災害補償責任を免れる。また、被災労働者に対し災害補償を行った使用者は、同一の事由につき、その限度で損害賠償義務を免れる（労基84条）。保険者たる政府により労災保険給付が行われた場合には、労基法84条2項を類推して、使用者はその限度で損害賠償義務を免れる（最判1987年7月10日民集41巻5号1202頁）。

　また、慰謝料は、被災労働者の精神的損害を填補するものだが、逸失利益や精神的苦痛などを包括して請求する事案が増加している。長崎じん肺訴訟で、最高裁は、控訴審の認定した慰謝料額が低すぎ不相当であるとして福岡高裁に差し戻し、差戻審では、慰謝料額が増額されている（福岡高判1995年9月8日判時1548号35頁）。

　労災保険給付の場合、被災労働者に故意または重過失があったときのみ給付の制限がなされるが（労災12条の2の2）、損害賠償額を算定する場合には、被災労働者に過失がある場合にはそれを考慮することになり（民法722条2項・418条）、損害額と相殺される（過失相殺）。損害総額から労災保険の給付分を控除した後に過失相殺する方が被災労働者には有利になるが、最高裁は、損害総額につき過失相殺した後で労災保険の給付分を控除する立場である（最判1989年4月11日民集43巻4号209頁）。

　将来支給される労災保険の年金と損害賠償との調整について、最高裁は、将来の労災保険給付が確定していても、いまだ現実に支給がなされていない以上、受給権者は損害賠償請求において、将来給付分を損害額から控除する必要はないとする非控除説をとった（最判1977年10月25日民集31巻6号836頁）。この場合、使用者が労災保険に加入する利点

が少なくなるため、使用者に対する損害賠償の履行猶予制度が設けられ
ている（労災64条1項）。

### （3）　第三者行為災害と示談

　使用者以外の第三者の行為によって労働災害に遭遇した場合、保険者
たる政府が先に保険給付をした時には、保険給付額の限度で被災労働者
が第三者に対して有する損害賠償請求権を代位取得する（労災12条の
4第1項）。一方、被災労働者が先に第三者から損害賠償を得た場合には、
政府はその限度で保険給付をしないことができる（同条2項）。

　使用者による災害補償責任と第三者の損害賠償責任との競合について
は、使用者が先に災害補償を行えば、民法422条の類推により、使用者
は被災労働者に代位して第三者に対する損害賠償請求権を取得し、逆に
第三者が損害賠償したときには、労災法12条の4を類推して、使用者
はその責任を免れるというのが判例・通説である[16]。

　労災保険給付が支給される前に、被災労働者は示談によって加害者た
る第三者に対して有する損害賠償請求権を放棄することができる。その
場合、その価額の限度で、損害賠償請求権に関する政府（保険者）の法
定代位権も消滅する（最判1963年6月4日民集17巻5号716頁）。ただ
し、行政実務では、示談によって損害賠償請求権を放棄しても、障害補
償年金および遺族補償年金については3年経過後に支給することとされ
ている。

## 第4節　雇用保険の給付

## 1　求職者給付

### （1）　基本手当の支給要件と失業の認定

　雇用保険の保険給付は失業等給付といわれ、失業等給付には、求職者
給付、就職促進給付および教育訓練給付、雇用継続給付、育児休業給付

---

16　加藤ほか241頁（加藤智章執筆）参照。

がある（雇保10条。図表6-2）。

　求職者給付は、労働者が失業したときに支給される。中心となるのは基本手当で、一般被保険者が失業した際に、原則として離職の日以前2年間に被保険者期間が通算して12か月以上あるときに支給される（雇保13条1項）。基本手当を受給するためには、公共職業安定所長の失業の認定を受けなければならない。失業の認定を受けようとする受給資格者は、離職後、公共職業安定所に出頭し、離職票に本人確認書類を添えて提出し、求職の申し込みをしなければならない（雇保15条2項）。失業の認定は、離職後最初に出頭した日から起算し4週間に1回ずつ行う（同条3項）。

　ここにいう失業とは「被保険者が離職し、労働の意思及び能力を有するにもかかわらず、職業に就くことができない状態にあること」をいう（雇保4条3項）。「離職」とは「被保険者について、事業主との雇用関係が終了すること」（雇保4条2項）をいい、解雇、契約期間の満了、任意退職など理由を問わない。解雇された労働者が、当該解雇の効力を争っているような場合も、離職票が受理されることで、失業認定が行われ、認定されれば基本手当が支給される。ただし、争っていた当該解雇が無効となった場合には、その期間、労働者は賃金請求権があることから、雇用保険から支払われた保険給付は返還しなければならないと解されている。[17] 裁判例でも、解雇が撤回さることによって、失業状態が遡及的に消滅するとしたとするものがある（金沢地判1973年4月27日労民集24巻6号535頁）。

「労働の意思」とは、自己の労働力を提供して就職しようとする積極的な意思をいい、被保険者が家事や学業等に専念する場合に離職した場合などには、労働の意思がないと推察される。「職業に就くことができない状態」とは、公共職業安定所が最大の努力をしたが就職させることができず、本人の努力によっても就職できない状態をいう。就職とは、雇用関係に入る場合のほか、請負や委任形式での就業や自営業の開始を含む。現実に収入等の見通しがあるかは問われない。報酬等の取得を期待

17　笠木ほか432頁（渡邉絹子執筆）参照。

図表6-2 雇用保険制度の概要

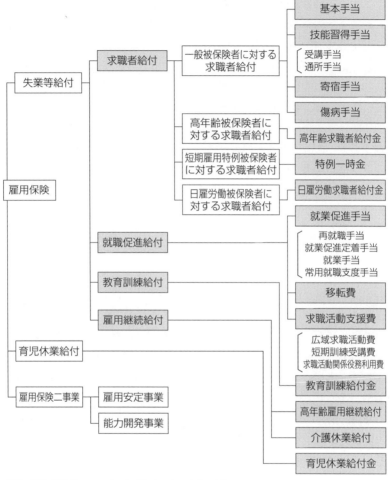

出所：厚生労働省ハローワークインターネットサービス

しうる継続的な地位にある場合には、職業に就いたものとされる。代表取締役の地位にありながら受領した失業給付の返還命令を適法とした裁判例がある（広島高岡山支判 1988 年 10 月 13 日労判 528 号 25 頁）。

## （2） 基本手当の支給額および給付日数、その他の給付

基本手当の日額は、賃金日額（被保険者期間の最後の6か月に支払われた賃金総額を180で除した額）に賃金日額に応じて定められる割合を乗じて算定される（雇保16条・17条）。基本手当は、失業認定に直接契約の前28日分について一括して支給されるが、受給資格者が離職後最初の求職の申し込みをした日以後において、失業している日が通算して7日に満たない期間は支給されない（待期期間。雇保21条）。この待期期間は、濫給を防止するとの趣旨から設けられたものとされているが[18]、後述のように、被保険者が自己都合によって退職した場合には、待期期間満了後から一定期間、基本手当は支給されない給付制限があり（雇保33条1項）、あえて7日間もの待期期間を設ける必要があるのかは疑問が残る。基本手当の支給を受けられる期間は、受給資格者の被保険者期間や年齢などに応じて異なっている（雇保22条・23条。図表6-3）。

このほか、一般被保険者に対する求職者給付として、受給資格者が職業安定所長の指示により公共職業訓練等を受講する場合に支給される技能取得手当および寄宿手当がある（雇保36条）。また、受給資格者が引き続き15日以上傷病により職業に就くことができない場合、すでに求職の申し込みをしているなどの要件を満たすことなどを条件に支給される傷病手当がある（雇保37条）。高年齢被保険者が離職して受給要件を満たすときは、被保険者期間が1年以上の場合には、基本手当日額の50日分、1年未満の場合には30日分が一次金として支給される。

なお、前述の雇用保険法臨時特例法により、新型コロナの感染拡大で、求職活動が難しくなり、かつ長期化していることを踏まえ、雇用保険の基本手当（いわゆる失業手当）の給付日数が最大60日延長されている。

## （3） 給付制限

基本手当は、①受給資格者が、公共職業安定所の紹介する職業に就くこと、または公共職業安定所長の指示した公共職業訓練等を受けることを拒んだとき（雇保32条1項）、③再就職を促進するために必要な職業

---

18　菊池276頁参照。

## 図表 6 - 3　基本手当の所定給付日数

### 1. 特定受給資格者及び一部の特定理由離職者（※補足 1）（3. 就職困難者を除く）

※補足 1　特定理由離職者のうち「特定理由離職者の範囲※注」の 1 に該当する方については、受給資格に係る離職の日が 2009 年 3 月 31 日から 2022 年 3 月 31 日までの間にある方に限り、所定給付日数が特定受給資格者と同様となります。

特定受給資格者
特定理由離職者

| 区分＼被保険者であった期間 | 1 年未満 | 1 年以上 5 年未満 | 5 年以上 10 年未満 | 10 年以上 20 年未満 | 20 年以上 |
|---|---|---|---|---|---|
| 30 歳未満 | 90 日 | 90 日 | 120 日 | 180 日 | － |
| 30 歳以上 35 歳未満 | 90 日 | 120 日（90 日（※補足 2）） | 180 日 | 210 日 | 240 日 |
| 35 歳以上 45 歳未満 | 90 日 | 150 日（90 日（※補足 2）） | 180 日 | 240 日 | 270 日 |
| 45 歳以上 60 歳未満 | 90 日 | 180 日 | 240 日 | 270 日 | 330 日 |
| 60 歳以上 65 歳未満 | 90 日 | 150 日 | 180 日 | 210 日 | 240 日 |

※補足 2　受給資格に係る離職日が 2017 年 3 月 31 日以前の場合の日数

### 2. 1 及び 3 以外の離職者

| 区分＼被保険者であった期間 | 1 年未満 | 1 年以上 5 年未満 | 5 年以上 10 年未満 | 10 年以上 20 年未満 | 20 年以上 |
|---|---|---|---|---|---|
| 全年齢 | － | 90 日 | 90 日 | 120 日 | 150 日 |

### 3. 就職困難者

| 区分＼被保険者であった期間 | 1 年未満 | 1 年以上 5 年未満 | 5 年以上 10 年未満 | 10 年以上 20 年未満 | 20 年以上 |
|---|---|---|---|---|---|
| 45 歳未満 | 150 日 | 300 日 | | | |
| 45 歳以上 65 歳未満 | 150 日 | 360 日 | | | |

注：「特定理由離職者の範囲」については 1、期間の定めのある労働契約の期間が満了し、更新を希望したにもかかわらず、労働契約の更新がなされず離職した者と 2、正当な理由のある自己都合により離職した者がある。
出所：厚生労働省ハローワークインターネットサービス。一部加筆修正。

指導を受けることを拒んだとき（同条2項）、③被保険者が自己の責め
に帰すべき重大な理由によって解雇され、または正当な理由なく自己の
都合によって退職した場合（雇保33条1項）には、一定期間支給され
ない。ただし、①の場合、紹介された職業等が受給資格者の能力からみ
て不適当であったり、紹介された職業に就くために必要な転居が困難で
あったり、また、拒否することについて正当な理由があるなどの場合は、
給付制限は行われない（雇保32条1項ただし書・2項）。

　③の正当な理由がない自己都合退職の場合、7日間の待期期間満了後
1か月以上3か月の間で公共職業安定所長の定める期間、基本手当が支
給されない給付制限がある（雇保33条1項）。行政解釈および裁判例で
は「正当な理由」とは、事業所の状況、被保険者の健康状態、家庭の事
情などから、その退職がやむを得ないものであることが客観的に認めら
れる場合と解されている（東京地判1992年11月20日労判620号50頁）。

　行政実務上、離職理由が「自己都合退職」になっていると通常3か月
（現在は2か月）の給付制限規定が設定されるため、失業者は生活に困
窮する状態に置かれる。この給付制限の規定は自ら恣意的に失業状態を
作り出した者に対してまで、失業後ただちに基本手当等を支給すること
が制度の運営上もまた保険財政上も妥当ではないとの考慮に基づいて設
けられたものとされている。[19]しかし後述のように、いじめやパワハラな
どで退職に追い込まれた場合も「自己都合退職」とされている実態があ
ること、離職者は被保険者として雇用保険料を拠出してきていること、
退職に正当理由を求めることは労働者の退職や転職の自由を制約するこ
とになることなどから、離職理由による給付制限は撤廃すべきと考える。

## 2　就職促進給付および教育訓練給付

　就職促進給付は、被保険者が失業した場合、求職者給付と合わせて、
再就職を支援、促進するために支給され、就業促進手当、移転費および
広域求職活動費からなる（雇保56条の3）。就職促進手当は、基本手当
の支給日数を一定程度残して再就職した場合に、基本手当の支給残日数

---

19　西村・社会保障法418頁参照。

をそれぞれ所定の要件のもとに支給する。移転費は、受給資格者が公共
職業安定所の紹介した職業に就くためなどに、住所等を変更する場合に
支給される（同58条）。広域求職活動費は、受給資格者が公共職業安定
所の紹介により広範囲の地域にわたる求職活動をする場合に支給される
（同59条）。

　一方、教育訓練給付は、被保険者が、厚生労働大臣の指定する教育訓
練を受け、これを修了した場合に、支給要件期間が一定期間以上あると
きに、その費用の一部が一時金として支給される（雇保60条の2）。

## 3　雇用継続給付

### (1)　高年齢雇用継続給付

　雇用継続給付は、高年齢者や育児休業・介護休業を取得した者の職業
生活の円滑な継続を支援・促進するため、雇用の継続が困難となる事由
を失業に準じた保険事故として、所得保障を行うもので、高年齢雇用継
続給付、育児休業給付および介護休業給付からなる。

　高年齢雇用継続給付には、高年齢雇用継続基本給付金と高年齢再就職
給付金がある。高年齢雇用継続基本給付金は、被保険者期間5年以上の
60歳以上65歳未満の一般被保険者が、60歳到達時点の賃金に比べて賃
金額が75%未満に低下した状態で、雇用を継続している場合に支給さ
れる（雇保61条）。

　これに対して、高年齢再就職給付金は、受給資格者が基本手当の所定
給付日数を一定以上残して再就職し、かつ再就職後の賃金が60歳到達
時の賃金に比べて所定の基準以下である場合、高年齢雇用継続基本給付
金の算定方法と同様の基準による支給額を、基本手当の支給残日数に応
じて支給する（雇保61条の2）。

### (2)　介護休業給付

　介護休業給付金は、一般被保険者が、育児休業、介護休業等育児又は
家族介護を行う労働者の福祉に関する法律（育児介護休業法）に定める
要介護状態にある対象家族（配偶者、父母、子、配偶者の父母等）を介

護するために介護休業を取得し、介護休業開始日前2年間に被保険者期間が12か月以上ある場合に支給される（雇保61条の6）。

給付水準は、本来は介護休業前賃金の40%であるが（雇保61条の6第4項）、2016年の雇用保険法改正で、暫定措置として67%に引き上げられている（同附則12条の2）。給付日数は、休業開始から対象家族ごとに合計で93日（3か月）であるが、2016年の育児介護休業法の改正で、介護休業を3回まで分割して取得することが可能になり、これに伴い、介護休業給付金も3回まで分割受給できることになった。しかし、介護休業の取得可能日数は、改正後も93日で変わらず、介護休業給付金もその日数を限度として支給される。

介護休業給付金の支給期間が3か月という短期に設定されているのは、ここでの介護休業が、介護保険制度などによる外部サービスを導入することによって、長期間の介護をする必要があるかどうか、介護に関する長期的方針を定めるまでのいわば「見極め期間」として取得されると想定されていることによる[20]。しかし、介護保険制度のもとでの外部サービスが不十分であること、家族介護者への支援の仕組みはないに等しいことを考えるならば（第7章第2節参照）、介護休業の期間は育児休業並みに1年に延長すべきと考える。

## 4　育児休業給付

育児休業給付は、従来は雇用継続給付に位置付けられていたが、2020年の雇用保険法の改正で、失業等給付とは別の新設の給付とされた（雇保第4章、10条6項）。

育児休業給付金は、一般被保険者がその1歳（保育所に入れない等の場合には最長で2歳）に満たない子を養育するために育児休業を取得した場合に、当該休業を開始した日前2年間に被保険者期間に相当する期間が通算して12か月以上あるときに支給される。給付額は、原則として休業開始時賃金日額の40%とされているが（雇保61条の6第4項）、当分の間50%とされ、さらに、介護休業給付金と同様、2014年の雇用

---

20　労務行政研究所・前掲注2）772頁参照。

保険法改正により、休業開始後180日（6か月）に達するまでの期間について、67%（3分の2）に引き上げられている（同附則12条）。事業主から休業開始時賃金日額の80%以上の賃金を得ている場合には、育児休業給付金は不支給となる。また、80%未満の場合でも、育児休業給付金との合計が80%以上となる場合には、超過する分に応じて、育児休業給付金は減額される（雇保61条の6第5項）。

　育児休業中の労働者の賃金については、労働契約上、とくに取り決めがない限りは無給とされていることから、育児休業給付金を休業期間中の被保険者の所得保障、すなわち賃金代替給付と位置付けることもできるが、賃金代替給付としては賃金の5割保障では不十分である。また、育児休業期間が、保育所に入れないなどの理由がある場合には、2歳まで延長できるが、最長2年間に及ぶ休業は、職場復帰を困難にさせる要因になりうる。

## 第5節　雇用保険事業と求職者支援制度

## 1　雇用保険事業

### (1)　雇用保険事業の概要

　雇用保険では、以上の雇用保険の給付のほか、労働者の職業の安定に資するという目的を遂行するため、事業主が負担する雇用保険料を原資とし、雇用安定事業と能力開発事業が行われている（雇用保険2事業といわれる）。

　このうち、雇用安定事業は、事業主に対する助成金を中核としており、雇用調整助成金（雇保62条1項1号）、労働移動支援助成金（同条1項2号・3号）、高年齢者雇用安定助成金（同条1項3号・4号）、特定求職者雇用開発助成金等（同条1項5号・6号）がある。

　中でも、雇用調整助成金は、不況などにより急激な事業活動の縮小を余儀なくされた事業主が一時休業、雇用調整のための出向などを行う場合に、事業主が支払う休業手当や出向労働者の賃金負担額の一部を助成

金として支給するもので、企業内での雇用確保を図り、失業の増加を抑えるという意味で、不況時において重要な役割を果たしてきた。雇用調整助成金の助成率は、2008年秋のリーマン・ショック以降の厳しい雇用情勢に対応し引き上げられたが、2013年以降、大企業は2分の1、中小企業は3分の2という原則的な助成率に戻されていた。しかし、2020年以降の新型コロナの感染拡大とそれにともなう雇用情勢の悪化で、再び助成率が大企業4分の3、中小企業100％に引き上げられた。

　これらの助成金は、要綱や要領によって支給されており、助成金の不支給決定については処分性が否定されている（福岡高那覇支判1993年12月9日判時1508号120頁参照）。

　能力開発事業は、職業生活の全期間を通じて、被保険者の能力の開発・向上を促進することを目的として行われる（雇保63条）。内容は多岐にわたり、認定訓練助成費補助金（雇保63条1項1号）、人材開発支援助成金（同条1項7号）などの助成金のほか、職業能力開発のための講習や援助などを行っている。

### (2)　雇用調整助成金による休業保障制度の問題点

　雇用調整助成金の制度は、事業主の申請により事業主に助成金を交付することで、休業手当の支払いを助長する「間接給付」といえる。これまで雇用調整助成金の不正受給があったことなどが問題となり、申請手続きが複雑になっていたうえに、労基法上で予定されている休業手当は、最低保障として平均賃金の6割以上の手当の支払いを使用者に義務付けているものの（労基26条）、非正規労働者の場合、正社員と異なり各種手当が支給されないため平均賃金は時給や日給よりかなり定額に算定され、実際には休業手当の額は、時給や日給の4割程度にしかならないという現状があった。[21]

　新型コロナの感染拡大による未曽有の雇用危機により、こうした雇用調整助成金の運用上の問題点が一挙に表面化した。非正規労働者や中小

---

21　脇田滋「コロナ禍での非正規労働者の苦境－休業保障制度の改善点と残る課題」経済299号（2020年）93頁参照。

企業の労働者を中心に休業を余儀なくされながら、休業手当が支払われない事例が続出したからである。雇用調整助成金を申請する事業主の側も、事務負担が大きく煩雑で手間のかかかる申請を行わない事業主も少なくなく、労働行政の人員体制もひっ迫しており、受給までに2か月以上も時間がかかり、労働者が確実かつ迅速に休業手当を受け取ることができないなどの問題が生じた。また、かりに休業手当を受け取っても、額が低すぎて暮らしていけない人や雇用保険に加入していなかったり、フリーランスなど個人事業主のため、雇用保険の適用外となり、休業手当そのものの支給がなく、生活困窮に陥る人も続出した。

## （3）　雇用保険法臨時特例法による雇用安定事業の特例等

　以上のような雇用調整助成金や休業手当の制度的不備を補うべく、前述の雇用保険法臨時特例法（以下「特例法」という）により、新型コロナの感染拡大の影響により事業主が休業させ、休業期間中に休業手当を受け取ることができなかった被保険者に対して、新型コロナウイルス感染症対応休業支援金を支給する事業を実施することができることとなった（特例法4条）。これは、中小企業の被保険者に対して休業前賃金の80％（月額上限33万円）を休業実績に応じて支給するもので、従来の雇用調整助成金とは異なり、労働者本人が申請し、ハローワークで直接受給する「直接給付」である点に特徴がある。

　さらに、雇用保険の被保険者でない労働者についても、予算の範囲内において、休業支援金と同趣旨の給付金を支給する事業を実施できる（特例法5条1項）。従来、フリーランスなど個人事業主形式の場合は、雇用保険の適用外とされ、休業中に賃金を受け取ることができなかったが、同法は、これらの労働者にも給付金を直接支給するもので、大きな意義を有する。

　そのほか、雇用保険の安定的な財政運営を確保するため、求職者給付等に要する経費について、経済情勢の変化や雇用勘定の財政状況を踏まえ、一般会計から繰り入れることができることとされた。

## 2 求職者支援制度

雇用保険と密接に関連する制度として、求職者支援制度がある。同制度は、雇用保険の給付を受けられない求職者に対して生活の保障を行う一方で、職業訓練などの就労支援を行う制度で、失業しても生活保護にいたる前に労働市場に復帰できるよう支援するという意味で「第2の安全網」ともいわれる。2008年のリーマン・ショックによる雇用危機に対応する緊急雇用対策として導入された事業を改編し、2011年に、職業訓練の実施等による特定求職者の就職の支援に関する法律（特定求職者支援法）が制定されて恒久化された。

同制度では、再就職できないまま雇用保険の給付期間が終了したり、学卒未就職者など、①公共職業安定所に求職の申し込みをしていること、②雇用保険被保険者や雇用保険受給者でないこと、③労働の意思と能力があること、④職業訓練などの支援を行う必要があると公共職業安定所長が認めたこと、の4つの要件をすべて満たす者（特定求職者）を対象に、求職者支援訓練または公共職業訓練を行うほか、訓練期間中に職業訓練受講給付金を支給する。給付金は、本人収入が月8万円以下で、かつ世帯全体の収入が月25万円以下であり、すべての訓練実施日に出席するなど一定の条件を満たす者に、月額10万円の職業訓練受講手当と通学のための交通費としての通所手当とが支給される。

財源は、労使の保険料と国庫の負担で賄われる（雇保68条2項・66条1項）。しかし、本来的には、雇用保険料ではなく、全額公費で賄う仕組みとすべきであろう。[22]

## 第6節　労働保険をめぐる現状と課題

## 1　労災と失業の現状

### （1）　雇用の劣化

---

[22]　同様の指摘に、菊池303頁参照。

　1995年に、日経連（日本経営者団体連盟。2002年に経済団体連合会と統合し、現在は日本経済団体連合会＝経団連）が「新時代の『日本的経営』」を発表し、正社員を減らし非正規労働者に代替していくことを提唱して以降、こうした財界の経営戦略に沿った形で、1990年代後半から2000年代前半にかけて、労働者派遣法の改正など労働法制の規制緩和が進められ、低賃金で不安定な就労形態の非正規労働者が急増した。

　期間の定めのない労働契約で直接雇用されているフルタイムの正規労働者（正社員）でない労働者は、通常、非正規労働者といわれる。①期間の定めがある有期契約による労働者（契約社員など）、②フルタイムではないパートタイム労働者（アルバイトも含む）、③企業に直接雇用されていない派遣労働者などが典型的な非正規労働者である。現在、その数は、2012万人に達し、全労働者の約４割を占め、女性では就業者の半分以上（53.3%）、若年層では男女を問わず、およそ半分が非正規労働者となっている（総務省「労働力調査」による）。先の日経連の提言があった1995年には、その比率は20%程度であったことから、20年間で非正規労働者の比率は約２倍になり、急速な非正規化が進んだことがわかる。

　非正規化に加え、脆弱な最低賃金制度により、給与だけでは、生活保護基準の最低生活基準を保てない低収入世帯（いわゆる「ワーキングプア」世帯）も急増している。年収200万円以下で働く民間企業の労働者は、1995年には793万人であったが、2006年には1000万人を突破し、2019年には約1100万人まで増加している（国税庁「民間給与実態調査統計」）。

## （2）　長時間労働と労災の増加

　一方で、正社員の側は、過密労働・長時間労働にさらされている。過労死・過労自殺の労働災害（労災）の認定は増加し続けており、2017年度の労災補償状況によれば、仕事が原因でうつ病などの精神障害を発症して労災認定を受けた人は506人で、はじめて500人の大台（うち98人が自殺・自殺未遂）、過去最多になっている。

大手広告会社の電通では、2017年には、前々年12月に自殺した高橋まつりさんの労災認定が認められたことを契機に、東京労働局の強制捜査が行われ、当時の上司などが書類送検され、社長が辞任に追い込まれるに至った。

　一般労働者の総実働時間がいまだかつて2000時間を切ることはなく（2017年で2025時間）、週60時間以上働く長時間労働の労働者は600万人近くにのぼり、減少がみられない（総務省「労働力調査」）。週60時間の長時間労働の労働者は、月に約86時間の時間外労働となり、過労死の労災認定基準の月80時間の時間外労働という「過労死ライン」を超えており、いわば過労死予備群といえる。過労死・過労自殺など労災の発生を防止するためにも、日本における長時間労働の是正が早急の課題といえる。

### (3)　失業の現状

　一方、失業の状況をみると、2019年末までは完全失業率は2.2％と、ほぼ横ばいで低い水準で推移し、有効求人倍率（ハローワークで仕事を探す人1人あたりの求人数）も、全国平均で1.54と、すべての都道府県で1を上回っていた。

　しかし、2020年以降、新型コロナの感染拡大の影響で、雇用情勢は急激に悪化した。全国的な感染拡大を防ぐための緊急事態宣言、事業者への「補償なき自粛要請」、国民への「外出自粛」と自助努力の強要により、観光・飲食業界をはじめ事業者の倒産・廃業、そして非正規の人を中心に失業者が急増したからである。完全失業率は3.1％にはねあがり、有効求人倍率は1.04倍まで低下、新型コロナの影響による解雇や雇止めは、同時点で7万人を超えて、そのうち83％が非正規労働者である（厚生労働省調べ）。

　個人への新型コロナ対応休業支援金や事業者などへの持続化給付金は1回きりの助成のため、しだいに生活困窮に陥る人や資金繰りが間に合わず廃業や倒産に追い込まれる事業者が出ている。

　また、国際労働機関（ILO）の集計（2014年）をみると、失業給付な

どを受けていない失業者の割合は、ドイツが13%、フランスが18%、イギリスが40%であるのに対し、日本は78%と、経済開発協力機構（OECD）加盟国（単純平均44.8%）の中でも突出して高い。雇用保険の失業給付の要件が厳しいうえに、パワハラなどを受けた結果による退職などが自己都合退職にさせられている事例が相当数あるからである（自己都合退職の3割程度との推計もある）。自己都合退職の場合は、前述のように、雇用保険に加入していても、基本手当の支給が最大3か月間停止される。多くの失業者が失業時の保障がなく無収入の状態に置かれているという日本の状況は、どんなに劣悪な労働条件の仕事でも就かざるをえない人を増やし、表面上の失業率の低さと引き換えに、労働条件の悪化と賃金の下落を招き、ワーキングプアを増大させている。

　ただし、2020年より新型コロナの影響により自己都合離職した人は「正当な理由のある自己都合離職」として給付制限を受けない特例措置がとられている。

## 2　「働き方改革法」と長時間労働の規制

### （1）　時間外労働の法定上限規制の背景と「働き方改革法」の成立

　長時間労働の是正について、2018年7月、労基法など8本の法律を一括して改正する「働き方改革法」（正式名称は「働き方改革を推進するための関係法律の整備に関する法律」）が成立した。改正の中心は労基法改正で、①時間外労働の上限規制の導入と②特定高度専門業務・成果型労働制（以下「高度プロフェッショナル制度」という）の創設である。

　戦前の工場法は、法定労働時間が1日11時間と長かったこともあって、時間外労働の上限が法定化されていた。戦後、1947年の労基法によって、ようやく男女の区別なく全産業を対象に、当時の国際水準であった1日8時間、週48時間（現在は週40時間）の法定労働時間制が導入された。この法定労働時間の規制については、罰則規定も付され、違反した者は6か月以下の懲役または30万円以下の罰金に処せられる。

　法定労働時間の実効性が確保されるには、時間外労働（残業時間）の上限が厳しく規制される必要がある。ドイツでは、原則として、時間外

を含め、1日10時間を超えて労働することは法律で禁止されている。6か月間の平均では1日8時間を超えて労働してはならない。EU加盟国では、労働指令によって週労働時間の上限は48時間とされている（日本の週40時間を基準とすれば、週当たりの時間外労働の上限は8時間となる）。

　これに対して、日本の労基法は36条で、使用者は労働者の過半数で組織する労働組合またはそれに代わる過半数代表との間で時間外・休日労働協定（いわゆる「三六協定」）を結び、労働基準監督署に届け出れば、いくら長時間働かせても罰せられない仕組みであった。この仕組みは、労働組合が労働時間の無制限の延長に対して、歯止めをかける役割を期待したものであったが、実際には、少数の例外を除いて、労働組合がそうした規制力を発揮することはなかった。むしろ労働者が賃金を残業代で補おうとすることから、組合自体が青天井の「三六協定」に同意する傾向すらあった。

　1998年の厚生労働大臣告示によって、労働時間の延長について、1週15時間、1か月45時間、1年360時間などの限度時間が設定された。しかし、これは法的強制力を持たず、行政的な指導基準の域を出るものではなかった。そのうえ、「予算・決算業務」「業務の繁忙」「納期のひっ迫」「大規模なクレームへの対応」「機械のトラブル」など特別の理由を付して、特別条項付き協定を結べば、この限度額を超えて無制限に労働時間の延長が可能であった。しかも、①工作物の建設等の事業、②自動車の運転の業務、③新技術・新商品等の研究開発の業務、④医師その他厚生労働省労働基準局長が指定する業務は、先の緩やかな限度時間でさえ適用除外になっていた。

## (2)　時間外労働の上限規制とその問題点

「働き方改革法」では、時間外労働の上限規制として、三六協定の記載事項の法定、上限時間の強行法規化（違反に対する罰則を明記）が行われた。具体的には、法定労働時間を超える時間外労働の延長の限度を、原則として月45時間、かつ年360時間（休日労働は別枠）としている。

ただし、「臨時的な特別の事情がある場合」つまり「通常予見することのできない業務量の大幅な増加等に伴い臨時的に限度時間を超えて労働させる必要がある場合」は、その旨を盛り込んだ特別条項付きの「三六協定」を締結することを条件に、単月 100 時間未満、複数月平均 80 時間以内、1 年 720 時間以内の時間外労働が認められる。

「働き方改革法」では、労基法の歴史上はじめて罰則付きの上限規制を導入したものの、上限が高すぎるという問題がある。単月 100 時間未満、複数月 80 時間以内という時間数は、厚生労働省の労災認定基準のいわゆる「過労死ライン」に依拠しており、長時間労働の是正には程遠い。むしろ、現時点で「三六協定」の特別条項による時間外労働の延長の限度を 80 時間以内に抑えている企業からすれば、「100 時間未満」という時間外労働の上限設定は、延長時間を 100 時間ぎりぎりまで引き上げる誘因になりうる。[23]

　また、未整備のままの過半数代表制度は、時間外労働等の導入と運用に十分なチェック機能を果たせず、結局は、形式的に追認する仕組みとしての側面を強めているとの指摘もある。[24] さらに、特例の 100 時間未満、80 時間以内という上限については、休日労働を含むが、原則の上限とされる月 45 時間以内、年 360 時間以内、および年 720 時間以内という基準については、週 1 回、月 4 回の法定休日労働を別枠にしている。その結果、年間最大 960 時間（80 時間 × 12 か月）の時間外労働も可能となる。原則の上限とされる月 45 時間以内という基準も、仮に 1 日 9 時間の法定休日労働が月 4 回あれば、45 時間 +36 時間でたちまち 80 時間を超える。後述するように、週単位、1 日単位での時間外労働の上限規制を設けるべきである。

## （3）　高度プロフェッショナル制度とその問題点

　つぎに、高度プロフェッショナル制度は、労基法を改正し、その適用

---

23　同様の指摘として、森岡孝二「時間外労働の上限規制で過労死はなくなるか」法学セミナー 762 号（2018 年）25 頁参照。

24　長谷川聡「時間外労働規制の意義と手法」法律時報 91 巻 2 号（2019 年）19 頁参照。

を受ける労働者について、労基法上の労働時間規制の適用を除外するものである。前述の週40時間、1日8時間の法定労働時間など労基法の定める労働時間規制は「労働者が人たるに値する生活を営むため」（労基1条）必要な最低限の労働条件の基準であり、同制度は「人たるに値する生活」のための法的保護を、特定の労働者について剥奪するわけで、違憲・違法の疑いがある。

　具体的にみると、休日については、毎週1日ではなく4週4日与えればよく、この休日に労働させることはできない。しかし、それ以外の労働時間規制はなく、その結果、この制度の適用を受ける労働者は、4週間単位でみれば、最初と最後に各2日の休日を与えれば、24日間休みなしに連続して1日の労働時間の上限も途中の休憩もなく、深夜にわたって（極端な話、24時間にわたって）労働させられることが可能となる。しかも、割増賃金も残業代も一切支給されない。高度プロフェッショナル制度が「過労死促進法」「働かせ放題法」「残業代ゼロ法」といわれるゆえんである。[25]

　高度プロフェッショナル制度の対象となる業務は「高度の専門的知識を必要とし、その性質上、従事した時間と従事して得た成果との関連性が通常高くない」もの（金融アナリストやコンサルタント等）とされ、賃金が労働者の年間平均給与額の3倍を上回る（1075万円以上）労働者などとされている。しかし、これらの要件は省令で決められるため、国会を通すことなく、対象業務が拡大し、年収要件が引き下げられていく可能性が高い（実際、財界は、平均年収程度までの引き下げを要求しているという）。

　また、使用者は対象となる労働者について次のいずれかの措置を講じなければならない。①仕事が終了してから次の仕事の開始までの間に、継続した休息時間を確保し（インターバル規制）、深夜業の回数を制限すること、②健康管理時間（在社時間と事業場外労働の時間の合計）を厚生労働省令で定める時間の範囲内とすること、③1年に1回以上の継

---

25　同制度の問題点については、浜村彰「高度プロフェッショナル制度は働き方改革なのか―時間に拘束されない働き方とは」法学セミナー762号（2018年）19-20頁参照。

続した2週間の休日を与えること、④健康管理時間が厚生労働省令で定める基準を超える労働者に対して健康診断を実施すること、である。しかし、使用者は、これらのうち1の措置を講ずればよく、たとえば、④の健康診断を実施すれば、③の2週連続の休日を与える必要もない。

　そのほか、高度プロフェッショナル制度の適用に同意しなかった対象労働者に対しては解雇その他の不利益扱いをしてはならないこと、以上の事項について、当該事業場において労使同数の委員からなる労使委員会を設置し、委員の5分の4以上の多数決による決議をして、これを使用者が労働基準監督署に届け出ることが規定されている。なお、衆議院での法案修正で、制度の適用に同意した場合にも撤回ができる旨の規定が加えられた。

## 3　労働保険の課題

### (1)　労災保険の課題

　労災保険の課題としては、現在の過労死・過労自殺の労災認定の基準の見直しが課題となる。また、労災予防のためのメンタルヘルス対策の徹底が企業に求められる[26]。

　何よりも、過労死・過労自殺の労災認定の増加の背景にある長時間労働の是正が不可欠である。前述の「働き方改革法」による時間外労働の規制では不十分で、労基法の趣旨に立ち返った法改正、時間外労働のより厳しい規制が早急に必要である。

　旧労基法36条ただし書きは「坑内労働その他命令で定める健康上特に有害な業務の労働時間の延長は、1日について2時間を超えてはならない」と規定していた。労基法の本来の趣旨からいえば、この規定の一般原則と例外との関係を入れ替え、「労働時間の延長は、1日について2時間を超えてはならない」とし、そのうえで、特別な場合に2時間を超えて延長できる例外的な業務とその手続きを命令に委任するという制度

---

26　メンタルヘルス対策の拡充のため、労働安全衛生法と労災保険法を統合する方向を示すものに、有田謙司「安全衛生・労災補償の法政策と法理論」日本労働法学会編『講座・労働法の再生3／労働条件論の課題』（日本評論社、2017年）212 – 216頁参照。

設計にすべきである。

　日本弁護士連合会（日弁連）の「『あるべき労働時間法制』に関する意見書」（2016年11月24日）がいうように、1日8時間、1週40時間の労働時間規制の原則を前提にしたうえで、「三六協定」による労働時間の延長の限度について、以下のような法規制を実施すべきと考える。まず、前述の厚生労働大臣告示による基準（1週15時間、1か月45時間、1年360時間）を労基法に明記し、特別条項に関する規定を廃止する。つぎに、段階的に、週、月、年の延長限度の基準を厳格化するとともに、1日の労働時間の延長の上限を法定化する。具体的には、1日2時間（1日の最大労働時間10時間）、1週8時間（1週の最大労働時間48時間）、年間150時間（日弁連意見書では180時間程度）とすべきであろう。

　なお、高度プロフェッショナル制度については、特定の労働者を労基法の労働時間規制の対象から外すこと自体に憲法違反の疑いがあることなどから、廃止すべきである。

　そのほかに、労災保険法の遺族補償年金について夫にのみ年齢要件を定める規定は、法の下の平等を定めた憲法14条に違反する疑いがあり、年齢要件の削除が望ましい。

## （2）　雇用保険の課題

　雇用保険については、自己都合退職の場合の給付制限の撤廃も含め雇用保険の受給要件を大幅に緩和する必要がある。本来であれば、非正規労働者も含め労働者すべてを雇用保険の適用対象にすることが望ましい。また、基本手当の所定給付日数が基本的に90日ときわめて短期であるという問題がある。給付日数のベースを現在の90日から180日に増やし、給付日額を改善し、上限日額を25％切り上げ、2003年改定以前の水準に戻す必要がある。

　そして、より根本的な解決策として、失業扶助制度の創設が必要と考える。イギリス、ドイツ、フランス、スウェーデンでは、失業給付期間を超えても、減額はされるが一定額の給付が失業者に支給される失業扶助制度が存在する。失業扶助制度は、失業保険の給付期間を超えた失業

者だけでなく、失業保険に加入していなかったり、給付の条件を満たさない失業者も、一定の条件を満たせば給付される。日本では、前述の求職者支援制度が創設されているが、同制度を、要件を緩和したうえで、全額公費負担による失業扶助制度に転換すべきである。失業扶助制度をはじめとする失業時の生活保障の拡充は、賃金の上昇と正規雇用の増大など労働条件の改善をもたらし、健全な労働市場の創出につながるはずである。[27]

　なお、2017年の雇用保険法の改正で、国庫負担率が3年間の時限措置とはいえ13.75%から法律本則（25%）の1割の2.5%にまで大幅に引き下げられた。その後、2020年の改正で、この暫定的引き下げが、さらに2年間（2020 ～ 2021年度）のばされた。国庫負担率は法律本則の25%に戻したうえで、特別会計である雇用保険勘定の余剰を用いて、当面の措置として、受給要件を緩和し、受給者の範囲の拡大や所定給付日数の延長を行うべきと考える。

---

27　詳しくは、伊藤・入門209 - 210頁参照。

# 第7章 | 社会福祉

　社会福祉は、障害、老齢、母子家庭などの理由で身体的、社会的な支援を必要とする人に対して、居宅介護、施設入所などの給付を行う制度である。社会福祉の法制度（社会福祉法制）は「措置から契約へ」と称した社会福祉基礎構造改革によって大きく変容し、社会福祉の給付の多くがサービス費用の償還給付に変えられた。

　本章では、社会福祉法制について総論的に考察したのち、高齢者福祉と介護保険法、児童福祉、障害者福祉・雇用、母子等の福祉の法制度を考察する。そのうえで、社会福祉の利用者の権利保障の仕組みと社会福祉法制の課題を検討する。

## 第1節　社会福祉法制総説

## 1　社会福祉法制の展開と措置制度

### (1)　戦後の社会福祉法制と措置制度の確立

　1946年に、連合国最高司令官総司令部（GHQ）が日本政府に示した「社会救済」覚書は、公的扶助における①無差別平等原則、②公的（国家）責任の原則、③必要充足の原則を示すものであったが、1949年には、社会福祉行政6原則が示された。これは社会福祉の公的責任の確立と、実施のための行政体制の整備を日本政府に強く要求するものであった。同時に、民間の社会福祉事業に対する公的責任の転嫁、国の関与や援助を禁止することを指示しており、こうした公的責任、社会福祉における公私分離の原則は、1951年に制定・施行された社会福祉事業法によって法制化された。

戦後の日本の社会福祉法制は、生活保護法から専門分化していくという過程を辿る。まず、1947年に児童福祉法が、1949年には身体障害者福祉法が制定される。これらは、1950年に全面改正された生活保護法とともに、福祉3法と称された。こうした社会福祉法制の特徴は、各法に定められた措置（福祉の提供という現物給付）を国・自治体の責任（公的責任）で実施するというもので、措置制度といわれた。

　もっとも、当時、施設をはじめ福祉供給体制は整備途上にあったため、社会福祉事業法によって、民間事業者を社会福祉法人として委託の形で公的補助を行う仕組みがとられた。同法によって、各都道府県に社会福祉事務所が設置され、福祉事務に従事する専門公務員が誕生する。実施体制は、機関委任事務（現在は法定受託事務）として、自治体が事務処理を行っていたが、サービス提供は施設入所が中心で、供給量が限られていたため、措置の対象とされたのは、緊急性の高い人や低所得者層であった。

　1960年代に入ると、1960年に精神薄弱者福祉法（1998年に知的障害者福祉法に名称変更）、1963年に老人福祉法、1964年に母子福祉法（1981年に母子及び寡婦福祉法、2016年に母子及び父子並びに寡婦福祉法に名称変更）が相次いで制定され、先の3法とあわせて、福祉6法体制が確立した。1960年代は、高度経済成長のもと、保育所などの施設の整備も進み、1973年は「福祉元年」と称され、普遍的な福祉サービス供給体制が確立するかにみえた。

　しかし、1973年秋の第1次石油危機により、高度経済成長が終わり、低成長期が到来すると、一転して「福祉見直し」が叫ばれ、福祉予算の削減の方向に舵が切られる。1981年には、臨時行政調査会、ついで第2次臨時行政調査会が発足、行財政改革の答申を出し、医療・年金・社会福祉抑制の方向が打ち出された（「臨調・行革路線」と称された）。その後、1986年以降は、社会福祉の国庫負担割合を従来の8割から最終的には5割に引き下げる改革が断行され（生活保護の国庫負担は75%）、同時に、機関委任事務が廃止され、施設入所に関する事務が自治事務とされた。

## （2）　措置制度の特徴

　措置制度では、利用希望者の申し込みを契機として、措置権者（地方公共団体またはその長）が受給資格を認定して措置決定を行い、措置（保育などの現物給付）がなされる。受給資格の認定は、受給要件に該当するか否かを認定するもので、必要度や緊急性に応じて優先順位が決定される。措置決定は行政処分と構成され（したがって、決定に不服がある場合は、取消訴訟など行政訴訟の提起が可能となる）、措置決定がなされれば、措置権者は、受給資格者に措置を実施する義務を負う。民間事業者に委託する場合にも、社会福祉各法により、措置の受託義務および受託者に対する規制監督が規定されている。

　こうした措置制度は、第1に、措置権者である市町村が、措置の実施という現物給付義務を負い、民間事業者に委託する場合にも、事業者に対して委託費を支給する方式をとっていること（現物給付方式）、第2に、市町村（行政）の責任により入所・利用が保障されること（市町村責任方式）、第3に、費用負担は無償もしくは、利用者の所得に応じた応能負担であること、第4に、財源は、国・自治体の公費負担であること、に特徴がある。

　しかし、行政解釈では、措置決定は行政処分であり、措置の実施は職権主義によるもので、利用者の申請権は否定され、同時に、サービスを受ける利益は、措置の実施の結果として生じる反射的利益であるとして、措置請求権も否定されてきた[1]。判例も、同様の解釈を示すものが大半であった（申請権を否定する大阪高判2001年6月21日判例自治228号72頁、措置請求権を否定する大阪地判1998年9月29日賃社1245号30頁。養護老人ホームの個室入所請求訴訟に対する最判1993年7月19日判例集未登載など）。

---

[1]　厚生省社会局老人福祉課監修『改訂・老人福祉法の解説』（中央法規、1987年）88-89頁参照。

## （3） 措置制度批判の展開とその見直し

　1990 年代に入ると、こうした措置制度に対して、①措置決定は一方的・権力的で、利用者は従属的な立場に置かれ、施設やサービスの選択ができない。②供給量の不足により、サービス提供を拒否する行政裁量が認められ、多数の待機者の存在を理由に、利用の申出を受け付けない運用もみられる。③施設最低基準や措置費の算定基準が低く設定されているため、処遇面での質の確保が十分できていない、などの問題点が指摘され、改革の必要性が主張されるようになった。

　もっとも、これらの問題点の多くは、措置制度の仕組みを前提としながら、公費を投入し、施設などの供給量の増大を図り、施設最低基準や措置費の引き上げを行うことなどで解決しうる問題といえた（②③の問題）。また、法解釈論を通じて運用を改善する途もあった[2]。とくに、保育所入所については、多くの自治体で、保護者が特定の保育所を選択したうえで、入所希望先を明記し、市町村に申し込みを行う方式が常態化しており、申請権と措置請求権を認めることは十分可能であった。

　しかし、社会福祉基礎構造改革と称し、1997 年に成立、2000 年に施行された介護保険法によって先鞭をつけられた改革は、措置制度の見直しというより解体であった[3]。介護保険法の施行により、高齢者の介護保障が、老人福祉法に基づく措置制度から社会保険方式の介護保険へと転換され、その後も、障害者福祉において支援費制度の導入、障害者自立支援法（現在の障害者総合支援法）の施行により、措置制度から契約方式への転換が行われた（本章第 2・4 節参照）。その結果、高齢者・障害者福祉の給付は、サービスそのものの給付（現物給付）ではなく、サービス利用の費用の助成という金銭給付に変わり、高齢者や障害者などが事業者・施設と直接契約してサービスを利用する仕組みが導入された。

## 2　社会福祉の給付方式とサービス利用関係

## （1）　介護保険方式

---

2　加藤ほか 259 頁（前田雅子執筆）参照。

3　1990 年代以降の社会福祉基礎構造改革については、伊藤・権利 188 頁以下参照。

図表7-1　介護保険方式

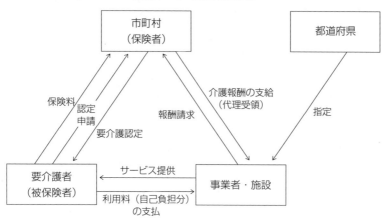

出所：筆者作成

　措置制度からの転換が最も劇的に行われたのが高齢者福祉分野である。
　すなわち、介護保険法施行により、老人福祉法に基づく高齢者福祉措置制度（現物給付方式、市町村責任による入所・利用の仕組み、利用者負担は応能負担、財政方式は税方式）は解体され、①個人給付方式（要介護・要支援認定を受け給付資格を認められた要介護者への金銭給付の支給）、②直接契約方式（要介護者と指定事業者・施設との契約、要介護者の自己責任による利用の仕組み）、③利用者負担は応益負担、④財政方式は社会保険方式へ転換した（以下「介護保険方式」という）。
　介護保険の給付を受けるには、被保険者が市町村（保険者）に申請して、要介護・要支援認定（以下「要介護認定」という）を受けたうえで、指定事業者・施設との間で利用契約を締結する（②の方式）。そして、サービス利用に要した費用の9割について、要介護者（被保険者）に保険給付が行われる（①の方式）。ただし、サービス費用は、通常は、要介護者ではなく、介護報酬の形で指定事業者・施設が要介護者に代わって受給する（代理受領。介保41条6項以下など）。要介護者はサービス費用の1割（応益負担）を直接、指定事業者・施設に支払う（③の方式。以上につき図表7-1）。

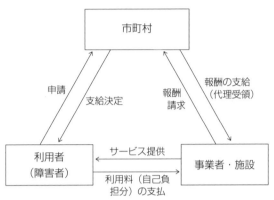

図表 7-2　障害者支援方式

出所：筆者作成

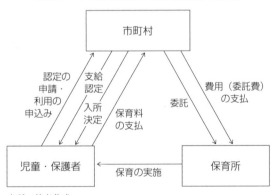

図表 7-3　保育所方式（私立保育所の場合）

出所：筆者作成

## (2)　障害者支援方式

　こうした介護保険方式をモデルに、障害者福祉分野において関係各法が改正され、財政方式は税方式のまま、措置制度からの転換がなされた。

　すなわち、2003 年に、身体障害者福祉法や知的障害者福祉法などが改正され（支援費制度）、障害福祉サービスの利用方式が①個人給付方式、②直接契約方式に転換、2006 年の障害者自立支援法の施行によって、同サービスの利用者負担に③応益負担が持ち込まれた。しかし、同法の応益負担を違憲とする訴訟が提起され、2010 年に、厚生労働省（国）と原告団・弁護団の基本合意書が締結されるに至り、同法が改正され、利用者負担が原則応能負担となったうえで、障害者の日常生活及び社会生活を総合的に支援するための法律（以下「障害者総合支援法」という）と名称変更し、2013 年より施行されている。

　障害者総合支援法に基づく自立支援給付を受けるためには、障害者が市町村に申請して、その支給決定を受ける必要がある（障害総合 19 条・20 条）。支給決定では、サービスの種類ごとに介護給付費等が支給されるサービスの量（支給量）が月単位で決められ、支給決定を受けた障害者は、指定事業者・施設と利用契約を締結することでサービスを利用する。これに要した費用について、市町村は支給額を限度額として利用者（支給決定障害者）に代わって指定事業者・施設等に支払い（代理受領）、利用者は自己負担分を指定事業者・施設に支払う（障害総合 29 条 4 項・5 項など。以上につき図表 7 - 2）。介護保険方式と比べて、①個人給付方式、②直接契約方式である点は同じだが、③利用者負担は原則応能負担、④財政方式は税方式である点に相違がある（以下「障害者支援方式」という）。

## (3)　サービス給付（措置）方式と保育所方式

　一方、児童福祉法に基づく保育所入所の場合は、1997 年の児童福祉法改正により、措置から市町村と保護者との契約に基づく利用に転換されたとされる（本章第 3 節参照）。すなわち、保護者が市町村に対し申

図表 7 - 4　措置方式（措置委託の場合）

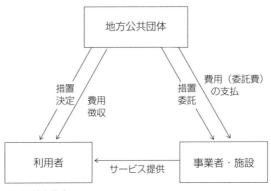

出所：筆者作成

込みを行い、両者の契約関係を前提に保育が提供されるが、市町村が保育の実施義務を負う点では、措置方式の場合と変わりがない。市町村が、私立保育所に保育の実施委託した場合の法律関係については議論があるが、この場合、市町村と私立保育所との間で第三者のためにする契約（民法537条）が成立しており、その効果として児童・保護者は入所している私立保育所に対して、保育の実施に関して直接権利主張することができるとみる見解（三面関係説）が有力とされる。[4] 第三者のためにする契約は、児童・保護者のために保育を実施する市町村と私立保育所との間の準委任契約である。

　2015年から、子ども・子育て関連3法が施行され、認定子ども園や地域型保育事業の利用については、①個人給付方式と②直接契約方式の導入が図られたが、保育所については、市町村の保育の実施義務が維持されたため（児福24条1項）、保護者と市町村との契約という形をとる仕組みは変わっていない。ただし、保育所の利用の場合も、支給認定は受けなければならなくなった（以下「保育所方式」という。図表7-3）。

　これに対して、従来どおり措置として実施されるサービス給付（現物給付）の方式も残っている。要保護児童に対する施設入所措置（児福

---

4　前田雅子「社会保障の法関係」高木光・宇賀克也編『ジュリスト増刊・行政法の争点』（有斐閣、2014年）266頁参照。

27条1項3号）、やむを得ない理由により、介護保険のサービスを利用することが著しく困難な高齢者に対して、市町村が老人福祉法に基づいて行う入所措置（老福11条など）などがこれに該当する。これらの措置は、申請を前提とせず職権で行われ、市町村（行政）責任により行われる（以下「措置方式」という。図表7-4）。

## 3　社会福祉法

### （1）　社会福祉法の目的と基本理念

　社会福祉全般の共通的基本事項を定めるのが社会福祉法である（社福1条）。同法は、2000年に、当時の社会福祉事業法を全面的に改正して名称変更したもので、社会福祉全般の理念に関わる規定が盛り込まれている。以下、具体的にみていこう。

　第1に、社会福祉法は、個人の尊厳の保持と自立を福祉サービス全般の基本理念として位置づけている（社福3条）。ここで「自立」とは、他からの援助を受けないという意味ではなく、援助を受けつつ自身の意思決定や行動に他者の干渉を受けないという意味に解すべきであろう[5]。

　第2に、「地域福祉の推進」という理念が規定されている（社福4条）。その目的は、福祉サービスを必要とする住民が、地域社会の構成員として日常生活を営み、あらゆる分野に参加する機会が付与されることにある。その推進主体として、地域住民、社会福祉を目的とする事業の経営者および社会福祉に関する事業を行う者が列挙されている。また、「地域福祉の推進」の章（第10章）を設け、地域福祉推進の中心的な担い手として、市町村および後述する地区社会福祉協議会、そして都道府県社会福祉協議会を位置づけ直した（社福109条・110条）。

　第3に、社会福祉サービスの提供の原則として、利用者の意向を十分に尊重することが求められる（社福5条）。この要請は、社会福祉事業の経営者の情報提供、福祉サービスの質の向上のための措置などの努力義務として具体化されている（社福75条・78条など）。

　第5に、国および地方公共団体の責務として、福祉サービスの提供の

5　同様の指摘に、加藤ほか260-261頁（前田雅子執筆）参照。

確保、福祉サービスの適切な利用の推進に関する施策などが上げられている（社福6条）。福祉サービスの利用方式が介護保険方式・障害者支援方式が主流になったことを踏まえて、国・自治体の公的責任を直接的なサービス提供ではなく、その後方支援に限定している点に特徴がある。

### (2) 社会福祉事業と施設・運営の最低基準

社会福祉法2条2項・3項は、社会福祉事業（第1種事業、第2種事業）を限定列挙している。

第1種社会福祉事業の多くは、特別養護老人ホームや児童養護施設など社会福祉施設の経営事業であり、施設入所者の権利擁護のために、同事業の経営主体は、国、地方公共団体または社会福祉法人に限定されている（社福60条）。それ以外の者でも都道府県知事の許可を受けて経営することができるが（社福62条2項以下・67条2項以下）、無許可で社会福祉事業を運営した者には罰則がある（社福131条）。これに対して、第2種事業は、保育所の経営なども含むが、経営主体に制限がなく、事業を開始する者は届出義務を負うにとどまる（社福69条）。

社会福祉施設の設備・運営についての最低基準は、従来は、厚生労働大臣が省令で定めていたが、自治事務の義務付け・枠付けの見直しを図る「地域の自主性及び自立性を高めるための改革の推進を図るための関係法律の整備に関する法律」（とくに、2011年公布の第1次・第2次一括法）により、都道府県が条例で定めることとなった。ただし、①施設に配置する職員およびその員数や居室の床面積については、省令で定める基準に従い、②利用定員については同基準を標準として定めるものとされ、③その他の事項については、同基準を参酌することが求められる（社福65条）。①が「従うべき基準」であり、省令の基準を下回ることができない（人員の増員や床面積の拡大といった上乗せは可能）。②は「標準とすべき基準」であり、これを標準としつつも、合理的な理由がある範囲内で異なる内容を定めることができる。③は「参酌すべき基準」であり、地域の実情に応じて、これと異なる内容を定めることができる。しかし、こうした最低基準の地方条例化は、自治体間格差の拡大

やとくに③の参酌すべき基準について、歯止めのない基準の低下をもたらす可能性があるなど、問題が多い[6]。

　社会福祉法に従って社会福祉事業が遂行されているかを監督するため、都道府県知事は、社会福祉事業の経営者に対して、必要と認める事項の報告を求め、その役員に施設、帳簿、書類等を検査させ、その他事業経営の状況を調査させることができる（社福70条）。施設が都道府県の定める基準に適合しないと認められるに至ったとき、都道府県知事は、経営者に対して必要な措置をとるよう命じることができる（社福71条）。経営者が、この命令に従わない場合、立入調査を拒否した場合、またはサービスの利用者の処遇について不当な行為をした場合には、都道府県知事は、事業の経営を制限し、事業の停止を明示、または許可を取り消すことができる（社福72条）。

### (3)　社会福祉法人と社会福祉協議会

　民間の事業者が公の助成により社会福祉事業を行う目的のもと、社会福祉法の規定に基づき設立される特別な法人が社会福祉法人である（社福22条）。社会福祉法人を設立するには、所轄庁（原則として都道府県知事）による定款の認可を受ける必要がある（社福31条）。社会福祉法は、社会福祉法人に対し、かなり厳格な公的規制（業務監査、措置命令、解散命令など）を及ぼすことで、憲法89条後段にいう「公の支配」に組み込み、同条違反の問題をクリアーして公的助成の途を開いた（第1章第2節参照）。

　2016年には、社会福祉法が改正され、社会福祉法人に議決機関としての評議員の必置（社福36条）、一定規模以上の法人への会計監査人の設置義務（社福37条）を定めるほか、公益を目的とする事業（公益事業）と収益事業の実施を社会福祉法人の責務として法定化した（社福26条1項）。また、社会福祉施設職員等退職者共済制度を見直し、障害者施設等に係る公費助成が廃止された（介護保険施設等と同様の扱い）。

---

6　最低基準の地方条例化の問題点については、伊藤周平『子ども・子育て支援法と社会保障・税一体改革』（山吹書店、2012年）59頁以下参照。

これらの社会福祉法人制度改革は、社会福祉事業に営利企業が参入しやすい環境（いわゆる「イコールフッティング」の確立）を生み出そうとの意図がある。しかし、そもそも、社会福祉法人が行っている社会福祉事業そのものが公益事業であり、公益事業で予定されている生活困窮者対策などは、本来は、公費により国の責任で行うべき事業であり、国の責任の社会福祉法人への転嫁といってよい。

　一方、社会福祉を目的とする事業に関する調査・連絡・調整・助成や社会福祉に関する活動の住民参加のための援助等を行うことを目的とする団体（社会福祉法人）として、社会福祉協議会が都道府県および市町村に設置されており、社会福祉法に、組織・運用に関する規定が置かれている（社福109条以下）。社会福祉協議会には、その区域内の社会福祉事業を経営する者の過半が参加し、NPO（民間非営利団体）や住民のボランティア組織などの参加も予定されており、これらの連絡調整も行う。従来は、主として社会福祉事業の経営を行ってきた社会福祉協議会も多かったが、現在では、民間事業者の進出が困難な地域でのサービス提供や日常生活自立支援事業などの業務を担うようになってきている。

## 4　社会福祉の実施体制と業務従事者

### (1)　行政組織

　社会福祉の事務や給付決定を担うのは、地方公共団体である。介護保険の給付の決定、自立支援給付の支給決定、入所措置等の権限は、市町村にあり、一部の給付・措置決定、社会福祉法人の設置認可、事業者・施設の指定および規制監督の権限は都道府県にある（指定都市・中核市にも一部移譲されている）。社会福祉分野では、地方公共団体への権限移譲が進んでおり、大部分の事務が自治事務となっている。ただし、社会福祉法人に対する一般的監督など、一部は法定受託事務に該当するものもある。

　直接住民に対して社会福祉全般に対する相談指導や給付などの業務（現業といわれる）を行う専門機関が福祉事務所である。都道府県と市（特別区も含む）は福祉事務所を設置しなければならない（社福14条）。

福祉事務所には、所長のほか、家庭訪問や面接、措置の必要の判断、生活指導などのケースワークを行う現業員、現業事務の指導監督を行う査察指導員、事務員が置かれる。査察指導員と現業員は社会福祉主事の資格（任用資格）を有していなければならず、条例で定数を定めて配置し（現業員については生活保護受給世帯に対する一定割合を標準に定める）、原則として法定された職務にのみ従事させる専任規定がある（社福15条）。しかし、現業員の社会福祉主事の資格保有率は7割程度であり、生活保護受給世帯に対し必要とされる人数の現業員を配置できていない福祉事務所も多い。社会福祉主事の資格要件そのものが社会福祉の業務量や内容に比べて高いとはいえない中、社会福祉行政の専門性の確保が課題といえる。[8]

　そのほか、各福祉分野に専門分化した業務を行う機関として、児童相談所、身体障害者更生相談所、知的障害者更生相談所が法定されており、都道府県に必置である（児福12条、身福11条、知福12条）。それぞれ児童福祉司（児福13条）、身体障害者福祉司（身福11条の2）、知的障害者福祉司（知福13条）が配置される（これらは福祉事務所に置くこともできる）。

　福祉事務所の業務や社会福祉主事の職務への協力機関として、民生委員が位置づけられている。民生委員は、民生委員法に基づき、都道府県知事の推薦を経て厚生労働大臣から委嘱される民間人であり、無償で（交通費程度は支給される）、社会福祉業務の協力のほか、援助を必要とする者の相談・助言、福祉サービスの利用援助なども行う。しかし、近年、委員の高齢化が進み、担い手不足が深刻化している。そのほか、社会福祉各法で、児童委員（児福16条以下）、母子・父子自立支援員（母福8条）、身体障害者相談員（身福12条の3）などについて規定がある。

## (2)　事業者・施設の指定制度

　前述のように、介護保険方式と障害者支援方式のもとでの給付は、あ

7　笠木ほか268頁（中野妙子執筆）参照。
8　同様の指摘に、加藤ほか268頁（前田雅子執筆）参照。

らかじめ行政庁の指定を受けた事業者・施設のサービスを利用した場合に、これに要した費用を利用者に支給する個人給付・直接契約方式を採用している（実際は、事業者・施設が代理受領）。事業者・施設は、指定を受けることで、介護給付や自立支援給付の対象となるサービスを提供し、サービス費用の代理受領が可能になる法的地位を取得する。指定は、事業者等の申請により行われる。指定は、事業者等が法令の定める基準を満たしていることを確認する行政行為と解する学説が有力である。[9]不正な介護報酬の請求などを理由に指定を取り消される事業者・施設が増加したことから、過去に犯罪や不正行為を行った事業者等について指定の要件が厳格化されるとともに、指定の更新制度が導入されている。

　また、地方公共団体の策定する計画（都道府県介護保険事業支援計画、市町村介護保険事業計画など）の中で目標として定められているサービス量、施設入所定員の達成状況に照らして指定を拒否することが可能となる規定が設けられている（介保70条4項・78条の2第6項4号・94条5項、障害総合36条5項・38条2項等）。法律が指定拒否の対象として列挙していないサービスについて、事業計画の達成に支障が生じるおそれがあることを理由に、事業者等の指定を拒否することは許されないと解される（介護保険法の小規模多機能型居宅介護の指定拒否を違法とした名古屋高金沢支判2009年7月15日判例集未登載参照）。

### (3)　指定基準・最低基準と利用者の権利

　指定基準となる人員、設備、運営に関する基準は、都道府県が条例で定める（市町村の条例で定める指定基準もある。介保78条の4）。省令（「指定居宅サービスの事業等の人員、設備及び運営に関する基準」、「指定障害福祉サービスの事業等の人員、設備及び運営に関する基準」など）では、従うべき基準として、従業者とその員数、居室等の床面積、正当な理由のないサービス提供の禁止などの規定がある（介保74条3項、障害総合43条3項など）。

　これらの基準は指定を受けるための基準であると同時に、事業者はこ

9　西村・社会保障法310頁、菊池482頁参照。

れに従って事業を運営することが義務づけられる運営基準でもある。都道府県知事（一定の事業・施設については市町村長）は、指定事業者・施設に対して、報告、帳簿書類の提出、事業者の出頭などを求めることができ、また職員による関係者に対する質問や事業所への立入調査等を行うことができる（介保76条、障害総合48条等）。そして、事業所・施設の人員が基準を満たしていない、または基準に従った適正な事業の運営がなされていないと認められる場合、都道府県知事等は、当該事業者に対して基準を遵守すべきことを勧告することができ、勧告を受けた事業者等がこれに従わない場合、都道府県知事等はその旨を公表することができる（介保76条の2、障害総合49条等）。事業者等が報告・検査を拒んだ場合や、基準に違反する状態が解消されなかった場合は、都道府県知事等は指定の取り消しなどを行うことができる（介保76条、障害総合48条等）。

　ただし、指定を取り消されても、当該事業者等が事業を行うことは止められない。事業の停止などの規制は、最低基準違反に当たる場合には、社会福祉法その他の個別法に基づき行われることとなる。一方、利用するサービスが最低基準を下回った場合に、利用者の側から、具体的にどのような請求が可能かについては事案による。措置方式や保育所方式の場合には、利用者が最低基準に基づくサービスを受ける権利があると考えられるが（本章第3節参照）、判例（神戸地決1973年3月28日判時707号86頁）および学説[10]は、保育所入所児童につき、最低基準に関する履行請求権が一般的に認められるものではないと解している。この点につき、利用者の側から履行を求める方法が不明確、もしくは存在しないという課題がある。

## (4)　社会福祉事業の従事者

　社会福祉事業の従事者の専門資格としては、社会福祉士、介護福祉士、精神保健福祉士、保育士がある。社会福祉士は、日常生活に支障がある者の福祉に関する相談に応じ、助言、指導、その他の援助を行うこと

---

10　西村・社会保障法467頁参照。

（相談援助）を業務とし（社福士2条1項）、精神保健福祉士は、精神科病院その他の医療施設において精神障害の医療を受けている者等の社会復帰に関する相談援助を業務とする（精福士2条）。いわゆるソーシャルワークの資格である。介護福祉士は、日常生活に支障がある者に対して入浴・排泄、食事などの介護を行うことを業務とし（社福士2条2項）、いわゆるケアワーカーである。これらの資格は、いずれも業務独占ではなく、名称独占のみとなっており（社福士2条、精福士2条）、無資格者であってもこれらの業務への従事を妨げられるわけではない。

　社会福祉法は、社会福祉事業に従事する者の確保の促進のための基本指針の策定、福祉厚生センターについて規定を置いている（社福89条以下）。2016年の改正では、基本指針の対象を社会福祉事業に該当しない介護保険サービスにも拡大し（社福89条）、介護福祉士等の有資格者が離職する場合には福祉人材センターへの住所氏名等の届け出を努力義務として課した（社福95条の3）。

## 第2節　高齢者福祉と介護保険法

　介護保険は、従来の高齢者福祉制度を個人給付・直接契約方式に転換したのみならず、税方式による介護保障を社会保険方式に転換した点で、最もドラスティックな改革であった。そして、介護保険は、その後の社会福祉法制の改革のモデルとされている。

　本節では、介護保険法の成立・施行に至るまでの高齢者福祉政策の展開を概観し、介護保険の給付・財政構造を明らかにする。そのうえで、近年の介護保険制度改革と介護報酬政策の動向を分析し、社会保険方式による介護保障の限界と今後の課題を展望する。

## 1　高齢者福祉政策の展開と介護保険法の成立

　日本では、高齢化が急速に進み、65歳以上の総人口に占める割合（高齢化率）が1994年に14%を超える高齢社会に突入して以降、2013年には、高齢化率が25%を突破、75歳以上人口の割合も12.3%に達し、人

口の 4 人に 1 人が 65 歳以上の高齢者という本格的な超高齢社会になった。こうした状況のもと、公的年金、雇用保障、保健医療、住宅などの高齢者施策を推進していくことが急務となり、1995 年に、それらの諸施策の目的や基本理念を定めた高齢社会対策基本法が制定された。

　高齢者福祉政策のなかでも緊急の課題とされてきたのが介護保障である。高齢化の進展とともに、介護を必要とする高齢者が増加してきたが、圧倒的な福祉施設の不足の中、特別養護老人ホームなどの計画的な整備の必要性が認識され、1990 年の老人福祉法および老人保健法（現在は高齢者の医療の確保に関する法律）の改正により、全国すべての市町村・都道府県に、老人福祉計画の策定が義務付けられた（老福 20 条の 8・20 条の 9）。また、老人福祉法と身体障害者福祉法に基づく入所措置の権限を市町村に移譲し、市町村を在宅サービスの実施主体とするなどの改正が行われた。さらに、民間活力の利用という政策に沿って、措置委託先の拡大と供給主体の多元化が図られた。すべての市町村が、サービスの種類ごとに目標数値を設定したうえで、施設の整備等を確保するという計画を策定した意義は大きいとの指摘もあるが[11]、計画の検証が十分なされてきたかは疑わしい。

　そのほか、高齢者の権利擁護という観点から、高齢者に対する虐待が深刻化している状況を踏まえ、「高齢者虐待の防止、高齢者の養護者に対する支援等に関する法律」（高齢者虐待防止法）が 2005 年に制定された。同法には、家族などの養護者、および施設居宅サービスや介護施設の従事者による虐待を受けた高齢者を保護するため、通報、立入調査や一時保護などの措置、後見開始等の請求、事業者・施設への老人福祉法や介護保険法に基づく規制監督権限を適切に行使すべきことが規定されている。

## 2　介護保険法の概要

### (1)　介護保険法の目的と基本原則

　介護保険法は、要介護者等が、自らの尊厳を保持し、その有する能力

11　加藤ほか 283 頁（前田雅子執筆）参照。

に応じ自立した日常生活を営むことができるよう、必要な保健医療サービスおよび福祉サービスに係る給付を行うことを目的とする（介保1条）。給付の内容・水準は、要介護状態になっても可能な限り居宅において自立した生活を営むことができるよう配慮すべきものとされており、居宅での生活が優先される（介保2条4項）。同時に、給付は、要介護状態の軽減または悪化の防止に力点を置くこと、被保険者の選択にもとづくことが要求される（同条3項）。

　一方で、介護保険法は、自ら要介護状態となることを予防するため、加齢に伴って生ずる心身の変化を自覚したうえでの国民の健康保持増進義務、要介護状態になった場合の能力の維持向上義務を定める（介保4条1項）。社会保障立法は、憲法25条に規定する生存権を具体化する立法と考えられるが、介護保険法は、国民が要介護状態になった場合の介護給付等を受ける権利ではなく、要介護状態にならないための健康増進義務を強調する点で、特異な法律といえよう。

　同時に、介護保険法は、国民は共同連帯の理念にもとづき、介護保険事業に要する費用を公平に負担するものと規定する（介保4条2項）。憲法25条の生存権の理念ではなく、この「共同連帯の理念」が介護保険法の基本原則とされ、介護保険料の設定方法や保険料滞納者への給付制限の根拠理念として作用している点に問題がある。

## (2)　介護保険の利用手続き

　介護保険の被保険者が、介護保険の給付を受けるには、①被保険者として介護保険料を納付し、②保険者である市町村の行う要支援・要介護認定（以下「要介護認定」と総称）を受け（介保19条）、給付資格を認められ、③介護（予防）サービス計画を作成して市町村に提出し、④指定居宅サービス事業者や介護保険施設（指定介護老人福祉施設など）と介護保険の給付対象となるサービスの利用契約（以下「介護保険契約」という）を結び、それにもとづきサービスを利用する必要がある。

　このうち、①の被保険者は、市町村（東京23区も含む）の区域内に住所を有する65歳以上の者（第1号被保険者）と、市町村の区域内に

**図表 7 - 5　居宅サービスにおける支給限度額**
**（2019 年 10 月〜）**

| 区分に含まれる サービスの種類 | 限度額の 管理期間 | 要介護度 | 支給限度額 |
|---|---|---|---|
| 訪問介護 訪問入浴介護 訪問看護 訪問リハビリ 通所介護 通所リハビリ 短期入所生活介護 短期入所療養介護 福祉用具貸与 介護予防サービス （訪問介護、通所 介護は除く） | 1 か月 （暦月単位） | 要支援 1 | 5,032 単位 |
| | | 要支援 2 | 10,531 単位 |
| | | 要介護 1 | 16,765 単位 |
| | | 要介護 2 | 19,705 単位 |
| | | 要介護 3 | 27,048 単位 |
| | | 要介護 4 | 30,938 単位 |
| | | 要介護 5 | 36,217 単位 |

注：1 単位は 10 〜 11.26 円（地域やサービスにより異なる）。
出所：厚生労働省資料より筆者作成

住所を有する 40 歳から 64 歳までの医療保険加入者（第 2 号被保険者）からなる（介保 9 条）。65 歳以上の生活保護受給者も、住所を有する市町村の第 1 号被保険者となるが、この場合は、保険料分が介護保険料加算として支給されるので、実質的な負担はない。第 2 号被保険者の場合は、医療保険への加入が被保険者の要件となっているので、国民健康保険に加入していない生活保護受給者は、介護保険の被保険者とならない。

　②の要介護認定は、保険者である市町村が、認定を申請した被保険者において、要支援・要介護状態（介保 7 条 1 項・2 項）にあるか否か、ある場合はその程度（介護保険法上は要支援・要介護状態区分。以下「要介護度」という）を判定するものである。要支援は 1・2 の 2 段階、要介護は 1 から 5 の 5 段階で、要支援・要介護度に応じて支給限度額が設定されている（図表 7-5）。第 1 号被保険者の場合には、要支援・要介護状態になった原因は問われないが、第 2 号被保険者の場合は、特定疾病により要支援・要介護状態になったことが、保険給付の要件とされる。要介護認定で、要支援・要介護状態にあると判定された被保険者は、

それぞれ「要支援者」と「要介護者」とされる。

③の居宅サービス計画については、居宅介護支援事業者（所属の介護支援専門員）が計画の作成を行った場合、作成費用が居宅介護（介護予防）サービス計画費として、保険給付の対象となる。この給付は、10割給付で利用者負担はない（介保46条1項・2項、58条1項・2項）。要支援者に対する介護予防サービス計画については、地域包括支援センターの保健師等が作成する。施設サービス計画は、介護保険施設に所属する介護支援専門員が作成するが、作成費用は、施設サービス費の給付に包摂され、独立の保険給付とされていない。

### (3)　介護保険の給付と介護報酬

以上の手続きを経たうえで、要介護者が、指定居宅サービス事業者等（以下「事業者」と総称）や介護保険施設と介護保険契約を結び、③の計画に基づき、後述する介護給付の対象となるサービスを利用することで、介護給付（「要介護」判定の場合。「要支援」判定の場合は、「予防給付」といわれる）を受給することができる（④の要件。介保18条）。この場合、当該サービスの費用（厚生労働大臣が定める基準により算定する支給額。以下「介護報酬」という）の9割が給付されるが（居宅介護サービス費の支給につき同41条1項参照）、その費用は、要介護者に代わり介護事業者等に直接に支給される（代理受領。図表7-1参照）。代理受領が行われる場合、市町村から事業者等に支払われる保険給付を介護給付費という。

介護報酬では、サービスの費用を「単位」とするが、医療保険の診療報酬点数と異なり、1単位当たりの単価は、人件費（賃金水準）の地域差を反映して地域ごとに異なる（10〜11.26円）。介護報酬単価は、介

---

12　特定疾病には、現在、以下の16の疾患が定められている（介護保険法施行令2条）。
　1　がんの末期　2　関節リュウマチ　3　筋萎縮性側索硬化症、4　後縦靱帯骨化症
　5　骨粗鬆症（骨折を伴う）　6　認知症（初老期における）　7　パーキンソン病など
　8　骨髄小脳変形症　9　脊柱管狭窄症　10　早老症　11　多系統委縮症
　12　糖尿病性神経障害など　13　脳血管疾患　14　閉塞性動脈硬化症
　15　慢性閉塞性肺疾患　16　変形性関節症

護保険事業計画と保険料の見直しに併せて3年ごとに改定される。

　介護事業者・施設は、介護サービスに要した費用のうち利用者負担分を除く保険給付に相当する部分を、介護給付費として市町村（保険者）に請求する。市町村は、介護給付費の審査支払事務を国民健康保険団体連合会（国保連）に委託することができ（介保41条10項等）、すべての市町村が委託している。診療報酬と同様、審査により、提供された介護サービスが設備・運営基準に合致しないことなどが判明した場合には、請求された介護給付費の額を減額する減額査定が行われる。支払い後に要件を欠くことが判明した場合には、過払いとなった介護給付費の返還の問題となり、この場合は、市町村は民法上の不当利得返還請求を提起する必要がある。最高裁は、不正の手段により指定を受けたことだけでは、介護給付費の受領に直ちに法律上の原因がないとはいえないとし、事業者は介護保険22条3項に基づく介護報酬の返還義務を負うものではないとしている（最判2011年7月14日判時2129号31頁）。ただし、指定基準・運営基準に合致しないサービスの提供については、そもそも介護給付費は支払われないのであるから、事業者の受領に法律上の原因はない（すなわち不当利得返還義務が生じる）と解すべきである。[13]

## （4）　介護保険の給付対象となるサービスと地域支援事業

　介護給付の対象となるサービスには、居宅サービスとして、訪問介護（ホームヘルプサービス）や通所介護（デイサービス）などが、地域密着型サービスとして、定期巡回・随時対応型訪問介護看護、認知症対応型共同生活介護（グループホーム）などが、施設サービスとして、特別養護老人ホーム（介護保険法上は介護老人福祉施設、以下、老人福祉法上の名称である「特別養護老人ホーム」で統一）、介護老人保健施設、介護医療院（総称して「介護保険3施設」ともいわれる）がある（図表7-6）。これに対して、予防給付には、施設サービス費が含まれていないので、施設は利用できない。また、訪問介護と通所介護の利用については、2018年4月より、すべての保険者で、予防給付から外され、つ

---

13　笠木ほか307頁（中野妙子執筆）参照。

| 居宅サービス | | |
|---|---|---|
| 介護給付 | 訪問介護（ホームヘルプサービス）<br>訪問入浴介護<br>通所介護（デイサービス）<br>短期入所生活介護（ショートステイ）<br>特定施設入居者生活介護<br>（有料老人ホーム等の入居者に対する介護） | |
| | 訪問介護<br>居宅療養管理指導（訪問診療等）<br>訪問リハビリテーション<br>通所リハビリテーション（デイケア）<br>短期入所療養介護 | |
| | 福祉用具貸与（車いす・特殊ベットなど）<br>特定福祉用具販売（入浴や排泄用などの用具） | |
| 予防給付 | 介護予防訪問入浴介護<br>介護予防短期入所生活介護（ショートステイ）<br>介護予防特定施設入居者生活介護 | |
| | 介護予防訪問介護<br>介護予防居宅療養管理指導（訪問診療等）<br>介護予防訪問リハビリテーション<br>介護予防通所リハビリテーション（デイケア）<br>介護予防短期入所療養介護 | |
| | 介護予防福祉用具貸与<br>介護予防福祉用具販売 | |

出所：加藤ほか 295 頁（前田雅子執筆）

ぎにみる市町村事業である介護予防・日常生活支援総合事業に移行して
いる。

　老人福祉法に規定する養護老人ホームや経費老人ホーム、有料老人ホ
ームは、介護保険法上は「特定施設」と位置づけられ、特定施設に入居
する要介護者に対して提供されるサービスは、施設サービスではなく、
居宅サービスの特定施設入居者生活介護となる（介保8条11項）。これ
らは前述の地域密着型サービスと総称し「居住系サービス」と呼ばれる。

**保険給付の対象となるサービス**

| 地域密着型サービス | 施設サービス |
|---|---|
| 定期巡回・随時対応型訪問介護看護<br>夜間対応型訪問介護<br>地域密着型通所介護<br>認知症対応型通所介護<br>小規模多機能居宅介護<br>認知症対応型共同生活介護（グループホーム）<br>地域密着型特定施設入居者生活介護<br>地域密着型介護老人福祉施設入所者生活介護<br>複合型サービス（看護小規模多機能型居宅介護） | 介護老人福祉施設サービス<br>（特別介護老人ホーム）<br>介護保健施設<br>介護医療院サービス |
| 介護予防認知症対応型通所介護<br>介護予防小規模多機能型居宅介護<br>介護予防認知症対応型共同生活介護<br>（グループホーム） | |

　介護保険の第1号被保険者を対象とする市町村の事業として、地域支援事業がある（介保115条の45）。2011年の法改正により、要支援とそれに該当しない非該当を行き来する高齢者（第1号被保険者）を対象として、一定の予防給付と介護予防事業とを総合的・一体的に行う介護予防・日常生活支援総合事業（以下「総合事業」という）が地域支援事業の中に盛り込まれた。総合事業の内容は市町村に委ねられているが、訪問・通所介護のほか、栄養改善を目的とした配食、住民ボランティアが

図表7-7　地域支援事業として実施される各種事業

| 介護予防・日常生活支援総合事業 | 包括的支援事業 | 任意事業 |
|---|---|---|
| ①介護予防・生活支援サービス事業：<br>　○訪問型サービス<br>　○通所型サービス<br>　○その他の生活支援サービス（配食・見守り等）<br>　○介護予防支援（介護予防ケアマネジメント）<br>②一般介護予防事業<br>　○介護予防把握事業<br>　○介護予防普及啓発事業<br>　○地域介護予防活動支援事業<br>　○一般介護予防事業評価事業<br>　○地域リハビリテーション活動支援事業 | ①被保険者の心身の状況や居宅での生活実態などの把握、施策に関する総合的な情報の提供、関係機関との連絡調整などの総合的な支援（介護予防ケアマネジメント、総合相談支援）<br>②虐待の防止・早期発見、その他の被保険者の権利擁護のための必要な援助<br>③保健医療・福祉の専門知識をもつ者による被保険者のサービス計画の検証、定期的な協議などを通じた包括的かつ継続的支援（ケアマネジメント支援）<br>④医療に関する専門知識をもつ者と、介護サービス事業者・居宅で医療を提供する医療機関などとの連携（在宅医療・介護連携の推進）<br>⑤日常生活の支援、介護予防の体制の整備など（生活支援サービスの体制整備）<br>⑥認知症である被保険者などへの総合的支援（認知症施策の推進） | ○介護給付費の適正化<br>○家族介護支援<br>○その他 |

出所：加藤ほか299頁（前田雅子執筆）

行う見守り、自立支援に資する生活支援が「第1号介護予防支援事業」として位置づけられた。

　地域支援事業には、認知症施策の推進などの包括的支援事業（必須事業）のほかに（介保115条の45第2項）、家族介護者の介護支援などの任意事業も規定されている（同条3号。図表7-7）。ただし、任意事業を実施している市町村は多くはない。

　包括的支援事業の実施機関は地域包括支援センターである（同115条

の 46 以下）。地域包括支援センターは、市町村またはその委託を受けた
一定の要件を満たす法人により設置され、介護予防計画の作成なども担
当する（介護予防支援。同 115 条の 22）。地域包括支援センターには、
その担当区域における第 1 号被保険者数に応じて、原則として保健師、
社会福祉士、主任介護支援専門員が配置されている。地域包括支援セン
ターは、現在すべての市町村で設置されているが（市町村直営は 3 割程
度で、残りは委託）、介護予防支援に忙殺され、本来の機能を十分果た
せていない。人員体制の強化や財源確保が課題といえる。[14]

## 3　介護保険の給付構造とその問題点

### (1)　介護保険の給付構造の特徴

　介護保険の給付は「居宅介護サービス費」（介保 41 条 1 項）のように、
費用支給の形態をとっており、医療保険の「療養の給付」（健保 63 条 1
項、国保 36 条 1 項）のような現物給付ではなく、サービス費用の償還
給付（現金給付）といえる。ただし、実際は、要介護者が介護事業者か
ら介護保険サービスの提供を受けた場合に、代理受領方式をとるため、
要介護者にとっては、医療保険のような現物給付と同様となる。これを
「現物給付」化とする説明もあるが、この場合も、介護保険法上は、保
険者である市町村が、サービス費用（9 割）を要介護者に支給し、本人
が自己負担分（1 割）と併せて、介護事業者に費用を支払う形態が基本
とされており、保険者は現物給付を行う義務を負うものではないから、
保険給付それ自体は現金（金銭）給付である。[15]

　もっとも、この代理受領の方式については、介護保険法には本人の意
思にかかわらず、代理受領の成立を明示した規定がないことなどを理由
に法定代理受領による法律構成は困難であり、手続の簡易性や給付の確
実性を考慮して認められるきわめて例外的な代理受領と位置づけるしか
ないとの見解もある。[16]

14　同様の指摘に、笠木ほか 311 頁（中野妙子執筆）参照。
15　同様の指摘に、加藤ほか 280 頁（前田雅子執筆）参照。また、介護保険の給付構造の
　　問題点については、伊藤・介護保険法 61－72 頁参照。
16　和田隆夫『社会保障・福祉と民法の交錯』（法律文化社、2013 年）13－14 頁参照。

前述のように、介護保険制度の導入による措置制度から契約制度への転換が、利用者の福祉サービス受給権（選択権）を認めるものとの積極的な評価がなされた。しかし、介護保険給付が現金給付であることを考えれば、法的には、介護保険サービスの利用者には、サービスの受給権ではなく、要介護認定を経て、要介護度に応じた介護サービス費の償還給付を受ける権利が生じるにとどまる。

## (2)　混合介護の承認

　また、医療保険の場合は、被保険者が保険医療機関に被保険者証を提示し、医療機関の医師が、治療の必要性等を判断する方式をとり（要介護認定のような行政処分は介在していない）、医師が行った治療等の医療行為は、療養の給付として現物給付され、保険給付部分と自由診療部分を組み合わせる「混合診療」は原則として禁止されている（第5章第2節参照）。しかし、介護保険の場合は、保険給付の支給限度額を超えた部分のサービス利用は全額自己負担となり、介護保険サービスと自費によるサービスとの併用、いわゆる混合介護が認められている。保険給付で不足するサービスについては、自費で購入することが想定されているわけで（もっとも、実際に支給限度額を超えるサービスを利用しているのは、利用者全体の1.5％にとどまる）、その意味で、介護保険は、高齢者の所得格差が介護格差につながる仕組みといってよく、介護保険が実現したのは「介護の社会化」ではなく、「介護の商品化」といったほうが適切だろう。

　ただし、現在は、保険給付サービスと保険外サービスとの「同時・一体的提供」は認められていない。この点について、2016年に、公正取引委員会が「混合介護の弾力化」として「家族の食事や選択などの提供」「ヘルパーの指名（指名料の導入）」などを提言している（「介護分野に関する調査報告書」）。しかし、こうした「混合診療の弾力化」による本格的な混合介護の解禁は、所得格差による介護格差を拡大していくことになる。低年金・低所得の高齢者にとって自費によるサービスの利用はとうてい不可能であり、保険外サービスの拡大によって、保険給付

部分がさらに切り下げられていくことになれば、さらに所得格差が介護格差に直結することとなる[17]。

　もっとも、国（厚生労働省）は、不明瞭な形で利用料が徴収され、保険外の負担をしないとサービスを受けられなくなるおそれがあるとの理由で、「混合介護の弾力化」には、いまのところ慎重である。

## (3)　受給権の保護と給付制限

　介護保険給付の受給権については、他の社会保障給付の受給権と同様に、譲渡や担保、差押えが禁止され（介保25条）、保険給付として支給を受けた金品に対して租税その他の公課が禁止されるなど（介保26条）、受給権の保護規定がおかれている。

　一方、被保険者が介護保険料を滞納している場合には、給付制限がなされ、受給権が制約される。具体的には、第1号被保険者に対して、①1年間滞納の場合は、保険給付の償還払化（支払方法の変更。介保66条）。②1年6か月滞納の場合は、保険給付の一時差止、一時差止をしている保険給付額からの滞納保険料額の控除（介保67条）、③2年間滞納の場合は、保険給付の減額（9割から7割）、高額介護サービス費用等の不支給（保険料を徴収する権利が消滅した場合の保険給付の特例。同69条）の措置がとられる。

　ただし、被保険者が原爆一般疾病医療やそのほか厚生労働省令で定める公費負担医療を受けることができる場合には、①の償還払化は行われない（介保66条1項。②の一時差止については規定がないが、同様に行われないと解される）。また、後述する生活保護の境界層該当者には、③の給付減額等は行われない（公費負担医療の受給者には行われる）。さらに、保険料滞納について「特別な事情」がある場合には償還払化などの給付制限は行われないが、この事情は、災害など突発的事情により一時的に収入が減少した場合に限定され、恒常的な生活困窮の場合は含

---

17　同様の指摘に、林泰則「新たな段階を迎えた介護保険制度改革」岡崎祐司・福祉国家構想研究会編『老後不安社会からの転換─介護保険から高齢者ケア保障へ』（大月書店、2017年）95頁参照。

まれない（介護保険法施行令30条、31条）。なお、前述の受給権保護
規定により、受給権の差押は禁止され、一般的には相殺も禁止されるが
（民法510条）、介護保険法67条3項により民法の法効果は解除される
と解されている。[18]

　第2号被保険者については、医療保険料を滞納している場合に（介護
保険料は医療保険料と一体で徴収される）、第1号被保険者と同様の給
付制限が行われる（介保68条）。また国民健康保険の加入者に対しては、
1年間納付がない場合の国民健康保険の被保険者証の返還が義務的措置
とされるなど、制裁措置が強化されている。

　以上のように、介護保険法では、保険料滞納の場合の給付制限が強化
されている。しかし、介護や医療ニーズが高い低所得者ほど、保険料が
負担できず、給付制限を受ける可能性が高いことからすれば、保険料滞
納者に対する給付制限は、滞納が悪質であるような場合など必要最小限
にとどめられるべきである。介護保険法の規定する保険料滞納者への給
付制限とそれと連動する形で強化された国民健康保険料滞納者への給付
制限は、保険料を徴収する権利が時効消滅した場合も給付制限の対象と
していること、給付制限が解除される特別の理由に恒常的生活困窮が含
まれていないことなど、必要最小限の範囲を超えており、保険料滞納者
への制裁措置と化している。とくに、介護保険料の滞納は2年を超えた
部分は時効になるため、保険料の後納ができず、滞納期間に応じて設定
された一定期間は、サービス利用の3割（現役並み所得者で3割負担の
人は4割）負担化と高額介護サービス費の支給停止が続き（給付制限が
解除されるのは、災害などで突発的に収入が激減した場合などに限定さ
れる）、事実上、サービス利用を断念せざるをえない事例が増えている。

### (4)　生活保護法による介護保障

　介護保険法施行にともなう生活保護法の改正で、介護扶助が新たに設
けられた（生保11条1項5号）。介護扶助は医療扶助と同じく介護券を
発行する現物給付方式で行われ、居宅介護および施設介護は、指定介護

---

18　社会保険研究所202頁参照。

機関に委託して行われる（同34条の2）。これにより、国民健康保険の被保険者および介護保険の第2号被保険者とされていない40歳から64歳の生活保護の受給者に対しても、介護保険と同一のサービスが介護扶助として給付され、65歳以上の要介護・要支援者となる生活保護受給者の場合には、利用者負担なしで介護扶助が現物給付される。

　介護扶助がカバーするのは、介護保険の給付の範囲であり、居宅サービスの場合は、支給限度額の範囲内になる。最低生活を維持するために必要な介護ニーズが支給限度額を超える被保護者の場合には、厚生労働大臣が設定する介護扶助の特別基準により、支給限度額を超えたサービスの提供を介護扶助として行う余地がある。さらに、生活保護の障害者加算の一種である他人介護費で、支給限度額を超えたサービス提供も可能である。

　もっとも、実務上、他人介護費の特別基準には、あらかじめ厚生労働大臣が上限を設定している。この他人介護費特別基準が、重度障害者である原告に必要な介護を保障するものではないと争った事例について、他人介護費特別基準の設定について、厚生大臣（当時）の裁量を認めたうえで、施設保護が可能であることなどを理由に、特別基準の水準や上限額の設定を違法とまではいえないとした裁判例がある（名古屋高金沢支判2000年9月11日賃社1285号64頁）。

### (5)　老人福祉法による介護保障

　一方、老人福祉法は「福祉の措置」として、居宅における介護および老人ホームへの入所を市町村の責任で行うことを規定している。市町村によるこれら措置によるサービス提供は、65歳以上で身体上または精神上の障害があるために日常生活や在宅生活が困難な高齢者が、やむを得ない事由により、介護保険サービスを利用することが著しく困難な場合とされている（老福10条の4、11条）。法令上の規定の仕組みからみて、介護保険法施行後は、老人福祉法の措置は、申請を前提としない職権主義に一本化されたといえる[19]。福祉の措置が行われた場合は、市町村

19　前田・前掲注4）267頁参照。

は介護事業者に措置費を支払い、措置対象者（または扶養義務者）から、その負担能力に応じて費用徴収することされており、利用者負担は応能負担の原則が貫かれている（老福 28 条）。

　行政実務では、前記の「やむを得ない事由」は、①高齢者本人が家族等の虐待・無視をうけている場合、②認知症等の理由で意思能力が乏しく、かつ本人を代理する家族等がいない場合、③家族が年金を本人に渡さないため、本人が介護保険の利用者負担を負担できない場合、④本人が指定医の受診を拒んでいるため要介護認定ができない場合、と限定的に解されている。そして、これらの場合も、特別養護老人ホームへの入所等で家族等の虐待・無視の状況から離脱し、または成年後見人制度等にもとづき、本人を代理する補助人等を活用することができる状態となり、利用の契約等が可能となった時点で措置が解消され、通常の契約による介護保険サービスの利用に移行するとしている。

　しかし、老人福祉法の「やむを得ない事由」を行政解釈のように限定して解する必然性はなく、本人の生活困窮のため利用者負担ができずにサービスを利用することが困難な場合も「やむを得ない事由」で介護保険サービスを利用することが著しく困難な場合に当たり、措置による給付が可能ではないかと思われる。とくに、特別養護老人ホームへの入所の場合には、市町村が「措置を採らなければならない」と規定されており（老福 11 条 1 項）、当該要件に該当する場合には、措置義務が市町村に生じると解される。また、介護保険の支給限度額（給付上限）を超える給付が必要な場合にも、介護サービスの提供という現物給付の形で「福祉の措置」による給付の余地がある（訪問介護につき本章第 4 節参照）。そして、最終的には、十分な介護保障がなされず「健康で文化的な最低限度の生活」が侵害される急迫性がある場合には、市町村の側に、老人福祉法にもとづき、特別養護老人ホーム入所などの措置義務が生じると考えられる。また、成年後見制度等の利用が必要な場合には、サービスの中断なしに、同制度につなげていくためにも（後見人等の選任には時間的問題がある）、福祉の措置が積極的に活用される必要がある。福祉の措置の拡充は、判断能力が不十分な要介護者や虐待を受けている

図表 7 - 8　介護保険財政の仕組み

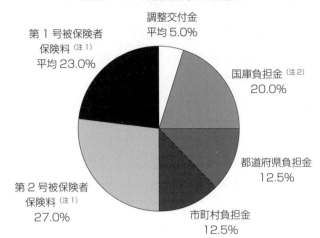

注 1 ：第 1 号・第 2 号被保険者の負担割合は、2018 年 4 月以降のもの。
注 2 ：居宅サービス等の給付費。介護保険 3 施設等の給付費は、国庫負担金（国）
　　　15％、都道府県 17.5％。
出所：社会保険研究所 18 頁。一部修正

　要介護者の権利擁護の仕組みとしても大きな意義をもつ。
　しかし、現実には、老人福祉法による措置の事例はわずかで、2000
年度から措置の予算的裏付けをしていない市町村も多い。何より、介護
保険法施行以後、高齢者担当の自治体ソーシャルワーカーが激減、高齢
者福祉行政における責任主体としての市町村の能力が低下したとの指摘
があり[20]、措置入所に大半の市町村が消極的な現状がある（「措置控え」
と呼ばれる）。老人福祉法による介護保障は、現状ではきわめて不十分
といわざるをえない。今後は、市町村責任の強化と措置の対象範囲の拡
大が課題となる。

---

20　豊島明子「高齢者福祉法制の大転換と公的介護保障の課題」三橋良士明・村上博・榊
　　原秀訓『自治体行政システムの転換と法―地域主権改革から再度の地方分権改革へ』
　　（日本評論社、2014 年）84 頁参照。

## 4　介護保険の財政構造と介護保険料

### (1)　介護保険の財政構造

　介護保険に関する収支につき市町村は特別会計を設ける（介保3条2項）。介護保険の費用は、利用者負担部分を除いた給付費（保険給付に必要な費用）と事務費におおむね区分される。給付費については、その50％を公費で賄い、残りを保険料で賄う。50％の公費負担の内訳は、国が25％（定率20％と調整交付金5％）、都道府県12.5％、市町村12.5％となっている。介護保険施設および特定施設入居者生活介護にかかる給付費については、国庫負担は20％で、都道府県の負担が17.5％となっている（同121条・123条。図表7-8）。介護予防・日常生活支援事業については、国庫負担および市町村・都道府県の費用負担に関する規定が別に設けられている（同122条の2以下）。

　調整交付金は、75歳以上高齢者人口の割合や被保険者の所得格差などに起因する市町村間の財政力格差を調整するものである。また、給付費の増加や第1号被保険者の保険料収納率の低下による介護保険財政の悪化に備えて、都道府県ごとに財政安定化基金が設置され、資金の貸付・交付を行っている。交付は災害などの場合に限られ、ほとんどが貸付となっており、その場合は、市町村は次期介護保険料に上乗せして返還する。財政安定化基金の財源は、国、都道府県、市町村がそれぞれ3分の1ずつの拠出による。

### (2)　介護保険料の設定と徴収方法

　介護給付費の半分は介護保険料で賄い、第1号被保険者と第2号被保険者の保険料負担割合は、それぞれの総人口で按分して算定し、3年ごとに政令で定める（介保125条2項）。

　第7期（2018〜2020年度）の負担割合は、第1号被保険者が23％、第2号被保険者が27％となっている（図表7-8参照）。この方式は、高齢化が進行する度合いに応じて、第1号被保険者の負担割合が自動的に引き上げられる方式であり、年金しか収入のない人が大半を占める第1

号被保険者の負担が徐々に重くなる方式である。

　第1号被保険者の介護保険料は、市町村介護保険事業計画に定めるサービスの見込量にもとづく給付費の予想額等に照らして、おおむね3年を通じ財政の均衡を保つことができるよう算定され、政令の定める基準に従って条例で定める（介保129条）。第1号保険料の全国平均は、第1期（2000〜2002年度）は月額2911円であったが、第7期（2018〜2020年度）は同5869円と、18年間で2倍以上となっている。しかも、所得段階別の定額保険料のため、低所得者ほど負担が重く逆進性が強い。[22]2014年の改正で、公費（消費税増税分）で低所得者の保険料負担の軽減を行う仕組みが設けられ、保険料の所得段階も6段階から9段階により細分化されたものの、低所得者の負担は依然として重い。

　月額1万5000円以上の公的年金受給者の保険料は、年金保険者が支給時に天引きし、市町村に納付する（特別徴収）。所得がなくても、無年金で収入がなくても保険料は賦課され、この場合は市町村が個別に徴収する（普通徴収）。普通徴収においては、世帯主および配偶者が連帯納付義務を負う（介保132条）。

　第1号被保険者の保険料の設定に当って、本来適用すべき所得段階の保険料を負担すると、生活保護が必要となり、より低い第1〜第8段階であれば、生活保護を必要としなくなる場合には、当該段階より低い所得段階の保険料が適用される。こうした措置を境界層措置といい、このような措置を受ける者を境界層該当者という。具体的な手続きは、被保険者が各福祉事務所に、生活保護の申請を行った際に、福祉事務所において、境界層の該当・非該当の判断を行い、そこで交付される「境界層該当証明書」により、保険者である市町村が、境界層該当の判定を行い、境界層措置を行う。介護保険料の賦課により、最低限度の生活水準の維持が困難となり保護を要する状態になってしまうことをできる限り避けるためのものとされているが[23]、被保険者がそのような状態にあっても、

21　横山壽一「介護保険財政の仕組みと現状」岡崎ほか編・前掲注17）145頁参照。
22　第1号被保険者の介護保険料の問題点については、伊藤・介護保険法248頁参照。
23　社会保険研究所113頁参照。

生活保護を申請しない場合には、そもそも境界層該当措置がなされず、最低生活費に食い込む介護保険料が賦課される状態が放置されることになる。

　これに対して、第2号被保険者の介護保険料は、それぞれの医療保険の保険者が医療保険の保険料とあわせて徴収する。社会保険診療報酬支払基金が医療保険者から介護給付費・地域支援事業支援納付金を徴収し（介保150条以下）、市町村に対してその給付費の一定割合を乗じた額を介護給付費納付金として交付するという仕組みで収納される（介保125条。地域支援事業支援交付金については介保126条）。この場合の医療保険者は、保険料の徴収代行者ではなく、納付義務者と解されている[24]。算定方法は、厚生労働大臣が、毎年度ごとに各医療保険者が納付する介護給付費納付金の算定に必要な率・額などを定め告示し、それをもとに、医療保険者がそれぞれの算定方法で介護保険料率・額を定める。

　第2号被保険者は、特定疾病が原因で介護が必要な状態になったことが要件とされ、この要件に該当し、介護保険の給付を受けている第2号被保険者は約15万人、被保険者全体（約4200万人）の0.3%にすぎず、大半の被保険者にとっては対価性のない税金と同じである。

### (3)　介護保険料の減免と保険料滞納者の増大

　市町村は、条例で定めるところにより、「特別の理由がある者」について保険料の減免または徴収の猶予を行うことができる（介保142条）。行政解釈では、減免等の要件となる「特別の理由」は、災害など突発的な事情に限定され、恒常的な生活困窮は含まないとされている。

　介護保険法施行当時、高齢者の生活実態に配慮して、一定基準以下の収入しかない低所得者について独自の減免措置を実施する市町村が相当数出てきた。これに対して、厚生労働省は、①保険料の免除、②収入のみに着目した保険料の一律減免、③一般財源の投入による保険料減免分

---

24　社会保険研究所230頁参照。結果的に、市町村は保険料を徴収しなければならないとされているが（介保129条1項）、第2号被保険者からは保険料を徴収しないことになる（同条4項）。

の補填は、介護保険制度の趣旨に照らして不適当であるという見解を示し（これらを行わないことが「3原則」といわれる[25]）、全国の担当課長会議の場や都道府県を通じ「3原則」を遵守するよう市町村を指導してきた。その結果、市町村の独自減免は減少し、現在では3原則を遵守した形で減免制度をとる市町村が大半を占めるに至っている。

　しかし、介護保険料の減免も含めた介護保険事務は市町村の自治事務であり、厚生労働省のこうした指導は、地方自治の趣旨から問題がある。介護保険法の定める減免事由は、明確な規定を欠いており、同法142条の委任の範囲はかなり広いと解されるからである[26]。

　現在、介護保険料の引き上げが続き、第1号被保険者のうち、年金天引きとならない普通徴収者の保険料滞納が増加している。厚生労働省の調査では、介護保険の利用者約605万人のうち、介護保険料を滞納し、給付制限を受けた人は1万4321人おり、市町村から差押処分（約3割の自治体が実施）を受けた高齢者も過去最多の1万9221人にのぼっている（2018年度）。

　普通徴収の高齢者は、年金額が月額1万5000円未満の高齢者や無年金の高齢者、年金を受給していない受給資格者、年度途中で65歳になった人や転入者などが対象であり、2014年度は、第1号被保険者の11.9%を占めている。保険料滞納割合（普通徴収調停総額に占める普通滞納額の割合）は12.9%にのぼり、介護保険導入時の2000年の滞納割合は6.8%であったから、介護保険料の滞納の増加は顕著である。そして、これらの保険料滞納者が、厳しい給付制限で、必要なサービスを利用できていない現状がある。

　現在の貧困高齢者の大幅な増大は、介護保険制度の従来の想定、すなわち生活保護受給者以外は介護保険料、介護サービスの利用料の支払いが可能という想定を大きくくつがえすものとなっている[27]。利用料の支払

25　社会保険研究所225頁参照。

26　同様の指摘に、前田雅子「分権化と社会福祉サービス」日本社会保障法学会編『講座・社会保障法／第3巻・社会福祉サービス法』（法律文化社、2001年）303頁参照。

27　後藤道夫「介護における保険原理主義の破綻─低所得、無貯蓄高齢者の急増」岡崎ほか編・前掲注17）177頁参照。

困難が生み出す介護サービスの利用抑制とあわせて、「保険原理」を徹底した介護保険の制度設計に無理があり、介護保障を、高齢者の保険料拠出を前提する社会保険方式で行うことの限界が露呈しているといえる。

## (4) 介護保険料をめぐる法的問題

　以上のような介護保険料をめぐっては、訴訟が提起され裁判でも争われてきた。

　まず、年金以外に収入がなく、生活保護基準以下で住民税非課税の被保険者に対して介護保険料を免除する規定を設けていないことは、憲法14条および25条に違反しないかが争われた旭川市介護保険条例事件で、最高裁は「介護保険制度が国民の共同連帯の理念に基づき設けられたものであること（介護保険法1条）にかんがみると、本件条例が、介護保険の第1号被保険者のうち、生活保護法6条2項に規定する要保護者で…市町村民税が非課税とされる者について、一律に保険料を賦課しないものとする旨の規定又は保険料を全額免除しない旨の規定を設けていないとしても、それが著しく合理性を欠くということはできないし、また、経済的弱者について合理的な理由のない差別をしたものということはできない」と判示している（2006年3月28日判時1930号80頁）。同判決は、憲法の生存権理念ではなく、介護保険法の「共同連帯の理念」（行政解釈のいう「助け合い」の理念）を根拠に、生存権侵害が疑われる立法（条例）の合理性を認めているのみならず、その合理性の認定の理由についてはほとんど何も説明しておらず、社会保険のあり方についても踏み込んだ検討をしていない。しかし、確実に「健康で文化的な最低限度の生活」水準を下回るといえる高齢者に対する保険料賦課については適用違憲となる余地があると考える。[28]

　また、公租公課が禁止されている障害・遺族年金（国年25条など）からも特別徴収（年金天引き）が行われていることも違法の可能性が高い。さらに、前述の旭川市介護保険条例事件において、最高裁は、国民健康保険料には租税法律主義（憲法84条）が直接に適用されることは

---

28　詳しくは、伊藤・介護保険法264-270頁参照。

なく趣旨適用されるとした同大法廷判決（2006年3月1日民集60巻2号587頁）を援用し、政令の定める基準に従って、条例で設定される第1号被保険者の介護保険料の設定は、租税法律主義の趣旨適用説にたち、憲法84条に反しないとした。しかし、第1号被保険者の介護保険料はともかく、第2号被保険者の介護保険料率[29]の設定は、その算定過程が行政庁内部の作業に委ねられており、租税法律主義（憲法84条）が趣旨適用されるとしても、同主義の趣旨に反すると考えられる。

## 5　介護保険制度改革の動向

### （1）　介護保険制度改革の特徴と問題点

　介護保険については、制度自体が社会福祉改革の先駆けと位置づけられ、それをモデルとして社会福祉法制の再編が行われてきた経緯があり、また、介護分野では、医療分野の日本医師会のような強力な圧力団体がなく、当事者団体も脆弱なことから、制度見直しのたびに、徹底した給付抑制と負担増が進められ、介護現場の疲弊が進んでいる。

　介護保険法は、予防重視を標榜し、新予防給付を導入するなどの大幅改正となった2005年の法改正（以下「2005年改正」という）以降も、3年ごとの介護報酬改定に合わせる形で頻繁に改正が繰り返されてきた。とくに、近年の改革では、介護保険法単独の改正ではなく、医療法の改正などとともに一括法案の形で国会に法案が提出され、重要な改正が断行されている点に特徴がある。

　まず、2014年6月に、急性期病床を削減し、安上がりの医療・介護提供体制を構築することを目的とし、医療法など19法律を一括して改正する「地域における医療及び介護の総合的な確保を推進するための関係法律の整備等に関する法律」が成立、介護保険法も改正され、2015年4月から施行されている（以下「2014年改正」という）。ついで、2017年5月には、11の法律を一括で改正する「地域包括ケアシステム

---

29　碓井95頁は、第1号被保険者の保険料についても、政令による条例の拘束性が高く、市町村議会による民主的意思決定が機能せず、実質的に政令により保険料を定める形となっている問題点を指摘している。

の強化のための介護保険法等の一部を改正する法律」が成立し、介護保険法が改正され、2018年4月から順次施行されている（以下「2017年改正」という）。

　こうした一括法案による法改正は、国会に一挙に膨大な資料が提出されるため、国民にほとんど知られることがなく、わずかな審議時間で法案が成立し、しかも細かな内容は政省令に委ねられる形で、重要な改正が行われている点で問題が大きい。「法律による行政の原理」および国会審議の形骸化を招く結果をもたらしているからである。以下、具体的な改正内容と問題点を考察していく。

### (2) 2014年改正

#### (ⅰ) 要支援者の保険外しと総合事業化

　2014年改正では、第1に、要支援者（約160万人）の訪問介護と通所介護を保険給付から外し、前述の市町村の総合事業に移行させる改正が行われ、2018年4月までに、すべての市町村で総合事業への移行が完了した。

　とはいえ、総合事業には、統一的な運営基準はなく、訪問介護、通所介護の現行の報酬以下の単価で、利用者負担も1割負担を下回らない範囲で市町村が決め、ボランティアや無資格者などを活用して低廉なサービスを提供することが奨励されている。しかし、多くの市町村では、従来のサービス事業者を総合事業の指定事業者として利用し続けているのが現状である。ボランティア等による住民主体サービスについても、事業を組織できていない市町村がほとんどであり、できたとしても市町村全域をカバーするには至らず、事業の継続性に欠けているとの指摘がある。サービスの質の低下は顕著で、無資格者でもできる仕事ということで、介護労働者の労働条件の引き下げにもつながっている。

　また、保険給付の場合は、被保険者に対して受給権が発生するので、

---

30　伊藤周平・日下部雅喜『新版・改定介護保険法と自治体の役割―新総合事業と地域包括ケアシステムへの課題』（自治体研究社、2016年）第5章（日下部執筆）参照。

31　増田雅暢「介護保険『総合事業構想』の破綻」週刊社会保障2961号（2018年）27頁参照。

市町村（保険者）には給付義務が生じる。これに対して、市町村事業は、市町村には給付義務はなく、予算の範囲内で行うもので、予算が足らなくなったら、そこで事業は打ち切りになる。財政的には、きわめて不安定な仕組みといってよい。さらに、総合事業の事業費には、事業開始の前年度の介護予防訪問介護と介護予防通所介護、介護予防支援の総額をベースとしつつ、その伸びは、各市町村の75歳以上の高齢者数の伸び以下とする上限が設定されている。予防給付では、全国平均で毎年5〜6％の自然増であったが、総合事業では、75歳以上の高齢者の伸び（全国平均3〜4％）以下に押さえ込まれることとなり、総合事業の継続性と質の低下が懸念される。このままでは、事業の縮小を余儀なくされる市町村が出てくると考えられる。また、将来にわたって現行の単価設定を維持できなければ、事業者の撤退が懸念される。事業費の上限は撤廃し、必要な財源を確保すべきであろう。

　もともと、総合事業に該当する予防事業などは、国や自治体が責任をもつ保健事業として行われてきたが、2005年改正で、これを財政的に介護保険に一部取り込み、それ以降も、介護保険財政に取り込む傾向がつづき、事業の再編・縮小が行われ、保健事業に対する公的責任が縮小されてきた。[32] 保健事業は介護保険とは、別枠の公費で、国や自治体の責任で行うべきである。

（ⅱ）施設利用の制限

　第2に、特別養護老人ホームの入所資格が、要介護3以上の認定者に限定された。

　厚生労働省の調査結果（2013年10月1日時点で、都道府県が把握している入所申込状況。14年3月に発表）によれば、特別養護老人ホームの入所待機者は、52万1688人で、そのうち要介護1・2の認定者は17万7526人（34％）にのぼっていた。これらの人は、改正介護保険法の施行で、もはや待機者にすらカウントされなくなった。後述する施設費用の負担増もあり、各自治体で、特別養護老人ホームの入所待機者が激減している。

---

32　同様の指摘に、横山壽一「高齢者ケアの財政論」岡崎ほか編・前掲注17）177頁参照。

要介護1・2の認定者も、やむを得ない事情があれば、特例的に入所を可能とする「特例入所」が認められてはいる。厚生労働省は、市町村の適切な関与のもと施設ごとの入所検討委員会を経て「特例入所」を認めると説明し、その要件として、①知的障害・精神障害等も伴って、地域での安定した生活を続けることが困難、②家族等による虐待が深刻であり、心身の安全・安心の確保が不可欠、③認知高齢者であり、常時の適切な見守り・介護が必要、④単身世帯である、または同居家族が高齢または病弱である等により、家族等による支援が期待できず、かつ地域での介護サービスや生活支援の供給が十分に認められないことにより、在宅生活が困難な状態である、という4要件を列挙している。しかし、これらは、②のように市町村の責任による措置入所（老福11条）の必要な事例も含まれており、限定的すぎる。毎日新聞社の特別養護老人ホーム全国アンケート調査では、2015年4月から2017年1月まで、特例入所を実施していない施設が72.4%にのぼり、入所者数も249人と、有効回答施設の定員総数のわずか0.93%にすぎない。厚生労働省の特別養護老人ホームの調査でも、2016年4月〜9月の新規入所者のうち要介護1・2の人は合計で2.2%にとどまる。特例入所はほとんど機能していないといっても過言ではない。

　これまで、国は、特別養護老人ホーム建設への国庫補助を廃止して一般財源化し、介護保険の施設給付費への国の負担を減らし自治体の負担を増大させるなど、特別養護老人ホームの増設を抑制し、サービス付高齢者向け住宅などの有料老人ホームの整備を進めてきた。特別養護老人ホーム抑制の流れを受け、サービス付高齢者向け住宅は、登録制度発足の2011年11月時点で、全国に30棟・994戸数だったものが、2017年6月時点で、6668棟・21万8195戸数に急増している。しかし、同住宅は、家賃、共益費、食費などに加え外付けサービス（特定施設入居者生活介護）の利用料が必要となり自己負担は、月20万円程度に及び、住民税非課税の低所得の高齢者が入所できる負担水準ではない。低年金の高齢者が増える中、特別養護老人ホームの増設を抑制し、入所者を限定する政策では、それらの高齢者が行き場を失うだけである。

（ⅲ）2 割負担化と補足給付の見直し

第 3 に、費用負担について、年金収入で年間 280 万円（年間所得では 160 万円）以上の第 1 号被保険者にかかる利用者負担の割合を 2 割に引き上げ、また補足給付（特定入所者介護サービス費）の支給要件について見直しが行われた。

このうち、補足給付は、特別養護老人ホームなど介護保険施設入所者や短期入所利用者に対して、食費や居住費を軽減するもので、特別養護老人ホームの入所者の約 8 割の人（住民税非課税の人）が受給していた。この補足給付の支給要件に資産なども勘案されることとなり（2015 年 8 月より）、補足給付の申請時に、預金通帳の写しなどの提出が求められ、市町村は必要に応じて預貯金額を金融機関に照会できることとされたため、補足給付の申請を断念する人が続出した。また、非課税年金（遺族年金や障害年金）も収入とみなされ（2016 年 8 月より）、世帯分離して施設入所しても、一方の配偶者に所得があり課税されている場合は、補足給付の対象外になるという徹底ぶりである。補足給付の対象外となれば、月 4 万円程度の負担が 10 万円超の負担となり、多くの高齢者の負担能力を超える。実際、世帯分離の場合の要件に該当し、補足給付が打ち切られたため、入所費用が負担できなくなり、特別養護老人ホームに入所していた妻を自宅に引き取り「老老介護」をはじめた高齢者もいる（2016 年 11 月 14 日の熊本県高齢者大会での当事者発言による）。

## （3）　2017 年改正

（ⅰ）3 割負担の導入

2017 年改正では、さらに、いわゆる「現役並み所得」の人について、3 割負担が導入された（2018 年 8 月より）。3 割負担の対象となるのは、年金収入等とその他の合計所得金額（給与や事業収入から諸控除や必要経費を差し引いた額）が単身世帯で 340 万円以上、夫婦世帯で 463 万円以上の場合である。年金収入のみの単身世帯の場合で、年収 344 万円に相当し、全利用者のうち 12 万人（3％）とされている。国（厚生労働省）は、高額介護サービス費があるので、月額の負担は抑えられるとし

ているが、その負担限度額も、「一般区分」の人の外来に関しては、2017年8月から、月額4万4000円に引き上げられている。

　2割負担に続く3割負担の導入は、介護保険の利用者負担を、将来的に、すべての利用者について、2割負担（現役並み所得者は3割負担）にするための布石といえる。[33]しかし、すでに、2割負担の導入で、サービスの利用抑制が拡大しており、相次ぐ負担増の改革は、国会審議でも問題視され、参議院厚生労働委員会では、2割負担とする改正による影響に関する予測および評価を行うことや3割への引き上げが施行されるまでの間に、2割への引き上げに関する影響について実態調査を十分に行ったうえで、その分析および評価を行い、必要な措置を講ずることなどの附帯決議（2017年5月25日）が付された。しかし、結局、実態調査も十分行われないまま、3割負担が実施されている。

### （ⅱ）介護医療院の創設

　また、2017年改正で、介護医療院が創設された。長期療養の患者のための介護療養病床（介護保険適用の療養病床。介護療養型医療施設）は、2011年の介護保険法改正で、2018年3月末で廃止されることになっていたが、2017年改正で、廃止を6年間延長し2024年3月末とし、その間に、新施設である介護医療院への転換を促すこととされた。

　介護医療院には、介護療養型相当のⅠ型（利用者48人に医師1人の配置）と介護老人保健施設相当以上のⅡ型（利用者100人に医師1人以上の配置）という2つの基準が設けられている。医師が24時間配置され、従来の介護施設に比べ医療必要度の高い要介護者を受け入れることができるとされているが、「生活施設としての機能重視」を掲げるものの、利用者1人あたりの床面積は、老人保健施設（8㎡）相当と特別養護老人ホーム（10.3㎡）に比べ狭い。また、従来の介護療養病床では、夜勤や認知症患者に対応するため、看護師や介護職員を国の基準より増員している医療機関が多かったが、介護医療院が医療機関に併設された場合には、人員配置基準の緩和がなされている。しかし、人員配置基準の引き下げは、現場の介護職員や看護師の労働強化を意味し、それらの職員

---

33　同様の指摘に、林・前掲注17）177頁参照。

の離職や人員不足を加速する。

　そのほか、2017年改正では、介護保険と障害者福祉制度に新たに共
生型サービスが設けられた（詳しくは本章第4節参照）。また、40歳か
ら64歳までの第2号被保険者が介護保険料として支払う介護給付費納
付金（介護保険財政へ拠出する負担金）について、健康保険と同様の総
報酬割が導入された（2020年度から全面総報酬割）。それに伴い、協会
けんぽへの国庫補助1450億円が削減されたが、健康保険と同様、国の
財政責任を現役世代の保険料負担に肩代わりさせるものといえる（第5
章第3節参照）。

## （4）　新たな在留資格の創設と外国人労働者確保策の限界

　なお、介護人材の不足に対応するため、2018年12月に、入国管理法
が改正され、新たな在留資格として「特定技能1号」と「特定技能2
号」が創設され、前者の外国人労働者を介護領域で、約6万人確保する
方針が打ち出された。「特定技能1号」は「不足する人材の確保を図る
べき産業上の分野に属する相当程度の知識又は経験を必要とする技能を
要する業務に従事する外国人を対象とする在留資格」とされ、技能水
準・日本語能力水準を試験等で確認して入国し、その後、介護施設等で
通算5年の就労が可能となるが、家族の帯同は基本的に認められない。

　とはいえ、後述のような現在の介護現場の劣悪な労働条件を放置した
ままでは、この制度も、人権侵害が横行している特定技能実習生制度の
ように、外国人を安上がり労働として搾取することになりかねない。そ
うした実態が明らかになれば、外国人労働者も集まらないだろう。実際
に、①フィリピン以外のアジア諸国では、急速に高齢化が進むため、他
国に介護人材を派遣する余裕がなくなる、②アジア諸国の介護人材はヨ
ーロッパ諸国や北米などの先進諸国に流れており、日本は人気がない、
③アジア諸国の介護福祉士候補者が国家試験に合格するためには、受入
法人・施設は人的にも、金銭的にも相当の「持ち出し」をする必要があ
り、そうした法人は限定されるという理由から、外国人介護士の受け入
れにより、日本の介護人材不足を補うことは不可能との指摘もある[34]。

現在、新型コロナの感染拡大で、外国人介護士の受け入れそのものが
ストップしているが、何よりも、まずは国内の介護職員の待遇改善が先
決ではなかろう。現在、介護福祉士資格の有資格者は150万人だが、実
際に介護現場で働いている有資格者は83万人と推計され（厚生労働省
「介護福祉士の登録者数と介護職の従事者数の推移」）、66万人以上が資
格を持ちながら介護の仕事をしていない潜在介護福祉士である。待遇を
改善し、そのうち1割でも介護現場に戻ってくれば、7万人近くの人材
確保が可能となる。

## (5)　2021年介護保険制度改正に向けて

　介護保険制度改革については、さらなる給付抑制・負担増の改革を進
めるべく、2021年の介護保険制度改正に向け、①ケアプランの有料化
（利用者負担の導入）、②介護保険サービスの利用者負担の原則2割化、
③要介護1・2の人に対する生活援助の市町村事業化（保険給付外し）、
④補足給付の見直し、⑤高額介護サービス費の見直しなどの改革案が提
示されていた。これを受け、社会保障審議会介護保険部会で審議が進め
られ、2019年12月に「介護保険制度の見直しに関する意見」が取りま
とめられ、2020年の通常国会に、介護保険法や社会福祉法などを一括
改正する「地域共生社会の実現のための社会福祉法等の一部を改正する
法律案」が提出され、同年6月に成立した。

　このうち、①のケアプラン作成などの居宅介護支援に対する利用者
（自己）負担の導入は長らく議論されてきており、2018年度には、居宅
介護支援にかかる介護費が5000億円を突破したものの（介護予防支援
を含む。厚生労働省「介護給付費等実態統計」による）、介護支援専門
員の団体や自己作成プランの増大により事務作業の増大を懸念する保険
者（市町村）からの反対などもあり、導入は見送られた。同様に、②の
利用者負担増も見送られた。また、③は、要介護認定を受けている人の
うち平均して半分が要介護1・2の判定であり（厚生労働省「介護保険

---

34　二木立『地域包括ケアと医療・ソーシャルワーク』（勁草書房、2019年）80-81頁参
　照。

事業状況報告月報」による）、影響が大きい。介護保険部会でも「総合事業はまだ住民主体のサービスなどが十分に整備されておらず、地域ごとに進捗のばらつきがある。そんな中で、要介護1・2も移行させるのは時期尚早」という意見が優勢となり、こちらも今回の制度改正では見送られた。

　結局、今回の制度改正で実施が決まったのは④と⑤である。④の補足給付の見直しでは、区分を細分化する。具体的には、所得基準で現行の第3段階（世帯全員が市町村民税非課税かつ本人年金収入等が80万円超）を「第3段階（1）（本人の年金収入等が80万円超120万円以下）」と「第3段階（2）（同120万円超）」の2つに区分し、前者は現行と同じで、後者は食費を引き上げ、補足給付額を引き下げる。資産（預貯金）基準は、現行制度では第1～3段階とも1000万円だが、これを第2段階650万円以下、第3段階（1）550万円以下、第4段階（2）500万円以下とより厳しくなる。⑤の高額サービス費では上限を医療保険の高額療養費に合わせて引き上げられる。これにより、新たに補足給付が受けられない人が増大し、特別養護老人ホームからの退所者もでてくるのではないかと危惧される。

## 6　介護保険法と高齢者福祉の課題

### （1）　引き下げ連続の介護報酬と介護保険の「破局的人材不足」

　以上のような介護保険制度改革の結果、介護保険はまさに、危機的状況にあるといってよい。

　3年ごとに改定される介護報酬は、2018年の改定まで6回の改定のうち、3回はマイナス改定であり（介護報酬に処遇改善加算を組み入れ、実質的にマイナス改定となった2012年の改定を入れると4回）、抑制ぶりが顕著である。介護保険がはじまってから20年間で、基本報酬は平均で20%以上も下がり続けている（図表7-9）。とくに、2015年の改定は、全体2.27%のマイナス改定、介護職員処遇改善加算の拡充分（プラス1.65%）などを除くと基本報酬は4.48%のマイナス改定で、過去最大の引き下げ幅となった。こうした連続する引き下げの影響で、2019

図表7-9　介護報酬の改定率と老人福祉事業者の倒産件数

| | 2000 | 2001 | 2002 | 2003 | 2004 | 2005 | 2006 | 2007 | 2008 |
|---|---|---|---|---|---|---|---|---|---|
| 改定率 | | | | ▲2.3%→ | | | ▲2.4%→ | | |
| 年間倒産数 | 3 | 3 | 8 | 4 | 11 | 15 | 23 | 35 | 46 |

| | 2009 | 2010 | 2011 | 2012 | 2013 | 2014 | 2015 | 2016 | 2017 | 2018 | 2019年 |
|---|---|---|---|---|---|---|---|---|---|---|---|
| 改定率 | +3.0%→ | | | +1.2%（▲0.8%）→ | | | ▲2.27%（▲4.48%）→ | | | +0.54% | +0.39% |
| 年間倒産数 | 38 | 27 | 19 | 33 | 54 | 54 | 76 | 108 | 111 | 106 | 111 |

注：改定率は、厚生労働省資料、老人福祉事業者の倒産件数は東京商工リサーチ調査より。
出所：林泰則「介護保障につなぐ制度改革」岡崎祐司・福祉国家構想研究会編『老後不安社会からの転換—介護保険から高齢者ケア保障へ』（大月書店、2017年）332頁・表1。一部加筆

年の介護事業者の倒産は111件と過去最多に並び、2020年には新型コロナの影響も加わり、118件と過去最多を更新している（東京商工リサーチ調べ。図表7-9参照）。

　介護報酬の引き下げは、介護現場で働く介護職員の賃金の抑制をもたらし、介護現場の深刻な人材不足をもたらしている。国（厚生労働省）は、2009年度から2015年度までの4回の介護報酬の改定により、合計4万3000円（月額）引き上げ効果があったと説明し、2017年には、介護職員の給与を月平均1万円程度引き上げる処遇改善加算を新設した臨時の報酬改定が行われた。しかし、2015年度の介護報酬実態調査では、手当や一時金を除くと、基本給の増額は月額2950円にとどまり、過去4回の改定でも、基本給は合計で月額1万3000円増えたにとどまる。これは、特別の加算を設けても、加算を算定できる事業者は限られていること、基本報酬本体が削減されているため、介護職員の基本給の引き上げにまで回っていないことによる。また、介護現場で多くの割合を占める非正規・パート労働者の賃金は、制度開始の2000年以降、ほとんど上がっていない。第7期介護保険事業計画によれば、介護人材の必要数は、2020年度末には216万人、2025年度には245万人と見込まれており、

年平均6万人ずつ増やしていく必要があるとされているが、その目途は全く立っていない。

　中でも、人手不足が深刻なのは、在宅介護の要であるホームヘルパー（以下「ヘルパー」という）である。ヘルパーの年齢構成は60歳以上が多くを占め、高齢化が進んでいる。全国的に30代、40代のヘルパーのなり手がなく、現状のままでは、10年もたたないうちに、ヘルパーは枯渇していく可能性が高い。ヘルパーの有効求人倍率は、2019年の平均で14.75倍と（厚生労働省集計）、異常な水準に達しており、まさに「破局的人材不足」[35]に陥っているといっても過言ではない。こうした現状を放置していた安倍政権の無策に、2019年11月1日には、訪問介護を担っているヘルパー3人が原告となり、介護報酬の引き下げが続く中、労働基準法違反の状態に置かれているのは国の責任として、国家賠償請求を提訴するに至っている。

　いま、介護現場は、家族介護者や介護職員の献身的努力により、なんとか支えられているのが現状である。しかし、それにも限界がある。2015年・2018年改定のように、人員配置基準の緩和など小手先の対応策に終始し、基本報酬は引き下げ、よくて据え置きといった施策を続けていけば、早晩、施設・事業者不足が深刻化し、介護保険は制度崩壊の危機に直面するだろう（すでに直面しているともいえる）。

## (2)　新型コロナの感染拡大による「介護崩壊」の危機と緊急対応策

　以上のように、深刻な人手不足に陥り、医療に比べてはるかに制度基盤が脆弱で、制度崩壊の危機にあった介護保険のもとで、新型コロナウイルスの感染拡大により、「介護崩壊」が決定的となった。

　介護事業所では、通所介護（デイサービス）で集団感染が発生、もともとの人手不足もあり、感染を警戒して、事業所の休止が全国で急増している。厚生労働省は、介護事業所が休業した場合、ケアプランをつくる居宅介護支援事業所を中心に、訪問介護などの代替サービスを検討・

---

35　井口克郎「『全世代型社会保障』における医療・介護分野の改革動向の問題点」月刊全労連300号（2020年）16頁。

提供するよう求めている。しかし、代替しようにも、どの訪問介護事業所もヘルパー不足で対応しきれていない。

　訪問介護について、厚生労働省は、利用者に発熱等の症状があっても感染防止対策を取り「必要なサービスが継続的に提供されることが重要」と通知しているが、現場ではマスクや消毒液が圧倒的に不足しており、感染リスクが高まっている（前述のように、ヘルパー自身に高齢者が多く、感染すると重症化しやすい）。

　一人暮らしの高齢者や老老介護の世帯、認知症のある高齢者の世帯では、利用の中止や外出自粛で、状態の悪化、認知症の進行、身体機能の衰えが生じている。結果として、要介護状態の人が増え、家族介護者の負担が増大し、虐待も増えている。在宅事業者の側も、利用者のキャンセルが相次ぎ、収入が激減、小規模事業所は閉鎖・倒産が相次いでいる。

　介護施設も深刻である。特別養護老人ホームでも集団感染が起き、死亡者が出ている。病床の不足で、感染者を入院させずに施設内で隔離しケアしている老人保健施設もあり、職員は少ない人手で極度の緊張を強いられている。厚生労働省は、感染対策として施設を運営する法人同士の応援を求めるだけで、人員確保に必要な予算措置をしていない。2020年11月以降の第3波の感染拡大では、重症化しやすい高齢者が集中している介護施設で大規模なクラスターの発生が相次ぎ、死者が急増している。

　介護施設でのクラスター発生を防ぐためにも早急に、介護施設・事業所の介護従事者、利用者には、症状のあるなしにかかわらず定期的な検査を実施すべきである。また、不足しているマスク、消毒液、フェイスシールド、防護服を国の責任で確保、製造し、介護施設・事業所に対して安定した供給ができる体制を構築すべきである。さらに、介護施設・事業所に、感染者が発生した場合の減収、および利用者の減少に伴う損失を補償すべきである。介護報酬の大幅引き上げと公費投入が必要であり、ヘルパーや施設職員が感染者をケアする場合の特別の介護報酬の創設、人員配置基準の大幅な引き上げと潜在ヘルパー・介護福祉士の復帰など人員増員のための財政措置を行うべきである。同時に、介護従事者

が新型コロナに感染した場合には、労災適用だけでなく、独自の補償制
度を設ける必要がある。[36]

## （3）　介護保険のジレンマと抜本的改革案

　もともと、介護保険については、介護保険料と介護給付費が直接に結
びつく仕組みであり、制度が理念として掲げている「介護の社会化」が
進んで、介護保険施設や高齢者のサービス利用が増え、また、介護職員
の待遇を改善し、人員配置基準を手厚くして、安心できる介護を保障す
るため介護報酬を引き上げると、介護給付費が増大し、介護保険料の引
き上げにつながる仕組みになっている。介護報酬単価の引上げは、1割
の利用者負担の増大にもはねかえる。しかし、現在の介護保険の第1号
被保険者の保険料は、前述のように、定額保険料を基本とし、低所得の
高齢者ほど負担が重いうえに、月額1万5000円以上の年金受給者から
年金天引きで保険料を徴収する仕組みで（特別徴収）、保険料の引き上
げには限界がある。同時に公費負担分も消費税で賄われているため、結
果として、給付抑制策が改革のたびにとられてきた。介護保険のジレン
マといってよい。

　こうした介護保険のジレンマを解決するための当面の課題（介護保険
の抜本改革）を提示する。まず、社会保険方式（すなわち介護保険方
式）を維持するのであれば、介護保険料を所得に応じた定率負担にし、
賦課上限を撤廃するなどの抜本改革が不可欠となる。そのうえで、住民
税非課税の被保険者については介護保険料を免除とすべきである。そも
そも、住民税も課税されないような低所得の人から保険料を徴収すべき
ではない。実際、ドイツの介護保険では、保険料は所得の2%程度の定
率負担になっている。

　同時に、コンピューター判定と身体的自立度に偏向した現在の要介護
認定を廃止し、医師や介護職を構成員とする判定会議による認定の仕組
みに改める必要がある。ドイツでは、認知症高齢者の増大にともない、

---

36　詳しくは、伊藤周平「新型コロナ危機と医療・介護政策の課題─現実化した医療・介
　護崩壊の背景と今後の課題」賃社1756号（2020年）28-29頁参照。

介護保険の要介護認定の抜本的見直しを行い、認知症高齢者の独自の基準を設定している。

　介護人材の確保については、人員配置基準を引き上げたうえで、介護報酬とは別枠で、介護職員だけでなく看護職員や事務職員も対象とした公費負担による処遇改善交付金を創設すべきと考える。なかでも、人材不足が深刻なヘルパーについては、訪問介護部門を介護報酬の仕組みから切り離し、介護保険制度創設前のように、市町村の直営・委託で行う方式にして、公務員化するべきであろう[37]。同時に、施設建設費補助への国庫補助を復活させ、不足している特別養護老人ホームの増設を進めるべきと考える。

　加えて、家族介護者に対する現金給付を介護保険の給付として制度化すべきである。日本の介護保険は、サービスを利用したときの給付しかないが、ドイツでは、現金給付が制度化されており、現金給付とサービス給付とは選択でき、あるいは併用することも可能である（ただし、現金給付を選択した場合には支給額はサービス給付よりも低くなる）。現金給付を選択した場合でも、保険者である介護金庫は、適切な介護がなされているかを調査するため、介護等級に応じて、定期的にソーシャルステーションの職員を、現金給付受給者宅に派遣することが義務付けられている。さらに、家族介護を社会的に評価し、家族介護者と要介護者との間に就労関係を認め、自治体が介護者の労災保険料を全額負担することで、介護者が介護に基づく傷病に遭遇した場合には、労災の給付対象とする仕組みが導入されている。日本では、家族などの介護者に対する支援は、地域支援事業の中に位置づけられているが、任意事業のため、自治体によってばらつきがあり、内容も介護者交流会の開催や相談などにとどまり、家族介護慰労金のように事業として存在していても、要件が厳格なため、ほとんど利用者がいないなど、実効的な介護者支援策は皆無といっても過言ではない。ドイツのような現金給付を導入すれば、家族介護者の労働の権利を保障することができるし、介護者の支援にも

---

37　同様の指摘に、結城康博「訪問介護なくして地域包括ケアはありえない」週刊社会保障3045号（2019年）48‐49頁参照。

なる。それに伴う介護保険料の高騰については、定率保険料の導入のような抜本改革で対応すべきである。

## (4)　社会保険方式の破綻と総合福祉法の構想

　すでに、介護保険そのものが、これまでみてきたような給付抑制と負担増の連続で、「保険料あって介護なし」の状態に陥り、「国家的詐欺」[38]と称されるまで、制度としての信頼を失っている。社会保険方式で介護保障を行うことの限界は明らかといえ、将来的には、介護保険法は廃止し、高齢者や障害者への福祉サービスの提供は、自治体の責任（現物給付）で全額公費負担により行う総合福祉法を制定すべきと考える[39]。

　また、介護保険導入の目的のひとつに、高齢者医療費の抑制と介護保険による医療の安上がり代替がある。介護保険法1条にもあるように、介護保険の給付対象者は、介護のみならず「その他医療を必要とする者」であり、「保健医療サービス」に係る給付を行うとされており、老人保健施設や介護医療院が介護保険施設とされ、訪問看護も介護保険サービスの対象とされた。つまり、介護保険は、従来は医療保険の給付で行っていた保健医療サービスの一部を介護保険の給付で行うことで、増え続ける高齢者医療費を抑制するために構築された制度といえる。

　同時に、介護保険には、医療の安上がり代替という目的もある。同じ医療行為を、医師や看護師など医療・看護職が行うのと、介護福祉士など介護職が行うのとでは、診療報酬と介護報酬の差をみれば、後者の方が安上がりなのは一目瞭然である。また、医師が必要と判断した治療には原則すべて保険がきく医療保険の給付と異なり、介護保険の給付には、保険がきく上限（支給限度額）が存在するため、給付費を抑制することができる。この目的に沿って、2011年に、社会福祉士及び介護福祉士法が改正され、介護福祉士も、たんの吸引などの一部の医療行為を業務として行うことが可能となった[40]。

38　伊藤・日下部・前掲注30）141頁（日下部執筆）。
39　総合福祉法の構想について詳しくは、障害者生活支援システム研究会編『権利保障の
　　福祉制度創設をめざして─提言・障害者・高齢者総合福祉法』（かもがわ出版、2013
　　年）第3章（伊藤周平執筆）参照。

そして、現在、医療制度改革により、必要な医療やリハビリが受けられなくなった高齢者の受け皿として介護保険の給付を再編していく方向がみられるが（いわゆる「地域包括ケアシステム」）、こうした政策は介護保険の給付抑制策により破綻している。介護保険の給付のうち、訪問看護や老人保健の給付などは医療の給付に戻すべきである。これにより介護保険による医療の安上がり代替も防げる。ただし、医療保険の負担が増えることになるので、それについては、公費負担や事業主負担の増大により対応していくべきだろう。また、個人給付・直接契約方式を廃止し、市町村と高齢者・障害者との契約という形で、市町村が直接的な福祉サービス提供の責任を負う方式にする必要がある。これにより社会福祉事業は、給付費を代理受領するのではなく、委託費を受けて運営することになり、運営の安定性を確保できる。委託費（公費）を増額していけば、職員の基本給の底上げなど労働条件の改善も可能となる。そして、その財源は消費税ではなく、所得税や法人税に求めるべきである。

## 第3節　児童福祉の法
### ——児童福祉法と子ども・子育て支援法など

　本節では、児童福祉法と子ども・子育て支援法を中心に、児童福祉の法を考察する。まず保育制度改革の展開を概観したうえで、子ども・子育て支援法の構造と法的問題、児童福祉関連の法を検討し、課題を探る。なお、児童福祉法における「児童」の範囲と子ども・子育て支援法における「子ども」の範囲とは必ずしも一致しないが、本節では、主として保育所の利用について述べるので、「児童」と「子ども」とは同じ意味で用い、一般に用いられている「保育園」は、引用の場合を除き法律上の正式名称の「保育所」で統一する。

---

40　業務として行える医療行為は「喀痰吸引等」とされており（社福士2条2項）、将来的な拡大の可能性も視野に入れて、厚生労働省令で対象行為を追加できるようにされたという。島崎419頁参照。法改正なしに、医療行為の範囲が際限なく拡大されていくおそれについては、伊藤・法政策128頁参照。

## 1　児童福祉法の目的と理念

　日本の児童福祉は、1947 年に、戦後の社会福祉立法の先駆けとして
制定された児童福祉法にはじまる。児童福祉法は「憲法 25 条の生存権
の理念を児童について具体化するために制定された児童の福祉に関する
総合的基本法」とされる。[41]

　児童福祉法第 1 章（総則）の節には属さない児童福祉の理念を定めた
規定（1 条〜 3 条）は、これまで何回も行われてきた同法の改正におい
て一度も改正されてこなかったが、2016 年の改正で、大幅な改定が加
えられた。

　まず、従来は 1 条に 2 つの項があったが、これが 1 項にまとめられ、
「全て児童は、児童の権利に関する条約の精神にのっとり、適切に養育
されること、その生活を保障されること、愛され、保護されること、そ
の心身の健やかな成長及び発達並びにその自立が図られることその他の
福祉を等しく保障される権利を有する」と規定された。児童の権利条約
の批准（1994 年）から 20 年以上経てようやく、「児童の権利に関する
条約の精神にのっとり」の文言が入り、児童が権利主体であることが明
記された点は評価できるが、「福祉の権利」ではなく「福祉を等しく保
障される権利」となっており、児童が能動的な権利行使の主体とまでは
されていない点で課題が残る。

　ついで、2 条では、1 項に児童の権利条約に沿って、児童の意見の尊
重と最善の利益の優先の考慮が盛り込まれ、2 項に「児童の保護者は、
児童を心身ともに健やかに育成することについて第一義的責任を負う」
という条文が新たに加えられた。改正前の児童福祉は「国及び地方公共
団体は、児童の保護者とともに、児童を心身ともに健やかに育成する責
任を負う」（2 条 2 項）と規定し、国・地方公共団体は保護者と同等に、
児童の健全育成の責任を負うと解されてきた。[42] これに対して、2016 年
の改正では、保護者が、児童の健全育成責任を第一義的に負うと明記さ

---

41　桑原洋子・田村和之編『実務注釈・児童福祉法』（信山社、1998 年）31 頁（桑原執筆）。
42　桑原・田村編・前掲注41）38 頁（桑原洋子執筆）参照。

れ、国および地方公共団体は、保護者がこれを果たしえない場合にそれを援助する責任を負うという趣旨の規定になっている。自民党が野党時代に公表した「日本国憲法改正草案」（2012年4月）の24条1項では「家族は互いに助け合わなければならない」とされており、新2項の追加は、自民党政権の家族の尊重・相互助け合い責任の強調と通じるところがあり[43]、公的責任、とくに国の責任の後退が懸念される。実際、第1節として「国及び地方公共団体の責務」が設けられ、国・地方公共団体の責務が細かく規定され、市町村は基礎的な地方公共団体として「保育の実施」その他児童の福祉に関する支援に係る業務を行うとされたものの、国の責務は体制の確保など後方的支援に退いてしまっている（児福3条の3）。

　一方で、児童福祉法3条の規定は改正されておらず、1条、2条に規定する児童福祉の理念（原理）は「すべての児童に関する法令の施行にあたって、常に尊重されなければならない」としている。同規定は、児童福祉法1条・2条が児童福祉法の上位規定であること、他の児童に関するすべての法令に対する上位規定であることを明らかにしたものであり、児童に関する法律のみならず「施行令、施行規則の制定の場合はもちろん、それらの法令にもとづく処分」も含むとされる[44]。そのため、たとえば、児童の健全育成についての国・地方公共団体（自治体）の責任を放棄（もしくは大幅に縮小）するような法改正は、基本的に許されないと解される。

## 2　保育制度改革の展開と少子化対策

### （1）　待機児童問題と対応策

　保育所は児童福祉法に基づく児童福祉施設として位置づけられているが、1960年代の高度経済成長期に、既婚女性の就業が進み、「ポストの数ほど保育所」をスローガンに、保育所づくりの運動が広がった。当時、

---

43　同様の指摘に、田村和之「児童福祉法2条2項の新設への懸念—児童福祉法2016年5月改正」保情479号（2016年）8頁参照。

44　松崎芳伸『児童福祉法』（日本社会事業協会、1948年）53頁参照。

　各地で成立した革新自治体がそれを後押しし、1970 年代には、国も、保育所づくりの運動の拡大におされて、保育所緊急整備計画を策定し、年平均で、保育所 800 か所程度の創設、入所児童約 9 万人の増大を実現、1970 年代末には、保育所 2 万 3000 か所弱、在籍児 200 万人弱の水準に達し、保育所保育の基礎が築かれた。

　しかし、1980 年代に入ると、日本経済が低成長期に入り、個人や家族の自助努力を強調する「日本型福祉社会」論のもと、福祉見直しが叫ばれ、福祉関係費の国庫負担割合が大幅に引き下げられるなど（8 割→5 割）、福祉予算の削減が進んだ。保育所についても、子どもが 3 歳になるまでは親のもとで育てた方がよいという、いわゆる「3 歳神話」の影響のもと、「保育所の役割は終わった」として、保育所抑制策がとられるようになる。保育所数は一転して減少傾向となり、1990 年代を通じて減少が続き、2000 年時点で 2 万 2000 か所にまで減少した（減少前の 1980 年代初頭の水準を回復するのは 2008 年 4 月である）。

　圧倒的な保育所不足は、保育所定員に空きがなく、保育が必要であるとされながら、保育所に入所できない「待機児童」を大量に生み出すこととなった。とくに、バブル崩壊後の 1990 年代後半から、待機児童が激増し、それに伴い認可を受けていないが児童福祉施設と同様の業務を行う施設（認可外保育施設）が全国で増加、そこでの入所児童の死亡事件が続発した。そのため、入所児童の福祉の観点から規制監督の規定が児童福祉法に設けられた。すなわち、認可外保育施設の事業開始・休廃止にかかる都道府県知事への届出義務、都道府県知事の立入調査、施設の設備・運営等の改善等の勧告、それに従わない場合のその旨の公表、事業改善命令や施設閉鎖命令を行う権限が規定された（児福 59 条）。

　国がはじめて、待機児童数を公表したのは 1995 年からだが、目標数値を定め、本格的に待機児童解消に乗り出したのは、2001 年の小泉政権のときの「待機児童ゼロ作戦」からであった。しかし、公費のかかる認可保育所の増設ではなく、規制緩和による既存保育所の定員を超えた詰め込み中心の施策であったため、待機児童ゼロには到底及ばず、「詰め込み保育」と揶揄されるなど、保育の質が低下した。

待機児童解消は、歴代政権に引き継がれたが、政策の方向が保育所の整備ではなく、小規模保育事業など安上がりな保育施設の整備に偏る規制緩和策であったことから、結局、待機児童問題は 20 年以上にわたって解消されないまま現在に至っている。

## (2)　1997 年の児童福祉法改正

　1997 年には、保育制度に関し児童福祉法の大幅な改正が行われた（以下「1997 年改正」という）。これにより、同法 24 条 1 項の「保育所への入所の措置」の文言が「保育の実施」に変更され、行政解釈では、措置制度から契約制度への転換がはかられたとされる。つまり、法改正により、保護者が市町村に申込みを行い、市町村が、申込みをした保護者の子どもについて保育を必要とするか（「保育に欠ける」の要件）を審査し、必要とする場合には入所決定を行い、市町村と保護者との間に利用契約が結ばれ、それに基づき保育が提供される仕組みに転換されたというわけである。[45]

　裁判例では、この解釈を肯定するものがあるが（大阪地判 2005 年 10 月 27 日判例自治 280 号 75 頁、千葉地判 2008 年 7 月 25 日賃社 1477 号 49 頁など）、保護者からの申し込みを契機とする市町村の入所決定（行政処分）によって設定される法律関係であるとするものもみられた（大阪高判 2006 年 1 月 20 日判例自治 283 号 35 頁）。

　学説では、市町村長が、保護者からの申し込みを受けて、保育所入所要件の審査と入所の優先順位の判断を行ったうえで、保育所入所の決定をするが、この決定は行政処分と解されている。市町村の行う入所決定は行政処分であっても、その後の保育の実施については、市町村と保護者との間に公法上の契約関係が成立しているとみることは可能である。[46]この法律関係においては、市町村には保育の実施義務があり、保育の実施は公立保育所で行うのが基本となるが、私立の認可保育所に委託する

45　児童福祉法規研究会編『最新児童福祉法・母子及び寡婦福祉法・母子保健法の解説』
　　（時事通信社、1999 年）167 頁参照。
46　いわゆる「処分・契約並存説」といわれる解釈である。詳しくは、古畑淳「私立保育
　　所の廃止・民営化」賃社 1501 号（2009 年）7 頁参照。

ともできる。この場合、市町村と私立保育所との間に委託契約（準委任契約）が結ばれ、保育料の徴収は市町村が行う。市町村には保育実施義務がある（逆にいえば、保育を必要とする子どもに保育の権利がある）という意味で、公的保育制度ともいわれる。

　また、1997年改正では、要保護児童の入所措置等に先立ち、児童の意向の聴取を前提とすることとされ（児福26条2項）、自立支援という機能が、母子生活支援施設（旧母子寮）、児童養護施設、児童自立支援施設（旧救護院）に付加された。さらに、子育て家庭の支援機能を果たすものとして、児童家庭支援センターが児童養護施設等に付置された（児福44条の2）。

## (3)　少子化対策の展開

　一方、合計特殊出生率（ひとりの女性が産む子どもの数の平均）が丙午だった1966年の最低値1.57を下回った1989年の、いわゆる「1.57ショック」を起点として、少子化が社会問題となり、少子化対策も進められていくこととなった。待機児童問題の解消も少子化対策の一環として進められていく。

　1994年には、当時の文部・厚生・労働・建設の4大臣合意による「今後の子育て支援のための施策の基本的方向について」（エンゼルプラン）が策定された。これは、保育サービスや子育て相談・支援体制などの具体的な数値目標を定める計画であったが、法的根拠はなく、自治体の計画策定も任意にとどまっていた。1999年には、少子化対策推進関係閣僚会議が「少子化対策推進基本方針」を決定、これを受けて、新エンゼルプランが策定され、エンゼルプラン後の5年間のさらなる数値目標が設定された。

　しかし、その後も、少子化の急速な進展に歯止めがかからない中、2003年に、施策の基本的事項などを定める少子化社会対策基本法が議員立法により制定され、内閣府に少子化社会対策会議が設置されることとなった。ついで、同年、地方公共団体および事業主が次世代育成支援のための行動計画を策定して実施することを定める次世代育成支援対策

推進法が制定された。同法は 10 年間の時限立法であったが、2014 年の改正により、有効期限が 2025 年 3 月末までさらに延長された。同時に、地域における子育て支援策を強化するため、児童福祉法が改正されて、待機児童が多く保育需要が増大している市町村について、保育の実施事業その他子育て支援事業等の供給体制の確保に関する計画（市町村保育計画）を定めることが義務付けられた。

　近年では、少子化問題は、将来的な労働力の減少、社会保障の支え手の減少と現役世代の負担の増大の観点から論じられ、経済・財政政策の一環に位置づける傾向が強まっている。

### (4)　社会保障・税一体改革と子ども・子育て関連 3 法の成立

　保育制度改革については、2000 年代から、地方分権改革の流れの中で、児童福祉財政の再編が進み、2004 年度には、公立保育所運営費補助金および障害児保育補助金が廃止された。国の補助金廃止により生じる地方負担分については、地方交付税における基準財政事情の需要の算定に反映されたとはいえ、児童福祉の基幹的事務に対する国の財政責任が後退したことは否定できない。[47]地方交付税は使途を限定しない一般財源のため（公立保育所運営費等の一般財源化といわれる）、増額分を保育所以外の別の用途に用いる自治体もあり、結果として、公立保育所の民営化が各自治体で加速する事態を招いた。

　また、2006 年には、就学前の子どもに関する教育、保育等の総合的な提供の推進に関する法律（以下「認定こども園法」という）が制定され、所定の要件を満たした保育所または幼稚園を都道府県知事が認定こども園として認定する仕組みが導入された。幼稚園・保育所双方の機能をあわせもち、直接契約方式をとる認定こども園の設立は、幼保一体化（当時は「幼保一元化」といわれていた）への機運を高めた。

　この時期、保育所定員の弾力化など保育の規制緩和が進められたが、市町村の保育実施義務を前提とした従来の保育制度の範疇を超える改革ではなかった。しかし、高齢者福祉分野の介護保険に続き、障害者福祉

---

47　同様の指摘に、高端正幸「児童福祉財政」高端ほか 123 頁参照。

分野でも障害者自立支援法の施行（2006 年）など、個人給付・直接契約方式への転換が実現するに至り、国（厚生労働省）の側で、市町村の保育実施義務をなくし、個人給付・直接契約方式への転換を志向する方向が鮮明になってくる。[48]

　2012 年 2 月には、当時の民主党政権のもと、消費税率 10%への段階的引き上げを内容とする「社会保障・税一体改革大綱」が閣議決定され、消費税収（国税分）の使途を、高齢者 3 経費（基礎年金、高齢者の医療および介護保険にかかる公費負担の費用）に少子化に対処するための施策（子ども・子育て施策）に要する費用を加えた「社会保障 4 経費」に限定すること、同施策について 0.7 兆円程度（消費税以外の財源も含め 1 兆円程度）の財源を確保することが打ち出された。そして、同年 3 月、子ども・子育て関連 3 法案（総合こども園法案、子ども・子育て支援法案、児童福祉法など関連法律の整備法案）が、社会保障・税一体改革関連法として国会に提出された。

　同法案については、野党のみならず、保育・幼児教育関係の団体に強固な反対意見があり、2012 年 6 月、民主党と自民党・公明党の 3 党合意が成立し、法案は大幅に修正され、総合こども園法案は廃案とされ（これにより、保育所と幼稚園を総合こども園に統合する幼保一体化案は頓挫した）、市町村の保育実施義務が、保育所保育について復活することとなった。[49]この修正案がそのまま成案となり、同年 8 月、①子ども・子育て支援法、②認定こども園法の一部改正法、③児童福祉法の改正（以下「2012 年改正」という）など関係法律の整備に関する法律（子ども・子育て関連 3 法）が成立した。関連 3 法は、2015 年 4 月より施行され、同 3 法に基づく子ども・子育て支援新制度がスタートした。

---

48　こうした厚生労働省の政策転換の背景については、伊藤周平『保育制度改革と児童福祉法のゆくえ』（かもがわ出版、2010 年）88 頁参照。

49　この間の経緯については、伊藤周平『子ども・子育て支援法と社会保障・税一体改革』（山吹書店、2012 年）70 頁以下参照。

## 3 子ども・子育て支援新制度の構造と法的問題

### (1) 子ども・子育て支援新制度の導入とその本質

　子ども・子育て支援新制度（以下「新制度」という）は、都市部で深刻化している待機児童の解消と子育て支援の充実を掲げてスタートしたが、新制度になっても、待機児童は解消されず、保育の質の改善もされず、3歳児の保育士配置基準が改善されたにとどまる（従来の子ども20人に保育士1人を15人に1人に改善した施設に加算がなされる）。

　以上のことをみても、新制度が、子育て支援の充実や待機児童解消を目的とした制度ではないことがわかる。新制度の導入は「戦後最大の保育制度改革[50]」といわれるように、従来の保育制度（自治体責任による入所・利用の仕組み）を解体し、個人給付・直接契約方式に転換することにあった。認定を受けて給付資格を認められた子ども・保護者に対して給付費を支給する方式（個人給付方式）にすることで、これまでの補助金にあった使途制限をなくし、企業参入（保育の市場化）を促して保育提供の量的拡大を図るとともに、市町村の保育実施義務（保育の公的責任）をなくすことを意図して構築された制度といえる。

　同時に、新制度では、保育所以外に認定こども園や地域型保育事業も給付対象とすることで、多様な施設・事業が並存する仕組みとなった。これにより、現在の待機児童の9割近くを占める0～2歳児の受け皿となる小規模保育事業などを増やし、規制緩和と企業参入に依存して、安上がりに、供給量を増やし待機児童の解消を図ろうというわけである。

　こうした政策意図のもと、児童福祉法24条1項に定められていた、市町村の保育実施義務は、当初の児童福祉法改正案では削除されていた。しかし、前述のように、多くの保育関係者の批判と反対運動の結果、国会の法案審議過程で復活することとなった。すなわち、2012年の改正で、児童福祉法24条1項は、市町村が「保護者の労働又は疾病その他の事由により、その監護すべき乳児、幼児その他の児童について保育を必要

---

50　田村和之・伊藤周平・木下秀雄・保育研究所『待機児童ゼロ—保育利用の権利』（信山社、2018年）3頁（田村執筆）。

とする」児童を「保育所において保育しなければならない」と規定し、市町村の保育実施義務は、少なくとも保育所の利用（入所）児童について、新制度のもとでも維持されることとなった。

　とはいえ、児童福祉法24条1項には「子ども・子育て支援法の定めるところにより」との文言が新たに加えられた。子ども・子育て支援法は、次にみるように、施設に関していえば、認定こども園、幼稚園、保育所を「教育・保育施設」とし、支給認定を受けた子どもが、この教育・保育施設を利用した場合に、施設型給付費を支給する仕組みで、個人給付・直接契約方式を基本としている（給付費は、法律上は、認定を受けた子ども・保護者に支給されるのが基本だが、施設が代理受領することができる。子育て支援27条5項）。

　保育所利用の場合のみ、市町村の保育実施義務が維持されたことで、保護者と市町村との契約という形をとり、保育料も市町村が徴収し、私立保育所には委託費（代理受領ではなく）が支払われる仕組み、すなわち保育所方式が維持された。ただし、委託費は、施設型給付費の算定方法で計算された額を支給する（子ども・子育て支援法則6条1項）。このように、新制度は、自治体責任方式と個人給付・直接契約方式という相異なる仕組みを併存させており、法的な不整合や矛盾が随所にみられる複雑な法制度となっている。

## (2)　子ども・子育て支援新制度の構造と利用手続き
### (i)　子ども・子育て支援給付

　子ども・子育て支援法は、児童手当を子どものための現金給付と位置づけたうえで、子どものための教育・保育給付を創設し子ども・子育て

---

51　伊奈川48頁は、私立保育所と違い公立保育所の場合には、保育の実施義務を負う市町村ではなく、施設設置者としての地方公共団体と保護者との間の契約関係となるとする。しかし、児童福祉法24条1項の趣旨からすれば、市町村は保育所利用児童に対して保育の実施義務を負うのであり、保育所の運営形態が公立であろうが私立であろうが、義務の主体は市町村であることに変わりなく、そもそも、市町村と施設設置者としての地方公共団体が実態として明確に区別できるのかも疑問である。公立保育所についても保育所方式が維持されているとみるのが妥当であろう。

支援給付と総称している（子育て支援8・9条）。

　子どものための教育・保育給付には施設型給付費と地域型保育給付費があり、前者は、支給認定を受けた子どもが、認定こども園など特定教育・保育施設を利用した場合に支給され、後者は、小規模保育、家庭的保育、居宅訪問型保育、事業所内保育（以下、総称して「地域型保育事業」という）を利用した場合に支給される。支給認定により、小学校就学前の子どもは①満3歳以上の子ども（子育て支援19条1項1号に該当するので「1号認定子ども」という。以下同じ）、②満3歳以上で家庭において必要な保育を受けることが困難である子ども（2号認定子ども）、③満3歳未満の子どもで家庭において必要な保育を受けることが困難である子ども（3号認定子ども）に区分され、地域型保育給付費の支給対象は、③の3号認定子どもに限定される。同時に、支給時間の認定も行われ、2号・3号認定の子どもは保育標準時間（11時間）・短時間（8時間）の2区分、1号認定の子どもは教育標準時間（4時間）の1区分となっている。いずれの支給に対しても、従来の認可施設等で、市町村が条例で定める運営基準に適合し、市町村長の確認を受けた施設・事業者（特定教育・保育施設、特定地域型保育事業者）を利用することが必要となる。子ども・子育て支援法は確認の拒否事由を定めておらず（子育て支援31条・43条）、市町村長は、当該施設等が認可または認定を受けて入れば、必ず確認を行わなければならず、確認を拒否する行政裁量はない。[52]

　特定教育・保育施設のうち、保育所は「保育を必要とする乳児・幼児を日々保護者の下から通わせて保育を行うことを目的とする施設（利用定員が20名以上であるものに限り、幼保連携型認定こども園を除く。）」とされ（児福39条1項、子育て支援7条4項）、定員19名以下のものは小規保育事業とされる（児福6条の3第10項、子育て支援7条7項）。

　施設型給付費の対象となる認定こども園は、新制度のもとで再編され、新たに幼保連携型認定こども園が創設された。幼保連携型認定こども園は、満3歳以上の幼児に対する教育と保育を必要とする乳児・幼児に対

---

52　同様の指摘に、笠木ほか338頁（中野妙子執筆）参照。

する保育を一体的に行う施設であり（認定こども園法2条7項。児福39条の2）。学校であると同時に児童福祉施設でもあり、設置者は、国・地方自治体、社会福祉法人、学校法人に限定され、国・地方自治体以外の法人が設置する場合には、都道府県知事による認可が必要となる。幼保連携型認定こども園以外の認定こども園の類型については、認定こども園法3条2項に規定されているが、各類型名が明示されているわけではなく、基盤となる施設名からの通称で、保育所型、幼稚園型、地方裁量型の3つがある。[53]

　幼稚園は、公立の場合は原則として新制度に移行し、私立幼稚園については、選択制がとられ、新制度に移行しなくても従来どおり私学助成を受けることができる（私学助成型幼稚園）。

（ⅱ）地域子ども・子育て支援事業

　子ども・子育て支援法は、市町村事業である地域子ども・子育て支援事業として、①認定時間外保育の費用の全部または一部を助成する事業（延長保育事業）、②学用品購入や行事参加などに要する費用の全部または一部を助成する事業、③企業参入等を促進するための事業、④放課後児童健全育成事業（通称は学童保育。以下「学童保育」で統一）、⑤子育て短期支援事業、⑥乳児家庭全戸訪問事業、⑦養育支援訪問事業、⑧地域子育て支援拠点事業、⑨一時預かり事業、⑩病児保育事業、⑪子育て援助活動支援事業、⑫妊婦健診、⑬利用者支援事業の13事業を法定している（子育て支援59条）。

　このうち、④の学童保育については、対象者が、おおむね小学校3年生までから小学校就学児に拡大され、市町村が最低基準に該当する設備・運営基準を、国の定める基準を参考に条例で定めることとされた（児福34条の8の2）。国が定める基準のうち、学童保育に従事する者（放課後児童支援員）とその配置基準（原則2人以上配置）については、従来は「従うべき基準」とされていたが、人員確保が困難との理由で、

---

53　保育所型と幼稚園型は、すでに保育所や幼稚園として認可を受けている施設を認定こども園として認定するものだが、地方裁量型は、認可基準を満たしていない認可外保育施設を自治体が独自に認定するものである。詳しくは、伊藤周平『子ども・子育て支援法と保育のゆくえ』（かもがわ出版、2013年）21頁参照。

参酌基準（参考となる基準）とされた。その他の事項（開所日数・時間、施設規模など）も参酌基準である。学童保育の事業者に対する指導・監督権限は市町村長にあり（同34条の8の3）、利用手続きは市町村が定め、利用調整も行うこととなる。

　しかし、人員配置基準は、子どもの命と安全、安心できる「生活の場」を保障するためには必要不可欠な基準であり、全国一律で保障されるべきであろう。これが崩されたことで、学童保育の安全性と質の低下は避けられず、支援員の確保がますます困難となることが懸念される。

### (iii) 新制度のもとでの保育の利用手続き

　新制度のもとでの保育所の利用の手続き・流れは次のようになる。①保護者は、まず、市町村に支給認定を申請する。②市町村が、当該申請に係る保護者の子どもについて給付資格（保育の必要性）と保育必要量（時間区分）を認定し、認定証を交付する（子育て支援20条）。③保護者が、保育所利用を希望する場合には、認定証をもって市町村に利用の申込みを行う。④市町村が保育所利用を承諾、利用決定を行う。⑤市町村は、子どもに対して公立保育所で（もしくは私立の認可保育所に委託し）保育を提供する。

　従来の保育制度では、保育所入所を希望する場合、保護者が入所を希望する保育所を書いて市町村に申込みをすれば、市町村が入所要件（「保育に欠ける」要件）に該当するかを審査して、該当する場合は、入所先の保育所を決め（入所決定）、入所承諾書を交付する手続きで、入所申込みから保育所入所までは一連の手続でなされていた。新制度では、個人給付・直接契約方式を基本としているため、利用要件の審査と利用決定の手続きとが分離されており、保護者は、本来は支給認定の申請→保育所の利用の申込みという2段階の手続きを踏まなくてはならないが、実務上は、支給認定の申請の際に、申請書に希望する保育所名を一緒に記入し利用申込みも同時に市町村にできる形となっている。

　これに対して、保育所以外の認定こども園や小規模保育事業など（以下、これらの施設・事業を総称して「直接契約施設・事業」という）を利用する場合には、直接契約が基本となるので、利用決定を行う契約当

図表 7 - 10　保育を必要とする場合の利用までの手続き

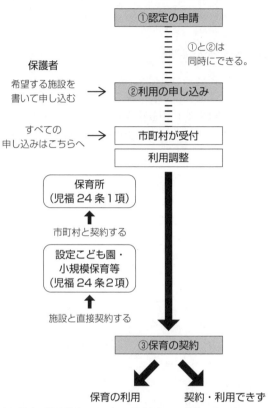

出所：全国保育団体連絡会パンフレット「よりよい保育の実現をめざして――
子ども・子育て支援新制度改善の課題」（2014 年 11 月）7 頁をもとに作成

事者は、その施設・事業者となる。したがって、本来であれば、保護者
は、支給認定の申請は市町村に行い、利用の申込みは当該施設・事業者
（所）に行わなければならない。しかし、新制度では、保育を必要とす
る子ども（2 号・3 号認定子ども）については、支給認定の申請書に「保
育の利用」として、保育所の利用申込みと一括して、直接契約施設・事
業への利用申込みまで市町村に行わせる仕組みをとり、定員超過の場合
も、市町村が利用希望者の選考を行い、利用施設・事業者を決めて保護

者に提示する利用調整の仕組みを採用した（児童福祉法附則73条1項による同法24条3項の読み替え。以上の利用手続につき図表7-10）。

### (4)　支給認定をめぐる法的問題

　以上のような新制度については、いくつかの法的問題が指摘できる。

　まず支給認定の法的問題がある。支給認定では、個々の子どもについて保育の必要性（給付資格）の認定が行われるが、子ども・子育て支援法と同法施行規則1条に、保護者の就労などの規定があり、これらの事由（利用要件）に該当していれば、市町村は、申請した保護者の子どもが「保育の必要」ありと認定することになる。その際、施行規則1条10号の「前各号に類するものとして市町村が認める事由」のほかは、市町村に裁量の余地はない。この点、子どもの置かれている環境から客観的に保育ニーズが認められれば、認定される仕組みとなったことを評価する見解もあるが、保育の必要性が認定されたとしても、それにより、子どもの保育を受ける権利がただちに保障されるわけではない。保育所などの保育施設が不足していれば、保育の必要性が認定されたとしても、必要な保育を受けることができないことは自明のことだからである。

　また、子ども・子育て支援法施行規則で列挙されている保育の必要性の事由（利用要件）は、いずれも保護者に関する事由で、子どもの事由は入っていない。たとえば、子どもに障害があり、集団保育が適切と考えられる場合でも、保護者が就労していなければ、保育を必要とする子どもには該当しないことになる。ただし、「市町村が認める事由」（同施行規則1条10号）の中に、子どもに障害があり集団保育を必要とする事由を読み込み、親が就労していなくても、障害児について保育の必要性ありと認定する自治体が多いようである。本来であれば、保育の必要性の事由に、子どもの障害などを明記すべきと考える。

　さらに、支給認定には有効期間がつけられ、市町村は、子ども・子育て支援法施行規則8条各号の定めにより具体的な有効期間を定める。通

---

54　中野妙子「子どもの保育―子ども・子育て支援新制度の効果と課題」論究ジュリスト 27号（2018年）92頁参照。

常は、3号認定子どもの場合には、満3歳に達する日の前日までの期間
（8条8号）、1号および2号認定子どもについては、小学校就学前の前
日までの期間（8条2号）を有効期間と定めることとなろう。3号認定
の子どもの場合は、満3歳に達した段階で再度の支給認定を受け、通常
は2号認定とされることになるが、小規模保育事業等を利用していた場
合は、保育所等へ移籍する必要がある。これに対して、保育所に入所し
ている場合には、入所要件（保育の必要性）が続く限り、3歳以降も退
所とはならないので、市町村は、支給認定の有効期間と関係なく、小学
校就学前までを入所期間と定めることも可能である。

### (5)　市町村の利用調整をめぐる法的問題

　ついで、市町村の行う利用調整の問題がある。

　保育所の場合には、市町村が保育の実施義務を負い、市町村と保護
者・子どもとの契約という利用方式がとられているため、市町村に利用
の申込を行い、市町村が定員超過の場合には選考を行い、利用決定を行
うことに問題はない。しかし、直接契約施設・事業を利用する場合には、
利用契約は、あくまでも直接契約施設・事業者と保護者との間に結ばれ
るものであり、定員超過の場合の選考も、利用契約の締結も直接契約施
設・事業者が行うべきものである。契約当事者ではなく利用契約の締結
権限をもたない市町村が、利用の申込みについて、市町村窓口で一括し
て受け付けることはありうるにしても、定員超過の場合に選考まで実施
し事実上の利用決定を行うことは、法的には説明ができない。市町村が
行う利用調整は、利用可能な施設・事業者をあっせん・紹介するなどの
行政指導（行手2条6号）と解され、直接契約施設・事業（者）に保護
者との契約締結を要請するにとどまる。

　これに対して、国（内閣府・厚生労働省）は、市町村は利用調整の過
程において利用希望者の選考を行うこと、調整および要請に対する協力
義務が直接契約施設・事業者に課されていることから、利用調整を強制

---

55　厚生労働省の石井淳子雇用均等・児童家庭局長（当時）の委員会答弁（『第183回国
　会参議院厚生労働委員会会議録』2013年3月21日）。

力のある行政処分、異議申立ての対象となる「処分」（行審2条1項）
と解している。したがって、市町村の利用調整の結果に不服がある場合
には、不服申立て、さらには行政訴訟を提起することができる。

　行政指導であっても、これに従わなければ実質的な不利益が生じると
考えられる場合には、例外的に行政処分と解した裁判例もある（医療法
に基づく保険医療機関の指定の申請拒否を前提とした病院開設中止勧告
につき最判2005年11月15民集59巻6号1661頁参照。第5章第2節参
照）。しかし、定員超過の場合の選考も、市町村が行うとなれば、新制
度が基本とする直接契約方式を逸脱しており、法律の明文の根拠が必要
と考える。

　法的不備は置くとしても、なぜ、こうした利用調整の仕組みが採用さ
れたのか。内閣府政策統括官（共生社会政策担当）・厚生労働省雇用機
会均等・児童家庭局長連名通知「児童福祉法に基づく保育所等の利用調
整の取り扱いについて」（2015年2月3日）では「利用定員を上回る場
合、特定教育・保育施設等は、保育の必要度の高い順に受け入れること
が求められている。そのため、市町村がすべての特定教育・保育施設等
に係る利用調整を行う」こととされ、また、保護者が、市町村に利用申
込みをせず、認定こども園などに直接利用申込みを行った場合には、施
設・事業者側が、利用申込みを拒否しても、応諾義務違反に該当しない
とされている（内閣府「自治体向けFAQ・第5版」2014年12月）。

　つまり、保育所などの保育施設が不足しているため、利用定員を上回
る申込みがあった場合、直接、施設に申込みをすると、早いもの順にな
り、「保育の必要度の高い順に受け入れること」ができなくなり公平性
に欠ける事態が生じる。だから、市町村が一括して申込みを受け付け、
優先度の高い子ども（たとえば、母子世帯の子どもなど）の選考まで行
う仕組みとしたというわけである。このことは、保育施設が不足してい
る現状で、直接契約方式を導入することの問題をはからずも露呈してい

56　新田秀樹「2012年の児童福祉法改正後の市町村の保育実施義務」社会保障研究2巻2
　　＝3号（2018年）315頁注4も、保育所と同様の利用者の選考を行うというのであれば、
　　直接契約によるサービス利用に対する制約になるので、法令上の明文の根拠が必要とす
　　る。

る。結局、保育施設の不足が続く現状では、市町村が利用調整を行って
も、保育の必要性ありと認定されたのに、保育施設に入れない子どもが
多数でてくることは避けられない。

## (6)　市町村の保育実施義務をめぐる法的問題
### （ⅰ）児童福祉法24条1項ただし書きの削除

　新制度のもとでは、前述のように、児童福祉法24条1項の市町村の
保育実施義務は維持されたが、2012年改正により、従来の同条項は大
きく改変され、いくつかの法的問題が残された。

　第1に、従来の児童福祉法24条1項ただし書は、市町村は、保育に
対する需要の増大など「やむを得ない事由」がある場合には、家庭的保
育事業による保育を行うなど「その他の適切な保護」を行う義務（代替
措置義務）があるとしていたが、このただし書は削除された。

　その理由は、行政側の説明では、改正後の同法24条1項に「次項の
定めるところによるほか」と規定されていることから、保育所保育を原
則とする従来の制度（旧制度）と異なり、新制度では、認定こども園や
家庭的保育事業など、保育所以外の多様な保育施設・事業が並存してお
り、保護者が、それらの中から施設・事業者を選択することができるこ
とを踏まえたためとされている。[57] また、立案者の趣旨は、例外規定であ
る児童福祉法24条1項ただし書を削除することで、子ども・子育て支
援法と相俟って（保育所以外の認定こども園などを整備することで）、
必要な保育を確保し、待機児童の解消を実現することにあったとされる。[58]
しかし、新制度になっても、前述のように、多くの保護者が希望する保
育所の不足が顕著であり、待機児童は解消されていない。待機児童解消
のためには、保育施設の整備が必要なわけで、ただし書の削除とは直接
関係しない。

　従来のただし書の「その他の適切な保護」の具体例としては、厚生労

---

57　筆者を含めた保育団体と内閣府・厚生労働省との懇談の場（2014年9月9日）での厚
　　生労働省担当者の発言。
58　伊奈川秀和「子ども・子育て支援新制度の立法過程」社会保障法研究6号（2016年）
　　120頁参照。

働省の通知で、家庭的保育による対応のほか、一定の質が確保された認可外保育所へのあっせんなどが示され、認可外保育所への補助金交付をもって、市町村がとるべき代替義務として足りるとする裁判例もあった（さいたま地判 2004 年 1 月 28 日判例自治 255 号 78 頁）。そのため、ただし書の削除を、従来の「その他の適切な保護」のあいまいな解釈からすると、保育サービスの受給権の確保という観点からは前進したと評価する見解もある。また、保育所保育が提供できない場合、市町村は、認定こども園あるいは家庭的保育事業等による保育を確保するために必要な措置を講じる必要があり、従来の「その他の適切な保護」より、市町村の裁量が限定され、質の保障された保育を受給できる可能性が高まったと評価する見解もある。しかし、24 条 1 項のただし書が削除されたことにより、市町村の利用調整によっても、なお保育施設等に入所できず、保育の提供がなされない（保育を受ける権利が確保されない）子どもには、もはや市町村は代替措置をとる義務はなく、何の義務も生じない。保護者の側からも何ら法的救済の手立てはなく、保育サービス受給権の保障が進んだとはいいがたい。代替措置について保育士資格者の少ない認可外保育所の紹介のみですませてきた従来の法令解釈を誤った運用とくらべて、質の保障された保育を受給できる可能性が高まったともいいがたい。新制度のもとでは、小規模保育事業など保育士資格のない者による保育も給付対象とされており、質の保障された保育という点では、少なくとも、保育所で保育士資格者による保育の保障を原則としてきた旧制度に比べ、制度的には後退といえる。

### （ⅱ）市町村の保育実施義務の内容

　第 2 に、2012 年改正後の市町村の保育実施義務の内容が問題となる。

　2012 年改正後の児童福祉法のもとで、保育所申込の入所拒否がはじめて裁判で争われた三鷹市保育所入所拒否にかかる損害賠償請求裁判に

---

59　菊池 569 頁参照。

60　倉田賀世「乳幼児と保育の質」週刊社会保障 2912 号（2017 年）54 頁参照。

61　もっとも、菊池 569－570 頁も、利用できる施設がない場合には、保育所等への入所ができない状態に事実上置かれることは否定できないとし、サービスがない以上、2 項を根拠にして直ちに請求権が導かれるとも解されないとしている。

おいて、第 1 審判決（東京地立川支判 2016 年 7 月 28 日賃社 1678 号 64 頁）および控訴審判決（東京高判 2017 年 1 月 25 日賃社 1678 号 64 頁）は、いずれも原告の損害賠償請求を退けた。このうち、東京高裁判決は、保育所の定員を上回る需要があることを理由に、保護者の希望する保育所への入所を不承諾としても、児童福祉法 24 条 1 項に定められている市町村の義務に違反したといえないとした。

　これらの判決の理解に従えば、新制度のもとで市町村に課せられている保育実施義務は、保育所の定員（受け入れ可能数）の範囲内の子どもにしか及ばないもので、定員不足の場合、市町村は適正な選考を行えば、選考の結果、保育所に入れない子ども（待機児童）が生じても、保育実施義務に違反したことにならず何ら違法性はないということになる。結局、市町村の保育実施義務は、保育所定員が充足されていない場合には、なんら法的意味がない単なる訓示規定にすぎなくなる。しかし、こうした両判決の解釈は、市町村が必要な保育を確保し、待機児童の解消を実現するためという改正の趣旨に反する。また、国会における修正法案提出者の説明でも、行政解釈でも、2012 年改正により、市町村の保育実施義務は後退することはないとされており（内閣府「地方自治体職員向け Q&A」2012 年 9 月）、両判決のような改正児童福祉法の解釈は誤りというほかない。[62]

### (ⅲ)　児童福祉法 24 条 1 項と 2 項との相違

　第 3 に、児童福祉法 24 条 1 項と 2 項とで、市町村の保育義務に相違があるという問題がある。

　新制度になっても、多くの保護者は、従来通り、保育条件の整った保育所を選択・希望している。こうした保護者の保育所選択権は、尊重されなければならず、たとえば、市町村が、利用調整の段階で、保育所のみを希望している保護者に、保育所以外の認定こども園などの希望を記さないと申込みを受け付けないとしたり、保育所以外の他の保育施設を利用するよう圧力をかけたりすることは、保護者の選択権の侵害にあた

---

62　同様の指摘に、田村和之「市町村の『保育の実施義務』について」田村ほか・前掲注
　50）43 頁参照。

り違法となる。

　前述のように、新制度でも、保育所を利用する子どもに対しては、市町村は、保育の実施義務を負う（児福24条1項）。この義務は、保育提供の現物給付の義務である。一方で、認定こども園や地域型保育事業を利用する子どもについては、児童福祉法24条1項の射程の範囲外であり、同条2項が適用される。この場合、保育の実施義務を負うのは、市町村ではなく、契約の当事者である認定こども園などの直接契約施設・事業（者）となり、市町村の義務は、直接的な保育実施義務ではなく、間接的な保育確保義務にとどまる。

　以上のように、児童福祉法24条1項と2項とでは、市町村の義務の内容が異なっており、このことは、保育が必要と認定された子どものうち、保育所を利用する子どもには、市町村が保育実施義務を負うのに対して、他の認定こども園など直接契約施設・事業を利用する（せざるをえなかった）子どもには、市町村は保育の実施義務を負わないということになり、子どもの保育に格差を持ち込むことを意味する。

　法的救済の面でも格差が生じる。保育所利用の場合には、市町村の保育所入所不承諾（行政処分）に対して、義務付け訴訟や仮の義務付けの申立てが可能となり、保育所退園処分（保育の実施の解除処分）についても、行政手続法所要の聴聞手続（同法13条1項ロ）が必要となる。これに対して、直接契約施設・事業者の利用拒否に対しては、保護者が行政訴訟に訴えて利用を義務付けることはできず、退園についても聴聞手続の履践が要求されず、保育所に比べ子ども・保護者の手続保障・権利救済が十分ではない。

　児童福祉法24条1項と2項とで、市町村の果たすべき義務の内容に違いがあるということは、それぞれ別個の義務であり、市町村は同時に果たしていかなければならず、市町村は、2項の義務を果たしたからといって、1項の義務を免れるわけではなく、2項の存在により1項の範囲が狭められるわけでもない。したがって、保護者が、保育所を希望しているのに入れず、市町村による利用調整の結果、やむなく直接契約施設・事業を利用することになっても、保育所に入れなかったことについ

て不服申立てを行い、行政訴訟に訴えることは、新制度のもとでも可能である（現実的に訴訟となる可能性は皆無に近いが）。

## 4　障害児に対する給付と要保護児童に対する措置、児童虐待防止法

### （1）　障害児に対する給付

　児童福祉法は、障害児（身体に障害のある児童、知的障害のある児童、精神に障害のある児童、一定の難病に伴う障害のある児童。児福4条2項）への給付も規定する。

　2010年の児童福祉法の改正で、障害種別に分かれていた施設が一元化され、障害児通所支援と障害児入所支援に再編されるとともに、障害児相談支援が設けられた（2012年4月施行）。

　障害児通所支援は、児童発達支援、医療型児童発達支援、就学している障害児に対する放課後等デイサービス、および保育所などに通う障害児に対する保育所等訪問支援をいう（児福6条の2の2第1項）。障害児通所支援については市町村に、障害児入所支援については都道府県に申請し、給付決定を得たうえで（ただし、障害支援区分の認定は行われない）、指定事業者・施設と契約を締結し、支援を受けた場合に、それに要した費用が障害児通所給付費、障害児入所給付費などとして支給される（児福21条の5の3以下・24条の2・24条の25）。自己負担分は費用の1割を上限とした応能負担となっている。

　なお、やむを得ない事由により、障害児通所給付費および介護給付費の支給を受けることが著しく困難であると認めるときは、市町村は障害児通所支援もしくは障害福祉サービスを提供し、またはそれを委託（措置委託）することができる（児福21条の6）。

### （2）　要保護児童に対する措置

　保護者のいない児童、または保護者に監護させるのが不適当であると認められる児童は「要保護児童」（児福6条の3第8項）といわれ、要保護児童を発見した者による通告（児福25条）を受けて、自治体による措置がとられる。

具体的には、市町村による指導、児童相談所への送致、通知等（児福
25条の7以下）のほか、児童相談所長または都道府県知事による指導、
里親等への委託、児童養護施設など児童福祉施設への入所措置、家庭裁
判所の審判に付するための送致等がある（同26条・27条）。これらの
措置をとるに至るまで、児童相談所長は、児童の安全を確保するため、
保護者および児童の同意なしに、短期（2か月。ただし延長あり）の措
置として、児童を一時保護することができる（児福33条）。一時保護に
ついては、行政処分であると解されている。

　また、保護者がその児童を虐待し、著しく監護を怠るなど保護者に監
護させることがその児童の福祉を著しく害する場合は、保護者の意に反
するときでも、児童福祉法27条1項3号に基づく児童養護施設への入
所措置をとることができる（3号措置）。ただし、保護者が親権を行う
者または後見人であるときは、家庭裁判所の承認を得る必要がある（児
福28条）。児童福祉法27条の措置をとる場合には、児童と保護者の意
向を確認することが前提とされる（児福26条2項）。その趣旨は、児童
の権利条約12条にいう児童の意見表明権の具体化にあり、児童の手続
的権利を確認したものとされている。[63]

　家庭裁判所の承認に基づく入所措置（3号措置）は2年を超えてはな
らないが、入所措置を継続しなければ保護者がその児童を虐待するなど
のおそれがあると認めるときは、都道府県は家庭裁判所の承認を得て入
所期間を更新することができる（児福28条2項）。裁判例では、児童の
心身の状態やケアの必要性、保護者の生活状況などを総合的に考慮して、
更新の必要性が判断されている（大阪高決2009年3月12日家月61巻8
号93頁参照）。

　親権者の同意を得ない3号措置の場合には、親が親権を主張して児童
の引き取りを主張する場合があり、親権との調整が必要となる。行政解
釈では、家庭裁判所の承認に基づく入所の場合、施設長の監護権（児福
47条3項）が、保護者等の監護権に優先し、親権者による引き取り要

---

63　加藤ほか318頁（前田雅子執筆）参照。
64　笠木ほか354頁（中野妙子執筆）参照。

求を拒否できるとされる。<sup>64</sup>児童の親による親権の行使が著しく困難また
は不適当であり、児童の利益を著しく害するときは、家庭裁判所は親権
喪失および親権停止の審判をすることができる（民法 834 条・834 条の
2。虐待を行った母親等の親権停止を認めた事例として、名古屋高決
2005 年 3 月 25 日家月 57 巻 12 号 87 頁）。親権の喪失は親権のすべてを
無制限に奪うもので、家庭の再構築を困難にすることから、2011 年の
民法改正により、2 年以内の期間を定めて親権を停止する制度が新設さ
れている。

　また、児童相談所長は、家庭裁判所に対する親権喪失等の請求、親権
者のいない児童について未成年後見人選任等の請求（民法 840 条）、一
時保護中の児童に対する親権の代行または監護を行う権限を有し（児福
33 条の 2、33 条の 7 以下）、入所児童については、施設長が親権代行ま
たは監護を行う（同 47 条）。親権者等は、児童相談所長等の監護措置を
不当に妨げてはならない旨の規定が置かれている（同 33 条の 2 第 2 項）。

　都道府県知事等が措置を解除する場合は、行政手続法第 3 章の適用は
除外されており（同法 12 条・14 条は適用）、聴聞等の手続は不要とな
る（児福 33 条の 5）。それに代わり、解除の理由についての説明義務・
意見聴取が義務付けられている（児福 33 条の 4）。

### (3)　児童虐待防止法

　虐待を受けた児童をより迅速に保護するために、要保護児童に対する
措置に加えて、児童虐待の防止等に関する法律（児童虐待防止法）が制
定されている。

　同法は、児童虐待の定義（身体的虐待、性的虐待、心理的虐待、ネグ
レクト）についての規定（児童虐待 2 条）を置き、「児童虐待を受けた
と思われる児童」についても通告義務の対象としている（同 6 条）。ま
た、児童虐待を行った保護者が児童福祉法 27 条 1 項 2 号の指導を受け
ないときは、都道府県知事はその保護者に対し指導を受けるよう勧告で
き、保護者がこれに従わない場合は、一時保護や入所措置等をとること
ができる（同 11 条）。

児童の安全確保を図るため、虐待事実を調査するため、児童の住所等への立入調査・質問（児福29条）に加え、保護者への出頭要求等を経て、裁判所の許可上を得て実力による住居への強制立ち入り調査を行う権限（児童虐待9条の3以下）や、保護者に対し児童の接近禁止命令を出す権限（同12条の4）が都道府県知事に認められている。

　現在、児童虐待の増加が問題となっている。全国の児童相談所の児童虐待相談対応件数（通報があって児童相談所で何らかの対応をした件数）は、2019年度で19万3780件（前年度21％増）にのぼり、過去最多を更新している（厚生労働省調べ）。相談内容別件数をみると、心理的虐待が最も多く、ついで、身体的虐待、育児放棄などのネグレクト、性的虐待の順となっている。最近の特徴として、暴言などに加え保護者が子どもの面前で配偶者に暴力を振るう「面前DV」が増大している。虐待による死亡児童数（心中は除く）も年間50人前後で推移しており、児童虐待の相談件数が右肩上がりに増大しているのに、児童相談所の職員数は微増で、職員の過重労働を招いており、専門性のある正規職員の大幅増員が必要である。

## 5　児童福祉の行政組織と児童福祉施設

　児童の特殊性に対応した専門機関として、都道府県は児童相談所を設置し、そこに児童福祉司を必置しなければならない（児福12条・13条1項）。児童相談所の業務は、児童に関する家庭等からの相談、児童とその家庭についての調査、医学的・心理学的その他の知見からの判定、これらに基づく指導、および児童の一時保護である（同11条）。

　市町村は、児童の福祉に関し、必要な事情の把握、情報の提供を行うとともに、家庭その他からの相談に応じ、必要な調査・指導を行うなどの業務を担う（児福10条）。また、保健所も、児童の健康相談、療育相談などの業務を行う（同12条の6）。児童委員は、民間人に委嘱された民生委員がこれを兼ねている（同16条）。

　児童福祉法には、児童福祉施設として、助産施設、乳児院、母子生活支援施設、保育所、児童養護施設、児童家庭支援センターなど14施設

が規定されている（児福35条以下）。このうち、2010年改正で創設された児童発達支援センターは、障害児通所支援を担うほか、身近な地域における障害児支援の中核として位置づけられている（同43条）。児童福祉施設の設置は、市町村は都道府県に届出を行い、市町村以外の者は、都道府県の認可を得る必要がある（同35条3項・4項）。また、児童福祉施設の設備・運営に関する基準（最低基準）が都道府県の条例で定められており（同45条）、都道府県知事は、同基準の遵守に関して質問・立入調査、基準に達しない場合には改善勧告、改善命令および業務停止命令を行うことができ（同46条）、法令違反のある場合には、認可を取消す権限を有する（同58条）。

## 6　児童福祉の裁判例

### (1)　保育所入所をめぐる裁判例

　保育所入所については、1997年改正前の児童福祉法のもとでも、保護者と私立保育所との間に契約関係（準委任契約）を認めた事案があるが（松江地裁益田支決1975年9月6日判時805号96頁）、学説では、同決定の法律構成について無理があるとの批判が多い。[65]

　学説で有力な「処分・契約並存説」に立つならば、市町村による入所不承諾は行政処分（申請拒否処分）と構成され、保育所に入所できなかった場合、不承諾の取消訴訟（行訴3条2項）と義務付け訴訟（行訴3条6項）および仮の義務付け（行訴37条の5）による救済が可能となる。障害のある子どもの保育所入所の不承諾処分が争われた事案では、保育所に入所して保育を受ける機会を喪失するという損害は、その性質上、現状回復ないし金銭賠償による填補が不可能な「償うことのできない損害」に該当し、現に保育所に入所することができない状況に置かれているのであるから、損害の発生が切迫しており、社会通念上、緊急の必要性もあるなどとして、入所を仮に承諾することを求める仮の義務付けを認容した（東京地決2006年1月25日判時1931号10頁）。また、本案についても、不承諾処分について市の裁量権の逸脱または濫用を認めてこ

---

65　たとえば、堀勝洋『福祉改革の戦略的課題』（中央法規、1987年）195頁参照。

れを取消すとともに、入所承諾の義務付けの判決を行った（東京地判2006年10月25日判時1956号62頁）。

## (2) 保育所退所をめぐる裁判例

　保育の必要性が消滅したり、保育所入所期間が満了した場合には、当該児童は保育所から退所となる。退所処分（退園処分）は「保育の実施の解除」であり、その法的性質は、当該保育所での子どもの保育を受ける権利（地位）を剥奪するわけだから、行政手続法上の「不利益処分」（行手2条4号）、具体的には、聴聞手続を要する「名あて人の資格又は地位を直接にはく奪する不利益処分」（行手13条1項1号ロ）に該当する。直接の名あて人は、保護者であるが、子どもの保育を受ける権利は、保護者の保育を受けさせる権利と表裏一体のものであるから、このように解して問題はない。裁判例（横浜地判2006年5月22日判例自治284号64頁）も、保育の実施の解除は、行政手続法にいう不利益処分に該当するとし、学説も、不利益処分と解するのが通説といえる。[66]

　行政手続法上の意見陳述手続については、2012年改正によって、同法33条の4と33条の5の規定にあった「保育の実施の解除」の文言が削除されたため、保育の実施の解除（保育所の退園処分）については行政手続法所要の聴聞手続を必要とすることとなった。行政手続法13条項1号に規定する処分は、不利益処分のうちでも、行政庁の一方的な意思表示によって、許認可等により形成された一定の法律関係を直接に消滅させる処分であり、また相手方の権利利益に及ぼす影響も大きいことから、弁明手続よりも厳格な聴聞手続が必要な処分とされている。[67]保護者の育児休業の取得を理由とした保育所退園処分が、聴聞手続を経ていない違法の余地がある処分として、執行停止が認められた事例がある（さいたま地決2015年9月29日賃社1648号57頁、同2015年12月17日賃社1656号45頁）。[68]

---

66　桑原・田村編・前掲注41）217頁（田村和之執筆）参照。
67　行政管理研究センター『逐条解説・行政手続法』（ぎょうせい、2016年）166頁参照。
68　これらの執行停止決定については、伊藤周平「『育休退園』と子どもの権利保障—所沢市育休退園処分の執行停止決定を受けて」賃社1648号（2015年）44頁以下参照。

　入所期間については、保育所入所後に入所要件（保育の必要性）が消滅すると想定されないのに、1 年などの期限を付した入所決定を行うことが問題となる。この点につき、こうした場合の入所期間は、入所要件の見直しなどを検討するためのもので、その期限の到来によって当然に保育所入所の効力が消滅するものではないとした裁判所の決定がある（大阪高決 1989 年 8 月 30 日判時 1331 号 41 頁）。入所後も引き続き保育の必要性（入所要件）があるかの確認は必要ではあるものの、保育の必要性が続いている以上は、市町村は、当該児童を保育所で保育する義務があり、退園させることは違法となろう。したがって、大阪高裁決定のように、設定された入所期間は訓示的なものであり、保育の必要性が確認されれば、自動的に更新延長されるものと解するのが妥当である。

## (3)　最低基準に基づく保育を受ける権利

　さらに進んで、保育所に入所している児童が、保育所最低基準に基づく保育を受ける権利を有するかが問題となる。憲法 25 条および児童福祉法 1 条・3 条の趣旨から、これを肯定した裁判所の決定がある（神戸地決 1973 年 3 月 28 日判時 707 号 86 頁）。学説も、最低基準が憲法 25 条と児童福祉法 1 条・3 条を具体化・実定化した法規であり、保育所に入所した児童には、最低基準による保育を受ける権利が認められるとの説が有力である[69]。

　これに対して、近年の判例は、この権利を否定するものが多い。たとえば、名古屋地裁判決（2009 年 11 月 5 日賃社 1526 号 51 頁）は、①児童福祉法には、児童福祉施設の入所児童またはその保護者が、最低基準を確保するよう請求する権利を有すると定めた規定は存在しない、②最低基準は厚生労働大臣の裁量的な判断によって定められるべき性質のものである、③市の条例や規則に自園調理を定めた規定がない、ことなどを根拠に、最低基準に基づく保育を受ける権利を認めていない。

　しかし、児童福祉法に最低基準を確保する権利を定めた明文の規定が

---

69　田村和之「児童福祉施設最低基準をめぐる法的諸問題—保育所の最低基準を中心に」
　　賃社 1526 号（2010 年）43–44 頁参照。

ないからといって、これを否定することはできず、憲法25条や児童福祉法の趣旨からすれば、学説の多数が唱えるように、最低基準に基づく保育を受ける権利を認めるべきと考える。

　もっとも、前述の最低基準の地方条例化により、最低基準に基づく保育を受ける権利の位置づけが曖昧となったことは否定できない。保育所をはじめとする児童福祉施設の最低基準は、都道府県が条例で定めることとされ（家庭的保育事業等の設備・運営基準は、市町村が条例で定める）、児童福祉法に基づいて厚生労働省令で定める基準は「最低基準」の名称から「児童福祉施設の設備及び運営に関する基準」に改められ、都道府県などが地方条例で定める基準が「児童福祉施設最低基準」と呼ばれることとなった。現行の仕組みでも、少なくとも、「従うべき基準」については、全国一律の最低基準と観念することはできるが、最低基準の地方条例化は、自治体間格差の拡大をもたらし、最低基準に基づく保育を受ける権利の相対化をもたらしたことは否定できない。とくに「参酌すべき基準」については、歯止めのない基準の低下をもたらす可能性があり問題が大きい（本章第1節参照）。

### （4）　公立保育所の民営化をめぐる法的問題

　一方、1990年代以降、地方行財政改革の一環として、公立保育所の民営化が各地で進められ、それに伴う保育環境の変化や保育の質の低下に対して、保護者らが、公立保育所を廃止する条例の取消訴訟を提起する事例が相次いだ。

　このような訴訟では、廃止条例の制定行為が行政処分に当るかどうかが問題となった。横浜市立保育所廃止処分取消訴訟判決（横浜地判2006年5月22日判例自治284号42頁）は、横浜市が、その設置する市立保育所4園を廃止し、民営化したことについて、条例制定行為の処分性を認め、拙速な市立保育所の民営化は、市の裁量の範囲を逸脱、濫用したもので違法であるとし、事情判決（行訴31条）により廃止処分の取消しを求める請求は棄却したが、国家賠償請求は認容した。最高裁は、上告審において、賠償請求については、上告不受理とし、取消請求につ

いては、条例廃止という制定行為に処分性を認めたうえで、原告の保育の実施期間が満了した現時点においては、訴えの利益は失われたとして上告を棄却した（最判 2009 年 11 月 26 日判時 2063 号 3 頁）。

　また、大阪府大東市が、その設置する市立保育所を廃止し民営化したことにつき、市と保護者との関係を公法上の利用契約関係ととらえ、市は、引継ぎ期間を少なくとも 1 年程度設定し、民営化の後も数か月程度、従前の保育士を新保育園に派遣するなどの十分な配慮を怠ったとして義務違反を認定し慰謝料を認容した事例がある（大阪高判 2006 年 4 月 20 日賃社 1423 号 62 頁）。さらに、移管先との共同保育などの引き継ぎが性急で十分でない保育所廃止には裁量権の逸脱または濫用があり、児童らの保育所選択権を侵害するとして、神戸市による保育所廃止・民間移管を仮に差し止める決定がなされた事例もみられる（神戸地決 2007 年 2 月 27 日保情 365 号 6 頁）。

　地方自治法上の指定管理者方式（地自 244 条の 2 第 3 項）を用いた公立保育所の民営化については、公立保育所の児童の保護者から、市（川崎市）の行った指定管理者の指定処分の取消訴訟が提起された事例がある。裁判所は、保育所において保育を受けている児童およびその保護者らについて原告適格（行訴 9 条 2 項）は認めたものの、市による指定処分には一応の合理性があり、裁量権の逸脱・濫用はないとして、保護者の請求を棄却している（横浜地判 2009 年 7 月 15 日賃社 1508 号 42 頁）。

## 7　児童福祉の課題

### （1）　幼児教育・保育の無償化とその問題点
#### （ i ）幼児教育・保育の無償化の概要

　保育制度をめぐっては、子ども・子育て支援法の改正法が、高等教育の無償化を図る大学等就学支援法とともに成立し、2019 年 10 月より、幼児教育・保育の無償化が実施されている（高等教育の無償化は 2020 年 4 月より実施）。もっとも、法律上は「無償化」の名称はなく、無償化の対象となるのは保育料（利用料ともいわれるが、以下「保育料」で統一）だけで、保護者への保育料負担分の補助（個人給付）という方式

## 図表 7-11　幼児教育・保育の無償化の範囲

| | | 無償化の対象 | | 無償化の対象<br>5年の経過措置<br>(市町村の条例制定で排除可能) |
|---|---|---|---|---|

認可施設の基準Ⓐ
保育士 100%

0歳児　　　3:1
1、2歳児　　6:1
3歳児　　　20:1
4、5歳児　30:1

新制度から導入

企業主導型の基準
Ⓐの 50%以上

劣悪な施設が無償化になることは行政の「お墨付き」を与えることになり、安全だと勘違いして利用される可能性があります。

認可外施設の基準
Ⓐの 1/3 以上

死亡事故率は認可施設の 25 倍以上！死亡している大半はゼロから 2 歳児。

5年間の経過措置
Ⓐの 1/3 未満

安心・安全に子どもの成長発達を保障するための最低基準。

待機児童解消の受け皿としてつくられた基準。

これ以下は劣悪だと、最低限の安全を保障するための基準。

劣悪につき排除すべき部分。保育事故も多い。

| 認可施設 | 認可外施設 |
|---|---|

| 低い | 保育事故リスク | 高い |
|---|---|---|

出所：大阪保育研究所・大阪保育運動連絡会パンフレット「幼児教育・保育無償化—ここが問題」(2019 年 8 月)。一部修正

で行われる。

　幼児教育・保育の無償化の内容は、①新制度に入っている幼稚園、保育所、認定こども園に通う 3 ～ 5 歳までのすべての子どもの保育料の無償化(幼稚園については月 2 万 5700 円を上限に補助)、0 ～ 2 歳の保育の必要性がある住民税非課税世帯の子どもの保育料の無償化、②幼稚園の預かり保育に通う保育の必要性がある子どもについて、月額 1 万 1300 円まで保育料を無償化、③認可外保育施設等に通う 3 ～ 5 歳児の保育の必要性のある子どもの保育料を月額 3 万 7000 円まで無償化、0 ～ 2 歳の保育の必要性がある住民税非課税世帯の子どもの保育料は月額 4 万 2000 円まで無償化するというものである。

　このうち、③の施設等は、新制度に入っていない幼稚園、特別支援学校、認可外保育施設、預かり保育事業、病児保育事業、子育て援助活動

支援事業（ファミリー・サポート・センター事業）などが含まれ、内閣府令で定める基準を満たしているかどうかについて、市町村長が確認した施設等（「特定子ども・子育て支援施設等」といわれる）である。内閣府令で定める基準は、認可外保育施設は現在の指導監督基準（たとえば、保育士資格者は、認可保育所基準のおおむね3分の1程度であることなど）と同様の内容を、預かり保育事業は一時預かり事業の基準と同様の内容を、病児保育事業と子育て援助活動支援事業は、現行の地域子ども・子育て支援事業（13事業）において求めている基準と同様の内容となる。ただし、5年間は、この基準を満たさない施設の利用も補助の対象となる経過措置がある（以上の無償化の概要につき図表7-11）。

　教育・保育給付の対象となっている①の子どもについては、政令改正により、給付額を公定価格と同額にし、保育料（利用者負担）がゼロとなる。②③の子どもについては、子ども・子育て支援法の改正により、子ども・子育て支援給付に、子育てのための施設等利用給付が新設され（子育て支援30条の2以下）、施設等の利用があった場合に、上記金額を上限に施設等利用費が保護者に支給される仕組みである（施設等の代理受領が可能で、その場合は支給額相当の保育料は保護者から徴収されない）。ただし、市町村の施設等利用給付の認定を受ける必要がある。

　無償化の財源は、新制度に入っていない私立幼稚園、認可外施設に関わる無償化の費用についても、他の私立施設と同様に、国2分の1、都道府県4分の1、市町村4分の1となる。ただし、公立施設については市町村が10分の10の全額負担となる。

（ⅱ）幼児教育・保育の無償化の問題点

　以上のような幼児教育・保育の無償化には、いくつか問題がある。[70]

　第1に、無償化が消費税増税とセットで打ち出されていることである。保育料については、従来から、低所得世帯や多子世帯、ひとり親世帯に対して軽減が図られてきており、国の基準に上乗せして、地方自治体がさらに軽減している例も多かった。こうした状況下での無償化は、これまで負担能力があるとして一定の負担をしてきた高所得世帯ほど恩恵を

70　幼児教育・保育の無償化の問題点について詳しくは、伊藤・消費税297-306頁参照。

受けることになる。低所得世帯にとっては無償化の恩恵は少ないうえ、消費税増税による家計の負担が増える。また、保育料負担は低年齢児の保護者に重く、0～2歳児の無償化を住民税非課税世帯に限定することは、住民税課税・非課税のボーダー層の負担軽減にならず、増税の負担だけが加わることを意味する。

　第2に、公立保育所などの無償化経費は自治体負担になるため（地方交付税の基準財政需要額に算入されるものの一般財源のため、保育に使われるかは不明）、公立幼稚園・保育所の統廃合や民営化が加速するおそれがある。また、国レベルでも、幼児教育・保育の無償化により、待機児童の解消や保育士の処遇改善に十分な財源が回されなくなり、これらの施策の推進にブレーキがかかる可能性がある。

　第3に、保育所の3歳以上児の給食費（副食費）が新たに実費徴収とされた問題がある。ただし、従来から保育料が無償となっていた生活保護世帯やひとり親世帯については、副食費の免除は継続され、年収360万円相当の世帯の子どもおよび全所得階層の第3子以降の子についても免除となっている。とはいえ、保護者収入が低い世帯において、新たな食費負担により、無償化前よりも負担増になっている世帯が多子世帯に散見される。そもそも、保育所は制度発足以来、3歳以上児の副食費、3歳未満児の主食・副食費を公費負担の対象とし無償としてきた。給食は保育の一環という考え方からであり、保育における「食育」の重要性や子どもの貧困状況などを考えれば、副食費の実費徴収化は給食に関する公的責任の後退といえ、児童福祉法の理念に反する。

　第4に、保育所を利用する場合でも、保育料以外にも給食の主食費や行事費、保護者会費などの「隠れ保育料」ともいうべき負担が発生しており、これらは無償とはなっていない。幼稚園では通園送迎費、教材費や制服・制帽費などもこれに加わる。しかも、保育施設ごとの費用の格差が大きく、「隠れ保育料」の負担格差はむしろ拡大している。

　第5に、幼児教育・保育の無償化により、保育需要が喚起され、認可保育所などが不足する現状で、その受け皿として認可外保育施設が増え、保育の質が十分確保されないままの保育が拡大、常態化し、保育事故が

増大する可能性がある。

## （2）　子ども・子育て支援新制度と保育の現状

### （ⅰ）解消されない待機児童

　新制度のもとでも、大半の保護者は、保育水準が高く、0歳から小学校就学まで利用できる保育所保育を希望しており、待機児童解消のためには、何よりも、保育所の増設が必要だったはずである。しかし、新制度では、保育の供給量の増大を企業参入に依存し、保育所ではなく認定こども園や小規模保育事業を増やすことに主眼が置かれたため、都市部を中心に、深刻な保育所不足は変わらず、待機児童は解消されていない。

　直近の2020年4月1日時点で、保育所等に入所できなかった待機児童数は1万2439人で、1994年の調査開始以来、過去最少となったものの（厚生労働省「保育所等関連状況取りまとめ」。以下の数値も同じ）、保育所等に申し込みながら入所できず、「地方単独の認可外施設を利用している者」や「育児休業中の者（の児童）」「特定の保育園等のみ希望している者（の児童）」「求職活動を休止している者（の児童）」は、国の定義では待機児童とはカウントされていない。こうしたいわゆる「隠れ待機児童」はむしろ増え続けている。なかでも、国の定義で「通常の交通手段により、自宅から20〜30分未満で登園が可能」な施設があっても入所しない「特定園のみ希望」の該当者が増えているのが目立つ。しかも、その理由は、きょうだいが別々の保育所になるからなど、切実なものが大半である。

　小規模保育事業などは事業開始が容易なため、株式会社が多く参入し、供給量は増えたが、保育士資格者が半分程度しかいないなど保育の質の確保の観点からすれば問題が多い。しかも、小規模保育事業など地域型保育事業は、3号認定の児童を対象としているため、利用児童が3歳になると、保育所などに移らなければならなくなる。その際に、保育所等に入所できずに行き場を失う場合もあり、3歳児の待機児童問題が顕在化している。地域型保育事業者には、運営基準により、3歳以降の受け入れなど連携施設の適切な確保が義務付けられているものの、連携先と

なる保育所の定員に空きがないなどの理由で、受け入れに係る連携施設を確保している事業者は、小規模保育事業では6〜7割程度、家庭的保育事業では4割未満にとどまり、受け入れ人数もわずかになっている（厚生労働省「家庭的保育事業等の連携施設の設定状況について」）。

（ⅱ）保育施設の多様化

　また、新制度のもとでは、保育所以外の認定こども園や家庭的保育事業等について、保育所とは別の設備・運営基準が設定され多様化が図られた。

　たとえば、家庭的保育事業の保育者には、必ずしも保育士資格は必要とされず（市町村長が行う研修を修了した保育士または保育士と同等以上の知識・経験を有すると市町村長が認めた者）、小規模保育事業Bでは、保育士資格者は半数以上でよいこととされている（家庭的保育事業等の設備及び運営に関する基準23条2項、31条2項）。いずれも、市町村の条例によって、小規模保育事業Bの保育者を全員保育士とするなどの改善は可能だが、基準の多様化により、新制度では、従来の保育所保育の保育水準が相対化され、多様な保育水準（多くが保育所保育より低い保育水準）の施設・事業が、保育所と同列に扱われ並立する仕組みとなった。

　このことは、保育所を利用する子どもと小規模保育事業などを利用する子どもの保育や発達保障に格差を生み出すことを意味する。同じ「保育を必要とする子ども」と認定されながら、利用する（できる）施設や事業者によって基準が異なり、その保育水準に格差が生じるのでは、平等原則（憲法14条）違反の疑いがある。後述のように、少なくとも、家庭的保育事業や小規模保育事業の保育者はすべて保育士とし、どの施設・事業を利用しても、保育士資格者による保育を受ける子どもの権利を保障する必要がある。

（ⅲ）企業主導型保育事業の導入とその問題点

　2016年には、子ども・子育て支援法が改正され、仕事・子育て両立支援事業が創設された（子育て支援59条の2）。これは、事業所内保育事業を行う認可外保育施設等の設置者に対して助成等を行う事業で、そ

の中核をなすのが企業主導型保育事業である。

　同事業は認可外保育施設であるため、施設の設置や利用について市町村の関与がなく、利用は保護者と施設との直接契約となる。企業主導型保育事業の実施者の従業員の子どもが利用する場合には、支給認定を受ける必要はないが、保護者のいずれもが就業しているなどの要件を満たす必要がある。施設の利用定員の 50％以内で、従業員以外の子どもを受け入れる地域枠を任意で設定することができるが、地域枠の利用の子どもは、原則として支給認定を受ける必要がある。企業主導型保育事業の実施者は、事業所内保育事業の設備基準（家庭的保育事業等の設備及び運営に関する基準 42 条・43 条）を遵守しなければならず、職員の配置基準は小規模保育事業と同じである。設備および人員基準の遵守が助成の条件となっており、都道府県知事による指導監督を受け（児福 59条）、認可外保育施設の指導監督基準を遵守しなければならない。公益財団法人児童育成協会を通じて、整備費および運営費の助成金が支給され、整備費については認可保育所と同水準、運営費については小規模保育事業と同水準になっている。財源は、子ども・子育て支援法に定められた事業主拠出金で賄われる（子育て支援 69 条）。企業主導型保育事業は、審査が認可保育所に比べ各段に緩く、しかも認可保育所並みの整備補助金が出るということで、急速に広がったが、保育士の配置基準が認可保育所より緩やかなため、保育の質の確保に課題が残る。実際に、2017 年の公益法人の立入調査結果では、必要な保育士が確保できていないなどの指導を受けた施設が対象施設の 7 割にのぼり、ずさんな経営実態も相次いで明らかとなっている。また、利用者数は定員の 6 割にとどまり（2018 年 3 月末時点。内閣府調査）、乱立の弊害として定員割れが顕在化し、全国で撤退や閉鎖がでている。企業主導型保育事業は、あくまでも認可外保育施設であり、待機児童の保育の受け皿として位置づけることには、質の面で大きな問題がある。[71]

（ⅳ）**深刻化する保育士不足**

　一方で、前述のように、公立保育所の民営化や指定管理者制度の導入

---

71　同様の指摘に、中野・前掲注 54）92 頁参照。

で、保育士などの労働条件は悪化の一途を続けてきた。公立保育所で働く保育士は公務員だが、民営化された場合には、給与の高いベテラン保育士が採用されないなど、保育士の給与が安く抑えられる傾向にあり、公立保育所の民営化は、公務員リストラや非正規雇用化により委託費（公費）を削減しようとする意図で行われてきた側面が大きい。公立保育所でも、いまでは非正規雇用の保育士が半分以上となり、保育士の労働条件の悪化は顕著である。

　そして、新制度になって、保育士の労働条件の悪化が加速している。OECD（経済開発協力機構）教育委員会の「幼児教育・保育政策に関する調査プロジェクト」の報告書 "Starting Strong II :Early Childhood Education and Care"（2006年）によれば、欧米諸国における実証研究の結果から、利用者補助方式（保護者に対する個人給付方式をとる新制度の仕組み）よりも施設補助方式（市町村が保育の実施義務を有する保育所方式）の方が、質の面で統計的に有意に優れていることが立証されている。

　保育士の給与は、全産業平均（月33万円）より約11万円も低く、この20年間でほとんど上昇していない。最大の原因は、国が公定価格（新制度以前は保育所運営費）に算定される保育士の給与基準額を増やしてこなかったことにある。しかも、国の基準では、保育士の義務となっている保育計画の作成や記録のまとめ、園だよりの作成、打ち合わせ会議などの時間は、カウントされていない。そもそも、子どもの保育時間が1日8時間を原則としている保育所において、労働基準法にそって、保育士の労働時間を8時間とすれば、直接的な子どもへの対応ですべて終わってしまう。それ以外のこれらの労働は、残業代が払われないサービス残業とならざるをえない。新制度では、保育士給与基準は公定価格という形で国が決めているが、基準が実態にあっていないのである。

　同時に、国の人員配置基準も低すぎる。0歳児3人に対して保育士1人の配置（3対1）、1・2歳児6対1、3歳児20対1（新制度では、加算がついて15対1）、4・5歳児は30対1と定められているが、この国基準では十分な保育ができず、認可保育所の場合は、平均で基準の約2倍

図表7-12 保育所最低基準改善状況（職員配置）

| | 0歳 | 1歳 | 2歳 | 3歳 | 4歳 | 5歳 |
|---|---|---|---|---|---|---|
| 1948年 | 10：1 | | | | 30：1 | |
| 1962年 | | | | | | |
| 1964年 | 8：1 | | | | | |
| 1965年 | | | | | | |
| 1967年 | 6：1 | | | | | |
| 1969年 | | | | 20：1 | | |
| 1998年 | 3：1 | | | | | |

乳児10人を
1人で保育していたことも！

4、5歳児はまったく
改善されていない。

出所：全国保育団体連絡会パンフレット「みんなの力で保育の明日をきりひ
　　　らこう――子ども・子育て支援新制度を改善し、すべての子どもに必
　　　要な保育を！」（2015年7月）。一部修正

の保育士を配置している（国基準を超えた保育士の配置部分の財源は自
治体の持ち出しとなる）。4歳児以上の国の基準は70年以上も改善され
ていない（図表7-12）。保育士の労働条件の悪化は、公費削減を進め
る国によって政策的に生み出されてきたといえる。

　保育現場では、保育士の長時間・過密労働が常態化し、それがさらに
離職につながり人員不足を招いている。保育士登録者数は153万人にの
ぼるが（2018年4月1日現在。厚生労働省集計）、保育所・児童福祉施
設等に従事している保育士数は43万9056人（うち保育所等42万3003
人）で（2017年10月1日現在）、登録者の3割弱にすぎない。保育士養
成施設卒業者の約半数しか保育所に就職しておらず、保育士不足という
より、劣悪な労働条件のため、多くの保育士資格者が保育現場に就職し
ていないのが現状である。

　公費を投入して国の給与基準・配置基準を大幅に引き上げ、待遇を改
善すれば、保育士不足の問題は解消されるはずである。しかし、現在の
政策は、朝夕の保育士配置の弾力化（2名のうち1名は無資格者でも可
能とする）など規制緩和に終始している。女性を安い労働力として活用

し、そのために必要な保育手段を、新制度の導入によって、これまた安上がりに整備しようとするのが、現在の待機児童対策を含めた少子化対策の本質といえる。しかし、これでは、保育の質は低下し、人材確保はますます困難となろう。

### （ｖ）新型コロナウイルスの感染拡大と保育現場

2020年以降の新型コロナの感染拡大は、保育の現場にも深刻な影響を与えている。

2020年3月からの全国の小中学校の一斉休校では、保護者の就労や春休みのないことなどを理由に、保育所や学童保育は「原則開所」とされた。しかし、とくに、学童保育は、待機者が全国で1万人を超えており、支援員の労働条件は保育士以上に劣悪で、人手不足のところに、春休みと同様の開所を求められ、対応は困難を極めた。保育所も含めて受け入れ体制が整わず、休校中の子どもをみるため仕事を休まざるを得ない保護者や保育士が続出した。密な環境をつくらないために学校が休校になったのに、学校よりも子ども同士や保育者との接触が多く、密集度の高い保育所や学童保育は原則開所とする方針自体、感染症対策として整合性がとれないものであった。

2020年4月7日からの緊急事態宣言下でも、保育所は「休止要請の対象外」となったが、保護者に登園自粛を要請したり、原則休園を打ち出す自治体もあり、自治体間の対応がわかれた。自治体によっては、原則休園を打ち出し、医療職などのごく限定した職種の子どもしか保育を行わないといった対応もみられたが、自主的な登園自粛もみられ、保育所の利用は大きく減少し、保育の縮小がみられた。もっとも、保育所では、臨時休園や利用の減少があっても、通常の状態に基づき公定価格等の算定が行われ、認可保育所には委託費が支払われ収入が保障される。国（厚生労働省）も、公的価格等の対象となる職員の人件費については、通常の状態に基づき算定を行い支給し保育所の収入が確保されていることから、臨時休園等により職員を休ませた場合も、休ませた職員について通常通りの賃金や賞与等を支払うなどの対応を求める通知を発出した。また、同通知により、保護者の保育料についても、原則日割り計算で減

免が行われた。保育所は、個人給付・直接契約方式に移行せず公的保育
制度が維持されたことで、コロナ禍でも、介護保険の介護事業所のよう
な経営難に陥らなかったといえる。ただし、公定価格でカバーしていな
い一時保育事業や延長保育事業については、利用が減少したところでは
減収となっている。

　緊急事態宣言は、2020 年 5 月 25 日に全国すべてで解除され、保育現
場も、順次通常の保育に戻り、保育の縮小は解消されていったが、感染
防止のため行事を禁止にするかなど、保育現場での模索は続いている。
コロナ禍のもと、保育が、医療や介護などと同様、エッセンシャルワー
ク（社会の維持に欠くことのできない仕事）と認知されるようになり、
保育士の待遇改善や密にならないための基準の引き上げといった課題が
浮き彫りになった。とくに、後者については、前述のように、低い国の
保育士配置基準を、少なくとも、0 歳児 2 対 1、1・2 歳児 3 対 1、3 歳児
10 対 1、4・5 歳児 20 対 1 に改善していくべきである。

　新型コロナの感染拡大にともない外出自粛が呼びかけられ、「家にい
よう！」のキャンペーンが展開されたが、家庭内で暴力や虐待を受けて
いる子どもたちにとっては、家が安全な場所とはいいがたい。学校の休
校で給食がなくなり、自宅では、生活困窮のため十分な食事がとれなく
なった子どもたちも多かった。従来から、夏休みなど長期休暇になると、
食事が十分とれず痩せてしまう子どもたちは散見された。そうした子ど
もたちの食の保障をしてきた子ども食堂も、感染拡大を防ぐため、閉所
が相次ぎ、支援団体の調査では、半数以上がいまだに再開の目途がたっ
ておらず、民間に依存した制度の脆弱さが明らかになっている。外出自
粛や経済困窮の広がりにより、配偶者やパートナーからの家庭内暴力
（DV）や児童虐待も増加している。

　保育所と学童保育については、①マスク・消毒液等の確保、②人員増
員を行った場合の財政支援、③感染拡大を防ぐためにも、原則開園の考
え方を見直し、地域状況を踏まえて休園などを行えるようにする措置、

---

72　詳しい提言については、伊藤周平「コロナ禍で明らかになった社会保障の脆弱さと保
　育政策の課題・下」保情 529 号（2020 年）17 - 18 頁参照。

④土曜日保育などができなくなった場合も公定価格や補助金を減額しない措置、⑤感染症対策のための職員配置の増額、基準の引き上げといった支援が必要である[72]。そして、DV や児童虐待への対応については、支援制度の弾力的運用、児童相談所や支援機関の職員の増員のための財政措置が早急に求められる。

### (3) 子ども・子育て支援新制度の課題

　新制度は「子ども・子育て支援新制度」といいつつ、子どもの権利保障の制度とはいいがたく、その実態は、きわめて複雑で、随所に法的整合性を欠く制度である。同時に、新制度の導入は、保育制度の介護保険化への布石という側面を有している。新制度のもとでは、保育所以外の認定こども園や地域型保育事業の利用の仕組みは、個人給付・直接契約方式（施設・事業者と子ども・保護者との契約）に転換されている。これは介護保険と同様の利用方式であり、将来的な保育制度の介護保険化を意図したものといえる。

　新制度の導入により、児童福祉の領域も介護保険に倣って措置から契約に切り替えたが、社会保険方式を採用しなかったため、保育サービスの飛躍的な増加が見込めず、利用者の事実上の権利意識の高まりも期待できず、サービス利用の権利保障を強化することができなかったとの指摘もある[73]。社会保険方式を採用することで、利用者の権利意識が高まるというのは、実証不可能な非科学的主張であり、社会保険料という財源確保により供給量の増大がはかれるという考え方も、介護保険で実際に居宅サービスの増大がみられたことから一見もっともらしくきこえるが、介護保険では、介護保険料そのものはランニングコスト（運営費）の財源となるわけで、供給量の増大は、個人給付・直接契約方式の導入（とりわけ給付費の使途制限の撤廃）による企業参入によるところが大きい。そして、それが介護労働者の労働条件の急速な悪化をもたらし、人材不足を招いている（本章第2節参照）。

---

73　新田秀樹「待機児童解消に向けての法的課題」社会保障研究2巻2＝3号（2018年）309頁参照。

　新制度の課題としては、当面は、児童福祉法24条1項を基礎として、保育所における市町村の保育実施義務を明確にし、保育所以外の認定こども園などの直接契約施設・事業についても、優先度の高い子どもが保育を確実に利用できるよう、選考も含めて市町村に利用調整の責任を果たさせるべきである。そのうえで、法的整合性をとるため、児童福祉法24条2項を改正し、直接契約施設・事業を利用する場合も、保育所利用の場合と同様に、市町村が直接的な保育の実施義務をもつ形とすべきである。そして、家庭的保育事業等についても、保育者はすべて保育士資格者とするなど、保育所保育と同様の基準を設定すべきと考える。どの施設・事業を利用しても、保育士資格者による保育を受ける権利を保障する必要がある。

## (4)　子どもの保育を受ける権利の保障に向けて

　ドイツでは、1歳以上の小学校就学前の子どもに保育請求権を保障し、保育を受ける権利が社会法典の児童青少年援助法（KJHG）に規定されている。子どもにこうした保育請求権を保障することで、保育施設の拡充を図るという手法が用いられている。同法は、連邦法（社会法典8編）であり、保育請求権を保障することで、かりに、保育施設を整備することを怠り、子どもが保育施設に入れないような事態が生じた場合には、権利侵害として、各州政府が損害賠償責任を問われうる。実際に、日本の最高裁にあたるドイツ連邦通常裁判所は、子どもの預け先がみつからず、仕事に復帰できなかった夫婦に対して、州政府は、その所得喪失分を補填しなければならないとの判決（2016年10月20日）を出している。[74] 各州政府は、保育を希望する子どもに対して保育施設を提供できなければ損害賠償を請求されるおそれがあるため、保育施設を整備せざるをえなくなる。

　日本でも、子ども・子育て支援法は廃止し児童福祉法に一元化したうえで、同法に、ドイツと同様、1歳以上の子どもの保育を受ける権利を

---

74　同判決については、木下秀雄「『保育』施設未入所について損害賠償を命じたドイツ連邦通常裁判所―『保育』を受ける権利を考える」保情487号（2017年）13頁以下参照。

明記するとともに、市町村が、子どもに直接的な保育提供義務をもつ仕組みにすべきと考える。子どもの保育を受ける権利（保育請求権）が明記されれば、各自治体は、保育施設の整備をせざるを得なくなるだろうが、市町村の保育実施義務を訓示規定と捉えるような判決がまかり通っていること、司法に訴える事例がドイツほど多くないことを考えると、市町村の保育施設整備義務および国・都道府県の整備にかかる財政支援義務についても児童福祉法に明記する必要があろう[75]。

　待機児童解消のための保育供給体制の整備は、認可保育所の増設を基本にするべきだが、当面は、保育所と同様の基準にすることを前提に、認定こども園や小規模保育事業などの整備も進めていくべきである。また、保育士の待遇改善については、早急に公費を投入して、保育士や保育所職員の数を制度的裏づけによって増やしていくべきである。国レベルでの改善がすぐには難しくても、自治体の独自財源で保育士の配置基準や労働条件の改善を進めていくことは可能であろう。さらに、給食は保育の一環と捉え、すべての子どもについて公費負担し無償化すべきである。確実な財政保障と保育基準の改善により、子どもを安心して育てることのできる制度への改変が求められる。

## 第4節　障害者福祉・雇用の法

　介護保険制度の導入で先鞭をつけられた、社会福祉法制における措置制度から個人給付・直接契約方式への転換は、障害者福祉にも及び、障害者福祉法制でも支援費制度、その後の障害者自立支援法、障害者の日常生活及び社会生活を総合的に支援するための法律（以下「障害者総合支援法」という）により同方式への転換が実現した。

　本節では、障害者福祉改革の展開を概観し、障害者総合支援法と障害者福祉各法について考察したうえで、障害者の雇用の促進等に関する法律（以下「障害者雇用促進法」という）を中心に障害者雇用の現状を分析し、介護保険との統合を志向する政策の動向と課題を探る。

---

75　伊藤・法政策193-194頁参照。

## 1　障害者福祉・雇用の法の沿革と基本理念

　日本の障害者福祉は、第 2 次世界大戦後の身体障害者福祉法を先駆け
とする。同法は、当初は訓練等によって経済的自立が可能な身体障害者
を対象とする更生法であったが、その後、重度の障害者も対象とする福
祉法に転換し、1960 年には、精神薄弱者福祉法（1998 年に知的障害者
福祉法に名称変更）と障害者雇用促進法が制定された。後者は、障害者
の法的雇用率（民間企業 2.2%、官公庁 2.5% など）を定め、事業主に雇
用義務を課すもので、雇用義務の対象範囲は、当初の身体障害者のみか
ら現在は身体・知的・精神障害者にまで拡大されている。

　1975 年には、国連総会で「障害者の権利宣言」が決議され、障害者
の「完全参加と平等」が掲げられ、1981 年を国際障害者年とすること
とされた。同年の『厚生白書』では、障害者も社会において等しく権利
を享受できる保障をめざす「ノーマライゼーション（normalization）」
の思想が紹介され、日本でもしだいに普及するに至る。

　1993 年には、障害者の自立と参加を基本理念とする障害者基本法が
制定され、障害者の医療、介護、年金、教育、雇用の促進、住宅の確保、
公共的施設等の利用におけるバリアフリー化など多岐にわたる施策の基
本方針が定められた。2004 年の改正では、障害者に対する差別禁止の
理念が明示されたほか、国が障害者基本計画を、地方公共団体が障害者
計画を策定することが義務づけられた（障害基本 4 条・11 条）。また、
2006 年には、公共的施設や公共交通機関の利用について、高齢者や障
害者に配慮するよう求める「高齢者、障害者等の移動等の円滑化の促進
に関する法律」（バリアフリー新法）が施行されている。

　精神障害者については、1950 年の精神衛生法以降、精神障害者を長
らく公衆衛生・保健医療の対象とし、強制入院による隔離を中心とした
施策が行われてきた。しかし、こうした強制入院中心の精神保健法制は、
精神障害者の社会参加を阻害し、閉鎖的な病棟内での虐待を招くなど、
多くの問題を抱えていた。1984 年に、看護職員の暴行により 2 名の入
院患者が死亡した「宇都宮病院事件」の発覚を契機として、ようやく精

神保健法制の見直しが行われ、入院中心の医療保護体制からの転換が促進され、1987年に、精神衛生法は精神保健法に改められた。その後、精神障害者を同法の「障害者」と明確に位置づけた障害者基本法の成立を受けて、1995年に、精神保健及び精神障害者福祉に関する法律（以下「精神保健福祉法」という）が制定され、精神障害者に対する福祉施策として社会福祉事業が法定化された。

さらに、障害者の権利に関する条約（障害者権利条約）の署名（2007年。2014年批准）を受けて、国内法の整備が求められ、2011年に、障害者基本法の抜本的な改正が行われた。同改正では、障害の定義を従来の「医学モデル」から「社会モデル」（障害者の社会参加の制限や制約の原因が、機能障害と社会的障壁との相互作用によって生じるという考え方）に基づくものへと転換し（障害基本2条）、社会的障壁の除去について合理的配慮を提供しないことをも差別に包含するよう、差別禁止規定が見直された（障害基本4条）。ついで、障害者虐待防止法（障害者虐待の防止、障害者の養護者に対する支援等に関する法律）が制定（2011年）され、障害者雇用促進法の改正（2013年）がなされ、障害者差別解消法（障害を理由とする差別の解消の推進に関する法律）の制定（2013年）も実現した。

このように、理念法の分野では、大きな前進がみられた障害者福祉法制であるが、給付面では、措置制度から契約制度への転換をはかる障害者福祉改革が進められていった。

## 2 障害者福祉改革の展開

### (1) 支援費制度から障害者自立支援法へ

障害者福祉改革の動向をみると、2001年に、身体障害者福祉法などが改正され、2003年4月から支援費制度が実施された。支援費制度は、従来の措置制度から個人給付・直接契約方式への転換を図るものであったが、利用者負担については、措置制度と同様、障害者の所得に応じた応能負担となっていた。支援費制度は、導入後にサービスの利用が急増したものの、居宅生活支援費が国庫補助金の対象（裁量的経費）にとど

まっていたため（施設訓練等支援費は国庫負担金の対象で義務的経費）、財源不足で行き詰まりをみせた。そのため、介護保険の被保険者の範囲を拡大し、支援費制度と介護保険との統合案が模索されたが実現せず、2005 年、居宅生活支援費も義務的経費とするとともに、利用者負担を介護保険と同じ応益負担（サービス費用の 1 割が利用者の負担となる）とする障害者自立支援法が成立した（2006 年施行）。

　障害者自立支援法による応益負担の導入の結果、サービス利用を控える人が続出し、応益負担に対する批判は、同法の応益負担を違憲とする訴訟にまで発展した。その後、民主党政権のもと、2010 年に、違憲訴訟の原告・弁護団と国（厚生労働省）との間で基本合意が締結された。この基本合意を受けて、障害当事者が参加した「障がい者制度改革推進本部総合福祉部会」が、障害者自立支援法を廃止し、それに代わる新法の検討を進め、2011 年 8 月に、新法の構想を「障害者総合福祉法の骨格に関する総合福祉部会の提言—新法の制定を目指して」（以下「骨格提言」という）としてまとめ公表した。

## (2)　障害者自立支援法の改正から障害者総合支援法へ

　立法的には、議員立法の形で、2010 年 12 月に、障害者自立支援法が改正された。行政解釈では、この法改正により、障害者等の家計の負担能力に応じた負担（応能負担）が原則となったとされる[76]。条文の構成をみると（障害総合 29 条 3 項 2 号）、負担上限額が原則、サービス費用の 1 割が例外と解するのが素直な読み方なので、応能負担が原則という解釈が一般的とされている[77]。

　とはいえ、この法改正は、障害福祉サービスなどの利用者負担の月額上限額を、障害者等の家計の負担能力に応じて（政令で）設定するもの

---

[76]　中央法規編集部編『速報・障害者自立支援法の改正』（中央法規、2011 年）5 頁参照。また、障害者福祉研究会編『逐条解説・障害者総合支援法』（中央法規、2013 年）117 頁も、「障害者のサービス利用にかかる負担については、原則、障害者の所得（負担能力）に応じて定める仕組み（いわゆる「応能負担」）になっている」と解説している。

[77]　福島豪・永野仁美「障害と社会保障法」菊池馨実・中川純・川島聡編著『障害法』（成文堂、2015 年）193 頁参照。

で、障害福祉サービス・補装具の利用については、住民税非課税世帯は負担上限額がゼロとされ負担がなくなったため、応能負担のようにみえるだけで、利用に応じた負担（応益負担）の仕組みは残っている。このことは、サービスの利用量が少なく、政令で定める月額上限額よりも１割相当額の方が低い場合は、１割負担相当額を負担する仕組みとなっていることからも明らかである。医療保険や介護保険でも負担上限額が設定されているが、応能負担が原則とされていないことを考えると、障害者福祉も応能負担を加味した応益負担の仕組みとみる方が正確であろう。

　先の「骨格提言」は、障害福祉サービスの利用者負担の原則無償化や障害程度区分（現在の障害支援区分）の廃止、さらに介護保険給付との調整（いわゆる介護保険優先適用条項）の廃止などを提言していたが、結局、改正障害者自立支援法を一部手直ししただけの障害者総合支援法が成立した（2013年より施行）。

## 3　障害者総合支援法の構造と諸問題

### (1)　障害者総合支援法の概要

　障害者総合支援法は、その目的条項に、地域生活支援事業その他の必要な支援を総合的に行うことを加え（障害総合１条）、法にもとづく日常生活・社会生活の支援が、共生社会を実現するため、障害者の社会参加の機会の確保および地域社会における共生、社会的障壁の除去に資するよう総合的かつ計画的に行われることを基本理念に掲げている。そのほか、障害者自立支援法になかった難病等を障害者の範囲に追加（児童福祉法における障害児の範囲にも同様に難病等が加えられた）、重度訪問介護の対象拡大、共同生活介護（ケアホーム）を共同生活援助（グループホーム）へ一元化、地域生活支援事業に手話通訳者等を養成する事業などを追加、基本指針・障害福祉計画についての定期的な検証と見直しなどの改定が加えられている。しかし、障害者自立支援法（児童福祉法の障害児の療育部分も含む）の基本構造を変えるものではなく、実質的には、障害者自立支援法の廃止ではなく恒久化であったといってよい。[78]

78　詳しくは、伊藤・法政策141-142頁参照。

　障害者総合支援法は、従来は、身体障害者福祉法など障害者福祉各法で分立して規定されていた給付および事業を一元化し、自立支援給付と地域生活支援事業を設けた。

　自立支援給付の対象となるのが、①障害福祉サービス、②地域相談支援・計画相談支援、③自立支援医療、④補装具である（障害総合 6 条）。①の障害福祉サービスは、介護給付費と訓練等給付費の 2 つで、前者は介護保険の給付と共通している（後者については 5 で後述）。②③④は障害者福祉独自のサービスとして位置づけられる。②の相談支援は、基本相談支援に加えて、主にサービスの利用計画の作成を行う計画相談支援、従来は補助事業として行われていたものを法定給付化した地域相談支援がある。計画相談支援は、障害福祉サービスなどの利用計画の作成および見直しが含まれ、市町村長の指定を受けた特定相談支援事業者を利用した場合は、それに要した費用は、計画相談支援給付費として支給される（障害総合 51 条の 17。10 割給付で利用者負担はない）。地域相談支援は、障害者が施設・病院から退所・退院して住居の確保をはじめ地域での生活に移行するための準備に関わる地域移行支援、および居宅で単身生活する障害者について常時連絡体制を確保し緊急時における相談等を行う地域定着支援を内容とする。都道府県知事の指定を受けた一般相談支援事業者からこれらの支援を受けた場合、市町村に申請してその支給決定により地域相談支援給付費を受給できる（障害総合 51 条の 5）。③の自立支援医療は、従来の身体障害者福祉法に基づく更生医療、児童福祉法に基づく障害児への育成医療、精神保健福祉法に基づく精神通院医療を統合したものである（障害総合 52 条以下）。④の補装具に関する給付は、補装具の購入費または修理費の支給である（障害総合 76 条。図表 7 - 13）。

　地域生活支援事業は、相談・情報提供・助言、虐待の防止など障害者の権利擁護に必要な援助、成年後見制度の利用に要する費用の支給、手話通訳の派遣や日常生活用具の給付または貸与、移動支援などの事業で、市町村がこれを行う（障害総合 77 条）。

---

79　障害者福祉研究会・前掲注 76）242 - 243 頁参照。

## 図表 7‑13　障害福祉サービスにかかる自立支援給付の体系

| | サービス | サービスの内容 |
|---|---|---|
| 介護給付 | 居宅介護（ホームヘルプ） | 自宅で、入浴、排せつ、食事の介護等を行うもの |
| | 重度訪問介護 | 重度の肢体不自由者または重度の知的障害もしくは精神障害により行動上著しい困難を有する者で常に介護を必要とする人に、自宅で、入浴、排せつ、食事の介護、外出時における移動支援などを総合的に行うもの |
| | 同行援護 | 視覚障害により、移動に著しい困難を有する人に、移動に必要な情報の提供（代筆・代読を含む）、移動の援護等の外出支援を行うもの |
| | 行動援護 | 自己判断能力が制限されている人が行動するときに、危険を回避するために必要な支援、外出支援を行うもの |
| | 重度障害者等包括支援 | 介護の必要性がとても高い人に、居宅介護等複数のサービスを包括的に行うもの |
| | 短期入所（ショートステイ） | 自宅で介護する人が病気の場合などに、短期間、夜間も含め施設で、入浴、排せつ、食事の介護等を行うもの |
| | 療養介護 | 医療と常時介護を必要とする人に、医療機関で機能訓練、療養上の管理、看護、介護および日常生活の世話を行うもの |
| | 生活介護 | 常に介護を必要とする人に、昼間、入浴、排せつ、食事の介護等を行うとともに、創作的活動または生産活動の機会を提供するもの |
| | 障害者支援施設での夜間ケア等（施設入所支援） | 施設に入所する人に、夜間や休日、入浴、排せつ、食事の介護等を行うもの |
| 訓練等給付 | 自立訓練（機能訓練・生活訓練） | 自立した日常生活または社会生活ができるよう、一定期間、身体機能または生活能力の向上のために必要な訓練を行うもの |
| | 就労移行支援 | 一般企業等への就労を希望する人に、一定期間、就労に必要な知識および能力の向上のために必要な訓練を行うもの |
| | 就労継続支援（A型・B型） | 一般企業等での就労が困難な人に、働く場を提供するとともに、知識および能力の向上のために必要な訓練を行うもの |
| | 共同生活援助（グループホーム） | 主として夜間において、共同生活を行う住居で相談、入浴、排せつまたは食事の介護その他の必要な日常生活上の機助を行うもの |
| | 自立生活援助 | 施設やグループホームから地域生活へ移行する障害者に対し、一定期間、相談等の支援を行うもの |
| | 就労定着支援 | 一般企業に就職した障害者に対し、一定期間、就労の継続に必要な支援を行うもの |

出所：笠木ほか325頁（中野妙子執筆）。一部加筆

　障害者総合支援法に基づく施設は、障害者支援施設と包括的に規定され、その設備・運営についての基準は、都道府県の条例で定められ（障害総合84条）、国・都道府県・市町村以外の者が設置する場合には、これが社会福祉法65条1項の最低基準とみなされる[79]。これらの事業者・施設が、自立支援給付の対象となるサービスを行うには、さらに都道府県知事による指定を受ける必要がある（障害総合36条以下・51条の19以下・59条以下）。これに伴い、指定の取消しなどを含む規制監督を受けることとなる。

## (2)　支給決定

　自立支援給付を受けるには、障害者がサービスの種類ごとに市町村に申請して、支給決定を受ける必要がある（障害総合19条・20条等）。障害福祉サービスにかかる自立支援給付については、市町村職員の面接により調査が行われる（一般相談支援事業者に委託可）。介護給付費等の申請については、同調査の結果に基づく第1次判定、外部有識者からなる市町村審査会の第2次判定を経て、障害支援区分（6区分）の認定が行われる。障害支援区分は、従来の傷害程度区分から改められたもので、「心身の状態に応じて必要とされる標準的な支援の度合」を示す尺度とされているが（障害総合4条4項）、依然として知的障害や精神障害の認定に地域差があるなどの問題が指摘されている[80]。

　市町村は、障害支援区分だけでなく、その障害者の置かれている環境など総合的な状況を勘案して、支給要否決定を行う（障害総合22条1項）。これらの項目は「勘案事項」といわれ[81]、障害の種類・程度その他心身の状況、介護を行う者の状況、障害者のサービス利用の状況や利用に関する意向などのほか、障害福祉サービスの提供体制の整備状況などが厚生労働省令で規定されている（障害総合支援法施行規則12条）。介護保険の要介護認定では、もっぱら心身の状態に即して要介護状態区分および支給限度額が設定され、認定にあたって市町村の裁量の余地はほ

80　笠木ほか333頁（中野妙子執筆）参照。
81　障害者福祉研究会・前掲注76）103頁参照。

とんどないが（本章第2節参照）、障害者総合支援法では、市町村は、障害者の特性に応じた支給決定の判断をすることが求められ、市町村に裁量の余地がある点に特徴がある。また、市町村は、申請者に対して、サービス等利用計画案の提出を求め、これも勘案して支給要否決定を行う（障害総合22条4～6項）。

　支給決定においては、障害福祉サービスの種類ごとに介護給付費が支給される同サービスの量（支給量）が月単位で決められ、個々の障害者についての勘案事項の考慮などには市町村に裁量が認められるものの、考慮すべき事項を考慮しないなど、裁量を適切に行使しない場合には、その逸脱または濫用に該当し、支給決定（行政処分）は違法となる（行訴30条参照）。実際に、支給決定の違法性を認めた裁判例として、1日24時間の重度訪問介護を求める申請の一部拒否決定について、障害者の心身の状況を適切に勘案せず裁量の逸脱・濫用として、これを取り消し、重度訪問介護の支給量1か月578時間を下回らない介護給付費支給決定を義務付けた判決（大阪高判2011年12月14日賃社1559号21頁）、同じく重度訪問介護の支給量1か月542.5時間を下回らない支給決定を義務付けた判決（和歌山地判2012年4月25日判時2171号28頁）などがある。[82]

### (3)　利用の仕組みと利用者負担

　支給決定を受けた障害者は、交付される受給者証（障害総合22条8項）を指定事業者・施設に提示し、利用契約を結びサービスを利用する。これに要した費用について、市町村は、支給額を限度額として利用者（支給決定障害者）に代わって指定事業者・施設に支払うことができ（代理受領方式。実際に支払いを行うのは、市町村から支払事務の委託を受けた国民健康保険団体連合会）、障害者は、障害者の家計の負担能力等を斟酌して政令で定める額（利用者負担額）を指定事業者・施設に支払う（障害総合29条3項・4項・5項）。

---

82　同判決については、金川めぐみ「ALS患者への自立支援給付に関する義務付け判決の意義と課題」賃社1567＝1568号（2012年）56頁以下参照。

　代理受領方式のもとでは、指定事業者は、市町村および国民健康保険団体連合会に対して、なんら債権を有さず、単に受領を委任されているにとどまるとする裁判例がある（大阪高判 2015 年 9 月 8 日金融法務事情 2034 号 80 頁）。医療保険分野では、保険医療機関が自らに支払われる診療報酬に係る債権を債権者にあらあらかじめ譲渡し、それを担保に借入れを行う資金調達方法が古くからとられてきた。この場合、万一、融資先の医療機関等に債務不履行があれば、譲り受けた債権を行使し保険者から金銭を回収することができる。最近では、障害福祉・介護サービスに係る収益についても、こうした手法を活用する可能性が模索されているが、先の裁判例の結論によれば、障害福祉・介護サービス事業者に対して融資を行う金融業者にとっては借入金の任意の弁済がない場合に自らの債権を回収する手段が制約を受けることになる[83]。この点、学説では批判が多く、法定代理受領について債務引受構成を採用して、サービス事業者の債権を広く認めるべきとの見解もある[84]。

　利用者負担については、基本的に、サービス利用量に応じた応益負担であり、施設での食費や光熱水費は実費負担となるが、各種の負担軽減措置がとられている。具体的には、①月額負担に対する上限設定、②高額障害福祉サービス費の支給、③入所施設など利用者に対する個別減免、④通所サービス、訪問介護サービスなどの利用者に対する社会福祉法人減免、⑤施設での食費、光熱費の実費負担の減免などである。

　このうち、①については、生活保護受給世帯および住民税非課税世帯については負担上限月額 0 円（すなわち利用者負担なし）、住民税における所得割が 16 万円未満の障害者については、居宅サービス利用について 9300 円を上限とし、所得割 28 万円未満の世帯の障害児にあっては、居宅・通所サービス利用について 4600 円が上限となる。それ以外の上限月額は 3 万 7200 円となっている。

　代理受領方式を採用していることからも明確なように、障害者総合支

83　林健太郎「『代理受領方式』と障害福祉・介護サービス事業者の資金調達のあり方」社会保障研究 2 巻 2 = 3 号（2018 年）322 頁参照。
84　たとえば、山下慎一「障害者総合支援法上の法定代理受領とサービス事業者の債権—社会保障法学の観点から」金融法務事情 2053 号（2016 年）44 頁参照。

援法は、①個人給付（支給決定を受けた障害者へのサービス費用の償還給付）、②直接契約（施設・事業者と支給決定を受けた障害者との契約）による利用の仕組みであり、構造的には、介護保険法と同じ利用の仕組みである。介護保険は、利用者負担について、住民税非課税世帯でも負担上限がゼロとはならず1割負担が生じる点、社会保険方式をとっている点で、③利用者負担は、応能負担を加味した応益負担、④財政方式は税方式である障害者総合支援法（障害者支援方式）とは相違があるが（本章第1節参照）、少なくとも、自立支援給付の介護給付は、介護保険の介護給付との統合が可能な構造になっている。実際に、障害者自立支援法では、自立支援給付の介護給付は介護保険への移行を前提として制度設計され、介護保険の給付にはない移動介護や介護を必要としない障害者が利用するグループホームについては、介護給付から外され、地域生活支援事業など障害者福祉の独自サービスに再編されていた。こうした構造は、障害者総合支援法にも継承されている。

## (4) 介護保険・障害者福祉の利用関係

　そして、障害者総合支援法7条は、介護保険サービスと障害福祉サービス（自立支援給付の介護給付費等）の併給調整を規定しており、同一のサービス内容のものについて、介護保険法の給付が受けられる場合は、その給付が優先される。

　サービスに関しては、より濃密なサービスが必要であると認められる全身性障害者について、社会生活の継続性を確保する観点から、介護保険では対応できない部分は引き続き障害者施策から必要なサービスを提供することができるとされており（「介護保険制度と障害者施策との適用関係等について」2007年3月24日・厚生労働省通知）、実際に支給限度額を超えたサービス提供が行われている。介護保険サービスと障害福祉サービスの併用に関しては「障害者の日常生活及び社会生活を総合的に支援するための法律に基づく自立支援給付と介護保険制度との適用関係等について」（2007年3月28日・厚生労働省通知）に詳細が記載されている。それによれば、介護保険の被保険者であって、障害福祉サービ

スに相当する介護保険サービスがあり、これを利用することができる場合には、介護保険サービスを優先して利用することになる。量的に介護保険サービスでは足りない部分（いわゆる「上乗せ」部分）とサービスの種類として障害福祉サービスにしか存在しない部分（いわゆる「横出し」部分）を介護給付から支給し、重複している部分を介護保険から給付するという考え方である。ただし、この場合も、障害者の心身の状況等により、個別にさまざまなケースが考えられることから、一律に介護保険サービスを優先するのではなく、個別に障害福祉サービスの種類や利用者の状況に応じて障害福祉サービスに相当する介護保険サービスを受けられるかどうかを判断するものとされている。[85]

　介護保険法7条により、障害者が65歳以上（介護保険法令で定める特定疾病による障害の場合には40歳以上）になると、介護保険法が適用され、要介護認定を受ける必要が生じ、要介護認定により要介護度ごとに支給限度額（給付上限）が設定されることで介護サービスの利用が制約され、また利用者負担も完全な応益負担となり（住民税非課税世帯であっても負担ゼロとはならず）、負担が増大することとなる。これが、いわゆる障害者の「65歳問題」と呼ばれる問題である。障害者の高齢化にともない、「65歳問題」は深刻な問題となりつつあり、[86]裁判で争われる事例も出ている。

　このうち、浅田訴訟は、自立支援給付を受けていた障害者が、介護保険給付の申請を行わないまま、65歳に到達したのちも、継続して自立支援給付の申請を行ったが、介護保険法による給付が受けられるとして、岡山市から自立支援給付の不支給決定を受けたことに関し、①不支給決定の取消し、②重度訪問介護の介護給付費支給決定の義務付け、③不支給決定による国家賠償を求めた事案であった。第1審判決（岡山地判2018年3月14日賃社1707号7頁）は、不支給決定をすれば、原告がその生活を維持することが不可能な状態に陥ることは明らかであったこと、

85　障害者福祉研究会・前掲注76）79頁参照。
86　障害者の「65歳問題」については、藤岡毅「65歳以上障害者の『介護保険優先原則』が生み出す権利侵害」賃社1630号（2015年）4頁以下参照。

原告が介護保険の自己負担を負うことが経済的に難しい状況であったことからすれば、原告が自立支援給付の継続を希望し、介護保険給付の申請を行わなかったことには理由があるとし、①の請求を認容し、②③の請求を一部認容した。厚生労働省の通知の内容を踏まえ、利用者の状況に応じた判断を示したといえる。岡山市が控訴したが、控訴審判決（広島高岡山支判2018年12月13日賃社1726号8頁）も、一審判決を維持する判決を出し、岡山市が上告を断念し原告勝訴が確定した。[87]

### (5) 改正障害者総合支援法の内容と問題点

　前述のような障害者総合支援法の成立経緯から、同法の附則には、基本合意や「骨格提言」を反映させる見直しを行うという趣旨で、施行3年後（2016年）の見直しの規定がおかれた。2015年12月には、社会保障審議会障害者部会が「障害者総合支援法施行3年後の見直しについて」と題する報告書（以下「部会報告書」という）をとりまとめ、それを踏まえ、2016年5月に、障害者総合支援法と児童福祉法の改正が行われた。改正された障害者総合支援法では、基本合意や「骨格提言」は、またもやほとんど無視された。衆議院10項目、参議院17項目もの附帯決議がなされたことは問題の多さを如実に物語っている。

　改正障害者総合支援法の主な内容は①自立生活援助の新設、②就労定着支援の新設、③重度訪問介護について医療機関への入院時も一定の支援を可能とすること、④65歳にいたるまで相当の長期間にわたり障害福祉サービスを利用してきた低所得の高齢障害者が引き続き障害福祉サービスに相当する介護保険サービスを利用する場合に、障害者の所得の状況や障害の程度等の事情を勘案し、当該介護保険サービスの利用者負担を障害福祉制度により軽減（償還）できる仕組みを設ける、というものである。

　このうち、①は、障害者支援施設やグループホームなどを利用していて一人暮らしを希望する障害者に、定期的な巡回訪問や随時の対応によ

---

87　詳しくは、呉裕麻「浅田訴訟、高裁でも完全勝訴」賃社1726号（2019年）4-7頁参照。

り、円滑な地域生活に向けた相談・助言などを行うサービスで、②は、障害者の就労に伴う生活面の課題に対応できるよう、事業所・家族との連絡調整等の支援を一定期間にわたり行うサービスである。③は、日常的に重度訪問介護を利用している最重度の障害者（障害支援区分6以上の者を想定）で医療機関に入院した者が対象となり、利用者の状態などを熟知しているヘルパーを引き続き利用し、そのニーズを的確に医療従事者に伝達するなどの支援を行うことを目的としている。④は、先の「65歳問題」への対応だが、対象者はかなり限定されている（障害支援区分の程度と低所得者の範囲については政令で規定されている）という課題がある。[88]なお、2017年の介護保険法の改正でも、障害者総合支援法上の指定事業者（居宅サービス等の種類に該当する障害福祉サービスにかかるものに限定）から、介護保険法の訪問介護・通所介護等の居宅サービス事業に申請があった場合、自治体の基準を満たせば、介護事業者の指定を受けられる「共生型サービス」が創設された（本章第2節参照）。障害福祉サービス事業所が介護保険事業所になりやすくするなどの見直しを行い、介護保険サービスの円滑な利用を促進する目的がある。

　とくに④と「共生型サービス」の創設については、介護保険優先適用原則を固定化するものといえ、介護保険との統合への「地ならし」「布石」との指摘もある。[89]共生型サービスの土台になっているのが、2016年の「『我が事・丸ごと』地域共生社会」構想である。これは、障害者や高齢者の介護や子育て、生活困窮といった地域のさまざまな課題（地域生活課題）を住民ひとり一人が「我が事」としてとらえ、地域社会で「丸ごと」対応していく構想である。ここでいう「我が事・丸ごと」地域共生社会の本質は、社会保障を「公的支援」という表現に置き換えた上で、共生型サービスの創設に見られるような、縦割り行政の是正という名目でのサービス事業や地域の相談支援体制、担い手の養成まで含めた「公的支援の効率化」にほかならない、さらに言えば、本来、公的責

88　改正障害者総合支援法の内容と問題点については、伊藤周平「障害者総合支援法の改正とその問題点」住民と自治643号（2016年）8頁参照。
89　障害者共同作業所の連絡会である「きょうされん」の常任理事会声明「改定障害者総合支援法の成立にあたって」（2016年5月25日）参照。

任において対応すべきものを住民同士の支援（互助）に置き換えていく、いわば「公的支援の下請け化」にあるといってよい。

## (6) 財源

　介護給付費をはじめとする自立支援給付として市町村が支弁した費用のうち、4分の1を都道府県が、2分の1を国が負担する（障害総合92条以下）。ただし、国・都道府県の負担は、市町村が支弁した費用のすべてを対象とするわけではなく、市町村における障害支援区分ごとの障害者数を勘案して算定された額が、国・都道府県の負担となる。居宅介護など居宅サービスおよび重度障害者が利用するサービスについては、障害支援区分等に応じた国庫負担の基準を厚生労働大臣が定めている（「国庫負担基準」）。国庫負担基準を超える給付を行うと超えた部分については、全額が市町村の負担となるため、事実上、この基準が市町村の支給量決定に際して上限として機能しているという問題がある[90]。

　地域生活支援事業の費用は、実施主体である市町村が支弁する（障害総合92条・93条）。都道府県は、市町村が行う事業に要する費用のうち4分の1以内を、国は、市および都道府県が行う事業に要する費用の2分の1以内を、予算の範囲内で補助することができる（障害総合94条2項・95条2項2号）。補助がなされるかは任意であり（裁量的経費）、法定の割合が上限となっている。

## 4　障害者福祉各法

### (1)　障害者の定義と障害者手帳制度

　2011年に改正された障害者基本法では、障害者権利条約の社会的障壁という考え方に基づき、障害者を「身体障害、知的障害、精神障害（発達障害を含む。）その他の心身の機能の障害（以下「障害」と総称する。）がある者であつて、障害及び社会的障壁により継続的に日常生活又は社会生活に相当な制限を受ける状態にあるものをいう」と定義する（障害基本2条1号）。ここで、社会的障壁とは「障害がある者にとって

---

90　笠木ほか331頁（中野妙子執筆）参照。

日常生活又は社会生活を営む上で障壁となるような社会における事物、制度、慣行、観念その他一切のもの」（同条2号）をさす。障害者差別解消法は、社会的障壁の除去について、これに伴う負担が過重でないことを前提に、必要かつ合理的な配慮をすることを求めている（7条2項）。

　これに対して、身体障害者福祉法は、同法にいう身体障害者を、別表に掲げる身体上の障害がある18歳以上の者で、都道府県知事から身体障害者手帳の交付を受けたものと規定している（身福4条）。都道府県知事は、申請に基づき別表に掲げる障害に該当すると認定したとき身体障害者手帳を交付する。身体障害者手帳には、身体障害者福祉法施行規則5条3項により定められる障害等級（1級から7級）が別表5号で具体化されており、等級の認定は行政処分に該当し、同等級の引き下げを決定する処分の取消請求が棄却された事例がある（静岡地判1995年1月20日判例自治142号58頁）。しかし、身体障害者手帳については、生活上の制約や困難さに重点を置くものではなく、あくまでも身体機能の喪失・低下が基準となっており、手帳交付決定とサービス給付が結びついている現行制度とその運用の見直しが求められる[91]。

　これに対して、知的障害者福祉法には、知的障害者についての判定方法および基準が統一・確立されていないなどの理由により、明確な定義規定を置いていない。児童相談所等で知的障害があると判定された者に対して療育手帳を交付する制度がある。療育手帳の交付は法令に根拠規定がなく、要綱に基づいて行われているが、その処分性を認めた事例がある（東京高判2001年6月26日判例集未登載）。しかし、身体障害者手帳と異なり、療育手帳の交付は、知的障害者福祉法による各種の援助措置や障害者総合支援法に基づく給付を受けるための直接の要件になっておらず、学説では処分性を疑問視するものもある[92]。もっとも、処分性が否定されたとしても、判定結果に不服がある場合には、実質的当事者訴訟（行訴4条後段）または民事訴訟を通じた救済は可能である。

　障害児については児童福祉法4条に定義規定が置かれている。すなわ

---

91　同様の指摘に、加藤ほか335頁（前田雅子執筆）参照。
92　笠木ほか321頁（中野妙子執筆）参照。

ち、障害児とは、身体障害のある児童、知的障害のある児童、精神障害のある児童（発達障害児を含む）、または難病により一定の障害のある児童とされている。2010年の改正で、障害児にかかる通所サービス、施設サービスは児童福祉法に一本化されている（本章第3節参照）。

## (2) 身体障害者福祉法、知的障害者福祉法による措置

　障害者総合支援法による給付は、個人給付・直接契約方式であるが、身体障害者福祉法と知的障害者福祉法は、市町村が従前の措置を行う規定を残している。

　すなわち、障害者総合支援法の障害福祉サービスおよび障害者支援施設への入所を必要とする障害者が、やむを得ない事由により、介護給付費などの支給を受けることが著しく困難であると認めるときは、市町村は、その障害者につき、政令で定める基準に従い、障害福祉サービスを提供し、障害者支援施設などに入所・入院させ、またはこれを委託することができる（身福18条、知福15条の4・16条）。

　身体障害者福祉法または知的障害者福祉法に基づく援護または更生援護の実施者は、市町村となっている（身福9条、知福9条）。その業務を行う市町村の機関は福祉事務所で、同事務所には社会福祉主事が必置である。都道府県は、身体障害者更生相談所および知的障害者更生相談所の設置義務があり（身福11条、知福12条）、それぞれ、所定の資格を有する身体障害者福祉司または知的障害者福祉司を配置しなければならない。

## (3) 精神保健福祉法

　一方、精神保健福祉法は、精神障害者の福祉の増進及び国民の保健福祉の向上を目的とし（精神1条）、都道府県は精神保健福祉センターと精神医療審査会を置くとしている（同6条・12条）。精神保健福祉センターは、精神保健および精神障害者の福祉に関する知識の普及、調査研究、複雑、困難な相談・指導等を行うほか、精神医療審査会の事務局となる。精神障害者やその家族の相談に応じ指導等を行うため、所定の資

格を備えた精神保健福祉相談員をおくことができる（同48条）。

　精神保健福祉法は、精神障害者を、統合失調症、精神作用物質による急性中毒またはその依存症、知的障害、精神病質その他の精神疾患を有する者と定義している（精神5条）。精神障害者の申請に基づき、都道府県知事が精神障害者保健福祉手帳を交付する（同45条）。手帳の交付は、精神保健福祉法上の精神障害者に該当するための要件ではなく、同法および障害者総合支援法による援助または給付を受けるための要件ともなっていない。手帳制度の目的は、その所持者が一定の精神障害の状態にあることを示すことにより、各種の支援を受けやすくすることにあるとされる。行政解釈は、処分性を認めるが、療育手帳と同様、処分性を消極的に解することもできる。

　精神障害者に対する「医療及び保護」としての入院形態として、本人の同意に基づく入院であり、本人が退院を希望する場合には、退院させなければならないのが任意入院である（精神22条の3）。これに対し、2人以上の指定医の診察の結果、医療保護のために入院させなければ、その精神障害のために自身を傷つけまたは他人に害を及ぼす（自傷・他害）のおそれがあると認められた者を、指定の精神科病院に入院させる措置入院（同29条）、指定医の診察の結果、医療保護のために入院させる必要のある精神障害者を、家族等のうちいずれかの者の同意に基づいて、本人の同意がなくても指定の精神科病院に入院させる医療保護入院（同33条）、緊急で家族等の同意を得ることができない場合において、指定医の診察の結果、直ちに入院させなければ医療保護を図る上で著しく支障がある場合、72時間以内に限り入院させる応急入院（同33条の7）が認められている。

　2013年には、精神保健福祉法が改正され、従来の医療保護入院における保護者制度が廃止され、家族等の同意に切り替えられた。また、厚生労働大臣が、精神障害者の医療の提供を確保するための指針を定めることとされた。さらに、精神科病院の管理者に対し、医療保護入院者の退院後の生活環境に関する相談および指導を行う者の設置（精神33条

93　笠木ほか321頁（中野妙子執筆）参照。

の4）、退院促進のための体制整備（同33条の6）を義務付けるなど、地域生活移行の促進を図るための措置が講じられた。しかし、精神障害者の地域生活を支える受け皿づくりは進んでいるとはいいがたい。

## 5　障害者雇用促進法

### (1)　障害者雇用促進法の目的と雇用義務制度

　障害者の雇用に関しては、障害者雇用促進法による雇用義務制度により、その促進が図られてきた。障害者雇用促進法は、雇用の分野における障害者と障害者でない者との均等な機会および待遇の確保、障害者の雇用義務等に基づく雇用の促進等のための措置、職業リハビリテーションの措置等を通じて、障害者の職業の安定を図ることを目的としている（障害雇用1条）。

　障害者雇用促進法は、事業主に対して障害者雇用率に相当する人数の障害者の雇用を義務付ける雇用義務制度を採用している。雇用義務制度は、雇用の場を確保することが困難な障害者に対して、社会連帯の精神に基づき、すべての事業主の責務として課される（障害雇用5条）。障害者の雇用率は、2018年4月から、民間企業2.2％、国・地方公共団体、特殊法人等2.5％、都道府県等の教育委員会2.4％と法定されており、雇用率未達成事業主に対しては、不足1人分につき月額5万円（常用労働者200人超）の障害者雇用納付金の納付が義務付けられ（常用労働者100人超200人以下の事業主は同4万円）、雇用率達成事業主に対しては、超過1人あたり月額2万7000円が支給される（常用労働者100人超の事業主）。

　法定雇用率の対象となる障害者の範囲は、当初の身体障害者から知的障害者へと拡充され、2018年4月から精神障害者も含まれることとなった。また、特例子会社制度が設けられ、近年、制度を導入する企業やそこで雇用される障害者が増加している。同制度は、子会社で雇用される障害者を親会社に雇用されている者とみなし、実雇用率に算定できる仕組みである（障害雇用44条）。2002年10月からは、特例子会社をもつ企業グループによる実雇用率の算定が可能となり（障害雇用45条）、

2009年4月からは、一定の要件を満たす企業グループとして厚生労働大臣の認定を受けたものについては、特例子会社がない場合でも、企業グループ全体で実雇用率の通算が可能となる算定特例が導入された（障害雇用45条の2）。

　そのほか、障害者を雇い入れるための施設の設置、介助者の配置等に助成金が支給される仕組みもある。障害者本人に対しては、ハローワークにおいて態様に応じた職業紹介、職業指導など、地域障害者職業センターにおいて専門的な職業リハビリテーションの実施、障害者就業・生活支援センターにおいて就業・生活両面にわたる相談・支援などが実施されている。

### (2)　2013年改正の内容─障害者権利条約への対応

　以上のような雇用義務制度を中核とする障害者雇用政策については、個々の障害者は事業主の雇用義務に対する反射的利益の享受者に過ぎず、障害者の権利保障の発想に乏しいとの批判があった。前述のように、2014年に、日本政府が障害者権利条約を批准し、保護の客体から権利の主体へと政策の転換を迫る潮流が強まると、障害者権利条約に対応して、2013年に、障害者雇用促進法が改正された（以下「2013年改正」という）。

　具体的には、第2章の2として、「障害者に対する差別の禁止等」が新設され、労働者の募集・採用、賃金決定などにおける障害者差別の禁止（障害雇用34条・35条）、必要な措置（障害者権利条約でいう「合理的配慮」）の提供義務（障害雇用36条の2〜36条の4）などが規定され、事業者に対して実効的な対応が義務付けられた。2013年改正により、私人間の労働契約関係において障害者差別を禁止する明示的な規定が登場したといえる。[94]

　また、障害者権利条約を受けて制定された前述の障害者差別解消法では、行政機関等における障害を理由とする差別の禁止を規定している

---

94　障害者雇用促進法の2013年改正の詳細については、富永晃一「改正障害者雇用促進法の障害者差別禁止と合理的配慮提供義務」論究ジュリスト8号（2014年）28頁参照。

（同7条）。

### （3）　障害者雇用状況の推移と現状

　障害者の雇用状況の推移をみると、雇用義務のある企業での雇用障害者の数は、1999年から2003年ごろまでは停滞していたが、2004年以降2018年に至るまで15年連続で増加し過去最高を更新し続けている。2018年時点で、雇用総数は53万5000人にのぼり、うち身体障害者が34万6000人、知的障害者が12万1000人、精神障害者が6万7000人となっている。実雇用率についても上昇し、過去最高の2.05%となっている（厚生労働省「障害者雇用状況の集計結果」）。実雇用率の上昇の背景には、現に雇用する精神障害者を実雇用率に算定することが可能になったことが考えられる[95]。

　なお、2008年の法改正で、身体障害者または知的障害者である短時間労働者（週の所定労働時間が20時間以上30時間未満の者）が雇用義務の対象とされ、実雇用率の算定上は0.5人に換算されて算定されている（いわゆる「ハーフカウント」。障害雇用43条3項）。重度障害者については、フルタイムで1人を雇用すれば2人と換算されるが（いわゆる「ダブルカウント」。障害雇用43条4項）、短時間雇用している場合には1人と換算されている（障害雇用71条）。

　こうした中、2018年に、障害者雇用促進法によって義務付けられた法定雇用率を満たすため、中央省庁が雇用する障害者数を水増ししていた問題が発覚、政府が設置した第三者検証委員会が問題の調査報告書をまとめ公表した。それによると、2017年6月時点で、中央省庁の8割に当たる28機関が3700人を不適切に計上し、全国の自治体でも3809人分の水増しがあり、また、各地の裁判所の雇用者数のうち62%、衆参の議院事務局など立法機関の雇用者数のうち44%が不適切な算入であったことも明らかになった。報告書は、組織的な関与は否定しているが、少なくとも42年間にわたり水増しが行われてきたことを考えれば、組

---

95　同様の指摘に、永野仁美・長谷川珠子・富永晃一『詳説・障害者雇用促進法─新たな
　　平等社会の実現に向けて〔増補補正版〕』（弘文堂、2018年）345頁参照。

織的な偽装があったといわれても仕方ないであろう。行政府のみならず司法府や立法府でも行われていた法定雇用率の水増し・偽装は、本来、雇用されるべき障害者を排除したという点において、障害者雇用促進法の差別禁止規定の趣旨に明らかに違反する。さらに、障害者の働く権利の侵害という意味で、障害者差別解消法ひいては障害者権利条約にも違反する。

　こうした中、2020年以降の新型コロナの感染拡大で、雇用情勢は急速に悪化、障害者雇用についても、感染が拡大した2020年2月から6月までに障害者1104人が解雇されるに至っている（前年同期比16.0％増）。求人数も5月で36.1％減、就職件数も同月で31.1％減と急速な悪化がみられる。2021年3月から、民間企業などに義務付けられている障害者雇用の法定雇用率は0.1％引き上げられる予定だが、雇用状況が改善する見込みは立っていない。

### (4)　福祉的就労の現状

　日本の障害者の雇用政策は、障害者雇用促進法による雇用義務制度を中心とした一般就労支援のほかに、福祉的就労の二元体制をとっている。

　福祉的就労は、前述の障害者総合支援法によって規定されており、障害者を受け入れ就労させている事業所に対し、同法に基づいて、訓練等給付費が報酬として支給される仕組みである。訓練等給付費は、障害者総合支援法の障害福祉サービスのひとつとして位置づけられ、就労移行支援事業、就労支援継続支援事業A型および同B型から構成されている。

　就労移行支援事業は、企業などへの就職を希望する障害者に技術の習得の機会を提供し、障害者の適正にあった職場探しのために、事業所や企業において作業や実習を行い、職場への定着のための支援を行うものである。65歳未満の人を対象に、通所を前提とし、24か月を上限とする標準利用期間について、個別支援計画に基づいて職場実習などを行う。就労移行支援事業者と障害者とは雇用契約を締結しないため、労働関係法規の適用はない。

　就労支援継続事業A型（以下「A型」という）は、就労移行支援事

業を利用したが一般就労に結びつかなかった障害者、特別支援学校を卒業したが一般就労に結びつかなかった障害者、企業での就労経験があるが離職により雇用関係にない障害者に対して、雇用契約に基づき、A型事業所内において就労の機会を提供するものである。就労する障害者は、事業所との間で雇用契約を結ぶことになるので、最低賃金法などの労働関係法規の適用を受ける。しかし、最低賃金制度には、就業能力が低いという理由で最低賃金を減額できる減額特例の仕組みがあり、実際には最低賃金以下の賃金で働いている障害者が存在する。

　就労支援継続事業B型（以下「B型」という）は、就労経験はあるが年齢や体力面で一般就労が困難な状況にある障害者、就労移行支援事業を利用したが、B型事業所の利用が適当と判断された障害者に対して、事業所内での就労の機会や生産活動の機会を提供するもので、雇用契約の締結がなく、最低賃金など労働関係法規の適用はない。B型事業所の場合には、就労の対価は、賃金と対比して「工賃」といわれ、2015年の工賃の全国平均（9910事業所）は月額1万5033円、時間給で193円となっている。B型事業所で就労している障害者は障害年金や生活保護を受給している人が多いとはいえ、最低賃金をはるかに下回る工賃の安さは問題である。また、事業所への報酬は、障害者総合支援法の訓練等給付として行われているため、事業所への利用料の支払いが生じる場合があり、障害者の所得に大きな制約を与えている[96]。

## 6　障害者福祉・雇用の現状と課題

### （1）　津久井やまゆり園殺傷事件

　2016年7月、神奈川県相模原市の津久井やまゆり園で、重度の障害者19人が元施設職員の男に殺害されるという凄惨な事件が起きた（重軽傷も26人）。犯人は「ヒトラーの思想が降りてきた」と供述していた（その後、死刑判決が確定）。アドルフ・ヒトラー率いるナチス党は、ユ

---

96　小西啓文・中川純「障害と労働法」菊池ほか・前掲注77）『障害法』160頁参照。原則1割負担を導入した2006年の障害者自立支援法の施行当時、工賃を上回る利用料の支払いが問題となったが、現在では、障害者総合支援法のもと、住民税非課税世帯の利用者負担はゼロとなり、工賃との逆転現象は解消されている。

ダヤ人の大量虐殺を実行に移す前に、「安楽死計画」と称し（当時の計画司令室があった番地の名称をとって「T4 計画」ともいわれる）、知的障害者、精神障害者、重症疾患患者など 20 万人以上もの人を「生きるに値しない命」として、ガス室に送り込み殺害した。犯人の直接の殺害動機や事件の根底に、ナチスにみられる劣等な子孫の誕生を抑制すべきとする優生思想があることは明らかである[97]。

　そのナチス・ドイツは、当時の世界で最も民主的といわれたワイマール憲法のもと、選挙で合法的に誕生した政権であった。いま、9 条と 25 条という世界で最も画期的な条文をもつ日本国憲法の下で、防衛費（軍備費）を増やし、社会保障費を削減する政策が展開されている。加えて、市場万能主義や競争主義が幅をきかせ、生産性や効率が優先され、障害があり生産労働に携われない人は、人間の価値までもが劣るかのような風潮がまかり通っている。差別意識をあおるヘイトスピーチやデモが公然化している日本社会にあって、障害者は社会の重荷でしかなく抹殺すべきと考える犯人のような人物が出てきても不思議ではなかったともいえる。障害者への差別意識にとどまらず、施設処遇や福祉労働者の処遇の問題など現在の障害者福祉制度そのものが有する構造的な問題が複合的に交錯し、必然的に起きた事件といってもよい[98]。

## (2)　旧優生保護法の強制不妊手術国家賠償訴訟

　一方、戦後まもなくの 1948 年に制定された旧優生保護法（現在の母体保護法）のもとで、障害などを理由に、本人の同意なしに、もしくは欺罔等により不妊手術を強制された実態があった。こうした不妊手術の被害者が、2018 年 1 月に、宮城県で、国に対して国家賠償を求める訴えを起こし、現在、同様の訴訟が全国に拡大している。

　当時は、知的障害や精神障害が遺伝するという誤った偏見のもと、自

---

97　相模原障害者殺傷事件の背後にある優生思想について詳しくは、竹内章郎「優生思想との真の対峙を―相模原障がい者殺傷事件が問うもの」日本子どもを守る会編『子ども白書 2017』（本の泉社、2017 年）54 頁以下参照。

98　同様の指摘に、尾上浩二「相模原障害者虐殺事件を生み出した社会―その根源的な変革を」現代思想 44 巻 19 号（2016 年）75 頁参照。

治体間で不妊手術の数を競い合うことまでなされていた。不妊手術数は、1955年に、全国で1362件とピークに達した後、1970年代から、批判が高まり、手術数は減少したが、1992年まで続いていた。ようやく1996年に、母体保護法への改正に伴い、強制手術にかかわる条項が削除されたものの、優生思想は日本社会の底流に根強く残り続けている。

　2019年4月には、議員立法で、旧優生保護法のもとで不妊手術を強要された人に一時金（1人当たり320万円）を支給する法律が成立・施行された。手術を受けた人は約2万5000人と推計されるが、氏名が判明した人は1割強の3000人に過ぎず、国の責任もあいまいなままで（法律では、おわびの主体が「我々」となっている）、一時金の額もあまりに低すぎるなど課題が多く、障害者団体は立法を批判する声明を発表している。

　なお、国家賠償訴訟について、仙台地裁判決（2019年5月28日）と東京地裁判決（2020年6月30日）はともに、旧優生保護法は違憲であったことは認めたが、20年で損害賠償の請求権が失われる「除斥期間」を理由に、原告の賠償請求は退けた。原告側はいずれも控訴し、裁判は続いている。

### (3)　障害者福祉の現状

　障害者の置かれた現状をみると、障害者の家族の介護・経済的負担は依然として重く、障害のある人と家族の心中事件も後を絶たない。2017年12月には大阪府寝屋川市で、2018年1月には、兵庫県三田市で、家族による知的・精神障害者の監禁事件が発覚している。近年普及した新型出生前診断の結果、障害が判明した命の9割は産まれる前に奪われており（苦渋の選択とはいえ）、障害のある子どもたちを安心して産み育てる社会には程遠いのが日本の現状である。

　日本では、7万人余りの精神障害者が社会的入院という名目で自由を奪われ、約12万人の知的障害者が入所施設での生活を余儀なくされ、

---

99　藤井克徳「相模原障害者殺傷事件に見る優生思想」月刊保団連1242号（2017年）22頁。

重い障害者の 80％ 以上が相対的貧困線以下の生活を送っているとされる[99]。中でも、精神障害者への処遇は、いまだに隔離入院が中心で、日本の人口は世界の 1.6％ だが、精神病床の数は全世界の 20％ を占める。日本の総医療病床数の 24％ が精神病床であり、入院患者の 4 割は医療保護入院などの強制入院で、入院患者の 3 人に 1 人は 1 年以上の長期入院である（先進国の入院平均は 18 日）。

　障害者福祉の財政をみると、2015 年の報酬改定で、障害福祉サービスの報酬単価は据え置かれ、事業者への報酬は実質 1.78％ の引き下げとなり、サービス事業者の運営に少なからず影響が出たものの、2018 年の報酬改定ではプラス 0.47％ の改定となった。障害福祉サービス関係費の予算額は、この 10 年間で 2 倍以上に増加しており、前述の基本合意や「骨格提言」が歯止めになり、いまのところ介護保険のような厳しい給付抑制策はとられていない。とはいえ、障害福祉サービスの倍増は、制度の持続可能性に関わる問題と捉えられ、後述のように、介護保険との統合を志向した改革が強化されつつある。以下、障害者福祉・雇用の課題について、障害者雇用の課題から展望する。

### （4）　障害者雇用の課題

　障害者雇用促進法を含めた障害者雇用の課題としては、第 1 に、中央官庁・地方自治体における障害者雇用促進法の法定雇用率を遵守・達成させる必要がある。そもそも、日本の公務員数の少なさは際立っている。人口 1000 人当たりでみて 42.2 人にとどまり、他の先進諸国に比べ圧倒的に少ない（ドイツ 69.6 人、アメリカ 73.9 人、イギリス 78.3 人、フランス 95.8 人。野村総合研究所「公務員数の国際比較に関する調査報告書」2005 年）。統計不正事件の背景にも、統計担当職員の削減があり、公務員の削減計画を中止し、国・地方自治体が率先して、障害者を雇用し、障害者の働く権利を保障していくべきである。

　第 2 に、現在のダブルカウント、ハーフカウントのあり方の見直しが必要である。ダブルカウントは、重度障害者の雇用が一般的に困難であることから導入されたが、近年では、職場のバリアフリー化などにより、

身体障害者については、重度であっても就労における困難さが大きく軽減される場合が増えている。その一方で、精神障害者については重度のカテゴリーがないために、就労の困難さがあっても、ダブルカウントの対象とならないという問題がある。ハーフカウントについても、長時間働くことが困難なために、短時間労働に従事せざるをえないという障害者（とくに精神障害者）に特有の事情を考えるならば、労働時間の長さのみ着目した現行の仕組みの見直しが必要となろう。

　第3に、現行の雇用義務制度が、就労の困難さの実態を反映したものになっているか検証されるべきである。雇用義務の対象となる障害者の範囲は、障害者手帳の所持者と原則的に一致するが、障害者雇用促進法の差別禁止規定や合理的配慮規定の対象となる障害者は、障害者手帳の保持者よりも広い定義が用いられている。雇用義務制度の対象となる障害者の範囲についても検討の余地がある。

　第4に、福祉的就労については、雇用契約のあるA型において、最低賃金制度の減額特例の仕組みを廃止し、最低賃金の保障を確実にするべきである。減額特例制度は、障害を理由とした賃金差別に該当し、障害者雇用促進法の差別禁止規定に抵触する可能性がある。B型についても、雇用契約を結ぶ形として、労働関係法規の適用を認めるべきである。とくに、最低賃金法と労災保険法の適用は不可欠である。同時に、事業所に対しては、労災保険料の負担分も含め、最低賃金を保障しうるだけの報酬を支給すべきである。[100]

## (5)　障害者福祉改革のゆくえ

　障害者福祉改革については、今後、介護保険との統合の方向が強化される可能性がある。

　これまでみてきたように、障害者総合支援法の構造は、個人給付・直接契約方式という点で、介護保険の構造と共通している。そして、従来の障害者福祉措置制度から個人給付・直接契約方式への転換の結果、高

---

100　詳しくは、伊藤周平「障害者雇用の現状と課題」住民と自治672号（2019年）15頁参照。

齢者福祉分野と同様、市町村が障害福祉サービスの提供に責任を負わなくなり（公的責任が後退し）、市町村の障害者福祉行政における責任主体としての能力が低下した。相談支援事業も民間の相談支援事業者に丸投げされ[101]、自治体では高齢者・障害者担当の専門のソーシャルワーカーが姿を消しているのが現状である。

　障害者福祉の個人給付・直接契約方式への移行を前提に、国（厚生労働省）は、介護保険料の高騰に、多くの高齢者が悲鳴を上げ、被保険者の範囲の拡大を求める声が起こるのを待ち、障害者総合支援法と介護保険法の統合（障害者福祉の介護保険化）へと舵をきろうと意図していると推察される。その意味で、障害者総合支援法 7 条の介護保険優先原則の規定は残しておく必要があったといえる。学説でも、障害福祉サービスの予算の増加は、制度の持続可能性にかかわる問題であるとし、長期的な財源の確保の観点から、障害者福祉と介護保険制度の関係について議論する必要性を指摘するものがある[102]。

　何よりも、介護保険法と障害者総合支援法の並存状態が続く限り、高齢者の医療費負担や介護保険サービスの利用者負担が 2 割、さらには 3 割に引上げられるなか、障害者だけ負担ゼロが続くのは優遇されているなどの批判は必ず出てくるだろう。すでに、障害者総合支援法の改正法案の国会提出前の 2016 年の段階から、財務省の財政制度等審議会が、障害福祉サービスの利用者負担について軽減措置を廃止するよう主張しているし、厚生労働省内に設置されている新たな福祉サービスのシステム等のあり方検討プロジェクトチームの見直し議論では、介護保険は「普遍的な」制度ゆえに、介護保険優先原則は妥当であり、利用者負担も障害者福祉制度だけが多くの障害者において無料になっていることは

---

101　相談支援事業については、井上泰司「障害者総合支援事業の課題と自治体の役割」住民と自治 643 号（2016 年）15－16 頁参照。

102　笠木ほか 333 頁（中野妙子執筆）参照。介護保険の被保険者・受給者範囲の拡大による障害者福祉と介護保険の統合については「介護保険制度の普遍化」という言葉が用いられることが多い。たとえば、橋爪幸代「介護保険の普遍化可能性」社会保障法研究 10 号（2019 年）85 頁参照。

103　山下幸子「障害福祉制度と介護保険制度の関係─障害者総合支援法施行 3 年後見直し議論から」賃社 1654 号（2016 年）47－48 頁参照。

「国民の納得が得がたい」という意見が出されていたという。[103] また、障害者部会が障害関係団体のヒアリングを行った際、一部の委員から、こうした批判が、ほとんど詰問ともいえるような形で、障害団体の当事者に投げかけられたともいう。[104]

　前述の「部会報告書」でも、障害福祉サービスの今後の見直しの方向性として、①障害者本人の意思を尊重した地域生活の実現、②常時介護を必要とする者等への対応、③障害者の社会参加の促進、④障害児に対する専門的支援の促進、⑤高齢障害者のサービス利用の円滑化、⑥精神障害者の地域生活の支援、⑦特性やニーズに応じた意思疎通支援、⑧利用者の移行を反映した支給決定の促進、⑨障害福祉サービスの質の向上と制度の持続可能性の確保が挙げられている。このうち、⑤は、65歳にいたるまで相当の長期間にわたり障害福祉サービスを利用してきた低所得の高齢障害者の介護保険サービスの利用者負担を軽減するものであるが、⑨については、財源の確保とあわせて、既存のサービスの重点化・効率化や利用者負担の見直し（すなわち、応益負担化）の必要性が指摘されている。応益負担化と介護保険との統合の議論が再び起こりつつある。障害者福祉の介護保険化が実現すれば、もはや障害者福祉は解体されたといってよい。

## (6)　障害者福祉の課題

　障害者福祉と介護保険の併存状態がしばらく存続すると考えられる中、当面は、障害者福祉分野においては、障害者総合支援法における職員配置基準の改善のほか、障害支援区分認定の廃止、障害福祉サービスの無料化、介護保険優先原則条項の廃止といった、先の基本合意や「骨格提言」の実現をめざす改革が必要である。

　とくに、現在の障害者支援施設の配置基準の改善は急務といえる。同施設の設備及び運営基準は、より人権を侵害されやすい知的障害のある人に対して十分とはいいがたい。障害者支援施設における生活支援員数

---

104　佐藤久夫「障害者総合支援法見直し法をどう見るか」賃社 1661 号（2016 年）12 頁参照。

は、生活介護の単位数毎に、利用者比6対1から3対1であり、この職員配置では、利用者一人ひとりのケアや外出まで手が回らないとの指摘がある。[105] 少なくとも、3対1から2対1の配置基準に改善すべきであろう。

　2020年以降の新型コロナの感染拡大は、障害者福祉の現場にも深刻な影響をもたらした。障害者の通所事業所や障害児の放課後等デイサービスは、利用者の減少・自粛などの影響で、軒並み減収となり、事業所の休止・縮小が全国で増大し、障害者施設でも集団感染が発生した。少なくとも、障害者施設・事業所の従事者と利用者には、症状のあるなしにかかわらず定期的な検査を実施し、不足しているマスク、消毒液などを国の責任で確保、製造し、施設・事業所に対して安定した供給ができる体制を構築すべきである。また、施設・事業所に対して、感染者が発生した場合の減収、および利用者の減少に伴う損失を補償し、施設等の人員配置基準の大幅な引き上げと人員増員のための財政措置を行う必要がある。私見では、訪問看護や老人保健施設などの給付は医療保険に戻したうえで、介護保険法と障害者総合支援法は廃止し、障害福祉サービスの現物給付方式、自治体責任による入所・利用方式、税方式による総合福祉法を制定し、年齢に関係なく（65歳で区切ることなく）、必要な障害福祉サービスを利用できる仕組みに再編すべきと考える（本章第2節参照）。障害者の「65歳問題」を解決するには、介護保険法の廃止と総合福祉法の制定しかない。

## 第5節　母子・父子・寡婦福祉の法

### 1　母子・父子・寡婦福祉の沿革

　母子家庭に対する福祉施策は、1964年制定の母子福祉法からはじまる。同法は、1981年に改正されて母子及び寡婦福祉法となり、収入や就業等の面で不利な状況に置かれている寡婦に対して、母子家庭の母に準じ

---

105　鈴木靜「社会福祉施設および人権のにない手としての福祉労働者―津久井やまゆり
　　園殺傷事件を契機に」社会保障法34号（2018年）43頁参照。

た福祉施策が規定された。

　その後、2002年の児童扶養手当法の改正にあわせて（第4章第2節参照）、母子及び寡婦福祉法も大幅に改正された。同改正では、まず、母子家庭ですでに実施されていた、乳幼児の保育・食事の世話その他の日常生活等を営むのに必要なサービスの提供が、父子家庭にも拡大され（母福17条）、就労支援事業や母子家庭自立支援給付金などの各種施策が盛り込まれた。また、母子家庭の多くが離別した父親からの養育費を継続的に受け取ることができておらず経済的に不安定な状況におかれていることから、扶養義務の履行を実効的に確保する手段を設ける民事執行法の改正が行われ、これに伴い、同法に扶養義務の履行を図る努力義務の規定が置かれた（同5条）。さらに、母子家庭と寡婦の生活を安定させるための施策の基本となるべき事項等に関する基本方針を厚生労働大臣が策定し、福祉サービスの提供や職業能力の向上の支援の措置に関する事項等について、都道府県・市等がその基本指針に即して、自立促進計画を策定することとされた（同12条）。

　2014年の改正では、母子家庭日常生活向上事業が新たに創設され（母福17条）、同時に、父子家庭への支援を拡大することを目的にして、法律の名称が母子及び父子並びに寡婦福祉法に変更された。父子家庭は、従来から同法の対象とされてはいたが、その適用は、居宅等における日常生活支援、母子家庭自立支援給付金などに限られており、2014年改正で、新たに第4章（父子家庭に対する福祉の措置）が設けられ、父子家庭への支援の拡充が図られた。

　とはいえ、日本はOECD（経済開発強力機構）加盟国の中で、ひとり親世帯の貧困率が、48.1％と最悪水準にある。とりわけ、母子家庭の母親の就労率は8割以上で他の国に比べて高水準であるにもかかわらず、母子家庭の年間平均所得は、社会保障給付を含め306万円と、子どものいる全世帯の年間所得745万円の41％にとどまる（2019年の国民生活基礎調査による。数値は2018年）。つまり、大半の母親たちが低賃金労働にしか就けず、典型的なワーキングプアといえる。社会手当の増額を含めた経済的支援の拡充が必要である（第4章第3節参照）。

## 2 母子・父子家庭等に対する福祉の措置など

現に児童を扶養している母子・父子家庭の親および寡婦に対する相談支援は、福祉事務所が対応するほか、都道府県知事・市長等が委嘱する母子・父子自立支援員が担当する。これらは、同時に、職業能力の向上や求職活動を支援する役割も担う（母福8条）。

母子及び父子並びに寡婦福祉法に定める福祉の措置としては、母子・父子家庭の親や寡婦が、疾病等により日常生活に支障を生じたとき、乳幼児の保育や食事の世話など日常生活等を営むのに必要な便宜を供与する居宅等における日常生活支援がある（母福17条・31条の7・33条）。また、経済面の支援措置として、母子・父子家庭と寡婦に対する低利または無利子で貸付を行う母子福祉資金、父子福祉資金および寡婦福祉資金がある（同13条・31条の6・32条）。

地方公共団体は、母子・父子家庭の親に対する就業支援事業として、就職に関する相談その他の必要な支援（母福30条・31条の9）を行う。同時に、当該ひとり親に対して支給される自立支援給付金が規定されている。これには、教育訓練を受けてこれを修了した場合に、その経費の一部を支給する自立支援教育訓練給付金（上限10万円）と、就職に有利な一定の資格（看護師、保育士など）を取得するため養成機関で2年以上修学する場合にその期間中の生活を支援するために支給する高等職業訓練促進給付金（上限月額10万円）がある（同31条・31条の10）。

そのほか、公営住宅の供給（母福27条）や保育所への入所等（同28条）に関する特別の配慮などが自治体に義務付けられている（父子家庭も同様。同31条の8）。

母子・父子福祉施設としては、各種相談や生活指導、生業の指導などを行う母子・父子福祉センター、レクリエーション等を供与する母子・父子休養ホームが法定されている（母福39条）。また、児童福祉法は、妊産婦が経済的理由により、入院助産を受けることができない場合には、助産施設での助産を行い（児福22条）、配偶者のいない（またはこれに準じる事情にある）女子が保護者として監護する児童の福祉に欠けると

ころがある場合には、母子生活支援施設に入所させて保護を実施することを規定している（同23条）。

現在、夫などからの家庭内暴力（DV）を理由とする母子生活支援施設への入所が増加しており、DV被害の女性に対する保護や支援の機関として、婦人相談所、配偶者暴力相談支援センター、婦人保護施設、婦人相談員が各地方公共団体に設置されている。しかし、これらの支援施策・事業の実施は、地方公共団体が任意で行うことができるにとどまり、自治体でばらつきがみられるうえに、施策の周知が不十分で利用は低調である。[106]母子家庭やDV被害女性への経済的支援の拡充とともに支援体制の確立が早急に求められる。

## 第6節 利用者の権利保障の仕組み

### 1 成年後見制度と福祉サービス利用援助事業

#### (1) 成年後見制度

社会福祉の利用者である高齢者・障害者の中には、判断能力が不十分なため、給付を申請することや事業者と契約を結びサービスを利用することが困難な場合が多い。それらの人の権利保障、もしくは権利擁護の[107]仕組みとして、財産管理および身上監護に関する事務を行うのが、成年後見制度である（未成年者を対象とする未成年後見と区別して、こう呼ばれる）。従来、禁治産、準禁治産の制度が存在したが、さまざまな問題を抱え、実際にも利用しがたいものであったために、2000年の民法改正により、成年後見制度が導入された。

成年後見制度は、高齢者などの自己決定の尊重、残存能力の活用という理念を掲げ、法定後見と任意後見からなる。法定後見には、後見、保

---

106 同様の指摘に、加藤ほか352頁（前田雅子執筆）参照。
107 「権利擁護」には実定法上の定義がなく、講学上はさまざまな意味で用いられている。本書では、判断能力の不十分な高齢者などの権利保障のひとつとしてとらえ、独立した用語として用いない。権利擁護の概念と諸定義の検討については、伊藤・介護保険法332頁以下参照。

佐に加え、比較的軽度の精神上の障害により判断能力が不十分な人を対象とする補助の制度が新設された。家庭裁判所は成年後見人、保佐人、補助人を選任する（民法 7 条以下、843 条以下）。後見等の開始の審判の申立ては、民法に規定された者のほか、高齢者等の福祉を図るためにとくに必要があると認めるときは、市町村長もこれを行うことができる（老福 32 条、知福 28 条、精神 51 条の 11 の 2）。市町村長による申立件数は、年々増加しており、2019 年は全体の 22.0％（前年比 1.7％増）を占めるに至っている（最高裁判所事務総局家庭局「成年後見関係事件の概況―平成 31 年 1 月～令和元年 12 月」）。

　成年後見制度の利用を促進するため、審判に要した費用や後見人等の報酬にかかる費用を助成する成年後見制度利用支援事業が実施されている。他方、任意後見は、本人が自ら事前に契約を締結して任意後見人を選任し、後見事務の全部または一部の代理権をこれに付与する（任意後見契約に関する法律 1 条・2 条）。それぞれについて、後見人の事務を監督する後見監督人が家庭裁判所によって選任される（民法 849 条、任意後見契約に関する法律 4 条）。

## (2)　福祉サービス利用援助事業

　成年後見制度は、手続が簡略化されたとはいえ、審判のための費用や時間がかかる。そのため、社会福祉法では、これとは別に、社会福祉事業として福祉サービス利用援助事業を法定化している（社福 2 条 3 項 12 号・80 条以下参照）。

　同事業は、事業者のサービスに対する相談・援助、サービス利用の手続きや費用の支払いに関する援助などを内容としている。社会福祉協議会が実施主体となり、日常生活自立支援事業の一部として、日常的な金銭管理、通帳・証書の預かりなどのサービスも実施している。実際の援助は、実施主体と雇用契約関係にある生活支援員が行う。同事業の運営を監視する機関として、助言・勧告権限をもつ運営適正化委員会が都道府県社会福祉協議会に設置される（社福 83 条以下）。

　ただし、同事業の利用には、社会福祉協議会などと事業の利用契約を

締結すること、つまり利用者に契約締結能力があることが前提となる。当事者の契約締結能力に疑義がある場合には、福祉・法律・医療の専門家により構成される契約締結審査会による審査がなされ、断能力の低下が進んでいる場合には、民法上の成年後見制度の利用が必要となる。財産管理も福祉サービス利用援助事業としては行えず、やはり成年後見制度を利用する必要がある。また、利用料がかかることもあり、利用実績は必ずしも高くなく、多くの場合に家族が利用者本人に変わって福祉サービスの利用契約を締結している実態があることが指摘されている。[108] 利用料の軽減など経済的負担を軽減するなどの改善が必要となろう。

## 2　サービス提供にかかる情報提供、苦情解決

### (1)　サービス利用にかかる情報

　現実に福祉のサービスを利用し、給付を受けるためには、利用者・申請者に必要な情報が提供されることが不可欠であることから、国・地方公共団体や事業者・施設の情報提供義務が、社会福祉法や個別法で規定されている（社福75条など）。

　身体障害者の介護者が、鉄道・バスに乗車する際には、障害者本人だけでなく、介護者にも運賃割引制度があることを市の担当職員が伝えなかったことの違法性が争われた事案では、割引制度の説明は、市町村の業務である「身体障害者の福祉に関し、必要な情報の提供を行うこと」（身福9条5項2号）に該当するとして、説明義務を否定した原判決を破棄した判決がある（東京高判2009年9月30日賃社1513号19頁。差戻し審のさいたま地判2010年8月25日判例自治345号70頁は、国家賠償責任を認めた）。

　また、事業者・施設を適切に選択するための介護サービス情報や教育・保育情報の公表（介保115条の35、子育て支援58条）、サービスの第三評価結果の公表、サービス利用に際しての、契約書その他重要事項を記した書面の交付などが規定されている（社福77条）。

　さらに、サービス利用に関する利用者の個人情報の秘密保持が義務づ

---

108　笠木ほか280頁（中野妙子執筆）参照。

けられており（社福23条等）、同時に、利用者本人に対してその求めに
応じ情報を開示することが要請される。市のヘルパー派遣申請に関し作
成されたケース記録について、個人情報保護条例に基づく開示請求に対
して一部非開示とされた処分の違法性が争われた事例で、違法と認定し
て全部開示を認めた判決がある（東京高判2002年9月26日判時1809
号12頁）。

## (2)　苦情解決

　現実のサービス提供や行政の運用に不服がある場合に、当事者である
高齢者や障害者が、後述する行政上の不服申立てや訴訟を提起して、そ
の違法性を争うことは、ハードルが高く、事実上困難な場合が多い。そ
こで、比較的軽微な苦情を簡易迅速に解決する手段として、苦情解決制
度が導入されている。

　社会福祉法では、都道府県社会福祉協議会に設置される運営費適正化
委員会が苦情解決を行うことを法定し（社福83条以下）、介護保険法で
も、国民健康保険団体連合会が苦情処理に相当する業務を実施する（介
保176条1項3号）。各施設・事業者の設備・運営の基準などでも、社
会福祉事業の事業者等が、利用者の苦情に迅速かつ適切に対応するため
に、苦情を受け付けるための窓口を設置することがなど要求されている
（指定居宅サービス等の事業の人員、設備及び運営に関する基準36条1
項など）。市町村も、受付窓口を設け苦情を受け付けるとともに、指定
事業者・施設に対して、調査および指導・助言を行うことができる（同
36条3項など）。

　ただし、苦情解決制度では、当事者間の話し合いによる解決が基本と
され、事業者はその努力義務を負うにとどまる（社福82条）。運営適正
化委員会に苦情解決の申出があった場合には、委員会が苦情の相談、助
言、調査を行うものの、解決のあっせんにあたって当事者の同意が必要
とされ（社福85条2項）、解決手段が指導・助言にとどまるため、当事
者の権利保障の面では限界がある。実効性を高めるためには、地方公共
団体による規制監督の適正な行使や、争訟を提起（争訟権を保障）する

ための支援の仕組みが必要である。

## 3　手続的保障

　社会福祉法制において、従来の措置制度のもとでは、申請権が否定されていたが、介護保険の保険給付や自立支援給付などについては、法文上、要介護認定や支給決定に対する申請権が認められ、行政手続法第2章（「申請に対する処分」）の適用がある。したがって、処分庁は、自ら審査基準を定めてこれを公にする義務を負う（行手5条）。また、申請を拒否する処分をする場合には、理由を提示する義務がある（同8条）。一部拒否処分の場合も同様である。

　支援費制度のもとだが、身体障害者福祉法に基づく居宅生活支援費の申請（月165時間を求めた申請）の一部拒否処分（支給量を月125時間とする処分）について、理由を付記しなかったことは、行政手続法8条に違反するとした裁判例がある（福島地判2007年9月18日賃社1456号54頁）。

　支給決定の取消しなど不利益処分については、受給者の権利利益を保護するため事前にその意見を聴くという手続的保障が法定されていない。サービス費用の支給という金銭給付を制限する不利益処分であるため、行政手続法上の聴聞等の適用もない（行手13条2項4号参照）。社会福祉の給付の多くがサービス費用の支給という現金給付に変えられたため、不利益処分に関する事前の手続的保障が欠落することになったことは問題が大きい。[109]

　これに対して、社会福祉各法上の措置の解除などについては、行政手続法の意見陳述のための手続を一部除外したうえで（児福33条の5、身福19条など）、それに代わる社会福祉の特色に照らした、理由説明・意見聴取（児福33条の4、身福18条の3など）といった独自の手続が法定化されている。しかし、これらは行政手続法上の聴聞等の手続に比べて簡略化されていることは否定できず、手続的保障として十分とはいえない。ただし、「保育の実施の解除」については、行政手続法の適用

---

109　同様の指摘に、加藤ほか355頁（前田雅子執筆）参照。

が一部除外となっておらず、実施の解除（不利益処分）を行う場合の聴聞等の手続を経る必要がある（本章第3節参照）。

## 4　行政争訟

　社会福祉の各給付に対する決定が行政処分であるときには、これに不服がある場合は、行政不服審査法に基づく行政上の不服申立て（審査請求）、さらには、行政事件訴訟法に基づく抗告訴訟を提起して、権利救済を求めることとなる。行政争訟の仕組みである。

　社会保険と労働保険については、社会保険審査会など法律により不服申立てのための第三者的機関が設けられており、介護保険法でも、特別の不服審査機関として、都道府県に介護保険審査会が置かれている（介保84条）。市町村が行う要介護認定や保険給付に関する処分、および保険料の賦課徴収などに関する処分に不服がある者は、同審査会に審査請求をすることができる（介保183条）。ただし、処分の取消訴訟は、その処分についての審査請求を経た後でなければ提起できないとする審査請求前置がとられている（介保196条）。

　また、障害者総合支援法では、市町村の介護給付費または地域相談支援給付費等に係る処分に不服がある者は、都道府県知事に対して審査請求をすることができるとし（障害総合97条）、その審査請求の事件を取り扱わせるため、都道府県知事が外部の学識経験者からなる障害者介護給付費等不服審査会を設置できる旨を規定している（障害総合98条）。ここでは、介護保険の介護保険審査会（第3者機関）とは異なり、都道府県知事が裁決権限を有するものの、やはり審査請求前置がとられている（障害総合105条）。

　子ども・子育て支援法では、保育の必要性等の支給認定処分に対する審査請求と審査請求前置の規定が置かれていたが（子育て支援81条）、行政不服審査法の改正（2016年4月施行）に伴う審査請求前置の見直しで、同条は削除された。したがって、支給認定の処分に不服のある保護者は、ただちに取消訴訟が提起できる。

　一方、抗告訴訟には義務付け訴訟および仮の義務付けが法定されてお

り（行訴3条6項）、社会福祉給付の申請（支給）拒否処分を争う場合には、拒否処分の取消訴訟とともに給付決定の義務付け訴訟（同37条の3）を提起し、仮の義務付け（同37条の5）も申し立てることが可能となり、障害児の保育所入所決定の義務付けが認められた事例がある（本章第3節参照）。そのほか、障害児の就学をめぐって、市立養護学校への就学を拒否された児童の就学を市に対して命ずる決定（仮の義務づけ決定）が行われた事例（大阪地決2007年8月10日賃社1451号38頁）や四肢に障害のある児童が就学先の中学校として養護学校ではなく、普通学校を指定するように求めた仮の義務づけの申立てが認容された事例（奈良地決2009年6月26日賃社1504号47頁）がある。

## 5 債務不履行・不法行為責任

### (1) 事故責任の法的構成

　サービス提供過程における事故は、介護保険など個人給付・直接契約方式のもとでは、市町村など行政の責任ではなく、事業者・施設の不法行為責任または債務不履行責任が問われることになる。処遇過程の利用者の権利保障は事後的な損害賠償責任によって担保されているといえる。以下、介護保険法のもとでの介護事故を事例に考察する。

　介護保険法のもとでは、要介護者と介護事業者との間に結ばれた介護保険契約（準委任契約）に基づき介護保険サービスが提供され、介護事業者は受任者として、要介護者に対し善良な管理者の注意義務を負う（民法644条）。介護事故は、法的には介護事業者が善管注意義務を果たさなかったという意味で、当該事業者の債務不履行として構成される。もっとも、実際のサービス提供を担っているのは、介護事業者の履行補助者の立場にある介護福祉士など介護職員だが、履行補助者の過失は、債務者（介護事業者）の過失と同一視されるから、介護事業者は、介護事故が生じた場合には、自ら債務不履行責任を負うこととなる（同415条）。一方で、介護事故は、介護事業者の過失による不法行為としても構成される。介護職員の過失によって介護事故が生じた場合には、介護職員は不法行為責任（同709条）を、介護事業者は使用者責任（同715

条）を負う。

　債務不履行構成と不法行為構成との主な相違点は、挙証責任と時効期間について現れるが、とくに医療過誤訴訟において、両構成の選択の問題が議論されてきた。判例は、当初、不法行為責任構成が主流であったが、現在では、法律上の要件を満たす場合、いずれの責任をも追求することが可能とする請求権競合説が判例・通説である。

## (2)　介護事故裁判の動向と検討

　介護事故に関しては、訴訟の増加にともない一定の裁判例の蓄積をみるにいたっている。まず食事介助中の誤嚥事故については、特別養護老人ホームの短期入所を利用していた高齢男性が、朝食後の誤飲が原因で死亡した事案につき、施設職員が適切な処理を怠ったとして、施設の側に過失と損害賠償責任を認めた例がある（横浜地川崎支判 2000 年 2 月 23 日賃社 1284 号 43 頁—特別養護老人ホーム緑陽苑事件判決。控訴審段階で和解）。一方、特別養護老人ホームに入所中の高齢男性が朝食中に食事をのどに詰まらせて窒息死した事案につき損害賠償請求が棄却された例（神戸地判 2004 年 4 月 15 日賃社 1427 号 45 頁）があり、事案の内容（主に食材の選択）により裁判所の判断がわかれている。もっとも、嚥下機能の低下した高齢者の誤嚥事故には特有の問題がある。すなわち、事故は食材選択や食事介助によって回避が可能な場合はあるが、たとえ誰かが目を離さずにいたとしても、誤嚥という現象自体は、高齢者の咀嚼・飲み込みという行為自体によって引き起こされるため、発生を回避することができない場合もありうるからである。したがって、裁判例でも多くの場合、誤嚥事故が生じた後の事業者側の事後対応が問題となっており、一般論として、事業者側の事後対応が適切に行われていれば、過失がなかったと判断される傾向にある。[110]

　施設内での転倒や骨折事故については、老人保健施設に入所していた高齢女性が、自室に置かれていた簡易式トイレを清掃しようと、施設内の汚物処理場に入ろうとした際に出入口の仕切りにつまずき転倒し骨折

---

110　長沼健一郎『介護事故の法政策と保険政策』（法律文化社、2011 年）201 頁参照。

した事案につき、施設側が簡易式トイレの清掃を怠ったことが事故につながったとし、損害賠償責任を認めた事例がある（福島地白河支判2003年6月3日判時1838号116頁）。

施設からの脱走などによる事故に関しては、通所介護を利用していた認知症の高齢男性が、施設の1階廊下の網戸サッシ窓から抜け出し、1か月後に施設から離れた砂浜に死体となって打ち上げられた事件で、施設職員の注意義務違反、施設の建物および設備の瑕疵を理由とした遺族の損害賠償請求を一部認容した事例がある（静岡地浜松支判2001年9月25日賃社1351＝1352号112頁）。

施設入所者の緊急時の施設側の対応に関する事件として、軽費老人ホームに入所中の高齢者が、急性硬膜下血腫を発症し緊急手術を受けたが、後遺症を負い、その後死亡した事案につき、施設側が緊急時において医療機関への搬送を怠ったとして損害賠償を請求されたが、棄却された事例（名古屋地判2005年6月24日賃社1428号59頁）がある。

これらの裁判例のうち損害賠償請求が認められた事例は、いずれも介護職員の責任とそれを媒介にして施設側の不法行為上の使用者責任が認められた事例だが、介護事故裁判の動向として、介護従事者には、介護専門職としての注意義務が求められ、それに対応した固有の責任が問われる傾向がある。しかし、事故の背後には夜勤体制の不備などの制度上の問題も横たわっている。そのため、ことさらに過重な注意義務を介護職員に負わせることになれば、介護職員が萎縮し、要介護者の自立支援に向けた積極的な取り組みを阻害させてしまうことになる。各運営基準で禁止されている介護保険施設での抑制禁止についても、事故危険の回避方法として拘束的な方法を排除していくと、見守りの必要性が高まるが、現在の人員体制の不備の中で、十分な見守りが可能なのかという課題がある。介護保険施設の場合、現行の職員配置基準や介護報酬の水準では、施設側に大幅な人員増を求めることは困難で、結局、施設の側で、介護事故につながる可能性の高い要介護者（居宅での介護が難しく、施設での支援が必要な要介護者である場合が多い）の入所を敬遠する事態をまねきやすい。実際に、特別養護老人ホーム緑陽苑事件の公判過程で、

施設側から、処遇困難な人の敬遠や問題の内部的処理（事故自体の施設内部でのもみ消し）など福祉現場での消極的対応が広がる懸念が表明されていた。さらに、誤嚥による事故を完全に防ごうと思えば、施設での食事に誤嚥の危険のある食材、極端にいえば、固形物は一切使用しないこととせざるをえないが、そうした食事提供は、高齢者の人間らしい生活を保障する支援とはいえないだろう。介護職員の注意義務や責任自体は、制度的な不備やその待遇の劣悪さなどを理由に軽減されるものではないが、介護事故の問題については、損害賠償法上の過失判断や介護職員の法的責任論などの具体的な法的基準の確立と同時に、そうした責任を介護職員が担えるだけの制度的整備や政策的配慮が不可欠である。

　介護事故に対する責任は、これまで民事訴訟で争われ、しばしば賠償責任が認められてきたが、故意でない過失の事故で、介護従事者の刑事責任が問われた初の事例として、特別養護老人ホームでのおやつの配膳中に、准看護師が、施設の入所者に、当日の内容変更を確認しないままドーナツを提供し、窒息に起因する心肺停止状態に陥らせ死亡させたとして、業務上過失致死罪に問われた事案がある（あずみの里事件）。本事件は、職員個人の刑事責任が問われたことで、介護の現場から職員の業務の萎縮をもたらすと批判の声があがり、無罪を求める約73万筆の署名が裁判所に提出され、大きな注目を集めた。東京高裁は、おやつの内容変更を確認せずドーナツを提供したことに刑事責任は問えないとし、一審長野地裁松本支部判決を破棄し無罪判決を言い渡した（2020年7月28日検察側が上告を断念し、無罪が確定）。

### （3）　措置方式のもとでの国家賠償責任

　市町村がサービス提供の責任を有する措置方式のもとでは、直接のサービス提供が民間の社会福祉法人などに担われている場合でも、地方公共団体との間に委託関係が成立し、事故などが生じた場合には、地方公共団体に国家賠償責任が成立する余地がある。

　社会福祉法人の運営する児童養護施設に入所していた児童が、施設内で他の入所児童から暴行を受けて後遺障害を負った事件で、最高裁は、

入所措置を行った県の損害賠償責任を認めている（最判2007年1月25日判時1957号60頁）。同事件では、社会福祉法人の施設職員による児童の養育監護のような活動も、国家賠償法1条1項にいう「公権力の行使」に該当し、施設職員も公務員に当たるとした。他方で、本判決は、国または公共団体が、国家賠償法に基づき損害賠償責任を負う場合には「被用者個人が民法709条に基づく損害賠償責任を負わないのみならず、使用者も同法715条に基づく損害賠償責任を負わないと解するのが相当である」とし、社会福祉法人の使用者責任を否定している。国家賠償法における公務員の個人責任については、公権力の行使に当たる国等の公務員の職務行為につき国等が国賠法1条に基づく損害賠償責任を負う場合には公務員個人は民法709条に基づく損害賠償責任を負わないとするのが、判例（最判1978年10月20日民集32巻7号1367頁など）の基本的な立場であり、学説上も責任否定説が通説である[111]。否定説の理由としては、国や公共団体が賠償を行えば被害者は救済されるのであり、公務員個人に対して賠償請求する必要性がないことや、公務員個人への賠償請求が頻繁に行われれば、公務員がその職務を行うに際して萎縮してしまうおそれがあることなどが挙げられている。これらの理由は、公務の委託を受けた者が自ら違法な職務行為を行った場合のみならず、さらにその被用者に公務を行わせたところ当該被用者が違法な職務行為を行った場合もあてはまる。

　かつて医療事故（過誤）訴訟においても、保険医療における不法行為責任は、不法行為者本人（医師）のほかに、保険者も使用者責任（保険医療機関は代理監督者責任）を負うべきであり、保険医療機関は、保険者の履行補助者ともいうべき法関係にあることから、医療事故についての損害賠償責任は、保険者が負うべきとする議論が展開された。この主張は、裁判所によってしりぞけられ（東京地判1972年1月25日判タ277号185頁）、一定の理解を示す学説もあったが、現在ではほとんど支持されていない。

　個人給付・直接契約方式をとる介護保険のような利用方式のもとでの

---

111　塩野・行政法Ⅱ353頁参照。

事故について、こうした保険者（市町村）の使用者責任（民法715条）
や債務不履行責任（同415条）が問えるかが問題となる。介護保険法の
もとでは、保険者と介護事業者との間に、指定を媒介として使用者責任
を基礎づけるような指揮・監督関係を認めることや債務不履行責任を基
礎づけるような履行補助者としての地位を認めることは難しく、介護事
故について、保険者責任を問うことは困難といえる。この点、措置制度
のもとでの措置権者であった市町村の責任と比較して、保険者たる市町
村の責任は大きく後退しているといえる。

### (4)　規制権限不行使による国家賠償責任

　もっとも、たとえば、介護保険法では、都道府県知事が指定の後も、
介護事業者に対して帳簿書類の提示等を求める権限（介保24条）や業
務運営改善命令（同102条）や指定取消権（同77条）などの指導・監
督権限を有することを規定する。都道府県知事が、この指導・監督権限
を適正に行使することを怠ったために、要介護者に介護事故などの形で
損害が生じた場合には、規制権限の不行使による国家賠償法上（1条1
項）の責任を問いうる。

　ただし、都道府県など行政庁が法令上付与された規制権限を行使する
か否かは、当該行政庁の裁量に委ねられており、規制監督権限の不行使
が国家賠償法上の違法と認定されるためには、一定の要件が必要となる。
水俣病訴訟や一連のスモン事件訴訟など下級審裁判例では、違法性の認
定の要件として、①国民の生命、健康に対する重大な危険が切迫してい
ること（危険の切迫）、②行政庁がその危険を知り、または容易に知り
うること（予見可能性）、③規制権限を行使しなければ結果責任を防止
しえないこと（補充性）、④規制権限の行使を要請し期待しうる事情が
あること（国民の期待）、⑤規制権限の行使により容易に結果発生の防
止ができること（回避可能性）が挙げられている（熊本地判1987年3
月30日判時1235号3頁）。最高裁（最判2004年10月15日民集58巻7

---

112　塩野・行政法Ⅱ327頁は、最高裁判決は、先の要件をより具体化した要件を提示し
　　ていないが、実質的な考慮要素は下級審裁判例と共通するところがあると指摘する。

号1802頁）も、水俣病関西訴訟において、権限不行使による国の賠償責任を認めている。[112]

　介護保険サービスは、要介護者が「健康で文化的な最低限度の生活」を営むうえで不可欠のものであり、介護事故は、要介護者の生命・身体・健康に直接被害が加わるものであることを考慮するならば、規制権限の行使には強い要請があり、介護事業者内での虐待や事故が頻発しているような状況にあれば、規制権限の不行使による損害賠償責任を都道府県および保険者である市町村に問うことは可能だろう（いまのところ裁判例はないが）。

　認可外保育施設において入所児童が事故や虐待を被った場合も、児童福祉法59条を根拠にして、都道府県知事の規制権限の不行使が、国家賠償法上、違法とされる余地がある。裁判例では、認可外施設における乳児の死亡につき行政の国家賠償責任が否定された事例（千葉地松戸支判1988年12月2日判時1302号133頁）がある一方、認可外保育施設の園長の虐待による児童の死亡事件につき、香川県が同施設に対して事業停止命令等の権限を行使しなかったことは、児童の生命・身体に重大な危害を加える加害行為が行われるおそれが切迫した状況にあり、それを県の担当課が予見することができたとし、指導監督の過失を認め、県の国家賠償責任を肯定した事例もある（高松高判2006年1月27日裁判所ウェブサイト）。また、世田谷区保育ママ事件判決（東京地判2007年11月27日判時1996号16頁）は、区の認定を受けた保育ママの虐待により児童が負った傷害について、区が調査や保育ママの認定取消の権限を行使しなかったことが著しく合理性を欠くとして、区に対する損害賠償請求を認めている（家庭的保育事業の法制化以前の事案）。さらに、認可外保育施設における乳児の死亡事件につき、運営会社と園長の不法行為責任を認めるとともに（園長については、保護責任者遺棄致死罪で懲役10年の実刑判決が確定）、監督権限をもつ宇都宮市についても同施設に対する指導監督権限の行使が不十分であったとして、国家賠償法1条1項の賠償責任を認めた事例（宇都宮地判2020年6月3日保情525号13頁）がある。

# 第8章 | 社会保障の法政策と 社会保障法の課題

　最終章の本章では、これまでの社会保障の法制度の各論的な検討を踏まえ、現在進められている給付水準の引き下げと費用負担の引き上げという法政策の問題点を指摘し、社会保障の権利の観点から、望ましい社会保障の法政策の方向性と課題を提言する。そのうえで、そうした法政策の規範的指針の構築に向けた社会保障法（理論）の課題を展望する。

## 第1節　社会保険の変容と社会保険の法政策的課題

### 1　社会保険の制度変容と社会保障改革による「保険主義」の強化

#### (1)　社会保険の制度変容

　戦後の日本の社会保険は、皆保険・皆年金体制の下に、被用者保険と自営業者を対象とする国民健康保険などの地域保険の二本立てで制度設計がなされてきた。しかし、非正規労働者の増大など社会経済状況の変化は、国民年金や国民健康保険の加入者を自営業者から大きく変容させ、たとえば、国民健康保険加入者の半数以上が、保険料負担能力の低い無職者で占められるようになり、社会保険のリスク分散の仕組みが十分機能しなくなった。

　その結果、被保険者の保険料だけでは運営が困難となり、制度維持のため、公費の投入（国民年金・介護保険・後期高齢者医療制度では給付費の半分が公費）や財政調整（後期高齢者支援金や前期高齢者医療調整制度など）が必要となり制度化された（第5章第5節参照）。

　社会保険に公費（税）が投入される根拠として、①強制加入させる見返り、②制度内の低所得者の負担能力の補完、③制度ごとの財政力格差

の是正、④国民の生活保障に対する公的責任の遂行といった理由が挙げ
られている。しかし、実態としては、財源不足に対処するために、いわ
ばなし崩し的に公費投入が拡大されている側面があり、租税と社会保険
料が明確に区別されているとはいいがたい。こうした社会保険制度への
公費投入や財政調整の結果、社会保険における拠出と給付の「牽連性」
（最大判 2006 年 3 月 1 日民集 60 巻 2 号 587 頁）があいまいとなり、さら
には社会保険料と租税との相違がなくなってきている。

　とくに、後期高齢者支援金の財源は、各医療保険の加入者（被保険
者）から徴収されている特定保険料であるが、各医療保険の加入者は、
後期高齢者医療制度の被保険者ではないのだから保険料納付義務はなく、
後期高齢者医療の給付がなされることもない。行政解釈は「社会連帯に
基づき負担する負担金であり、また、受益者負担金という性格もある」
という説明をしているが、受益（給付）と負担（拠出）の間に制度的な
牽連性がない以上、受益者負担金という説明は困難であり、租税的性格
の強い負担金というしかない。その意味で、後期高齢者医療制度の被保
険者ではない各医療保険加入者から徴収されるのは保険料ではなく、負
担金であり、「特定保険料」という言葉は適切ではない。

## (2)　社会保険における「保険主義」の強化

　社会保険の変容により拠出と給付の牽連性という保険方式の基盤が崩
れつつあるにもかかわらず、この間の社会保障改革では、保険料の引上
げや自己負担（医療費の自己負担、介護保険の利用者負担など）の増大
といった形で、「負担なければ給付なし」という社会保険の「保険主
義」が強化されてきた。

　2000 年に施行された介護保険制度が、利用者負担を所得に応じた応
能負担から、所得に関係ない一律の応益負担に転換したうえに、低所得
を理由とした保険料免除を認めず、月額 1 万 5000 円という低年金の高

---

1　堀・総論 54 - 55 頁参照。
2　土佐和男『高齢者の医療の確保に関する法律の解説』（法研、2008 年）391 頁参照。
3　同様の指摘に、碓井 275 頁参照。

齢者からも年金天引きで保険料を徴収し（特別徴収）、給付費総額と保険料が連動する仕組みを構築しており、保険主義を徹底した制度であった（第7章第2節参照）。2008年には、後期高齢者医療制度が導入され、高齢者医療でも、保険料の年金天引き、高齢者医療費と保険料が直結する仕組みがつくられた（第5章第5節参照）。2018年度からの国民健康保険の都道府県単位化も、医療費と保険料が直結する仕組みをめざし、都道府県が策定する医療費適正化計画、地域医療構想などを通じた医療費抑制を目的とするものであった（第5章第7節参照）。

　こうした保険主義の強化は、低所得のゆえに健康を損ない医療・介護保障を必要とする人、また年金による所得保障を必要とする人など、本来、制度を最も必要とする人を、保険料滞納・未納もしくは利用者負担増などの理由で、保険給付から排除し（社会保険の排除原理）、必要な医療や介護、所得保障を受けられない事態を招いている。その結果、それらの人の生活困窮と生活不安が増幅している。貧困の拡大が社会問題化し、社会からの孤立を含む「社会的排除」が問題視されている現在、社会保険の「保険主義」を過度に強調し、その強化をはかることは、低所得者などの「社会的排除」を合理化し、社会保障の所得再分配機能を弱体化させることを意味する。[4]

### (3)　社会保険料負担の現状

　社会保険における保険主義の強化の中でも大きな問題は、社会保険料負担の増大である。

　社会保障給付費は、社会保障にかかる支出のうち個人に帰着する給付に着目した指標で、日本のそれは、国立社会保障・人口問題研究所がILO（国際労働機構）基準に基づき毎年公表している。それをみると、2018年度の社会保障給付費は、総額121兆5408億円（対前年度1兆3391憶円、1.1％増）となり、過去最高を更新している。部門別では、

---

4　同様の指摘に、阿部和光「社会保険の適用範囲（権利主体）」河野正輝・良永彌太郎・阿部和光・石橋敏郎編『社会保険改革の法理と将来像』（法律文化社、2010年）42－43頁参照。

## 図表 8-1　部門別社会保障給付費の推移

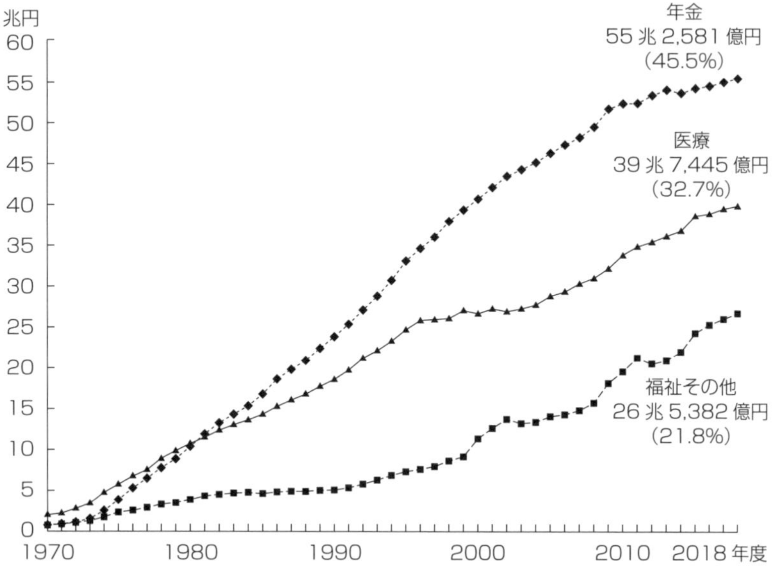

出所：国立社会保障・人口問題研究所「2018 年度・社会保障費用統計」

「年金」が 55 兆 2581 億円で総額に占める割合は 45.5％、「医療」が 39
兆 7445 億円で同 32.7％、「福祉その他」が 26 兆 5382 億円で同 21.8％と
なっている（図表 8-1）。

　一方で、社会保障財源（社会保障給付費と同様、ILO 基準に対応する
もの。給付費のほか、管理費、施設整備費等も含まれる）の総額は 132
兆 5963 億円で、財源項目別にみると、「社会保険料」が 72 兆 5890 億円
（収入総額の 54.7％）、「公費負担」が 50 兆 3870 億円（同 38.0％）、資産
収入など「他の収入」が 9 兆 6203 億円（同 7.3％）となっている（図表
8-2）。社会保険料の内訳は、被保険者拠出が 38 兆 3382 億円、事業主
拠出が 34 兆 2508 億円で、ヨーロッパ諸国に比べると、社会保険料負担
に占める被保険者負担の割合が高いのが特徴といえる。なお、社会保障
財源の対前年度伸び率は 6.1％減だが、これは年金積立金の運用実績の
大幅減少による資産収入の大幅減が大きく影響している。

　以上のように、日本は社会保障給付費の 9 割以上を社会保険方式で実

施しており、社会保障財源として社会保険料収入が大きな比重を占めている。実際、社会保険料の負担は、先進諸国ではトップレベルとなっており、個人の所得税負担より社会保険料負担の方が大きいのは、主要国中では日本だけと指摘されている[5]。しかも、社会保険料は、給付を受けるための対価とされているため、所得のない人や低い人にも保険料を負担させる仕組みをとり、低所得者ほど負担が重く逆進性が強い。

　国民年金の保険料は定額負担（2020 年度で月額 1 万 6540 円）だが、保険料の納付が困難と認められる者に対して、保険料の免除（法定免除・申請免除）の仕組みを採用している。ただし、保険料免除の場合は、国庫負担分を除いて給付に反映されない。

　健康保険や厚生年金保険などの被用者保険の保険料は、標準報酬に応じた定率の負担となっているが、所得税のような累進制が採用されておらず、標準報酬月額に上限が存在するため（健康保険で第 50 級・139 万円、厚生年金保険で第 31 級・62 万円）、高所得者の保険料負担が軽減されている。また、地域保険である国民健康保険料、介護保険第 1 号被保険者の保険料、後期高齢者医療保険料には、事業主負担がないうえ、収入がない人や住民税非課税の低所得者・世帯にも賦課され、配偶者にまで連帯納付義務を課す仕組みである。いずれも他の被用者保険に比べて保険料額が突出して高く、低所得・低年金者に過重な保険料負担となり、低所得者の家計を圧迫し、貧困を拡大するという本末転倒の事態が生じている。

## （4）　制度不信の拡大と切り崩される連帯意識

　同時に、現在の社会保障改革は、国民の社会保険制度不信を拡大し、多岐にわたる制度間格差（健康保険と国民健康保険など）とあいまって、行政解釈や「社会保険主義」の論者が社会保険の基盤と位置付ける「共同連帯」を切り崩す結果を招いている。

　社会保険を「共同連帯」もしくは「共助」（つまりは「助け合い」）の

---

5　高端正幸「誰もが抱える基礎的なニーズは税で満たせ―「社会保険主義」の罪」公平な税制を求める市民連絡会会報 8 号（2017 年）2 頁参照。

## 図表 8‑2　ILO 基準における社会保障財源

### 【　収入　】

項目別

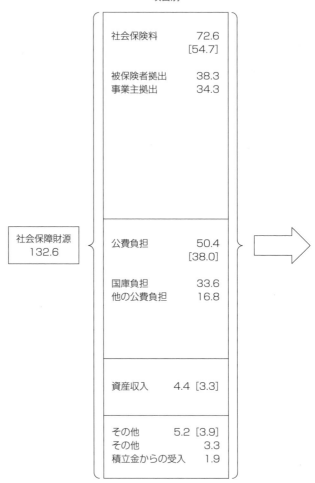

注１：2018 年度の社会保障財源は 132.6 兆円（他制度からの移転を除く）であり、[　] 内は社会保障財源に対する割合。

注２：2018 年度の社会保障給付費は 121.5 兆円であり、（　）内は社会保障給付費に対する割合。

出所：国立社会保障・人口問題研究所「2018 年度・社会保障費用統計」

と社会保障給付のイメージ図（2018 年度）

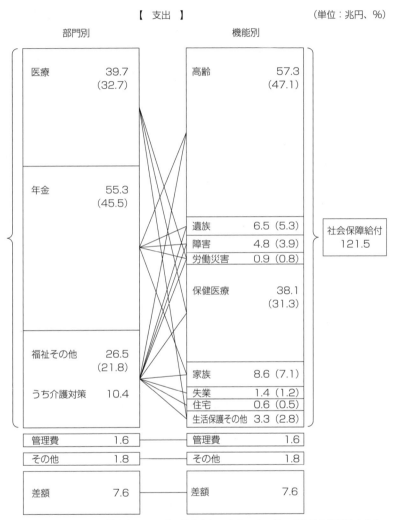

【　支出　】　　　　　　　　　　　　　　（単位：兆円、%）

注 3：収入のその他には積立金からの受入等を含む。支出のその他には施設整備費等を含む。
注 4：差額は社会保障財源（132.6 兆円）と社会保障給付費、管理費、運用損失、その他の
　　　計（125.0 兆円）の差であり、他制度からの移転、他制度への移転を含まない。差額
　　　は積立金への繰入や翌年度繰越金である。

仕組みと解する行政解釈は、社会保険料負担の意義として、社会保険制度への参加意識の強まりを強調する。しかし、社会保障改革による給付抑制と負担増により、とくに、介護保険については、要支援者の保険給付外しなど徹底した給付抑制が進められてきた結果、保険料を負担し、要介護状態になっても給付が受けられない「負担あって給付なし」の状態が生じ、制度は保険事故に対して給付を拒否する「国家的詐欺」とまで揶揄されている（第7章第2節参照）。先の介護保険料に関する最高裁判決（2006年3月28日判時1930号80頁）も「共同連帯の精神」（介保1条）を根拠として、低所得者への保険料賦課を合憲としているが、介護保険料を徴収されている人が、制度への参加意識を持っているだろうか。とくに低年金の高齢者は、高い保険料を少ない年金から天引きされているという収奪の意識しか持っていないだろう。高い保険料を払いながらも、さらには要介護認定により介護が必要と認定されても、1割（もしくは2割・3割）の自己負担や給付上限のために、必要な介護サービスが利用できない要介護者も多く、介護保険制度に対する不信感のみが拡大している。年金制度についても、事前の拠出を前提とした既裁定年金が、マクロ経済スライドにより引き下げられ、同様の制度不信が拡大している。

　前述の行政解釈は、憲法の生存権規定を看過し、社会保険の本質を見誤り社会保険を民間保険と同一視する解釈で妥当とはいえない。何よりも、社会保険に対する制度不信の拡大の中、こうした行政解釈自体が実態にそぐわない空論になりつつある。

## 2　受給権保障からみた社会保険の法政策的課題

　以上のような社会保険の制度変容を踏まえれば、「保険主義」の強化から脱却し、重い社会保険料負担を軽減するなどの政策転換が必要となる。以下、第1章でみた社会保障の権利保障という観点から法政策の方

---

6　たとえば、社会保険研究所124頁は、社会保険制度において、所得がなくても負担する仕組みになっている理由として、加入者が制度への参加意識を持つことになるためとの理由を挙げている。

向を提言する。

　まず、給付受給権の保障という観点からは、国民健康保険料・介護保険料の保険料滞納の場合の給付制限（制裁措置）の緩和もしくは廃止が必要となる。医療保険・介護保険では、保険料滞納の場合の給付制限が、必要な人が医療や介護を受けられない事態を招く可能性が高く、実際に、生存権侵害に当たる事例があることから、必要最小限の範囲にとどめられるべきである。介護や医療といった社会保障給付が制限されることは、生活保障という社会保障法本来の目的や趣旨に反する。とくに、保険主義の強化が顕著にみられる介護保険法の給付制限は必要最小限の範囲を超えており、早急に是正が必要なことは前述したとおりである（第7章第2節参照）。

　年金保険については、高齢期の基礎的な所得の保障という目的を有する国民年金（基礎年金）について、逆進的な保険料負担を強いつつ、「負担なくして給付なし」の保険原理を貫く現行の社会保険方式を堅持することに合理性はない。高齢期の所得喪失は、だれもが直面する普遍的なリスクであり、高齢期の基礎所得保障については、年金受給権を普遍的に保障する税方式による所得保障（最低保障年金）の方が合理的である。一方で、年金制度には、退職等による現役期から高齢期への移行に起因する所得の激減を防止し、高齢期の所得を安定させる目的もあり、こうした現役期の生活水準の一定程度の所得保障部分（現行制度では、基礎年金に上乗せされる厚生年金部分）については、社会保険方式で所得比例の年金給付を行う方式が妥当であろう（第3章第6節参照）。

　医療保険については、社会保険がリスク分散という機能を有していることを考えるならば、全国単一の社会保険集団を形成するのが合理的かつ効率的である。[7]この点、後期高齢者医療制度は、医療が必要となるリスクが高い高齢者集団のみで保険集団を構成しており（第2号被保険者について特定疾病を給付要件とする介護保険も実質的には高齢者集団のみの保険集団といいうる）、高齢者医療費の高さを際立たせ、世代間の連帯ではなく分断を強めており、リスク分散の機能が働かず合理性に欠

7　同様の指摘に、阿部・前掲注4）43頁参照。

ける制度である。[8]実際に、高齢者の保険料だけでは、高齢者医療給付費の1割程度しか賄えず、大半を、公費と現役世代からの支援金に依存している（第5章第5節参照）。現在、後期高齢者医療制度と国民健康保険が都道府県単位化されているが、将来的には、政府が保険者となり、年齢・職業で区別することなく、すべての国民を対象とする医療保険制度を構築すべきである（第5章第8節参照）。

　介護保険については、社会保険方式で介護保障を行うことの破綻が明らかになっている以上、訪問看護や老人保健施設の給付などは医療保険の給付にもどしたうえで、自治体の責任でサービス提供（現物給付）を行う税方式に戻すべきである（第7章第2節参照）。

## 3　免除権保障からみた社会保険の法政策的課題

### (1)　社会保険料負担の減免

　免除権保障の観点からは、社会保険料および給付の際の一部負担金・利用者負担の減免制度の拡充、もしくは無償化が課題となる。

　社会保険料負担については、国民年金は、低所得者も被保険者にしたうえで、保険料の納付が困難と認められる者に対して、保険料の免除（法定免除・申請免除）という仕組みを採用している。これに対して、国民健康保険や後期高齢者医療制度は、生活保護受給者は保険料負担ができないという前提で加入者としていない（国保6条6号等）。介護保険法は、65歳以上の高齢者は生活保護受給者であっても第1号被保険者とし保険料負担義務を課したうえで、介護保険料加算によって保険料を公費で負担している（第2号被保険者は医療保険加入者が要件とされているので、生活保護受給者は介護保険に加入していない）。

　前述のように、国民健康保険料や介護保険料、後期高齢者医療保険料の場合は、所得がなくても賦課される応益負担の部分が存在する。生活困窮者は生活保護を受給しており、生活保護受給者以外は、ある程度の

---

8　倉田297頁も、後期高齢者医療制度には、財政形態において従来の「社会保険」の仕組みからかけ離れた内容をもち、日本の「国民皆保険」体制を大きく逸脱すると批判する。

保険料負担能力があるという前提で制度設計がなされているといってよい。それゆえに、生活困窮者に対して保険料の軽減はあるが、保険料の免除はなく、免除は災害など突発的な事由による所得の喪失・減少などの場合しか認められていない。しかし、生活保護の捕捉率が2割程度であり、生活保護受給者以外にも膨大な生活困窮者が存在すること、高齢者を中心に生活困窮者が増大し（貧困化が進み）、生活保護受給者以外は保険料負担が可能であるという制度設計の前提が崩れていることを考えれば、国民健康保険料・介護保険料・後期高齢者医療保険料についても、収入のない人や低所得者・世帯（住民税非課税世帯）の保険料は免除とすべきである。社会保険料についても、憲法上は法的租税概念に含まれ、それゆえ、憲法の要請する応能負担原則・累進負担の原理・最低生活費非賦課の原則が当然適用されるべきだからである。[9]そのうえで、国民健康保険料賦課上限の引き上げ（将来的には撤廃）、応益負担部分の廃止、所得に応じた定率負担にするなどの抜本改革が不可欠である。当面は、国民健康保険料・介護保険料の2割・5割・7割軽減をさらに8割・9割軽減にまで拡大していくべきだろう。すでに、独自財源により、7.5割の軽減措置をとっている自治体も存在する。

## (2)　被用者保険における公費負担・標準報酬の上限の見直し

　被用者保険についても、前期高齢者の医療費調整制度、後期高齢者支援金に対して公費負担を導入し、協会けんぽの国庫補助率を健康保険法本則の上限の20%にまで引き上げ（健保153条）、被保険者の保険料を引き下げる必要がある。

　そのうえで、被用者保険の標準報酬の上限の引き上げ・段階区分の見直しを行い、相対的に負担が軽くなっている高所得者の負担の増大をはかるべきである。厚生年金の標準報酬月額の上限を、現行の62万円から健康保険と同じ139万円に引き上げるだけで1.6兆円の保険料増収が見込めるという試算もある。[10]ただし、年金の場合は、保険料に比例して年金受給額も上がるため、高所得者については、保険料が増えた場合の

9　北野118頁参照。

年金額の増え方のカーブを段階的に緩やかにする仕組み（アメリカのベンド方式など）の導入が必要であろう。

　また、現行の生活保護の医療扶助は、医療券などの交付による医療アクセスの制約、スティグマの存在などの問題があり、立法論的には、生活保護受給者も国民健康保険の被保険者とする法改正が望ましい[11]。ただし、その場合も、介護保険料のように、保険料を賦課したうえで保険料負担分を加算で負担する制度設計ではなく、国民年金保険料のように、保険料免除制度により対応すべきであろう。

　また、他の国に比べて社会保険料負担に占める割合が低い事業主負担の割合の引き上げが必要である。とくに、協会けんぽと厚生年金について原則折半になっている労使の負担割合の見直しを早急に行う必要がある。具体的には、中小企業には一定の補助を与えつつ、事業主負担割合を増やす方向で増収をはかるべきであろう。将来的には、その財源は、社会保険料の事業主負担を企業利益に応じた社会保障税として調達する方法が有効と考える。年金保険については、年金保険料のほかにも、年金積立金の取り崩しによる活用が考えられることは前述した（第3章第6節参照）。

　なお、介護保険料についていえば、住民税の非課税者は65歳以上の第1号被保険者の約6割にのぼり、これらの高齢者の介護保険料を免除とすれば、もはや保険制度として成り立たない（保険集団の半分以上の人が保険料免除となる制度を社会保険といえるかという問題）。このことは、そもそも、リスク分散ができないという点で、高齢者が保険集団となる介護保険という制度設計に無理があることを意味しており、前述のように、社会保険方式から税方式に転換すべきであろう（第7章第2節参照）。

---

10　垣内亮『「安倍増税」は日本を壊す─消費税に頼らない道はここに』（新日本出版社、2019年）150頁参照。

11　同様の提言をする学説は多い。さしあたり、阿部22頁、225頁参照。一方で、消極論として、島崎334−335頁参照。

## (3)　一部負担金・利用者負担の無償化

　給付の際の医療保険の一部負担金や介護保険の利用者負担は、現行制度では定率負担（応益負担）が原則となっている。国民健康保険の一部負担金については減免制度が存在するが（国保 44 条）、保険料負担と同様、生活保護受給者以外は負担可能という前提で制度設計されており、免除は災害など突発的な事由による場合しか認められていない。しかし、社会保険における自己負担増が、受診・サービス利用抑制につながることは実証されており、世界的には負担がないか、あってもわずかであり、受診・サービス利用の抑制を目的とした負担増は、生存権（とくに免除権）侵害の疑いがある[12]。

　免除権保障の観点からは、医療保険の一部負担金は、療養の給付という現物給付を基本としていることからも廃止が望ましい。当面は、国民健康保険の一部負担金の免除対象を恒常的な生活困窮者（具体的には住民税非課税世帯）にも拡大するなどの減免制度の拡充が有効であると考えられる。国民健康保険法 44 条の一部負担金の減免等の理由となる収入の減少は、あくまでも一時的なものであるとしながら、国民健康保険制度の社会保障制度としての性質を考慮すれば、一部負担金の支払いが困難であったことや支払いが困難になった事情および経緯等、考慮すべき被保険者の個別的事情を考慮せずに一定期間の経過をもって、一部負担金の減免の申請を却下した処分は、裁量権の逸脱・濫用があるとして、取り消した裁判例があり（札幌高判 2018 年 8 月 22 日賃社 1721 ＝ 1722 号 95 頁）、今後の運用の改善の手がかりとなりうる[13]。そのうえで、まず乳幼児、70 歳以上の高齢者の医療費無料化を実現し、将来的には、すべての国民を適用対象とする医療保険制度を構築し、公費負担と事業主負担を増大させることで、収入のない人や生活保護基準以下の低所得者については保険料を免除し、一部負担金（医療費負担）なしの制度を実

---

12　詳しくは、芝田英昭「『我が事・丸ごと』がうたう『地域共生社会』に潜む社会保障解体のゆくえ―医療・介護改革の本質を読み解く」賃社 1680 号（2017 年）47 - 48 頁参照。

13　同判決について詳しくは、川﨑航史郎「低所得者への医療保障と一部負担金減免制度」賃社 1721 ＝ 1722 号（2019 年）64 頁以下参照。

現すべきと考える。

　介護保険については、税方式へ転換した場合、保険料負担はなくなるが、サービスの利用者負担についても、後述のように、福祉サービスとして無償化すべきである。

## 第2節　社会福祉の変容と社会福祉・生活保護の 法政策的課題

### 1　社会福祉の変容と課題——個人給付化と福祉の市場化

　一方、社会福祉制度については、「措置から契約へ」の理念のもと、1990年代後半から、社会福祉基礎構造改革と称して、自治体の責任でサービスを提供（現物給付）する措置制度の解体が進められた。そして、介護保険法、障害者総合支援法、子ども・子育て支援法など一連の立法により、高齢者福祉、障害者福祉、児童福祉の各分野において、社会福祉給付の大半が、直接的なサービス給付（現物給付）から、認定により給付資格を認められた要介護者などへのサービス費用の助成（現金給付）へと変えられた（個人給付方式）。同時に、利用者の自己決定や選択の尊重という理念に即して、株式会社など多様なサービス供給主体の参入が促進され（福祉の市場化）、利用者が事業者と契約を締結してサービスを利用する仕組みとされた（直接契約方式）。ただし、保育制度では、子ども・子育て支援新制度の導入による個人給付・直接契約方式への転換は、認定こども園など一部にとどまり、多くの子どもが利用している保育所については市町村の保育実施義務が残り（児童福祉法24条1項）、保育所方式が維持されている（第7章第3節参照）。

　以上のような社会福祉法制の個人給付・直接契約方式への転換（以下「個人給付化」と総称する）により、社会福祉は大きく変容し、いくつかの課題を抱えることとなった。

　第1に、個人給付化により、市町村が直接サービスを提供（現物給付）する仕組みは、契約を通じたサービス利用が現実に困難な者に対す

る措置制度として残されたものの、同制度の形骸化と市町村（公的）責任の後退が顕著となっている。同時に、基盤整備に関する公的責任も後退し、保育所や特別養護老人ホームなどの不足により、多くの待機児童・待機者が生まれている。

　第2に、社会福祉法制の個人給付化は、従来の補助金のような使途制限をなくし、企業参入を促して、供給量の増大を図る狙いがあり、その結果、確かに、介護保険にみられるように、サービス供給量は増大した。しかし、一方で、施設・事業者の側が人件費の抑制を迫られ、しかも職員の配置基準・資格要件などの改善はなされず、むしろ引き下げられたため、介護職員や保育士などの労働条件の悪化と人材確保難、介護や保育などサービスの質の低下をもたらした。

　第3に、個人給付化により、給付資格の認定の仕組み（介護保険の要介護認定、障害者総合支援法の支給決定など）が設けられ、個人の申請権が明示され、受給要件や給付内容が法令に詳細に規定されることになった結果、給付要件や給付内容が画一化・定型化され（社会保険化された介護保険に典型的にみられるが）、心身の状況以外の生活環境に起因するニーズの多様性をサービス保障の外に置くこととなった。こうした[14]サービス保障の射程外に置かれたニーズ充足のための仕組みを整備していくことが政策課題となったが、現在の社会保障改革では、それを住民参加やボランティアによって充足しようとする政策志向がみられ（「地域包括ケアシステム」の構想）、地域の事業所や住民に、自助・互助、地域包括ケアシステムの構築に沿う価値観や問題関心を共有させ、ボランティアなど安上り労働として動員していこうとする政策が展開されている（厚生労働省の言葉では「規範的統合」といわれる）。しかし、こうした政策は、介護保険の総合事業の破綻にみられるように（第7章第2節参照）、現実に破綻している。

## 2　受給権保障からみた社会福祉の法政策的課題

　福祉給付の受給権保障の観点からは、不足している保育所や特別養護

---

14　同様の指摘に、加藤ほか362頁（前田雅子執筆）参照。

老人ホームの増設など、公的責任による供給体制の整備と社会福祉法制の市町村責任方式への転換が必要である。

　福祉給付の受給権は、施設など必要な福祉サービスの整備がされていないと保障されない。これは、福祉給付が金銭給付であっても同じである。実際、個人給付化された社会福祉制度のもとでも、給付資格の認定により介護や保育が必要と認定されたにもかかわらず、特別養護老人ホームや保育所が不足し、多くの待機者・待機児童が生まれ、サービスを利用することができない（受給資格を認められながらも受給権が保障されない）まま放置されている実態がある（第7章第2・3節参照）。

　前述のように、社会福祉法制の個人給付化が、介護職員や保育士の労働条件の悪化をもたらしたことを考えれば、企業参入に依存しない公的責任による供給体制の整備が望ましい。しかし、現金（金銭給付）方式をとる介護保険のような法体系では、サービス供給体制に関する事項は給付そのもの（介護サービス費の支給）とは切り離された課題であり、保険者たる市町村に対して介護サービスに関する人的・物的整備の確保義務を負わせることは難しい。[15]介護保険事業計画や子ども・子育て支援事業計画のように、サービス整備の計画策定を市町村や都道府県に義務付けただけでは、基盤整備が進むとは考えにくい。また、計画の検証がほとんどなされておらず、自治体としては計画を作成すれば、保育所など施設が不足し、待機児童が生じても、何ら責任を負わない仕組みである（それを追認する裁判例として東京高判2017年1月25日賃社1678号64頁参照。第7章第3節参照）。

　その意味で、介護保険については、税方式かつ市町村がサービス提供責任を負う方式にしたうえで、市町村の基盤整備義務および国・都道府県の財政支援義務を法律に明記すべきであろう（第7章第2節参照）。保育制度についても、児童福祉法に子どもの保育を受ける権利（保育請求権）を明記するとともに、市町村の保育施設の整備義務および国・都道府県の整備にかかる財政支援義務についても明記する必要がある（第7章第3節参照）。同時に、市町村に整備計画の策定と検証を義務付け、

---

15　同様の指摘に、石橋201頁参照。

国・都道府県が整備に必要な財政支援の拡充、たとえば、公立保育所の運営費の国庫補助、特別養護老人ホームの建設補助に対する国庫補助を復活するなどの施策が求められる。保育所など福祉サービスの供給形態は、公立直営が望ましいが、市町村が委託する場合も、社会福祉法人・NPO法人など非営利法人に限定すべきで、医療機関と同様、株式会社の参入は禁止すべきである。

　公的責任によるサービスの現物給付は、受給権者の「健康で文化的な最低限度の生活」の実現、すなわち生存権保障に欠かせない。だとすれば、社会福祉法制の再構築の方向としては、高齢者福祉・障害者福祉について現行の個人給付・直接契約方式から、市町村の公的責任によるサービスの現物給付方式（市町村責任方式）への転換が必要となる。

　自治体責任方式への転換・拡充は、福祉行政における責任主体としての市町村の能力の向上、ひいては利用者の権利性の確立にもつながる。各市町村は福祉担当のケースワーカーや公務員ヘルパーを配属し、専門性の強化をはかり、国は、そのために必要な財政支援を行っていくべきである。

## 3　手続的保障・処遇過程の権利保障からみた社会福祉・生活保護の法政策的課題

　手続的権利に関しては、前述のように、社会福祉の給付の多くがサービス費用の支給という金銭給付に変えられたため、不利益処分に関する事前の手続的保障が欠落することになった。利用者の手続的権利の保障という観点からすれば、市町村責任による現物給付方式に戻し、不利益処分に関する手続的保障を確実にすべきである。現行法では、行政手続法の適用を一部除外したうえで、独自の手続が法定化されているが、社会福祉・生活保護の不利益処分については、行政手続法を全面適用し、保護廃止や措置解除についても、行政手続法所要の聴聞手続等を必要とする仕組みとするのが望ましい。

　同時に、施設入所者を含め福祉サービスの利用者について、適切な処遇を受ける権利を明記した体系的な法の制定が求められる。適切な処遇

が可能となるような人員配置基準の引き上げ、そのための公定価格など
の引き上げといった財政支援、国レベルでの最低基準の設定、企業参入
の制限など規制強化も課題となる。介護職員や保育士の労働条件を改善
するためには公費による独自の財政支援が必要であろう。

　また、生活保護など申請主義を採用している制度では、受給権保障の
前提として、申請権が適切に行使されるよう、必要な情報提供がなされ
ることが不可欠である。ドイツでは、1976年に施行された社会法典第1
編13条から15条にかけて、給付主体の広報義務や説明義務、受給者の
説明を求める権利が社会保障給付の原則として立法化されており、他の
ヨーロッパ諸国でも、行政機関の情報提供義務が法定化されている。韓
国でも、2014年12月に「社会保障給付の利用・提供及び受給権者の発
掘に関する法律」が制定され、受給漏れ層の縮小に取り組んでいるとさ
れる。[16]

　日本でも、社会保障給付についての行政機関の情報提供義務と説明等
を求める国民の権利の法定化が望まれる。とくに生活保護については、
判例も「憲法25条に定められた国民の基本的人権である生存権を保障
し、要保護者の生命を守る制度であって、要保護状態にあるのに保護を
受けられないと、その生命が危険にさらされることになるのであるから、
他の行政手続にもまして、利用できる制度を利用できないことにならな
いように対処する義務がある」としたうえで、実施機関に「生活保護を
利用できるかについて、相談する者に対し、その状況を把握した上で、
利用できる制度の仕組みについて十分な説明をし、適切な助言を行う助
言・教示義務、必要に応じて意思の確認の措置を採る申請意思確認義務、
申請を援助指導する申請援助義務（助言・確認・援助義務）が存する」
としている（福岡地小倉支判2011年3月29日賃社1547号42頁）。こう
した判例法理の展開も踏まえ、生活保護法施行規則1条2項は、保護実
施機関の申請援助義務を明記している。早急に、この施行規則に規定す
る保護実施機関の制度の説明・教示義務、申請・相談等に対する助言・

16　韓国の立法については、小久保哲郎「社会保障行政の情報提供義務に関する判例の到
　達点と活用法」賃社1723号（2019年）17頁参照。

援助義務を生活保護法本体に明記することが求められる。同時に、不十分もしくは不正確な教示・説明があったときは、受給者の側から損害賠償を請求できる規定も設けるべきだろう。

## 4　参加権保障からみた社会福祉・生活保護の法政策的課題

　参加権の保障の観点からは、社会福祉・生活保護制度の管理・運営・政策決定過程への当事者である利用者の参加を制度化すべきである。

　この点、障害者自立支援法の違憲訴訟において、障害当事者が訴えた「私たち抜きで、私たちのことを決めないで」という政策決定過程への当事者参加を求めるスローガンは示唆に富む。同違憲訴訟の基本合意に基づいて、障害当事者が参加した障がい者制度改革推進本部総合福祉部会が、2011年8月に、障害者自立支援法に代わる新法の構想をまとめた「骨格提言」は、政策化には至らなかったが、障害程度区分（現在の障害支援区分）の廃止や福祉サービスの無償化など、当事者の立場から、注目すべき提言が含まれており、当事者の政策決定過程への参加が、制度設計を促した事例であった（第7章第4節参照）。当面は、政府審議会などへの当事者参加の拡充が求められる。

　生活保護に関しては、保護基準の改定にあたって国の財政事情が過大考慮され、しかも、2013年の保護基準の改定でみられたように、政権与党の選挙公約を考慮し、物価下落を偽装までしたデータに基づいて保護基準の引き下げが断行されたことを考えるならば（第6章第3節参照）、恣意的改定を抑制するため、保護基準の改定過程への生活保護受給者など当事者の参加の制度化が早急に求められる。法治主義を徹底するためには保護基準の法定化が望ましいが、保護基準改定の専門性を考慮し、厚生労働大臣（行政裁量）が決定する形にしつつも、専門家・受給者もしくは当事者団体の代表などからなる第三者機関を設置して、同機関で毎年の保護基準の改定案を決定し、厚生労働大臣がその決定を尊重し（事実上の義務付け）、保護基準を改定する方式もありうる[17]。また、最低生活費の算定過程の透明性を高めるため、基準額設定の基本的な方法も

17　同様の指摘に、阿部258頁参照。

法定化し、公表すべきである。

　近年、行政計画への当事者参加が強調されるようになっている。たとえば、子ども・子育て支援事業計画を策定する地方版子ども・子育て会議に、保護者代表や保育関係者など当事者が参加し、子ども・子育て支援事業計画に現場の意見を反映させていくべきだといわれる。しかし、制度の内容が複雑で、十分な理解ができていない会議構成員が多く（国の子ども・子育て会議ですら新制度の内容をよく理解していない委員も散見される）、少なくない市町村では、コンサルタント会社に依頼して、事業計画案を策定し、地方版子ども・子育て会議は、その事務局案を単に追認する機関と化しており、実質的には、参加の権利は形骸化している。介護保険事業計画についても同様である。制度理解のための情報提供とわかりやすい説明が、市町村など実施主体・保険者の側に求められるのだが、介護保険法・障害者総合支援法にしても、子ども・子育て支援新制度にしても、社会保険化もしくは個人給付化された社会福祉法制は複雑で、行政の担当者ですら十分に理解しているとはいいがたい。参加権保障の前提として、制度はシンプルでわかりやすいものでなければならないともいえ、この点からも、個人給付方式から市町村責任・現物給付方式への転換が求められる。

## 5　免除権保障からみた社会福祉の法政策的課題

　免除権保障の観点からは、社会福祉の利用者負担の廃止、無償化が課題となる。

　前述のように、社会福祉における利用者負担は応能負担を原則としているが、個人給付化された社会福祉給付では、利用者が利用者負担分を施設・事業者に直接支払い、利用者負担分を控除した給付費を施設・事業者が代理受領する仕組みがとられ、介護保険法で、はじめて応益負担が導入された。障害者総合支援法では、指定事業者・施設に支払うこととされ、利用者負担の月額上限額を、障害者等の家計の負担能力に応じて政令で定め、その負担額を利用者が施設・事業者に支払う。障害福祉サービス・補装具の利用については、住民税非課税世帯は負担上限額が

ゼロとされ実質的に負担がなくなっているが、基本的には、介護保険と同様、応益負担の仕組みとなっている（第7章第4節参照）。

これに対して、子ども・子育て支援新制度のもとでの幼児教育・保育の無償化は、子ども・子育て支援給付に子育てのための施設等利用給付が新設され、施設等の利用があった場合に、保育料相当分が施設等利用費として、保護者に支給される仕組みで、保育料（利用者負担）の公費補助方式である。認可外保育施設などの特定子ども・子育て支援施設等の利用に対しては、全額補助ではなく、認可施設等の利用者負担額（月額2万7000円）を上限として支給される。また、0〜2歳児の保育については、住民税非課税世帯のみを無償化の対象としており、年齢による格差が生じている（第7章第3節参照）。

障害などのため、日常生活において介護や支援を必要とする高齢者や障害者は「健康で文化的な最低限度の生活」（憲法25条1項）を営むうえで、まさに生存権実現のために、福祉サービスの利用は不可欠である。利用者負担の存在により、支援を必要とする人がサービスの利用をあきらめたり、必要量を減らしたり、食費など最低生活費を削って負担にあてたりすることになれば、「健康で文化的な最低限度の生活」を維持できなくなる。

さらに、福祉の財政責任を確保する意味でも、福祉サービスにかかる費用については、国・自治体が公費で負担すべきであり、利用者負担を課すべきではない。例外的に負担を課す場合でも、利用者の負担能力を超えた過大な負担とならないような配慮が求められる。[18]これは憲法の規範的要求といえる。保育所等の給食についても、給食は保育の一環として捉え、保護者への給食費の補助ではなく、現物給付の形で無償とすべきことは前述したとおりである（第7章第3節参照）。

---

18　西原8頁（西原道夫執筆）も、どのような給付がなされようとも、被保障者自身がその財源について重い負担を負っているならば、それは自助の一形態に過ぎないと指摘する。

## 6 争訟権保障からみた社会福祉・生活保護の 法政策的課題

　権利救済のための争訟権保障の観点からは、審査請求・裁判費用の軽減、審査請求前置の廃止、行政訴訟における国・自治体敗訴の場合の上訴権の制限などが課題となる。

　社会福祉・生活保護給付の受給者は、多くの場合、生活に困窮していたり、老齢であったり、疾病を抱えていたりで、費用と労力のかかる行政訴訟に訴えることに困難を伴う。しかも、ドイツのように社会裁判所を持たない日本では、裁判官自身が、行政官に比べて社会保障の専門知識を持ち合わせておらず、行政訴訟における原告の勝訴率はきわめて低い。また、社会保障の要件や内容も複雑であり、提訴など争訟権の行使には弁護士など専門家の支援が不可欠となる。近年の生活保護基準・年金給付の引き下げ違憲訴訟では、前述のように、原告・弁護団の広がりがみられ、支援団体が結成されているものの（序章参照）、多くの団体は財政基盤が弱い。安定的な専門家の支援を得るため、当事者に対する公的な財政支援の制度化が必要である。具体的には、法テラスにおける法律扶助事業を社会保障行政訴訟にまで拡大すること、低所得者の裁判費用と弁護士費用、弁護士への相談費用を国庫からの援助により無償化すること、社会保障行政訴訟において、被告である国・自治体が敗訴した場合には、弁護士費用を含む裁判費用を、国・自治体が負担する片面的敗訴者負担制度の導入といった政策的対応が考えられる。

　とくに、公的扶助たる生活保護については、生活保護の扶助に裁判扶助を新設して、保護受給者が経済的負担なく訴訟が提起できるような仕組みが必要である。また、国・自治体敗訴の場合には、「健康で文化的な最低限度の生活」を早急に保障する必要性、緊急性をかんがみ、上訴権を制限する法改正を行うべきである[19]。

　審査請求についても、裁判費用ほどでないにしても、ある程度の費用

---

19　同様の指摘に、尾藤廣喜「社会保障裁判の審理上の問題点と改革の展望」社会保障法16号（2001年）161頁参照。

がかかるため、審査請求人の経済的負担の軽減がはかられる必要がある。たとえば、介護保険法194条2項は、介護保険審査会に出頭した関係人または診断その他の調査をした医師などに対し、政令その他で定めるところにより、旅費、日当・宿泊費を支給する旨の規定があるが、審査請求人にも同様の規定を設けるべきである。また、審査請求に対する裁決の迅速化を図るために、裁決期間を法定するとともに、教示制度を拡充する必要がある。さらに、簡易・迅速な手段による行政不服審査での救済の実効性を高めるために、行政事件訴訟法で法定化された義務付け判決と同様の義務付け裁決の法制化が望ましい。

　社会保障立法に多くみられる審査請求前置については、前述のように、国民の裁判を受ける権利を不当に制限すべきでないとの趣旨から、行政不服審査法の改正が行われ、子ども・子育て支援法の審査請求前置の規定は削除された。同様の趣旨から、生活保護法・介護保険法・障害者総合支援法の審査請求前置も廃止すべきであろう。とくに生活保護の場合は、緊急性の高い事案が多くあることを考えれば、早急に法改正し、審査請求前置を廃止すべきである（第2章第6節参照）

## 第3節　社会保障法の課題

### 1　社会保障法理論における権利の相対化

　最後に、近年の社会保障法学説の動向を踏まえ、社会保障の給付水準の引き下げと費用負担の引き上げという政策に歯止めをかける社会保障法理論の課題を展望しておきたい。

　1980年代に独立の法領域として確立した社会保障法学においては、社会保障の法的根拠と基本理念を憲法25条の生存権規定に求めるのが通説的見解であった。そこでは、国民の生存権実現のための政策規範や裁判規範の構築がめざされたといってよい。

　しかし、1990年代以降、社会保障法学説や実務において生存権理念の相対化の傾向がみられるようになってきた。社会保障法理論における

生存権理念、もしくは権利性の相対化である。権利性の相対化は、1995年の「社会保障制度の再構築」と題した社会保障制度審議会の勧告（以下「1995年勧告」という）に典型的にみられる。「1995年勧告」では、「権利性」が「普遍性」「公平性」「総合性」「有効性」と並ぶ社会保障推進の原則のひとつとして位置づけられており、もはや権利論あるいは生存権論のみで社会保障のあり方を論じ尽くせなくなったとの指摘がある[20]。また、社会保障立法の制定や改正に対する批判の拠り所として、しばしば「生存権の理念」が持ち出されるが、その内容は空虚で、論者の価値観をそのまま移入してしまっているとし、解釈論の裏づけのない運動論的色彩の濃い立法政策批判となりがちとの指摘もなされている[21]。

　権利性の相対化の背景には、福祉国家と呼ばれる先進諸国において、低成長・高齢化（日本の場合には、これに少子化が加わる）による財政的制約の中で、社会保障の無制約の拡大が難しくなってきたことがある。とはいえ、日本の場合、戦後一貫して、社会保障に関しては権利の拡大ではなく、その未発達が問題視されてきたし、権利としての社会保障の確立があったともいいがたい。そして、権利救済の機関であるはずの裁判所も、堀木訴訟最高裁判決（最大判1982年7月7日民集36巻7号1235号）に代表されるように、生存権の実現についての広範な立法・行政裁量を認め、生存権実現を求める訴えを退けてきた。

　社会保障法学説でも、権利性の相対化に伴い、憲法25条の生存権理念と同等に、憲法13条や社会連帯の理念を社会保障の基礎理念とする学説が主張されるようになってきた。それらは、憲法25条を重視する従来の通説的学説は給付を受ける個人を国家に対して「受動的な立場」としての地位に置くものと批判し、憲法13条を基礎に、個人を「能動的な主体」として位置づける。同時に、社会保障の権利に対応する「貢献」が求められるとする「貢献原則」などが主張されている[22]。貢献原則

---

20　菊池56頁参照。
21　岩村正彦「社会保障改革と憲法25条」江頭憲二郎・碓井光明編『法の再構築Ⅰ・国家と社会』（東京大学出版会、2007年）114頁参照。
22　菊池馨実『社会保障法制の将来構想』（有斐閣、2010年）9−21頁参照。

は、前述した社会保険における「負担なければ給付なし」という「保険原理」の強化の政策に親和性を有している。

　また、堀木訴訟最高裁判決の立場を踏襲し、生存権の具体化における立法府の広い裁量を認め、給付内容の縮減や給付水準の引き下げなども立法府の広い裁量に属するとみなし、基本的に違憲の問題は生じないとする学説もある。これらの学説は、現在の法政策に迎合的な議論を展開し、法制度や法改正の解説に終始する傾向が強い。

## 2　「社会保険主義」とその問題点

　社会保障法学説では、税方式の生活保護（公的扶助）や社会福祉などを「社会扶助」と総称し、その対比において、社会保険の長所として、①拠出に対する見返りとして給付の権利性が強く、その受給に恥辱感・烙印（スティグマ）が伴わない、②保険料の徴収について租税の徴収よりも国民の合意が得られやすく、ある程度の給付水準を確保しやすいといった長所を挙げ、社会保険の優位性を説く見解がみられる[23]。

　保険料負担の積極的意義、すなわち社会保険の対価性（権利性）に基づく優位性を強調する前述の行政解釈や貢献原則に代表される学説（以下、それらを総称して「社会保険主義」と呼ぶ）は、社会福祉も「社会扶助」と総称し、福祉給付についても、あたかも公的扶助のような資産調査や所得制限を伴うものとの選別主義的なイメージを付与してきた。負担と給付の対価性の強調は、生活保護や社会手当など税を財源とする給付の権利性を相対的に弱める考え方につながり、貢献原則は、生活保護に即していえば、稼働能力のある受給者には職業訓練・職業紹介など自立に向けた積極的な取り組みが規範的に求められるとし、就労と給付を結びつける「ワークフェア（workfare）」政策の導入に親和的となる[24]。日本でも生活保護受給者への就労支援が強化されているが、日本の場合、年金制度の不備のゆえに、生活保護受給者の半分以上が就労による経済

23　堀・年金保険法64頁、および堀・総論45頁参照。
24　「ワークフェア」政策については、その定義も含め、Jamie Peck,*Workfare States*,The Guilford Press,2001,chapter3. 参照。

的自立が困難な高齢者であり、就労促進策には限界があることは前述したとおりである（第2章第6節参照）。

　政策面でも、公費負担を抑制する意図もあって、1980年代以降、高齢者・障害者福祉や保育など福祉の給付（措置制度といわれた）、そして社会手当について、受給資格に所得制限をつけ、給付内容を必要最小限度にとどめ、保育所や福祉施設の整備を抑え、保育料など利用者負担を強化する政策が展開されてきた。その後、イギリスはもとより、ドイツ、フランスなど社会保険中心の国々でも、介護・保育など福祉給付の重要性に気づき、社会保険主義の修正を進めてきたが、日本では、財政赤字の深刻化や高齢化・少子化の進展も重なり、政策転換が進まなかった。日本では、社会保険主義の呪縛は強く、生活保護や福祉の給付は、いまだに権利と意識されず、「保険料を払うことによって権利になる」との言説のもと、税方式で行われていた高齢者福祉を社会保険方式（介護保険）に転換し、保育や子育て支援についてまで「こども保険」が提唱される現状である。

　しかし、社会保険は「負担なき給付を排除」する「排除原理」を内在しているという問題がある。それゆえ、前述のように、被保険者への保険料賦課や保険料滞納者への給付制限が強化されてくると、保険料を支払えない被保険者が必要な給付を受けることができなくなる。さらに、介護保険料のように年金から源泉徴収される制度では、保険料負担が低所得者の生活を圧迫するという事態を生じさせている。日本の社会保険主義は、社会保障改革の名目で行われている給付水準の引き下げや費用負担の引き上げによる生存権侵害という事態を追認し、正当化しているという点で批判され克服されるべきである。この点について、日本の社会保障制度は「自助の共同化」である社会保険制度を基本に「社会保険中心主義」の考え方に基づいて構築・運用されてきたのであり、その淵源は、先の社会保障制度審議会の「1950年勧告」に求められるとし、憲法25条の文言には含まれていない「社会保険」を同条の含意であるように断言する「1950年勧告」は同条の解釈を誤るものとの指摘もある。[25]

## 3　「財政至上主義」の問題点と社会保障の財源問題

### (1)　学説にみる「財政至上主義」

　さらに、現在の社会保障法学説では、給付水準の引き下げなどは憲法25条2項の社会保障の向上増進義務にかかわる問題ととらえ、社会保障給付には財政負担の問題が結びついており、財政の悪化等の関係で給付の切り下げ、支給要件の厳格化・制限等が行われる場合、立法府の政策選択の問題であるとして、憲法25条2項違反の問題は生じないという見解もみられる。[26][27]これらの見解は、国の財政制約を所与のものとみなし、財政的側面から社会保障の給付水準の引き下げや費用負担の引き上げの政策を正当化する見解といえ、国による生存権保障よりも国の財政事情を優先させるという意味で、「財政至上主義」と呼ぶことができる。

　しかし、そもそも、給付水準の引き下げ等の問題が生存権侵害をもたらしている現状は、端的に、当該受給者の生存権侵害、憲法25条1項にかかわる問題ととらえるべきであろう。また、「財政至上主義」は、前述の貢献原則や社会保険の優位性を強調する見解ともあいまって、個人の拠出（費用負担）を重視する傾向にあり、低所得者の過剰な費用負担が、その生存権侵害を引き起こしている現状を追認することとなり問題があるうえ、国による生存権保障を国の財政事情による制約を優先させるという意味で、憲法解釈としても妥当とはいえない。とくに、「健康で文化的な最低限度の生活」水準を定める生活保護基準については、国の財政事情が苦しいからといって引き下げが許容されるものではない（第2章第3節参照）。

### (2)　社会保険料による財源調達の方が容易か

　もっとも、税財源よりも、社会保険料財源のほうが、拠出（負担）と給付の対応関係が明確で、国民の理解が得やすく、租税法律主義ほど厳

---

25　阪田健夫「社会保険中心主義と『自己責任』論」賃社1757号（2020年）7 - 8頁参照。

26　掘・年金保険法245頁も、年金給付水準の引き下げについて、年金削減等を行う立法は、憲法29条1項（財産権）および憲法25条2項違反の問題とする。

27　西村・入門334 - 335頁参照。

格な縛りがなく即応性が極めて高く、財源調達能力の点で優れていると
して、社会保障財源については社会保険料を中心に確保していくこと
（つまりは保険料の引き上げ）が望ましいとの見解も根強くある。

　しかし、財源調達能力や財政安定性があるということは裏をかえせば、
社会保険料に対する租税法律主義のような法的統制が不十分なうえに
（たとえば、第2号被保険者に対する介護保険料は行政内部の手続で賦
課額が毎年改定され引き上げられている）、社会保険料が低所得の被保
険者にも賦課され逆進性が強いことを意味している。現行の消費税が食
料品など生活必需品にも課税される一般消費税のため、景気変動に影響
されず、安定した財源が確保できるという議論と同じである[28]。

　税の配分の問題は、政治の問題であり、社会保険料の方が国民の理解
を得やすいというのは、いわば国民の増税への強い抵抗（租税抵抗）に
直面し、拠出（負担）に対して、給付が明確な社会保険料の方が容易に
徴収できるということなのだろう。実際、とくに消費税の増税について
は、これまでも政権が倒れるほどの抵抗や批判にさらされてきたが、社[29]
会保険料負担の引き上げについては消費税ほどの抵抗や批判が表立って
生じていない。しかし、それは社会保険料の引き上げが国民にあまり知
られないうちになされているからで、保険料引き上げそのものへの不満
は大きい。そして、今や年金や介護保険に典型的にみられるように、相
次ぐ給付抑制により（介護保険については「国家的詐欺」と揶揄される
ほど）、社会保険制度への国民の信頼は揺らぎつつある（第7章第2節
参照）。その意味で、現在では、社会保険料負担の方が国民の理解を得
やすいとは言い難くなっている。

　少なくとも、まずは、前述したような社会保険料負担の抜本的な見直
しと改革を行うことが先決であり、その上での社会保険料の引き上げが
なされるべきであろう。


## (3)　ベーシックインカムの構想

---

28　安定財源といわれる消費税の問題点については、伊藤・消費税76-78頁参照。
29　この点については、伊藤・消費税18-20頁参照。

　一方、欧米諸国では、前述の就労（努力）と公的扶助・給付とを結び
つける「ワークフェア（workfare）」政策の対抗理念として、就労と給
付との関連を切断し、資産調査なしに一定額の現金を給付する「ベー
シックインカム（Basic Income）」構想も有力となっている。その背景に
は、世界的な雇用の非正規化、AI（人口知能）やロボット化による雇
用の減少・喪失といった経済・社会状況の変化がある。2016年6月には、
スイスで導入の是非を問う国民投票が行われ（結果は否決）、2017年1
月には、フィンランドの一部地域で約2000人の失業者を対象としたベ
ーシックインカムの実証実験がはじまっている。
　ベーシックインカムの導入と引き換えに、すべての社会保障と福祉サ
ービスを廃止すべきとする「小さな政府」を志向するリバタリアン（自
由至上主義者）の主張もあるが、そもそものベーシックインカムの構想
は、所得分配の最低水準を保障する構想であり、ベーシックインカムを
導入しても、自動的に、社会保障の解体という選択をすることにはなら
ない。一般的には、ベーシックインカムは、既存の社会保障制度は維持
したまま、所得制限を設けず、現金の使い方に制約を設けず、受給者の
行動にも制約を設けず、すべての人に無条件で定期的に一定額を給付す
るものと定義されている[30]。
　日本でも、新型コロナの感染拡大による生活困窮者の増大への対応と
して、国民一人当たり10万円が特別定額給付金として支給された。あ
くまでも一時的な給付で、定期的に支給されるベーシックインカムとは
異なるが、所得制限をつけない全国民を対象とした初の現金給付であっ
た。また、前述した最低保障年金の構想（第3章第4節参照）は、ある
意味で、65歳以上の高齢者を対象としたベーシックインカムといえる。
ただし、社会保険主義が根強い日本での導入は、財源問題など課題が多
いためか、現在まで政策レベルでの検討はほとんどなされていない。

---

30　Guy Standing, *Basic Income*, Penguin Books Ltd,2017, chapter1. 参照。

## 4 裁量統制と権利論の可能性

### (1) 判断過程審査

社会保障法学説における権利論の相対化の一方で、前述のように、生活保護基準や年金給付引き下げの違憲性・違法性を争う裁判が提起され、裁判所の側も、判断過程に踏み込んだ審査を行うようになってきた。その意味で、社会保障領域における立法・行政裁量の統制手法の精緻化とこれらの裁判の理論的根拠となる社会保障法理論の確立が求められつつあるといえる。ここでは、裁量統制の手法として判断過程審査と制度後退禁止原則をとりあげ、そうした社会保障法理論の確立に向けた手がかりとしたい。

朝日訴訟第1審判決（東京地判1960年10月19日行集11巻10号2921頁）は、最低限度の生活水準を判定するについて、国の予算・財政事情による抗弁を排斥する裁量統制の方法を採用したが、最高裁は、前述のように、堀木訴訟判決で、裁量権の逸脱濫用型審査をとりつつ、広い立法・行政裁量を認め、国の予算事情も、生存権の具体化についての考慮要素になるとする。学説でも、裁量統制の手法としては逸脱濫用型審査が主流といえた。

2006年に、70歳以上の高齢者に支給されていた生活保護の老齢加算が廃止され、それ以降、老齢加算廃止の違憲性を争う一連の訴訟が提起され、裁量統制の法理の展開は新たな局面を迎える。一連の訴訟のうち、福岡訴訟と東京訴訟についての2つの最高裁判決（最判2012年2月28日民集66巻3号1240号および最判2012年4月2日民集66巻6号2367号）は、老齢加算の廃止に伴う生活保護基準の改定についての厚生労働大臣の裁量を広く認め、同改定を違憲ではないとしたが、老齢加算廃止に至る厚生労働大臣の判断の過程および手続における過誤・欠落の有無について裁量権の逸脱・濫用があるかという審査、すなわち判断過程審査を採用した点に特徴がある。

判断過程審査は、行政決定に至る判断形成過程の合理性について追行的に審査する裁量統制手法といわれ、判断に至る過程に着目した審査と[31]

いえる。こうした判断過程審査の手法は、とくに生活保護基準の引き下げのような行政決定にかかわる裁量審査の手法として適合的かつ有効と考えられる（第2章第3節参照）[32]。

## （2）　制度後退禁止原則の緻密化

　また、老齢加算廃止訴訟を契機に、憲法学説でも、生存権を具体化するうえで広い立法・行政裁量を認めつつも制度後退禁止原則が有力に主張されるようになってきた。制度後退禁止原則は、端的には「立法・行政裁量の行使により、正当な理由なく現行の給付水準が切り下げられないことの法的保障」[33]とされ、憲法25条の生存権の法的性格をめぐる通説たる抽象的権利説から導かれる原則とされている[34]。

　裁判例では、憲法25条2項の国の社会保障等の向上増進義務を手がかりにしながら、制度後退禁止原則を説く下級審判決が、すでにいくつか存在していた。たとえば、宮訴訟に関する東京地裁判決（東京地判1974年4月24日行集25巻4号274頁）は「憲法25条は、国の文化経済の発展に伴って右理念に基づく施策を絶えず充実拡充して行くことをも要求していると考えられるから、右理念を具体化した法律によってひとたび国民に与えられた権利ないし利益は立法によってもこれを奪うことは許され（ない）」とした（塩見訴訟に関する大阪地判1980年10月29日行集31巻10号2274頁も同旨）。そして、老齢加算廃止をめぐる訴訟において、福岡高裁判決（2010年6月14日賃社1529＝1530号43頁）は、老齢加算廃止が、後述の生活保護法56条に違反するとして、原告の請求を認めた。上告審の最高裁判決（2012年4月2日民集66巻6号2367号）は、生活保護法56条の適用を否定したものの、老齢加算の廃止に至る判断過程・手続の審査の余地は残している。

　実定法では、生活保護法56条が「被保護者は、正当な理由がなけれ

---

31　橋本博之『行政判例と仕組み解釈』（弘文堂、2009年）149-150頁参照。
32　判断過程審査の手法を用いて、2013年の生活保護基準の引き下げ過程を分析したものとして、伊藤・法政策222-225頁参照。
33　棟居快行『憲法学の可能性』（信山社、2013年）398頁。
34　棟居・前掲注33）402-404頁参照。

ば、既に決定された保護を、不利益に変更されることがない」と規定し、「不利益変更禁止」を明文で定めている（第2章第3節参照）。学説でも、憲法25条を根拠に、制度後退禁止原則が認められるかについては議論があるものの、制度後退する場合（水準を低下・後退させる場合）には、立法・行政裁量の幅が縮小し、裁判所はより慎重な判断過程審査を行うことが求められるという点では一致がみられる。[35]

### (3) 社会権規約に規定された制度後退禁止原則とその判断枠組み

制度後退禁止原則については、日本も批准している前述の社会権規約9条が「この規約の締結国は、社会保険その他の社会保障についてすべての者の権利を認める」と定め、社会権規約2条1項は、締結国に対して「立法措置その他全ての適当な方法」により、規約が認める権利の「完全な実現を漸進的に進める」こと、そのために「自国における利用可能な手段を最大限に利用すること」を求めている。このことから、社会権規約9条が規定する社会保障の権利について、後退的な措置をとることは禁止されていると解される。

この規定の解釈適用に関して、社会権規約委員会は「一般的な意見19」（2007年）において、[36]「社会保障についての権利に関連して取られた後退的な措置は、規約上禁じられているという強い推定が働く、いかなる意図的な後退的措置が取られる場合にも、締結国は、それがすべての選択肢を最大限慎重に検討した後に導入されたものであること、及び、締結国の利用可能な最大限の資源の完全な利用に照らして、規約に規定された権利全体との関連によってそれが正当化されること、を証明する責任を負う」として、そうした立法を行った側に立証責任を課している。

そのうえで、正当性を証明するための検討事項として、①行為を正当

---

35　高橋和之『立憲主義と日本国憲法〔第4版〕』（有斐閣、2017年）289頁参照。

36　国際人権規約は、独立の専門家からなる「条約機関」を設け、この条約機関が各国の条約の国内実施状況を監視する仕組みをとっており、社会権規約でも「条約機関」として社会権規約委員会が設けられている。社会権規約委員会は、規約の各規定の解釈や実施に関する委員会の所見を「一般的意見」として随時採択している。これらの「一般的意見」は、法的拘束力を有するわけではないが、締結国は「一般的意見」を十分に尊重することが要請され、日本の裁判所も同意見を尊重した解釈を行うことが求められる。

化する合理的な理由があったか否か、②選択肢が包括的に検討されたか、
③提案された措置および選択肢を検討する際に、影響を受ける集団の真
の意味での参加があったか否か、④措置が直接的または間接的に差別的
であったか否か、⑤措置が社会保障の権利の実現に持続的な影響を及ぼ
すか、既存の社会保障について権利に不合理な影響を及ぼすか、または
個人もしくは集団が社会保障の最低限不可欠なレベルのアクセスを奪わ
れているか否か、⑥国家レベルで措置の独立した再検討がなされたかを
挙げている（UN Doc.E/C.12/GC/19.42）。

　老齢加算廃止訴訟についての大阪高裁判決（2015年12月25日賃社
1663 = 1664号10頁）は「憲法98条2項は、締結した条約及び確立さ
れた国際法規は、これを誠実に遵守することを定めているから、社会権
規約の内容は、法や憲法の解釈に反映されるべきもの」とした上で、こ
の社会権規約が制度後退禁止原則を規定していることを認定した。もっ
とも、同判決は、老齢加算の廃止については、激変緩和措置など必要な
事項は検討されており、厚生労働大臣の裁量権の範囲の逸脱・濫用は認
められないとして、その違憲性・違法性については否定しているが、社
会権規約の規定する制度後退禁止原則が、法および憲法の解釈に適用さ
れるとした判断枠組みを示した意義は大きい。社会権規約が示した判断
枠組みにより、老齢加算廃止のような制度後退を正当化する事由を被告
国が主張立証できているかどうかを判断し、その違憲性・違法性を審査
することが可能となるからである。[37]社会権規約の制度後退禁止原則につ
いての判断枠組みは、現在、提訴されている生活保護基準や年金給付の
引き下げを違憲・違法とする裁判についても適用できると考えられる。[38]

## （4）　権利論の可能性―権利としての社会保障の再構築に向けて

　給付の引き下げもさることながら、現在、医療・介護の給付費抑制の
ために、とくに高齢者を狙い撃ちにした保険料負担や患者・利用者負担

---

37　松山秀樹「社会権規約で規定する『制度後退禁止』を認定した兵庫県生存権裁判大阪
　高裁判決」賃社1663 = 1664号（2016年）6頁参照。
38　社会権規約の判断枠組みを用いて、年金給付の引き下げ（特例水準の解消）の違憲
　性・違法性を指摘したものに、伊藤・法政策42-47頁参照。

の増大が行われている。前述したように、そもそも、医療や介護を必要
とする要保障者が医療受診や介護を受けることを躊躇させるような負担
増、さらには健康で文化的な最低限度の生活を営むことを脅かすような
負担増は、免除権の侵害であり、憲法25条違反の余地がある。

憲法25条1項が保障する「健康で文化的な最低限度の生活」水準は、
現時点では、生活保護基準と考えることができる。そして、それを前提
としたうえで、生存権（自由権的側面）の裁判規範性を認めるならば、
生活保護基準以下の生活状態にある（もしくは、保険料賦課や負担増に
より生活保護基準以下の生活状態になることが確実な）低所得者に対す
る保険料の賦課等は、その人の「健康で文化的な最低限度の生活を営む
権利」を侵害するという意味で、公権力による生存権の侵害に当たると
いえる。少なくとも、そうした生活状態にある特定の人に、保険料が賦
課される限りで違憲（適用違憲）になると解される。

また、社会保障給付の受給者の多くは、生活に困窮していたり、高齢
で傷病を抱えていたり、障害者であったりして、政治プロセスへの参加
が容易でない（そもそも、子どもの場合には参政権も認められていな
い）。被保険者や給付受給者・サービス利用者の参加権については、こ
れまでみてきたように、社会保険制度はともかく、生活保護法や社会福
祉各法には、受給者や利用者の管理・運営への参加を制度化した規定は
なく、生活保護受給者や福祉サービス利用者の運営の参加を法定化して
いくことが課題といえる。何よりも、福祉サービスの利用者の権利保障
という観点から、社会福祉における個人給付・直接契約方式そのものの
妥当性が問われるべきであり、その転換が必要である。今後は、社会保
障領域における権利論の観点からの立法・行政裁量の法的統制の緻密化、
政策指針の確立が課題である。

# あとがき

　2020年3月に、WHO（世界保健機構）が宣言した新型コロナウイルス（COVID - 19）のパンデミック（世界的流行）は、収束の気配もなく、長期化の様相を呈してきた。感染拡大の影響は甚大で、筆者が勤務する大学でも、2020年度の授業は、一部の例外を除いてすべてがオンライン授業となった。慣れないオンライン方式に四苦八苦しながら、何とか授業をこなしているが、とくに対面による議論を重視してきたゼミまでオンラインとなり、教育の質は確実に落ちている。全国的にみても、4月から一度もキャンパスに足を踏み入れていない、友人ができない、孤立感からうつ状態になり、またバイトがなくなり生活困窮に陥り、休学・退学に至った学生も少なくない。国は、旅行、飲食、イベント、商店街を対象にした「Go To キャンペーン事業」に1兆6794億円の税金を投入する一方で、大学に対しては感染防止対策の財政支援はほとんどしていない。学生・教員全員にPCR検査を実施すれば、少なくとも陰性者に対しては全面的な対面授業を再開できるのではないか。PCR検査センターを設置した大学もあるが、このような大学はまれで、それらの費用はすべて大学の負担である。国は、大学での対面授業が少ないと苦言を呈するのであれば、すべての大学に対面授業を再開するために必要な検査費用を補助するなど必要な予算措置を講ずべきであろう。

　こうしたコロナ禍の中、安倍晋三政権を引き継いだ菅義偉政権は「自助・共助・公助」を掲げ、国民に自助努力を強要して、国の役割を最小限にとどめること（「小さな政府」をめざし、社会保障を削減すること）を宣言した。しかし、日本語には「自助」という言葉はあるが、「共助」という言葉は「互助」の意味で使われ、「公助」という日本語は存在しない。国（厚生労働省）が作り出した特異な概念といえ、国際的

には全く通用しない概念である。公（国）が助けてあげるという恩恵的な意味あいの強い「公助」ではなく、憲法25条に基づいて、国が「公的責任」で国民の生活を保障するというべきであろう。

　菅政権は、新型コロナの感染拡大防止と経済活動を両立させるとしつつも、感染拡大のリスクの高い旅行などの人の移動を促す「Go To キャンペーン事業」を推進する一方で、感染症対策については、基本的に国民・事業者の感染防止の自助努力に頼る無為無策ぶりであった。かくして、2020年11月からの第3波の感染拡大により、年末年始にかけて、感染者数が全国で1日に7000人を突破し爆発的に増大、それに伴い重症者数、死亡者数が急増した。まさに政府の無策による「人災」といってよい。菅政権は「Go To キャンペーン事業」の一時停止、2021年1月7日には、東京都、神奈川県、埼玉県、千葉県の4都県に緊急事態宣言を発令するに至ったが（その後、大阪府などにも対象範囲を拡大）、飲食業への営業時間の短縮要請とわずかばかりの協力金といった部分的な対策で、どこまで感染拡大が抑えられるか疑問である。このままでは、感染拡大が抑えられないうえに、飲食業の廃業・倒産が相次ぎ、経済も壊滅的な打撃を受ける最悪の事態になりかねない。2021年7月に延期された東京オリンピックの開催も危ういだろう。まずは死亡者が多発している病院内や高齢者施設での感染を防ぐため、少なくとも、医療従事者や入院患者、介護従事者や施設利用者全員に対する定期的なPCR検査を国の負担で社会的検査として早急に実施すべきである。

　本書でも指摘したとおり、消費税率10％への引き上げ（2019年10月〜）に新型コロナの感染拡大が加わり、いま、日本経済は、リーマン・ショックをこえる戦後最悪ともいわれる不況に陥り、雇用情勢が急激に悪化している。観光・宿泊・飲食業界を中心に事業者の倒産・廃業、非正規の人を中心に失業者が急増している。そして、非正規労働が多い女性の自殺が急増し、全体でも自殺者数は急増している。まさに未曾有の危機というほかない。

　雇用調整助成金の特例措置は、2021年2月までの延長が決まったが、

事業者への持続化給付金、労働者個人に支給される新型コロナ対応休業支援金は、支給が期限付きの一時しのぎであり、コロナ禍の長期化で、一時金は使い果たし、資金繰りが間に合わず廃業や倒産に追い込まれる事業者、生活に困窮する人が増大している。少なくとも、新型コロナが収束するまで、雇用調整助成金の特例措置を延長し、定期的な給付金等の支給をすべきであろう。大学教育に関しては、世界的にみても低水準の高等教育に対する公費支出を増額し（ようやく小学校については35人学級が段階的に実現するが）、学費を大幅に引き下げ、住民税非課税世帯に対して授業料を減免する修学支援制度をコロナの影響を受けた世帯にも拡大し、困窮して退学に追い込まれる学生を出さない取り組みが必要である。

　菅政権は、財務省の意向もあり、消費税減税には慎重だが、落ち込んだ景気を回復するために有効なのは、消費税の減税（少なくとも5％への引き下げ）である。生活に困窮している人や中小企業にとっては大きな効果がある。実際、ドイツ、イギリス、フランスをはじめ世界で50か国が消費税（付加価値税）の減税を行っており、新型コロナ対策としての消費税（付加価値税）の減税は、今や世界の常識といってよい。

　新型コロナの感染防止に全力をそそぎ、医療・介護体制整備のための数兆円規模の公費の投入が早急に求められる。社会保障・雇用保障の充実こそが国民の命を救うのである。


「はしがき」でも述べたように、本書は、自治体研究社から2017年7月に出版した『社会保障のしくみと法』を、その後の法改正や裁判例を踏まえ、標題も『社会保障法』に改め全面的に改訂したものである。

　『社会保障法』と題する社会保障法の教科書は多数あるが、本書は、単なる解説書にとどまらず、現在の社会保障削減による生存権侵害という観点から、生存権（その具体化としての社会保障の権利）保障のための社会保障の法政策的規範的指針を提示することを目的としている。その目的がどこまで達せられたかは、読者の判断を待つしかないが、本書が多くの人に読まれ、消費税増税と新型コロナのパンデミックに端を発し

た戦後最大の国民生活の危機に立ち向かうための社会保障の再構築の道標、そして、危機に対し有効な政策を実現できる政権の樹立に向けての第一歩になってくれることを願っている。私自身もそれを目指し今後も研究を続けていきたい。

　最後に、本書の成立にあたっては、さまざまな形で多くの方々の助言や援助をいただいた。個々にお名前を挙げることはできないが、学習会の場や個別の取材に対して、貴重な時間をさいて、お話を聞かせてくださった障害者や高齢者の方々、保育士や介護士の方々、さらに、ヘルパー国家賠償訴訟および年金引き下げ違憲訴訟の原告、弁護士、支援者の方々に、この場をかりて改めて感謝申し上げたい。そして、自治体研究社の寺山浩司さんには、前著『社会保障のしくみと法』の出版からお世話になり、今回も、企画の段階から索引作成に至るまで、根気よく付き合っていただいた。厚くお礼を申し上げたい。

　2021年1月

伊藤周平

# 事項索引

# 判例索引

### ●地方裁判所

**伊藤周平**（いとう・しゅうへい）

1960年、山口県生まれ。鹿児島大学法文学部法経社会学科教授。
労働省（現厚生労働省）、社会保障研究所（現国立社会保障・人口問題研究所）を経て、東京大学大学院社会学研究科博士課程単位取得退学。その後、法政大学助教授、九州大学助教授を経て、2004年4月より鹿児島大学法科大学院教授、17年4月より現職。専攻：社会保障法

［主な著作］
『介護保険法と権利保障』法律文化社、2008年、日本社会福祉学会学術賞受賞
『後期高齢者医療制度――高齢者からはじまる社会保障の崩壊』平凡社新書、2008年
『障害者自立支援法と権利保障――高齢者・障害者総合福祉法に向けて』明石書店、2009年
『雇用崩壊と社会保障』平凡社新書、2010年
『社会保障制度改革のゆくえを読む――生活保護、保育、医療・介護、年金、障害者福祉』自治体研究社、2015年
『消費税が社会保障を破壊する』角川新書、2016年
『社会保障のしくみと法』自治体研究社、2017年
『社会保障入門』ちくま新書、2018年
『「保険化」する社会保障の法政策―― 現状と生存権保障の課題』法律文化社、2019年
『消費税増税と社会保障改革』ちくま新書、2020年

**社会保障法**――権利としての社会保障の再構築に向けて

2021年1月30日　初版第1刷発行

著　者　伊藤周平

発行者　長平　弘

発行所　㈱自治体研究社
　　　　〒162-8512 東京都新宿区矢来町123 矢来ビル4 F
　　　　TEL:03-3235-5941／FAX:03-3235-5933
　　　　http://www.jichiken.jp/
　　　　E-Mail:info@jichiken.jp

ISBN978-4-88037-721-6 C0036　　　　印刷・製本／中央精版印刷株式会社